담배는 숭고하다

소멸되는 것들의 모든 아름다움

담배는 숭고하다

리처드 클라인 지음 | 허창수 옮김

페이퍼로드
paperroad

이 책을 쓰게 된 동기는 복합적이다. 원래는 담배를 끊고자 하는 절박한 욕구에서 이 글을 썼다. 그러나 담배를 피우지 않기 위해서는 무엇보다도 내 습관의 특정한 성질을 이해하고 일반적인 조건들을 결정지을 필요가 있다고 느꼈다. 그런 필요성으로 인해 나는 역으로 이 책의 개념, 즉, 이 세상의 10억에 육박하는 사람들이 자신의 건강에 해롭다는 사실을 알면서도 왜 담배를 날마다 피워대는가 하는 문제에 접근하게 되었다. 사람들이 담배의 위험에 대해서 무지하다는 생각은 이제 더 이상 납득하기 어렵다. 직접적이든 간접적이든 담배에 노출되어 있는 이들의 인체에 미치는 광범위하고도 잠재적인 해악에 대해 날마다 새로운 연구가 보고되고 있다.

흡연가들에 대해서 담배에 '중독'되어 있다고 말하는 것은 적절하지 못하다. 왜냐하면 수백만 명의 사람들이 금연을 선택하거나 아예 피우지 않는 것으로 보아, '중독'이라는 단어는 결국 아무것도 설명을 못해

주기 때문이다. 중독된다는 것, 그래서 담배를 계속 피운다는 것은 마약에 빠져 지속적으로 이익이나 쾌락을 찾는 경향과 같다는 뜻이다. 그러나 현 시점에서는 그 경향이 무엇인지 상상하기조차 어렵다. 우리의 건강에 해악만을 끼친다고 비난받는 물질을 사용함으로써 얻을 수 있는 이익이란 과연 무엇일까? 처음 피울 때는 물론이고, 그 후 매일 담배를 피울 때마다 모두에게 혐오감만을 주는 그런 행위에서 우리가 얻게 되는 쾌락이란 과연 무엇일까?

나는 현시점에서 담배가 우리에게 가져다주는 유익한 성질과 만족의 조건들을 파헤쳐줄, 그런 책을 쓰고 싶었다. 다시 말해서 담배를 끊기 위한 최초의, 그리고 필수 불가결한 단계로서의 '담배에 관한 또 하나의 견해'를 제시하기 위해서다.

요즈음 '마약(또는 약물)'이란 단어는 다양한 효과를 지닌 많은 것들을 대략적으로 특징지으려는 의도에 의해서 남용되고 있다. 이것은 심지어 '운동'처럼 인체에 전혀 해롭지 않고, 오히려 유익한 반복적인 행위에 대해서까지도 쓰이는 실정이다(이브 세지위크Eve Sedgewick의 『의지의 전염병Epidemic of the Will』을 참조하라). 운동과 같은 행위를 묘사할 때에도 마약이란 단어를 사용한다는 것은 곧 그 단어가 지닌 전통적인 의미와 아마도 경멸적 함의를 상실하기 시작했다는 징조가 아닌가 싶다. 궁극적으로 말해서 우리는 중독이라고 부르는 것의 발생 원인을 좀 더 정확히 수식해줄 또 다른 용어가 필요하다는 것이다.

그러나 새로운 용어를 만들기 전에 마약이란 것을 종류별로 세심하게 서로 구분하여 그 양상을 특정짓고, 그렇게 특정지어진 습관성 메커니즘을 분석할 필요가 있다. 개인적이든 사회적이든 '남용'을 불러오는 것에 관하여 우리가 좀 더 많이 알면 알수록, 우리는 사회와 문화에 있어서 이들의 역할에 대한 광범위한 문제에 접근할 수 있게 될 것이다. 이것들을 퇴치하기 위한 성공적인 정책이나 치료법이 고안될 수 있는 것은 아마도 우리가 오늘날 마약이라고 통칭해서 부르는 것에 대한 새로운 개념이나 좀 더 일반적인 개념을 손에 넣은 이후가 될 것이다.

나 자신의 흡연 습관과 싸우고 있는 동안, 나는 이탈로 스베보Italo Svevo의 소설 『제노의 고백The Confessions of Zeno』을 읽음으로써 흡연과 관련된 결정적인 만남을 갖게 되었다. 이 책은 많은 사람들로부터 20세기의 위대한 소설 중 하나라고 평가받고 있다. 이 책은 평생 담배를 끊으려는 시도를 하는 데에만 세월을 보내다 결국 노년기에 이르러서야 금연에 성공하게 되는 사람의 회고록이다. 그는 끝없이 금연을 하고자 하는 것, 그 자체가 일종의 삶의 양식이며, 그 이상도 그 이하도 아니라는 결론을 내리게 된다. 나는 이 반복적이고 무익한 습관을 포기하려는 시도가 번번이 실패로 이어지는 존재 양식의 매력에 이상하게도 감동을 받았다. 나는 흡연과 이를 거부하는 것이 마치 단전 호흡법이나 성례전聖禮典처럼 명상의 한 형태이며, 손가락 끝에서 뱅뱅 도는 일종의 만다라식 기하학적 도형이라고 생각하기 시작했다.

게다가 나는 19세기 무렵 테오도르 드 방빌Theodore de Banville이 하루에 60개비 이상의 담배를 말아서 피우는 것에 자신들의 생애를 바쳤던 귀족들을 '담배 멋쟁이Cigarette Dandy'라고 불렀던 영웅주의적인 접근에 대해서도 흥미를 가지게 되었다. 또한 금연을 하지 않았던 탓에 삶이 비극적으로 단축되었던 위대한 남녀들의 강박충동적인 흡연에 대해서도 동정심을 가지게 되었다. 이러한 그들의 사례에 대해서 그렇지 않다며 고개를 설레설레 흔들며 부인하는 것은, 곧 장수長壽가 절대적 덕목이라고 여겨지는 문화권에서는 흡연이 수치스런 것으로 여겨지거나 비난을 야기한다는 점을 간과한 것이다. 그리고 동시에 우리가 비록 충분하게 이해하지 못한다 할지라도, 담배가 우리들이 추구하고 있는 선善에 기여할 가능성에 대하여 눈감아버리는 일이 될 것이다. 이런 사람들에게 있어서 담배는 일종의 희생양이다. 그리고 바로 그 점 때문에 우리는 그들을 존경한다. 결국 담배라는 것은 전쟁 시에 긴장을 경감시키고 불안을 완화시키는 아주 효과적인 도구로서 인정받고, 그렇게 인정되는 상태에서는 숭앙을 받게 된다. 부분적으로 볼 때, 특별한 심리적 효과 때문에 담배는 전투에 임하는 군인들에게는 종종 필수 불가결한 동료가 되며 아울러 그 어떠한 긴장 상태가 다가올지라도 그들의 용기와 인내를 지속시키는 의지의 대상물이 된다.

그러나 결국 나는 담배가 제아무리 도움이 된다고 할지라도, 흡연으로 인해 죽어가는 수십억 사람들의 변함없는 충성심을 이끌어낸다는 것이, 곧 담배의 유익성에 대한 납득할 만한 설명은 못 된다고 결론을 내렸다. 다시 말해서 담배에 대한 사람들의 변함없는 충성심보다는, 오히려 이 담배의 엄청난 유혹을 설명해주는 다른 '질적인' 면이 있다고 생각했다. 즉, 담배가 조장하고 있는 미의 독특한 형태와 관련이 있다고 보는 것이다. 그러나 담배의 미가 궁극적으로 이해되거나 표현된 적은 여태껏 단한 번도 없다. 19세기 초부터 담배를 피우는 것은 항상 혐오감, 부정, 그리고 죽음과 연관이 되어 왔다. 칸트는 부정적인 경험, 충격, 봉쇄, 죽음의 협박 등 순간순간의 형태들을 포함하는 심미적 만족을 일컬어 '숭고'라고 부르고 있다. 담배의 미가 숭고한 것으로 간주될 수 있다는 것은 바로 칸트가 사용한 용어의 의미와 꼭 맞아떨어진다고 볼 수 있다. 이러한 결론으로 인해 나는 담배의 사적인 사용과 사회적 용인을 둘러싸고 있는 비정상과 역설의 문제들을 좀 더 잘 이해하게 됐다. 왜 사람들은 맛도 쓸쓸하고, 결국에는 병까지 주는 그런 물질을 사랑하는가. 담배는 숭고하기 때문이다. 담배의 숭고함은 담배 재배상들에게 엄청난 금액의 보조금과 장려금을 주면서도, 또 다른 한편으로 흡연 반대 운동을 벌이는 미국 정부가 취하는 모순적인 정책에 대해서도 설명한다.

마침내 나는 담배를 둘러싸고 있는, 그리고 담배가 만들어내는 문화에 몰입하게 되었다. 수많은 위대한 철학, 시, 소설, 영화 작품에 등장한 주제, 화제, 특징으로서의 담배에 관심을 갖게 되었던 것이다. 나는 담배가 현대성의 중요한 총체이긴 하지만, 선의를 지닌 사람들이 사납고 광적인 공격을 함으로써 담배의 문화적 중요성은 곧 잊히게 될 것이라고 믿게 되었다. 이들의 공격은 어떤 형태를 망라하고 쾌락이라면 무차별하게 공격했던, 특히 수세기 동안 미국을 지배해왔던 금기가 끝난 후에 비로소 여성들이 담배에서 쾌락을 찾는 것을 공격했던 미국 청교도적인 성향을 상기시킨다. 어떤 경우에는 그러한 공격들이 사적인 흡연을 비난하면서도 담배가 직접적으로 영향을 미치는 좀 더 근본적인 원인에 대해서는 관심이 없는 정치인들의 실리에 도움을 주는 것처럼 보이기도 한다.

정부에서 추진하고 있는 '건강 산업Health Industry'과 그 비슷한 것들의 엄청난 힘에 공격을 받아 담배의 아름다운 문화는 지금 당장은 아닐는지 몰라도 언젠가는 사그라들지도 모른다. 방빌은 19세기말에 "진정한 흡연가는 하나도 남지 않고 곧 모두 다 사라져버릴 것이다"라고 썼다. 물론 그는 틀렸다. 왜냐하면 20세기에 들어선 오늘날에는 흡연이 보편적이 되었기 때문이다. 그러나 앞으로 100년 뒤에는 그의 예언이 실현될지도 모른다. 그런데 곧 타서 재가 되어버리는 연소성 물질인 담배가 사라질 조짐이 있다고 할 때 몇 가지 의문이 생긴다. 즉, 담배가 사라져

버림과 동시에 무엇이 같이 사라져버릴 것인가, 그리고 담배라는 문화 양식이 사라지는 것을 애도할 이유가 있을까 하는 점이다.

이 책은 문학 비평서이며 동시에 대중문화와 정치 연설, 그리고 이론적 적용에 대한 분석이자 담배에 대한 송시頌詩이다. 아울러 이 책은 이것이냐, 저것이냐를 고르는 취사선택의 의도가 없고 전통적인 장르의 범주화 역시 피하고 있다. 다시 말해서 독자들이 익숙한 그렇고 그런 평범한 이야기가 아니라 좀 더 심혈을 기울인 비평서를 만들어내고자 하는 의도가 담긴 책이라고 할 수 있다. 이 책은 무책임이라는 견지에서 본다면 죄를 짓는 것이라고 볼 수 있고, 어리석다는 견지에서 본다면 약간 그런 경향이 없지 않다고 볼 수가 있다. 또한 재미있다는 견지에서 본다면 소설과 같은 경향도 있다고 볼 수 있는 그런 책이다. 이론적으로 볼 때 이 책이 '문학 비평'과 '정치적 주장'이 동시에 되기를 원한다. 문학 비평이란 모름지기 문학이란 것을 비평해야지 시급하다고 해서 다른 사회 문제까지도 비평을 하는 것은 옳지 못한 것이듯, 이 책은 이 두 가지 외의 다른 것들을 염두에 두지 않았다.

문학적·문화적 비평의 대상으로 고려해볼 때, 담배는 대중문화와 상위 문화의 중간 지점쯤에 위치해 있다. 담배의 소비는 그 신화적 신분과 사회적 유용성에, 그리고 그 심미적인 속성과 거래의 조건에 의존한다. 이 책은 담배가 상징적인 도구이자 시詩적인 성질을 지닌 신성한 대상물이며, 마법적이고도 유혹적인 속성과 매력을 지닌, 그리고 금기와 위험에 둘러싸인 비합법적인 쾌락의 창고이자 초월적인 것으로 향하는 통로이고, 억압에 대한 자극과 같다는 점에서 담배에 철학적인 위엄성을 부여하고 있다. 결론적으로 말해서 여섯 개의 장에서는 담배가 오늘날 왜 악마처럼 인식되는가를 고찰하기 위해서 담배의 문화사를 살펴본 후에 철학과 시, 소설, 그리고 영화와 사진에서 담배가 각각 어떻게 표현되고 있는가를 다루고 있다.

독자들은 이 책이 각 쪽마다 오로지 담배와 담배에 관한 견해만을 늘어놓고 있기에 마치 메아리처럼 반복적인 이야기가 나온다는 것을 알게 될 것이다. 그러나 이 무차별할 정도의 반복은 담배의 속성과도 맥락을 같이하고 있다. 담배는 피우기 이전이나, 피우고 난 이후나 항상 똑같은 것의 반복이기 때문이다. 무언가를 반추하는 대상물로서 담배는 마치 사라지기 전까지 주위를 맴도는 담배 연기처럼 같은 것을 되돌아오게끔 만든다. 이러한 회귀The recorrence는 일종의 신호라고 볼 수가 있다. 담배란 연기로 변해 끝없이 위로 올라가면서 말없이 펼쳐지는 풍부한 이야깃거리인 것이다.

학계에 있는 많은 동료들과 비교해볼 때, 나는 책을 처음 출판할 나이를 이미 지난 상태다. 학문 초기라기보다는 오히려 후기에 더 가까운 내 경우에, 어떻게 보면 이 책의 출판은 시기가 너무 늦은 셈이다. 대학에 남기 위해서, 그리고 지금 내가 차지하고 있는 안락한 현 위치를 고수하기 위해서, 나는 많은 동료들과 친구들의 도움을 받아야만 했다. 그들은 소위, 출세라는 것의 최소한의 조건도 성취해놓지 못한 나 같은 사람을 위해서 승진을 추천해야만 하는 불편한 위치에 있었다. 그러나 그들은 몇 년 동안에 걸쳐 나를 위해 장문의 편지를 써주었을 뿐만 아니라, 비록 그 근거는 희박하지만, 아무튼 그 근거라는 것에 입각해서 볼 때 내가 가치 있는 학자라는 자신들의 신념을 대학에 피력하기 위해 소환당하는 것마저도 마다하지 않았다. 나는 그 점에 대해서 그들에게 무어라 감사의 말을 전해야 좋을지 모르겠다. 그리고 나는 이 책이 그들에게 자신들의 주장이 옳았다고 느끼게 해주는 것이 아니라, 오히려 그들의 이름을 거론해서 당혹감만을 더해주지 않을까 하는 두려움이 앞선다. 하지만 나는 필립 루이스, 조나단 컬러, 그리고 닐 허츠의 관대한 도움과 그들의 진심어린 우정에 대해 감사의 말을 전하지 않을 수 없다. 나는 코넬 대학과 그 밖의 다른 대학에 있는 나의 동료와 친구들, 즉 에모리타영, 신디아 체이스, 캐서린 포터, 앤 버거, 짐 시겔, 피트로 푸치에게 빚을 진 셈이다. 그리고 나오미 쇼어와 이브 세지위크는 이 책의 출판을 위한 후원을 해주었다. 앤 두비슨과 타마라 파커는 이 책이 나오기까지 수고를 아끼지 않았다. 또한 매그넘 포토스 사#와 특별히 멜리사 덴케에게 그들이 내게 제공한 여러 도움에 대해 감사를 드린다. 아울러 나는 자크 데리다와 그의 작품, 그리고 그의 우정에 빚을 졌다. 왜냐하면 이 책의 모든 페이지마다 그의 흔적들이 서려 있기 때문이다. 또한 나는 내 삶을 뮤리엘에게 빚지고 있으며, 쥬디스에게는 미각을, 엘렌에게는 재치를, 빌리 진에게는 내 생존을, 미셸에게는 내 명예를 빚지고 있다. 이 책을 마리 앤에게 바친다.

차례

머리말 —— 5

감사의 글 —— 12

서문 —— 17

제1장 | 담배란 무엇인가? —— 51

제2장 | 담배는 숭고하다 —— 95

제3장 | 제노의 역설 —— 133

제4장 | 카르멘의 악마 —— 177

제5장 | 군인의 친구 —— 225

제6장 | 시간의 공기 —— 261

논박의 여지가 있는 결론 —— 300

역자 후기 —— 317

이 책의 목적은 담배를 찬양하는 것이다. 그러나 흡연을 장려하기 위한 것은 결코 아니고, 금연을 강요하기 위한 것도 아니다. 흡연을 공공연히 비난하는 것은 종종 의도한 효과를 얻지 못하고, 경우에 따라서는 의도한 것과는 전혀 다른 결과를 야기해 흡연 습관을 더욱더 공고하게 만들기도 한다는 것을 나는 잘 알고 있다. 담배에 관한 한, 많은 사람들에게 금연을 강요하는 것은 흡연을 계속하겠다는 확신을 주는 형태와 다를 바가 없으며, 일부 사람들에게는 새롭게 담배를 접하게끔 유도하는 일이 되기도 한다.

따라서 금연을 결심하기 위해서는 담배가 자신의 건강에 해롭다는 사실을 아는 것만으로는 충분하지 않다. 담배의 좋지 못한 영향은 담배가 16세기 말에 유럽에 소개된 이후로 계속해서 언급되어 왔다. 쥐에게 순수한 형태의 담배 니코틴 소량을 투입시켰을 때 니코틴의 알칼로이드 Alkaloid가 쥐를 즉사하게 했다는 것이 19세기 초엽에 이미 증명이 되었다. 애연가라면 누구나 나이가 들어감에 따라 자신의 육체가 보내는 신호를 인식한다. 사실상 모든 흡연가들은 담배에 불을 붙이는 순간, 그리고 눈만 뜨면 날마다 피워대는 첫 담배의 연기를 빨아들이는 순간, 담배에 독이 있다는 것을 직감적으로 안다. 그러나 이처럼 담배의 독성을 안다는 것은 흡연가들이 담배를 끊거나 처음 담배를 배우는 사람들의 의지를 꺾을 만한 충분한 이유가 되지는 않는다. 오히려 담배가 몸에 나쁘다는 것을 아는 것이 흡연 습관을 들이고 지속시키는 절대적인 전제조건이 되는 것 같다. 만약에 예를 들어―이것이 가능하다고 전제를 해놓고 말하자면― 담배가 건강에 정말로 좋다고 한다면, 담배를 피울 사람은 거의 없을 것이라고 주장할 수도 있다. 왜냐하면 담배가 건강에 유익하다면 담배는 더 이상 숭고하지 않게 되기 때문이다.

담배는 아름답기는 하되, 긍정적으로 아름다운 것은 아니다. 그러나 칸트가 '부정적인 쾌락'이라고 부르는 마력을 지니고 있다는 점에서 담배는 숭고하다고 볼 수가 있다. 여기서 '부정적인 쾌락'이란 영원*巍이라는 것에서 파생하는 어둠의 아름다움과 고통의 쾌락을 의미한다. 담배의 무한한 매력은 흡연가들이 재빨리 반하게 되는 그 '나쁜' 맛에 있다고 해도 과언은 아니다. 원칙적으로 말해서 담배가 숭고하다고 할 때, 그 '숭고함'은 건강이니 유용성이니 하는 견지에서 논의되는 것을 거부한다. 애연가나 흡연의 초보자들에게 위험을 경고하는 것은 그들을 보다 강력하게 심연의 벼랑으로 유혹하는 일이다. 그들은 담배를 빨아들일 때마다 작은 공포감에서 시작된 죽음에 두려움을 갖는 동시에 미묘하고도 멋진 어떤 스릴을 느끼게 되는 것이다.

'알콜 중독자 갱생회Alcoholics Anonymous'는 단순한 의지 행위, 즉, 금주가 자기 자신 또는 외부의 강제적인 금지나 명령 때문에 이행된다는 생각에 한계가 있다는 사실을 오래 전에 발견했다. 다시 말해 "'안 돼!'라고 말하라"라는 제안으로 이미 습관이 되어버린 사람을 자극할 수 있다는 믿음은 환상에 불과하다는 것이다. 어떤 습관이든 간에, 습관이란 자신이 한순간에 그것을 중단할 수 있는 충분한 통제력을 지니고 있다는 반복적인 확신을 지니게 만든다. 그것이 그 습관을 계속해서 유지시키는 조건이 되는 것이다.

담배를 피우면서 한편으로는 계속해서 "안 돼! 안 돼! 안 돼!"라고 말하는 것은 이탈로 스베보의 소설 『제노의 고백』에 나오는 주인공에게는 동기를 유발하는 목표이자 소진해가는 쾌락과 고통이 되고 있다. 그의 삶은 전적으로 그가 피우는 담배가 항상 '마지막 담배'라는, 다시 말해서 다시는 담배를 피우지 않겠다는 환상적인 신념만을 되풀이하는 데 허비되는 것이다. 그러나 그 마지막 담배는 언제나 '한 대만 더…' 하는 생각 때문에 마지막 담배가 되지 못한다. 이를 종합해서 볼 때 이것들은 제노라는 사람의 역설적인 존재 양식을 구성하며, 동시에 시간의 경과와 제노의 비영웅적이면서도 이상하리 만큼 용감한 삶의 점진적 단계를 나타내는 이정표가 되고 있는 것이다. 금연하려는 끊임없는 노력은 결국 그의 생애에 흡연 이외에는 아무것도 하지 못하게 만드는 결과를 야기한다.

이 수수께끼 같은 문제에 접근하기 위해서는 역설적이고도 좀 더 위선적인 형태로 변형된 전략이 필요한데, 이 전략이란 흡연을 못하게 할 목적으로 금연을 장려해서는 안 된다는 것이다. 흡연을 비난하고 싶지 않다는 점에서 이 책은 사실상 긍정적인 효과—아니, 이를 일반적인 상식선에서 본다면 그 자체가 부정적인 효과이기는 하지만—를 지니고 있을지도 모른다. 담배의 사회적·문화적 유익, 일과 자유에 대한 담배의 기여, 담배가 제공하는 위안, 담배가 증진시키는 능률, 그리고 흡연가들의 삶에 가져다주는 어둠의 미 등을 찬양하는 이 책을 읽고서 흡연가들은 자신들의 흡연 습관에 대한 새로운 시각을 갖게 될지도 모른다. 관점의 변화란 때로는 무엇으로부터 결정적으로 벗어나게 하는 계기를 유발하거나 이를 위한 절대적인 전제 조건이 되기도 한다.

그러나 흡연을 중단하기 위해서는 '관점의 변화' 이상의 것이 요구된다. 다시 말해서 그 밖의 그 어떤 것, 즉, 금연에 능동적으로 참여하거나 사랑을 수용하는 일 등이 요구되는 것이다. 아마도 담배를 사랑하기 시작할 때에야 비로소 사람들은 흡연을 중단할 것이다. 그리고 담배의 매력을 흠모하거나 담배의 유익에 대해 감사하는 마음을 갖게 되면, 마침내 담배를 포기함으로써 얼마나 많은 것들을 잃어버릴 것인가, 그리고 담배가 그렇게도 중요하게 연결해주던 유혹과 마력의 일부를 대신할 대체물을 찾는 것이 얼마나 시급한 일인가 하는 것들을 이해하게 될 것이다.

담배는 비록 건강에는 해롭지만, 위대하고도 아름다운 문명의 도구이자, 미국이 세계에 기여한 자랑스러운 것 중의 하나라는 것이 이 책의 전제다. 이런 맥락에서 비추어볼 때 담배를 포기하는 행위는 아마도 '생의 긍정'으로서만이 아니라, 삶은 단순히 존재하는 것만이 아니라는 점에서 '슬픔의 원인'이라는 관점으로 접근되어야만 한다. 담배를 끊을 때 사람들은 자신들의 삶에 있어서 너무나 황홀하게 아름다운 무언가를— 아니 어떻게 보면 누군가를— 잃어버리게 되었다는 상실감에 서글퍼할 것이다. 그리고 떨어지는 별에 대해서도 슬퍼할 것이다(역주 – 서양에서는 누군가 죽을 때 하늘에서 별이 떨어지는 것으로 인식한다). 담배를 찬양하는 이런 글을 쓰는 것은, 금연을 목적으로 고안해낸 전략이다. 나는 사실상 완전히 금연을 해냈으므로, 이 책은 어떻게 보면 담배에 대한 송시頌詩이면서, 동시에 담배에 대한 비가悲歌이기도 하다.

　요즈음 같은 시대의 미국에서 담배를 찬양하는 것은 결코 쉬운 일이 아니다. 우리들은 청교도들로부터 전해 내려온 문화가 사회에 신경증적 환상을 부과하고 죄책감을 강요하며, 공중위생을 구실로 도덕적 판단을 내리고, 자유를 전반적으로 억제하기 위해 감시와 검열을 증대하는 그런 억압의 시대에 살고 있는 것이다. 담배에 대한 오늘날의 신경증은 오래전 담배에 대한 증오가 한창이던 때와 비교가 된다. 이것은 또한 전쟁과 같이 엄청난 사람들의 동원이 필요했던 미국 역사의 한 시점과도 대조가 된다. 예를 들어 전쟁 기간 동안에는 담배란 생존을 위해서—퍼싱 장군은 그의 군대에는 담배가 음식만큼 중요했다고 술회하고 있다— 필수 불가결한 것으로 간주되었다. 왜냐하면 그 생존이라는 것의 기간이 극히 짧을 수도 있기 때문이었다. 비극을 눈앞에 둔 암울한 상황이었던 전쟁과 경제 대공황 동안에는 흡연은 단순히 쾌락으로 인정되었을 뿐 아니라 우정과 위안을 위한 의무로 간주되었다. 또한 흡연은 성인의 지표로도 인식되었다. 사회가 더 많은 '군인들'을—여기서는 군인뿐 아니라 민간인도 포함하며 남녀 모두 해당이 되는데— 필요로 했을 때는 언제나 담배는 그 가치가 바뀌어서 칭송의 대상이 되었을 뿐만 아니라 애국적인 것이 되었다. 제1차 세계대전이 끝난 직후인 1920년에 몇몇 담배 증오주의자들이 미국의 인디애나 주州에 용감하게 다시 등장해 금연 캠페인을 재개했는데—이들 이전의 어떤 그룹들은 1890년대에 그들의 주장을 관철해서 26개 주에서는 공공장소에서의 흡연을 금하게 하기까지 했다— 이들은 모두 반역죄로 기소되었다.

　담배와의 커다란 스캔들이 있는 미국의 역사는 현재와 같은 풍토에서는 간과되고 있으며 심지어는 잊혀가고 있기까지 하다. 콜럼버스가 담배를 유럽인들에게 전해주었던 때부터 담배가 유럽 대륙에 기여한 공헌으로 인해서 종종 인용되었던 구호, 즉, "담배는 미국적인 것이다"라는 찬사를 이제 미국인들은 잊어버릴 위험에 처해 있는 것이다. 그렇다. 담배는 '미국적'인 것일 뿐만 아니라 바로 미국 그 자체였다. 제임스 뷰캐넌 듀크James Buchanan Duke와 같은 미국 사람은 흡연을 보편화시켰고 그것을 전 세계에 전했다. 담배는 처음에는 특권 계급의 전유물이었으며, 1896년에 피에르 루이는 그의 글에서 쾌락의 지식에 관한 한 현대 유럽 문화가 이룩해낸 가장 결정적인 진보라고 말했다.

적어도 지적인 정직성은 장 콕토Jean Cocteau가 담배 한 갑의 '힘 있는 마력'이라고 부르는 것의 근원을 파헤쳐볼 것을 요구한다. 환상주의자인 콕토는 연기 자욱한 그의 글 서문에서 다음과 같이 썼다.

> 우리는 담뱃갑 속에 있는 담배를 꺼내어 라이터로 불을 붙이는 의식과, 그리고 우리의 폐를 통과하여, 코를 쿵쿵거리게끔 만드는 그 희한한 연기가 힘 있는 마력을 가지고 세계를 유혹하고 지배해왔다는 사실을 잊어서는 안 된다.

콕토는 여기서 모든 장소와 모든 계층과 모든 환경 속에서 담배가 가진 보편적인 유혹과 마력에 대해서 언급하고 있다. 다시 말해서 가치관이 제아무리 이상한 사회라고 할지라도, 그리고 관습이 제아무리 특이하다고 할지라도 담배의 이 위험스런 마력과 담배의 미가 야기하는 불같은 위험에 굴복하지 않는 사회는 없다는 것이다. 일단 담배라는 것이 허용되면 사람들이 담배를 피우지 않는 곳은 이 세상 어디에도 없다.

이 세상에 담배tabacco와 궐련cigarettes을 전해주었던 미국이 담배를 금

● 장 콕토(Jean Cocteau)
©Magnum Photos

지한 첫 번째 나라가 된다고 상상해보는 것은 흥미롭다. 19세기 말에 사람들은 흡연의 종말이 곧 도래할 것이라고 예언했다. 그러니 지금 그 흡연의 종말이 사라지고 또다시 흡연을 하지 않을까 예견하는 것은 시기상조가 아닐까 싶다. 그보다는 오히려 우리는 지금 미국이 20세기에 들어서 이미 여러 차례 반복해온 흡연의 장려와 금지라는 주기적인 사이클 중 한쪽의 최고점에 도달해 있다고 보아야 할 것이다.

이는 곧 우리가 이 다음번에는 주기적인 사이클의 다른 방향으로 나아갈 것이라는 사실을 암시한다. 일반적인 흡연 인구는 점점 감소해가지만, 이에 아랑곳하지 않고 특정한 지역에서는 흡연 인구가 급격히 늘어난다는 사실은 금연 운동이 경제적·사회적 위기 조건 아래에서 어떠한 운명에 처해질 것인가 하는 점에서 사람들을 의아하게 만든다.

그러나 예를 들어, 비록 불가능한 일이지만, 흡연이 미국에서 사라지게 된다고 상상을 해보라. 그러면 이와 동시에 무엇을 잃어버리게 될 것인가? 거의 100년이라는 기간 동안에 수십억에 가까운 사람들이 수천억 개의 담배를 셀 수 없을 정도로 피워왔다면 흡연이라는 행위에는 적어도 어떤 유익함이 있음에 틀림없다. 만약 흡연이 당장 내일 중단된다면 비록 건강에 엄청난 이득이 되기는 하겠지만 이 유익함이라는 것도 사라질 것이다. 또한 흡연이 가져다주는 어떤 특별한 경험도 동시에 소멸되고 말 것이다. 담배가 우리들의 신화나 꿈과 같은 사회적 상상력 가운데에서 차지하고 있는 위치, 그리고 담배가 제공하는 위안과 강화強化와 직관, 마력 등을 발견할 수 있는 것은 아마도 흡연이라는 것이 사라지는 바로 그 순간일 것이다. '담배여 영원히 안녕!'이라는 제목의 글을 쓰게 된다고 상상해보라.

콕토의 공식에서는 흡연이라는 의식적 마력이 '세계를 지배했다'라는 것이 된다. 유혹이라는 것을 은연중에 의미하는 이런 군사적인 은유법은 흡연의 중요한 양극兩極을 합성하고 있는데, 이 양극의 합성을 프랑스의 유명한 담배 상표로 예를 들 수 있다. 골루아즈Gauloises와 지탄Gitanes이 그것이다. 이 담배들은 '위험'과 '아름다움'의 상징이라고 볼 수 있으며 각각의 담뱃갑에 군인(위험)과 집시(아름다움)의 모습을 새겨 넣음으로써 이 사실을 구체화하고 있다. 불어로 '강력한 매력charmes puissants'이라는 표현은 프랑스인에게는 틀림없이 흡연가의 마음을 사로잡고, 그의 지친 영혼을 치유해줄 샤를 보들레르Charles Pierre Baudelaire의 유명한 시 〈담배 파이프La Pipe〉에 나오는 파이프 담배의 '강력한 위안Charles puissant dictame'을 상기시킬 것이다. 보들레르는 그의 여인들의 미를 흡연에 부여했는데, 그의 여인들의 아름다움이란 다름 아닌 시적인 마력과 유혹, 그리고 마음을 위로하고 즐겁게 하며, 영혼을 소생시키고, 용기를 북돋아 주는 그런 것이다. 프랑스 시인 폴 발레리Paul Valery는 그의 시집에 마법적인 힘을 부여하여 본문이 읽는 사람에 따라서 변형이 되는 효과를 노렸기에 자신의 시집을 '매력Charmes'이라고 불렀다. 그는 또한 라틴어로 시, 그것도 그냥 시가 아니라 노래로 불리는 시에 해당하는 단어인 '카르멘Carmen'의 효과가 나타나기를 원했다. 담배와 연애를 했다고 말해도 과언이 아닐, 시인 발레리는 담배를 하루에 60개비씩 피웠는데 그도 역시 문학에서 담배와 동일시되고 있는 최초의 인물인 집시 여인 카르멘의 유혹을 생각했을지도 모른다.

　조르주 비제Georges Bizet의 집시 여주인공 카르멘이 그녀의 애인이자 군인인 돈 호세를 만날 때, 그녀는 세비야에 있는 담배 공장에서 담배를 마는 일을 하는 여직공 중 하나로 등장하는데 바로 여기서부터 이 오페라의 제1막이 시작된다. 카르멘이 일하고 있는 세비야는―이는 우연의 일치가 아니다― 19세기에 유럽의 담배 제조의 중심지이자 근원지로서, 수천 명의 남녀 근로자들이 무기력하게 담배 마는 작업을 하던 거대한 공장이 있던 곳으로 유명한 도시다. 그들은 이곳의 푹푹 찌는 열기와 담배 냄새와 사람들의 땀 냄새, 그리고 그들 스스로가 끊임없이 피워대는 자욱한 담배 연기에 취해서 지내다시피 했고 그들의 피부는 지독한 니코틴 얼룩으로 인해 견과류 껍질처럼 갈색으로 염색되어 있었다.

비제의 오페라의 토대가 된 프로스페르 메리메Prosper Mérimée의 소설 『카르멘』은 세비야에 있는 공장에서 돈 호세가 집시 여인 카르멘을 만나는 장면을 묘사하는 것으로 시작한다.

> 이 공장에는 400~500명의 여성들이 일하고 있다. 거대한 홀에서 담배를 마는 작업을 하고 있는 사람들은 모두 여성들이며, 아울러 이곳은 허락이 없이는 남자들이 들어갈 수가 없다. 왜냐하면 날이 더울 때는 여성들이 옷을 절반 정도밖에는 걸치지 않고 일하기 때문이다. 특히 젊은 여자들이 말이다. 저녁 식사 후에 그들이 돌아갈 시간이 되면 많은 젊은 남자들이 그녀들이 지나가는 것을 보려고 온다. 그리고는 그들에게 이런저런 말들을 붙인다. 젊은 여자들에게 남자들이 호박단琥珀緞의 망토를 건네면 거절하는 사람은 거의 없다. 이런 식으로 그물을 치면 고기는 자연히 걸려들게 마련이다.

오페라의 첫 막에서 담배 말이 여직공들은 작업을 끝내고 난 후 담배를 피우며 광장에 서서히 등장한다. 그들이 부르는 합창은 마치 벽에 대고 낙서를 하듯이 굽이치며 부드럽게 솟아오르는 담배 연기가 향수에 비유할 만하다는 내용의 축가다. 다시 말해서 담배란 남의 힘을 빌리지

담배는 숭고하다

않고도 그 스스로가 하루 종일 글을 써 나가는 연애시가 된다는 것이다. 이것은 그들이 부르는 꿈과 같은 멜로디와 일맥상통한다.

> 연인들의 달콤한 이야기, 달콤한 이야기
> 이 모든 것들은 담배 연기라네!
> 그들의 희열, 그들의 희열, 그리고 그들의 맹세
> 이 모든 것들은 담배 연기라네.
> 담배 연기가 허공으로 떠도는 것을 우린 바라본다네.

프랑스 문학에서 담배cigarette라는 단어가 처음으로 등장하는 것 가운데 하나는 보들레르의 〈1848년의 살롱Les Salons de 1848〉이라는 작품이다. 접미사 '—ette'는 남성 명사인 'le cigare'에다가 '작다'라는 여성적인 의미를 더한다. 그 단어는 그것이 가리키는 대상물과 마찬가지로 보들레르의 원문 속에 나타나는데 '로렛lorette'들의 매끄러운 손가락 사이에 낀 것으로 모습을 드러내고 있다.

로렛은 프랑스 제9군에 있는 성모 마리아 교회 주변에 위치한 창녀굴에 있는 하급 매춘부들인데, 보들레르는 이곳을 드나들면서 그들의 냉소적이고도 찌뿌둥한, 그리고 근심에 차 있는 태도에 대해 다음과 같이 말했다.

> 그들은 엎드린 채 무척이나 지루해하는 태도를 보여주고 있다. …… 그리고는 시간을 죽이기 위해 담배를 피워댄다.

그렇다. 담배란 시간을 죽이는 것이다. 지칠 줄 모르고 째깍째깍 대며 흘러가는 소리가 보들레르로 하여금 그의 시 〈괘종시계 l'horloge〉에서 경악감을 표출하도록 만들었던, 그런 시간을 말이다. 여기서 말하는 '시간'이란 우리가 말하는 단순한 '세월'이 아닌, 기계적으로 측정할 수 있는 시간을 의미한다. 시계 문자판이 기록하고 있는 시간, 즉 일련의 순간들이란 단순히 '지금들'이라는 것의 연속일 뿐 아니라, 죽음 앞에 놓여 있는 초^秒들의 수를 감소시키는 죽음의 경고이기도 하다. 그러나 담배는 아주 짧은 순간일지라도 시간이라는 것을 밖으로 내몰아 버림으로써 진행을 방해하며, 거꾸로 되돌리기도 하고, 또한 그 시간이라는 것에 작은 혁명을 일으키기도 한다. 1848년 6월에 보들레르는 혁명가들이—그도 그들 중 하나였는지도 모른다— 파리의 거리를 통과하며 소총으로 그곳의 모든 시계를 쏴버리는 장면을 목격했다고 한다. 뒤에서 설명하겠지만, 흡연은 시간이 정상적으로 흘러가는 것을 정지시키고, 시적 감수성이 저항할 수 없는 매력을 느끼는 사치스런 무관심과 체념의 조건 속에서 보다 통찰력 있는 무엇인가를 수행한다는 관념과 항상 연관이 있다.

시는 시인과 관련이 있듯이, 담배는 곧 흡연가와 관련이 있다. 이 글을 읽을 때 독자들은 흡연가가 널리 인식된 흡연의 문화적 규약에 의해 결정된 문법과 단어의 범주 내에서 담배와 서정적인 대화를 나누는 것을 엿들을 수 있다. 흡연가는 담배를 가지고 미묘한 춤의 모습을 보이기도 하고 몸짓과 말을 동반하는 대화를 하기도 한다. 담뱃갑에서 꺼내 피우는 담배는 대기와 인간의 호흡 속에서 마치 상형 문자처럼 기호로 이야기하기 때문에 인간처럼 시를 쓰고, 오페라 아리아를 부르기도 하며, 춤을 춘다고 볼 수가 있다. 말쑥한 종이옷을 입고 있는 담배는 거칠고 원기 왕성한 남자들이나 정신분석가들이 상상하는 벌거벗은 담배보다 더 미묘하고, 점잖으며, 시원하다. 흡연가는 담배의 몸을 부여잡고 무의식적으로 탱고를 추며, 담배의 그 아름다운 몸은 흡연가로 하여금 그것에 빠져들게 만든다. 담배는 언어학자들이 '나'라는 단어를 두고 '이동 장치'라고 부르는 것과 유사하다. 즉 '나'라는 사람의 내적 자아의 독특성 그대로를 표현하는 이 단어가 모든 화자들에게 보편적으로 적용 가능하기에 이 세상에서 가장 독특하지 못한 것이 되는 것이다. 흡연가는 담배를 교묘하게 다룬다. 마치 자신에 관한 이야기를 자기 자신에게 할 때와 남에게 할 때는 '나'라는 단어를 교묘히 변형시켜 이야기하듯이 말이다.

많은 저자들은 담배가 흔히 의사소통이라고 부르는 것을 위한 도구로서 사용된다고 이해해왔다. 흡연은 우리 모두가 해석하도록 배워온 '무언無言의 언어 행위'이자, 마치 영화감독이 등장인물을 통하여 플롯을 드러낼 명백한 의도를 가지고 의식적으로 사용해온 '행위'인 것이다. 주의 깊은 관객들은 영화에 등장하는 인물이 피워대는 담배를 단순히 볼 뿐만 아니라, 마치 그 영화의 소제목처럼 그 담배의 의미까지 읽을 수 있다. 다시 말해서 카메라가 자세하게 설명을 해주지 않더라도, 그것이 의미하는 언어를 해석할 수 있다는 말이다. 비록 말은 하지 않고 있지만 담배는 카메라가 보는 모든 것의 기호다. 영화에 나오는 담배는 언외의 의미로서, 말없는 소제목으로서, 그리고 때로는 행위의 명백한 전제나 기호의 열려진 의미 체계를 수반하기도 하고, 이에 모순되기도 하며, 이를 뒤집어엎는 역할을 하기도 한다. 만일 영화에 나오는 담배가 단순히 소품일 뿐만 아니라 등장인물이기도 하고, 때에 따라서는 주인공이 되기도 한다고 가정하면 문제는 좀 더 복잡해진다. 어떤 영화에서는 담배가 너무나도 많이 나와서 담배 그 자체가 포즈와 개성, 음성까지 지닌 하나의 배역, 아니 심지어는 주인공 역을 갖게 되기도 한다. '담배주의'의 이런 가능성에 대한 설명은, 오로지 잉그리드 버그만Ingrid Bergman 한 사람만을 제외하고는 모든 사람들이 끊임없이, 열정적으로, 그리고 의미심장하게 담배를 피워대는 영화 〈카사블랑카〉에 나오는 담배에 관한 분석의 장으로 미루겠다.

1980년에 나온 『여성과 담배』라는 제목의 사진집에는 모델과 담배와의 대화가 카메라의 초점이 된 자크 앙리 라르티그Jacques-Henri Lartigue의 사진이 있다. 담배의 재치 있고 매력 있는, 아름다운 언어는 담배를 든 여성이 자세를 취하는 방법과 연관이 있다. 담배 끝에 있는 재 바로 밑에 있는 작고도 눈에 잘 보이지 않는 불똥은 사진에서는 잘 보이지 않는 다른 정신이자 영혼이며, 그 여자가 취하는 자세를 구성하고 있는 관계에서 보면 삶의 다른 면모이다. 말하자면 그녀의 몸이 담배 끝에 붙어 있는 불똥과 반응하면서 담배에게 말하고 있는 것이다. 담배가 말하는 이야기는 그녀가 담배를 피우지 않을 때 하는 이야기와는 상당한 조화를 이룬다. 그러나 그 이야기는 또한 그녀의 가면이 될 수도 있고, 그녀를 드러낼 수도 있다. 라르티그는 이 사진집에서 여성의 흡연에 수반되는 몸짓에 대한 레퍼토리의 변수, 마지막 장에서 내가 불어로 '시간의 공기'l'air du temps'라고 부르는 것을 전달하기 위한 무언의, 그러나 잘 이해되고 있는 규약을 결정하는 숙어와 문법을 정의한 최초의 인물일는지도 모른다.

그러나 담배는 흡연가의 주관성을 반영하는 거울 그 이상이다. 그것은 우리가 손에 쥐고 있는 대상물일 뿐 아니라 그 자체로서 육체와 영혼을 지닌, 살아 있는 피조물로서 간주되어야 한다. 또한 담배는 시詩일 뿐 아니라 동시에 시인이기도 하다. 담배Cigarette 끝에 붙어 있는 불똥은 살아 있는 존재의 심장, 그것도 연약한 여성을 의미하는 '—ette'라는 접미사 때문에 여성의 심장과도 같으며, 마음을 한곳에 집중시키는 풍부한 유혹의 원천과 다양한 힘을 지니고 있다. 이로쿼이 족[注]으로부터 아즈텍 족에 이르기까지 모든 아메리칸 인디언들이 일반적으로 담배Tabacco를 신으로 간주했다는 것은 그다지 엉뚱한 이야기는 아닐 것이다. 엄청난 다신주의였기에 만신전萬神殿을 가지고 있었던 로마인들의 경우에는 아마도 아침에 피우는 첫 담배를 그들의 작은 여신으로 삼았을지도 모른다고 발레리는 추측한다.

"만일 그 당시 그들이(로마인들이) 담배라는 것을 알았더라면 그것을 아마도 라틴어로 '아침의 연기Fumata Matutina'라고 불렀을 것이다. 그들에게는 유감스런 일이지만, 그들이 몰랐던 유일한 쾌락은 담배였다고 보아도 과언은 아닐 것이다."

이렇듯 담배를 '신격화'하는 것과 흡연에 반대하는 힘에 의해 '악마'로 간주되는 것을 어떻게 조화롭게 화해시킬 것인가? 담배를 '니코틴 아가씨Lady Nicotine'라고 부르는 사람들이 있는데, 여기서 니코틴은 '아가씨'가 아니라 '악마 공장'에서 제조되는 '작은 악마'로 보아야 한다고 미국 매사추세츠의 반反흡연 연맹 창시자 조지 트래스크 목사는 주장했다. 그는 자신의 주장을 관철시켜 남북전쟁 전에 보스턴에서 이미 공공장소에서의 흡연을 금지시키는 것에 성공했다. 그러면 아마도 다음과 같은 질문을 할 수도 있을 것이다. 전 공중위생국 장관 에버렛 쿠프가 "담배를 외국에 수출하는 것은 곧 질병과 불구와 죽음을 수출하는 것과 다를 바 없다(1989년 8월 8일자《인터내셔널 헤럴드 트리뷴》)"라고 비난한 이러한 때에 담배의 미를 어떻게 고집스럽게 주장할 수가 있을 것인가 하는 질문을 말이다. 담배를 처음 배울 때 맛이 좋다고 생각하는 사람은 하나도 없으며, 담배가 우리들에게 좋은 물질이라고 말하는 사람 역시 하나도 없다는 것은 우리 모두가 잘 아는 사실이다. 물론 16세기에는 몇몇 변덕스런 의사들이 '담배가 의학적인 효과가 있는 만병통치약'이라고 주장했었던 적도 있기는 하지만 말이다.

담배의 역사를 연구하는 학자들은 종종 반反담배주의는 담배가 서양에 도입됨과 동시에 일어났으며, 담배의 보편화와 동행을 해왔다고 주장한다. 그런데 담배에 대한 최초의 반대는 의학적 차원이 아니라 도덕적 차원에서였다. 다시 말해서 성직자들은 담배가 마음을 어지럽히는 약이며 아편성 물질로서, 사람들을 위협하는 쾌락과 위안의 힘을 가진 것으로 간주하기에 이르렀다. 담배를 스페인에게 전해준 인디언들에게 있어서는 담배가 신이었던 반면에, 기독교인들에게는 담배가 곧 악마적인 애니미즘Animism으로 여겨졌다.

1498년과 1502년에 각각 콜럼버스와 동행했던 바르톨로메 데 라스 카사스Bartolomé de Las Casas는 담배의 효과에 대해서 맨 처음으로 진지하게 관찰한 사람 중의 하나였다. 그는 『서인도의 역사Historia de las Indias』에서 담배를 최초로 기록했으며, 아울러 놀랄 만한 통찰력으로 그것이 다가올 400년 동안 공중위생의 주요한 도덕적 주제가 될 것을 명쾌하게 예견하고 있다. 그는 다음과 같이 기록하고 있다.

그것은(담배) 어떤 잎사귀로 싸여져 있는 마른 풀잎이다. 물론 그것을 싸고 있는 잎사귀도 역시 마른 풀잎이다. 이것들은 마치 오순절 날에 남자 아이들이 만들어서 노는 종이 폭죽의 형태와도 같다. 한쪽 끝에 불을 붙이고, 다른 쪽 끝을 빨아댄다. 그들은 그것을 들이마시거나 호흡과 동시에 배 속에 집어넣는다. 이 연기는 그들의 육체를 잠재우고 취하게 만들기도 한다. 그렇기 때문에 그들은 피로를 느끼지 않는다고 말한다. 이 폭죽들을—아니, 우리는 이것을 뭐라고 불러도 상관은 없지만— 그들은 담배라고 부른다. 나는 에스파뇰라(역주 - 리처드 클라인은 이곳이 오늘날의 산 토도밍고나 하이티로 여겨진다고 주석을 달고 있다)에 있는 스페인 사람들을 알고 있는데 그들은 담배에 익숙해져 있다. 내가 그들을 나무란 후에야 비로소 그들은 담배가 사악한 것인지 알았다고 했으며, 하지만 자기들로 서는 도저히 끊지 못하겠다고 말했다. 나는 담배가 무슨 맛이 있기에 그 들이 그렇게 피워대는지 도무지 알 수 없다.

흡연이 습관화되어 있지 않았던 라스 카사스가 담배의 매력을 알지 못했다는 것은 이상할 것이 없다. 도덕주의자들은 흡연이 강제적으로 행해진다는 점에서, 즉, 일단 손에 쥐고 나면 저항할 수가 없게 되는 다른 행위들처럼 마취와 마비 상태를 제공하고 일의 고통과 피로를 마술과도 같이 깨끗하게 일소해준다는 점에서 '악마적'이라고 성급하게 결론을 내리려 한다. 그러나 철학자인 그는 흡연을 시도하고 급기야는 이 새로운 사악에 몰입해보았지만 담배에서는 결코 좋은 맛이 나지는 않았다는 사실을 입증하고 있다. 담배에 관한 위대한 현대 역사가인 네드 리 발Ned Rival은 이 세상에 담배의 맛을 찬양하는 책은 하나도 없다고 확신한다. 그는 다음과 같이 쓰고 있다.

"담배가 이 세상에 널리 알려지기 전 시대에는 흡연이 쾌락이나 휴식으로 간주되지 않았다"라고 말하는 것은 놀라운 것이다. 역사가들은 기껏해야 담배가 굶주림을 진정시켜주고 피로를 누그러뜨려주며, 또한 마취의 효과가 있다고 주장하고 있다. …… 그러나 그들은 그 어디에도 담배의 맛과 냄새가 좋다고는 기록하지 않았다.

제임스 1세는 1604년에 '담배에 대한 반대Misocapnus, sive De abusu tobacci'
라는 뜻의 라틴어를 사용하여 그의 신하들이 열성적으로 빠져들고 있는
그 혐오스런 흡연 습관을 향해 강한 비난의 화살을 돌렸다. 그는 "흡연
습관은 보기에 혐오스러울 뿐만 아니라 냄새도 고약하고, 두뇌에도 위
험하며, 폐에도 좋지 않다. 그리고 더욱 나쁜 것은 지옥에서나 있을 법한
더러운 연기를 흡연가가 직접 퍼뜨린다는 점이다"라고 쓰고 있다.

제임스 1세는 월터 롤리Walter Raleigh 경의 목을 내리칠 칼날을 갈고 있
었다. 결국 제임스 1세는 근거없는 반역죄 혐의를 적용시켜 그를 참수형
에 처했다. 월터 경은 카리브 해안을 주름잡던 대단한 사략선(私掠船, 역
주-전시에 적의 상선을 나포할 수 있는 허가를 받은 민간 무장선)의 선장이었으
며, 제임스 1세가 증오한 그의 전임자가 가장 아꼈던 사람이었다. 담배
는 제임스 1세의 전임자―엘리자베스 왕조가 가져다준 새로운 쾌락과
관점의 상징이었다. 그리고 바로 월터 경이 16세기 영국의 엄격한 신앙
심에 찬물을 끼얹을 목적으로 미국 버지니아산 담배를 영국에 처음으로
도입했던 장본인이었다. 월터 경은 자신의 목이 잘릴 때까지 끝내 담배
파이프를 포기하지 않은 채 입에 물고 있었다. 기록은 다음과 같다.

"이 세상에 그 어느 누구도 월터 롤리보다 더 화려하고 멋있게 죽은
사람은 없다. 그는 단두대를 향해 걸어가다가 미소를 지어 보이며 도중
에 도끼를 집어 들었다. 그리고는 그 도끼날을 자신의 손가락으로 만져
보며 '이건 정말 날카로운 약이로군. 이것이야말로 모든 병을 치료해주
겠지'라고 말한 것으로 전해지고 있다."

월터 경의 이런 재치 있는 문구 속에 담긴 건강에 대한 철학과 흡연과
의 관계는 제3장에서 핵심으로 다루어지며, 아울러 이탈로 스베보의 작
품을 통해 그 건강 철학을 재해석해 보겠다.

루이 14세, 나폴레옹, 그리고 히틀러와 같은 폭군처럼 제임스 1세 역시 흡연을 경멸했고 담배를 악마로 취급했다. 담배를 재배하고, 팔고, 피우는 권리의 억압과 폭군과의 관계는 해방 운동과 정치, 문화 혁명들이 항상 그런 권리들을 그들의 정치적 요구의 중심부에 두었던 방식에서 가장 명확하게 볼 수 있다. 폭군에 대한 투쟁의 역사는 종종 흡연의 자유를 옹호하는 투쟁의 역사와 분리할 수 없는 경우가 있다. 프랑스 혁명과 미국 독립운동이 가장 좋은 경우다. 담배 무역을 생업으로 하는 영국의 첫 이주자들이 버지니아에 정착하기 시작한 시기부터 영국의 관세에 대한 혁명적 투쟁에 이르기까지, 미국의 초창기 정치적 역사는 국가의 간섭에서 해방된 담배의 재배와 사용에 대한 권리 및 자유라는 이름으로 형성되었던 것이다. 담배는 국가가 독점을 해야 한다고 처음으로 주장한 나폴레옹이 담배가 세금을 매기기에는 가장 좋은 것이라고 한 것과 같은 이유 때문에 정부는 항상 담배의 사용에 대해 통제를 가해왔다. 담배는 그야말로 가장 가난한 사람들마저도 그 습관적인 마력 때문에 돈을 지불하고 산다. 그러나 또한, 그 이유가 표현적인 자유의 개인적 행동들에 대해 이들 폭군들의 도덕적 경향과 알레르기 반응을 자극했을지도 모른다. 루이 14세와 히틀러처럼 나폴레옹 역시 흡연이라면 격렬하게 구토를 할 정도였다. 히틀러는 담배 연기를 광적이고도 미신에 가까울 정도로 싫어했다. 그는 자신의 앞에서는 어느 누구도 담배를 피우지 못하게 했다. 그런데 단 한 사람의 예외는 있었다. 바로 무솔리니였다. 오직 무솔리니만 히틀러 앞에서 담배를 피우도록 허용되었던 것이다. 히틀러의 제3제국 기간과 전쟁 기간 동안에는 모든 곳에 "독일 여성들은 담배를 피우지 말 것"이라는 표지판들이 내걸려 있었다. 그러나 그럼에도 불구하고 사실상 그 반대가 더 판을 쳤다. 이 세상의 그 어느 곳이든 간에 일단 담배라는 것이 허용이 되면 흡연을 하지 않는 곳은 없기 때문이다.

흡연과 해방의 관계를 입증하는 가장 최근의 증거는 20세기에 여성들이 자유를 위해 벌인 투쟁 속에서 볼 수 있다. 1945년 4월에 프랑스 여성들이 전쟁 이후 처음으로 담배 배급을 받은 지 바로 2주 뒤에 투표권을 얻게 된 것은 우연이 아니다. 그러나 그들에게 할당된 담배는 남성들이 받은 배급의 3분의 1 정도였다. 비록 가야 할 길을 아직도 멀지만 그래도 발전은 있었던 셈이다. 결론 부분에서 나는 유럽 여성들 중에서 전통적인 위치와 역할에서 가장 많이 해방이 된 나라에 사는 여성일수록 흡연 가능성이 더 높다는 사실을 보여주는 유럽 공동체 건강 조사단의 결과를 검토할 것이다. 이런 사실은 반담배주의의 물결에 따른 현재의 추진력은 여성 혐오증 내지는 반여성주의Anti-feminism로부터 파생한다는 의심에 확신을 더해준다고 볼 수 있다.

자신들의 역사를 항상 잊어버리는 미국인들은 오늘날 반흡연 감정의 대두를 두고 그것을 자기들이 만들어낸 것이라고 생각하고 있다. 1920~1930년대는 말할 것도 없고 20세기가 막을 고하려는 때에도 강력한 정치적 힘들이 '악마의 풀잎'과 전투를 벌였다. 오늘날과 마찬가지로 그 당시에도 역시 시민의 건강을 옹호하는 항의는, 마치 검열관들이 표현과 쾌락의 일부 형태가 전체 사회에 미치는 해악을 예로 들면서 자신들의 간섭을 옹호하듯이, 도덕적 차원에서의 반대라는 형태를 띠었다.

사회적 불인정이라는 무언의 형태로부터 모든 국내선 구간에서의 흡연을 금하는 법안에 이르기까지 '다양성'의 나라 미국에서는 담배의 아름다움과 유익함이 억압되어왔고, 또한 잊혀왔다. 여기서 특히 모든 국내선 구간의 흡연 금지는 일부 사람들에게 불안과 공포의 순간에 담배가 제공하는 위안과 통제력을 즐길 자유를 금지하는 위험성을 가진 신호라고 볼 수 있다. 평상시에는 흡연을 하지 않는 많은 사람들이 위기의 순간이나 자아 통제와 집중이 요구되는 극도로 불안한 순간에는 흡연을 하게 된다. 전시에는 종종 담배가 제공하는 심리적·사회적 유익과 문화적 가치, 그리고 심미적 힘 때문에 찬양되지만, 요즈음에는 담배를 목소리 높여 찬양하는 소리는 그 어디에서도 들어볼 수 없다. 그러나 시간이 지나감에 따라 그 주기가 변하고 있다. 이 책은 마치 유행의 결과, 즉, 보편적인 사회적 긴장감이라는 압력 아래에서의 주기적 역사 발전이라는 불투명한 과정이 뒤바뀌는 효과처럼 현재의 풍토가 변할 것이라는 예감에 근거해서 써 나가고 있다. 미국은 담배의 사회적 유익을 발견하거나, 또는 현대성에 기여한 담배의 엄청난 공로에 감사하거나, 또는 미국이 세계에 준 선물인 담배와의 연애를 재개하기 위해 거대한 재난이 오기를 기다릴 필요는 없다. 그것은 사회가 불안에 대한 집단적인 통제를 필요로 하는 순간에 복수심을 가지고 급작스럽게 다가올 것이다.

현재의 견해와는 다른 견해를 살펴보기 위해서 우리는 1945년의 유럽에서 담뱃갑에 부여되었던 가치를 상기해볼 필요가 있다. 그 당시에는 담배가 미국 버지니아 초기 이주자와 그 이후의 루이스^{Meriwether Lewis}와 클라크^{William Clark}에게 있어서처럼 보편적인 교환의 징표였다. 마치 금과 동등하게 말이다. 루이스와 클라크는 인디언과의 물물교환 시 중요한 징표로 담배를 사용했다. 프랑스의 집단 수용소인 드랑시^{Drancy}에서는 출발 전날에 10프랑을 내고서야 비로소 담배를 한 모금 빨 수가 있었으며 담배 두 개비를 완전히 피우는 데에는 100프랑이 요구되었다.

의사들은 흡연의 독성과 위험성을 정확하고도 끈질기게 온 세상 사람들에게 상기시키고 있다. 그것이 바로 그들의 일이기 때문이다. 그러나 여기서 문제는 그러한 정보를 전하는 의사들의 열정이 담배가 지니고 있는 위험, 그중에서도 특히 다른 사람들의 흡연과 상당히 거리감이 있다는 점이다. 오늘날 담배에 대한 반대 움직임은 마치 과거에 집단적인 복리를 쾌락으로부터 보호한다는 명분 아래 자유를 억압하고 검열이 이루어졌던 일을 상기시킨다. 결과적으로 담배는 국가 통제를 강화하고자 하거나 다른 이해관계를 감추려 한다는 의심을 받아온 많은 '금지'들처럼 청교도적인 금지의 상징이 되었다. 얼마 전에 보건교육후생부 장관은 백악관의 참모장이 〈깨끗한 공기 흡입권 법안Clean Air Bill〉을 묵살했던 바로 그 주週에 담배의 매매를 비난했다. 담배는 모든 곳에서 비난을 받고 있다. 그런데 그 비난의 강도가 지나치다는 것은 곧 우리의 자유를 직접적으로 위협하는 열정이 상당히 광범위하고도 위험하며, 마치 지하에서 공작이라도 이루어진 것처럼 보이기도 한다. 흡연의 자유는 자유라는 문화 계층의 중요한 징표로서 이해되어야만 한다. 그 자유가 위협을 받을 때 우리는 또 다른 자유들이 위협을 받지 않나, 그리고 또 다른 통제들이 가해지지 않나 하고 조심해야만 한다. 흡연의 자유에 대한 사회의 태도는 사회가 대다수 사람들의 권리를 이해하는 방식에 대한 일종의 시험지라고 볼 수 있다. 왜냐하면 어느 때나 항상 세계의 모든 성인들의 8분의 1은 흡연가들이기 때문이다. 흡연의 자유와 사회 일반의 자유 사이의 관계는 입증하기가 어려운 문제이나 이 책은 그 관계라는 것이 제외되어서는 안 된다는 것을 제시할 것이다.

마음을 진정시키고 또한 흥분시키는 이중적 효과가 있는 약물인 담배가 연방 정부에 의해 공격을 받기도 하고 장려금을 받기도 하는 것은 흡연을 둘러싸고 있는 많은 역설들 중의 하나이다. 지미 카터가 눈물을 글썽이며 노스캐롤라이나의 어느 한 담배 재배 단체 앞에서 그들에 대한 장려금을 삭감하는 그런 경제 정책은 쓰지 않겠노라고 맹세를 하고 있던 바로 그때에, 보건교육후생부 장관인 조셉 칼리파노는 미국의 흡연 퇴치 운동 역사상 가장 큰 액수인 5000만 달러라는 돈이 소요된 흡연 반대 캠페인을 벌이고 있었던 것이다. 이 책은 이러한 명백한 '모순의 기저에 깔려 있는 일관성', 즉 '숭고'라는 개념이 우리로 하여금 인식하게 해주는 더 깊은 논리를 밝혀보고자 하는 데에 그 목적이 있다.

1856년에 《파리의 흡연가Paris fumeur》라는 제목의 흡연을 다룬 저널은 '흡연은 곧 기도다'라는 모토를 내세웠다. 현대의 많은 작가들에게 있어서는, 그중에서도 특히 『오늘의 불Au feu du jour』의 저자인 르클레르에게 있어서는 '흡연은 우리 시대의 기도'였다. 담배를 피우는 순간 우리는 평범한 경험에서 벗어나게 되고, 고도의 집중으로 인해 초월감이라는 것을 맛보게 되며, 불과 연기와 손끝에 매달려 있는 불똥, 폐, 호흡, 그리고 입의 종합적인 의식儀式을 경험하게 된다. 또한 흡연은 무한이라는 것의 작은 분출을 가능하게 해주며, 또한 비록 작기는 하지만 견해를 바꿔주고, 짧기는 하지만 자아 밖에 있는 황홀감을 느끼게 해준다.

300년 전에는 인디언들이 앉아서 담배를 피웠던―담배가 개인과 종족을, 그리고 개인과 그들의 조상들에 대한 집단적 기억을, 또한 개인과 그들의 주체성에 대한 신화의 수호신들을 연결해주었던― 장소인 주 의회 의사당 뜰에서 흡연을 금한다는 흡연 금지 법안이 통과되었다. 흡연의 종교적 위엄이 완전히 애매모호해지면 우리는 대중 앞에서 기도할 권리도 잃게 된다. 흡연의 자유는 종교를 보호하는 헌법에 의해서도 보호되지 않는다. 그러나 흡연의 의식儀式적인 행위에 대해서는 이 책이 파헤쳐보고자 할 점이 많다.

역설적으로 흡연에 대해 반대하는 힘은 흡연이 역사에서 차지하는 위치에 대해서는 관심이 없다. 흡연을 반대하는 힘은, 그들의 운동이 담배의 보편화라는 역사 속에서 끊임없이 존속해왔던 흡연과 금연 사이의 영구적이고도 양립하는 두 개의 힘 중 하나라는 사실을 인정하려고 하지 않는다. 검열관과 검열당하는 자 모두가, 그리고 흡연 반대자와 흡연가 모두가 서로에 대한 영원한 적대감을 그들의 지속적인 존재의 조건으로서 요구한다는 것을 인정하지 않는 것이다.

이 나라의 흡연 반대 세력은 흡연을 금지하는 것에 아직도 성공하지 못한 상태다. 다만 담배를 둘러싸고 있는 기호의 가치관을 바꿨을 따름이다. 이 책은 담배의 비밀스런 다른 면, 즉 대중적으로 인정을 받지 못하는 현재의 풍토 속에서 억압되어온 면들을 상기시켜 관심을 돌리고자 한다. 이 책은 잠시 동안이나마 뒤집힌 판단을 다시 뒤집고자 하며, 담배를 비난하기보다는 담배를 찬양하고자 하는 목적을 지니고 있다. 그렇다고 해서 흡연을 장려하거나 담배가 인체에 미치는 해악을 최소화하려는 것이 아니다. 단지 여태껏 알려지고 널리 선포되다시피 한 담배의 많은 불리함에도 불구하고, 담배는 사회가 보편적으로 인정한 유익함도 있다는 것을 상기시키고자 하는 것이다. 이 유익함이란 담배가 제공하는 휴식과 위로의 성질과 연관이 있으며, 또한 불안의 조절과 사회적 상호작용을 위해 담배가 제공하는 메커니즘과도 연관이 있다. 또는 이 유익함이란 집중력을 강화해 많은 다양한 종류의 일을 효과적으로 생산하도록 돕는 역할을 하기도 한다.

그럼에도 불구하고 이 책은 담배를 단순히 그 유용성 때문에 칭송하는 것이라기보다는 오히려 방빌이 말한 대로 그 '무익성' 때문에 칭송한다고 보아야 할 것이다. 담배의 심미적 매력, 즉 담배가 흡연가의 삶에 가져다주는 숭고하고도 어두운 미적 쾌락을 보장해주는 것은 바로 담배의 무익성 때문이다. 그리고 담배의 심미적 쾌락은 민주적이고 대중적

담배는 숭고하다

인, 그러면서도 보편적인 쾌락이다. 다시 말해서 이는 상류문화계와 대중문화계가 100년 이상 산문과 시에서, 그리고 정적이고 동적인 모든 영상 속에서 인정해왔으며 또한 명백히 보여준 미美의 한 형태이다. 담배의 미에 대한 이러한 이해는 보편적이기 때문에, 이 책은 현대성이 낳은 흥미롭고 의미심장한 문화적 인공물 사이에 있는 것처럼, 담배를 심각하게 취급하는 것처럼 보일 수도 있다. 앞으로 보게 되겠지만 그것은 바로 피에르 루이Pierre Louÿs의 작품 〈새로운 쾌락la volupté nouvelle〉에서 여주인공이 도달한 입장이다. 즉, 루이는 가장 세련되고 교양 있는 경우만이 아니라 가장 누추하고 가장 고통스러운 조건 아래에서조차 담배가 영감을 불어넣는 미적 삶을 추구하도록 독자를 유혹한다. 담배가 개인적인 삶과 사회적인 교제 속에서 수행하는 복합적 기능들은 오늘날 그것에 부과된 부정적인 가치, 즉 흡연가에게 수치심을 주고 흡연의 만족을 잠시 연기하거나 그런 습관을 숨기게끔 하는 부정적인 가치 밑에서 억압되어 왔다. 저항과 죄악은 항상 흡연의 심리에 속해왔는데, 한때 일종의 저항의 행위였던 흡연이 지금은 죄악으로 널리 인식되고 있다. 담배는 항상 불법적인 것과 동일시되어 왔다. 이 책에서 고려의 대상이 되고 있는 많은 원문들은 흡연의 시작을 둘러싼 조건들을 언급하고 있는데, 그것은 전통적으로 도둑질과 그 밖의 다른 규정 위반과 연관되어 발생하는 것이다.

만약 우리가 담배를 찬양하고자 한다면 수사학적으로 그럴듯한 어조를 채택하기가 상당히 어렵다는 사실을 발견하게 될 것이다. 담배는 천박하고 불쾌한 물건이며 애수哀愁에 잠기는 데에는 부적당하다. 현재의 풍토 속에서 담배는 모독받고 악마처럼 여겨져 왔기에 신중하게 담배의 미덕과 이익에 대해 언급한다는 것은 거의 불가능하다. 담배라는 말만 꺼내도 부정적인 언외의 의미가 야기되는 것이다. 이런 상황 속에서는 과장법, 즉 그 대상물을 실제 가치보다 한참 위로 올려주는 수사학적 비유가 요구된다. 그것은 과녁을 빗나가는 과장에 의해 눈속임을 하는 것이 아니라 불충분하게 평가된 것의 참된 가치가 드러나게끔 하는 것을 말한다. 진실을 전달하는 데 있어 과장법의 효력은 사격수가 원칙을 제대로 인식하고 있는가의 여부에 달려 있다. 과녁을 빗겨나가게 할 목적으로 조준하는 것이 오히려 과녁을 맞히는 조건이 되는 때도 있다. 요즈음에는 담배를 찬양하면 왜곡된 것으로 보이게 된다. 따라서 과장법의 과도함을 아는 독자는 그 엉뚱함을 염두에 두고, 실제의 가치에 좀 더 접근하는 한 방편으로서 부적절하게 전락해버린 것을 회복시키기만을 희망하면서 담배를 칭찬할 수 있는 것이다. 담배가 지닌 가치를 훨씬 뛰어넘어서 담배를 찬양하는 상상의 노력은 담배의 가치가 얼마나 하락했는지 그 깊이를 추정하게끔 해준다. "담배는 숭고하다"라고 말하는 것은 담배가 단순한 심연이 아니라는 결론을 유도하기 위해 탁월하게 설정된 수사학이다. 에라스무스Desiderius Erasmus는 『우신예찬』을 쓰기 위해 자리에 앉았을 때 이러한 수사학적인 문제를 고안해냈다.

이런 임무를 달성하기 위해서 작가는 명상을 필요로 할 것이다. 왜냐하면 그가 머릿속으로 생각해내는 것만으로는 여기저기서 비난받고 경멸되고 있는 것을 찬양하기 위해서 요구되는 말을 끌어낼 수 없기 때문이다. 스베보 소설의 화자인 제노는 똑같은 딜레마에 처하자 그의 이야기를 주문으로 시작하고 있다.

어떻게 시작해야 할지 모르기 때문에 나는 내 손에 쥐고 있는 것과 유사한 모든 담배들의 도움에 호소를 한다.

담배는 숭고하다

흡연의 명상은 종종 글 쓰는 작업에서 찾아볼 수가 있다. 스베보의 제노처럼 많은 작가들은 종종 한 손에는 펜을, 그리고 다른 한 손에는 담배를 쥐고서, 잉크를 채우면서 동시에 담배를 한 모금 빨아대는 행위를 번갈아 한다. 『시간의 거울인 담배Tabac, miroir du temps』에서 담배를 문 채 책상 앞에 앉아 글을 쓰는 네드 리발은 남자들이 발렌타인 축제를 위해 택한 여자 애인들을 묘사하고 있는데, 그들의 머리 위에서 맴도는 담배 연기는 마치 그들 애인의 형상을 한 것으로 묘사된다. 담배가 흡입될 때 그것은 작가에게 그가 사랑하는 형상을 서정성이 농후한 형태로 분출시켜 소환하는 영감을 불어넣는다. 전통적인 측면에서 볼 때, 명상은 이탈리아의 시인 프란체스코 페트라르카Francesco Petrarca에게까지 거슬러 올라간다. 담배는 그 자체가 여성이다. 담배라는 단어와 개념, 그리고 대상물 자체가 그 근원부터 일종의 여성적인 것과 동일시되고 있다. 또한 많은 시인들은 담배의 어두운 현대성의 미를 찬양하는 소네트와 송시를 써왔다.

비록 쥘 라포르그Jules Laforgue가 1861년, 담배와 아름답고 위험스런 여성들, 즉 매춘부lerettes와 바람기가 있는 젊은 처녀gristtes, 그리고 보헤미안과의 초기의 동일시를 반복하는 「담배」라는 제목의 글을 쓰긴 했지만, 오늘날 이러한 담배 찬가를 찾아보기는 어렵다. 담배를 찬양하는 것은 마치 사람들이 칭송하는 아름다움이 평범한 심미적 만족감과 휴식을 야기하는 것이 아니라, 곤경에 빠지고 위협적인 쾌락을 야기하는 악의 꽃Fleurs du mal으로 꽃다발을 만드는 것과 같다. (만약 찬양이라는 것이 항상 좋은 것과 칭찬할 가치가 있는 것을 칭송하는 것을 의미한다면) 담배를 찬양하는 것은 칭찬되어서는 안 되는 것을 칭송하는 일이다. 그것은 항상 독자의 위선을 함정에 빠뜨리기 위한 목적의 위선적인 제스처인데 그 독자의 공적인 선한 양심은 그가 이미 지나치리만큼 잘 알고 있는 진실과, 위험스럽고 추하고 창피한 것의 사악한 매혹을 가장하고 있다. 이 책의 제1장 「담배란 무엇인가?」에서는 담배의 개념과 관념이 한 철학자와 시인의 도움을 빌어 정의되고 있다. 다시 말해서 그 정의는 『존재와 무』에 나오는 철학자 장 폴 사르트르Jean Paul Sartre의 담배에 대한 고찰과, 19세기 말 시인 테오도르 드 방빌의 『파리의 영혼L'âme de Paris』 속에 나오는 글의 하나인 「담배」에서 기인한다. 제2장 「담배는 숭고하다」에서는 담배의 숭고함을 찬양한 시, 즉 칸트의 『판단력 비판』 속의 '숭고'에 대한 분석에서 발견되는 바를 확실히 흉내내고 있는 시들을 통해 담배의 아름다운 성품을 환기시켰다.

　제3장 「제노의 역설」은 이탈로 스베보의 위대한 소설 첫 장을 꼼꼼하게 읽기로 한다. 그것은 표준 영어 번역판으로는 항상 '마지막 담배'라고 불리는데 이탈리아어로는 단순히 '일 푸모Il fumo', 즉, '담배 연기'라는 제목이다. 치료성 회고록 형태로 쓰인 이 소설은 자아 정신분석의 모델에 근거하여 흡연가가 쓴 자신의 사례 역사라고 볼 수가 있다. 그러나 자신의 유아기를 회상하는 것 대신, 화자인 제노는 그의 첫 담배를 시작으로 해서 자신이 '흡연분석'이라고 부르는 것의 창조에까지 이르게 된다. 흡연에 대한 제노의 쓰기 치료는 담배를 피우고 남용하는 것에 대한 우리 사회의 이해에 앞서, 그 의미가 자명한 것으로 당연시되는 건강이라는 개념에 대해 놀랄 만큼 엄격한 질문을 제기한다. 제노는 우리로 하여금 금연이라는 할 일 없는 행위에 의해 노예가 된 삶을 재점검함으로써 흡연과 건강과의 관계를 재고하게끔 해주는 것이다. 그는 참된 건강의 조건은 삶이 아니라 오히려 죽음이라는 것을 발견하는데, 그 참된 건강의 조건은 그로 하여금 나쁜 습관, 기생충, 질병의 가치를 재해석하게 한다.

여성은 아름다울 수 있다. 여성은 숭고하기 때문이다. 니체에게 있어서는 비제의 카르멘에서 숭배되었던 '지탄'이, 리하르트 바그너^{Richard} Wagner의 오페라에서 묘사한 유럽 북부 지방 안개의 차가운 영혼들보다 훨씬 전형적으로 지중해의 격정을 표현하는 화신이었다. 니체는 비제의 음악에 대해서 마치 카르멘을 묘사하고 있는 것처럼 다음과 같이 쓰고 있다.

> 비제의 이 음악은 내게는 완벽해 보인다. 그의 음악은 섬세하고 유연하고 세련된 유혹으로 다가온다. 그의 음악은 힘을 들여가며 땀을 내지도 않는다. 선한 모든 것은 경쾌하다. 이것이 바로 나의 '심미^{審美}'에 있어서의 첫째 원칙이다. 그의 음악은 불손하면서도 세련되고, 그리고 동시에 운명주의적이다. 그의 음악은 한 개인에 관한 것이 아니라 종족 전체에 관한 것이다. 아울러 그의 음악은 풍부하고도 정확하다. (1888년 5월 튜린에서 보낸 편지 속에서)

비제의 음악에 대한 니체의 글은 비제 오페라 대사의 원본인 메리메의 원작 속에서 해설자가 카르멘에게 부여한 성품을 떠올리게 한다. 우선 카르멘은 가공의 미를 겸비한 채 등장하는데 여성이 담배를 피우는 것으로 묘사되는 것은 문학에서는 처음이다. 카르멘을 둘러싸고 있는 신화의 매력은 그녀와 담배 속에 내재되어 있는 미와 관련이 있다고 제시하는 것이 이 책의 목적 중 하나다. 담배가 보헤미안 프랑스 지역에 소개되고 있을 무렵에 카르멘이라는 여주인공이 탄생했다.

비제의 오페라와 연관해 메리메의 이야기를 검토한 뒤, 우리는 제4장 「카르멘의 악마」에서 악마적 여성성의 또 다른 인물인 테레즈 데케루^{Thérèse Desqueyroux}를 고찰할 것이다. 그녀는 프랑수아 모리아크^{François} ^{Mauriac}의 음산한 소설에 나오는 숭고한 마녀로 자신의 남편을 그 치유할 수 없는 자기만족적 독선에서 깨어나게 만들 목적으로 그를 독살하려고 한다. 모리아크는 로마 네로 황제의 악의에 찬 약제상인 로쿠스테를 신성하게 표현해서 그녀를 성 로쿠스테^{Sainte Locuste}라고 부르고 있는데 이는 그녀가 거느리고 있는 부정적 초월성을 나타내기 위한 것이다. 사르트르는 이를 매우 적절하게 지적하고 있다. 그녀는 담배를 하루에 세 갑씩 피우며, 소설의 각 쪽에는 처음부터 끝까지 담배와 연관된 이야기가 나온다. 담배를 집어 들고, 권하고, 피우고, *끄고*, 그리고 담배를 사랑하고, 증오하는 그런 이야기들이 각 쪽을 장식하고 있는 것이다. 이 소설에 등장하는 모든 담배는 의미심장하게 보아야 한다. 따라서 테레즈 데케루는 당시의 관습과 규칙과 문법과의 조직된 대화로서 이해되는 흡연의 문화적 규약에 대한 통찰을 가능하게 한다.

담배와 연관 있는 열정과 위험은 집시 여인인 카르멘과 군인인 돈 호세라는 비극적인 두 인물로 상징된다. 그들은 제4장과 제5장에서 다루고 있다. 그들의 신화적인 연결은 프랑스의 가장 유명한 담배 상표인 골루아즈^{Gauloises}와 지탄^{Gitanes}에 의해 오늘날까지 생생하게 보존되고 있다. 이 두 담배 상표는 1910년 제1차 세계대전 바로 전날 밤에 만들어졌다. 지탄은 맛이 한결 순하고 포장도 우아하게 되었다는 점에서 최초의 '현대적' 담배로 간주된다. 골루아즈는 맨 처음에는 '홀랜다이즈^{Hollandaises}'로 불리었으나 똑같은 이름의 외국 상표와 관련된 논쟁으로 인해 결국 프랑스인들은 '골루아즈'라는 상표로 바꾸어 버렸다. 그 담뱃갑은 애국주의와 프랑스 보병대의 군복을 상징하는 푸른색이었다. 그 후에는 깨지지 않은 연결고리에 둘러싸여 있던 프랑스 골 지방 특유의 헬멧이 담뱃갑 표지에 첨가되었다.

제5장은 전쟁 시 담배의 역할을 제1차 세계대전으로부터 가상의 제3차 세계대전에 이르기까지 대여섯 개의 위대한 전쟁 소설 속에 나오는 담배의 모습을 분석함으로써 파헤치고 있다. 담배는 그것이 가져다 주는 위로와 굶주림으로부터의 위안과 피로로부터의 휴식, 그리고 그것이 조성하는 안식과 싸움이 치열해질 때 불러일으켜주는 용기 때문에 모든 군인들의 가장 친한 친구가 된다. 에리히 마리아 레마르크$^{Erich\ Maria}$ ^{Remarque}의 『서부 전선 이상 없다』는 20세기의 대부분의 전쟁 소설들이 모델로 삼고 있는 소설이다. 바로 그 이유 때문에, 그리고 담배가 작품 속에서 상당히 중요한 역할을 하기 때문에, 그 작품은 다른 소설들이 따르려고 하는 걸작인 것이다.

담배는 시간을 죽인다. 보들레르는 '체념'이라는 동양적인 운명주의의 자세로 시간을 죽이기 위해 담배를 피워대는 여성들에 대해 쓰고 있다. '동양적'이라는 이 비방적인 표현은―모든 동양인들이 다 운명주의적이라는 것은 아니다― 불어의 진부한 표현인 "터키인처럼 담배를 피운다"라는 말에서 그 근원을 찾을 수가 있다. 그것은 보들레르가 이 여성들이 행하고 있는 '체념'에 부여하는 숭고한 가치에 대해 지나친 과잉 보상을 하고 있다. 그의 가치체계에서 그것은 번드르르한 일종의 영웅주의의 조건이고 자기중심주의라는 세속적 형태에 대한 승리이며 밀려드는 욕망과 공포 위에 솟아나는 숭고함인 것이다. 테오도르 드 방빌에게 있어서는 담배가 조장하는, 야망과 반대가 되는 체념이 시적 표현의 조건과 긴밀하게 연결되어 있다.

제6장 「시간의 공기$^{L'air\ du\ temps}$」는 다른 말로 '하지만 난 빨아들이지는 않았다'라고도 표현할 수가 있는데, 이 장은 마치 영화에 등장하는 흡연

가나 카메라 렌즈를 통해 보이는 흡연가를 그냥 바라보기만 하는 것처럼 담배가 지닌 쾌락이란 쾌락은 모두 다 갖고자 하는(단지 해로운 결과만을 제외하고는) 모든 흡연가들의 막연한 유토피아적인 욕망을 그리고 있다.

담배와 관련된 것은 그 어느 것도 간단하지가 않아 보인다. 왜냐하면 담배는 여러 면에서 모순적일 정도로 이중적인 성격을 지니고 있기 때문이다. 담배는 맥박을 높이기도 하고 내리기도 하며, 마음을 진정시켜주기도 하고 흥분시키기도 한다. 그리고 공상을 위한 매개체가 되기도 하고 집중을 위한 도구가 되기도 하며, 피상적이기도 하고 심원하기도 하다. 또한 남성다운 군인이기도 하고 여성스러운 집시이기도 하며, 동시에 미움을 사기도 하고 사랑을 받기도 한다. 담배는 잔인하면서도 아름다운 여성이기도 하며 또한 충직한 동료이기도 하다. 담배가 제공하는 쾌락의 상충적인(육감적인 것과 심미적인 것) 성질과 담배의 사회적·문화적 가치의 이중성은 곧 놀랄 만큼 대조적인 담배의 생리학적 효과의 결과라고 볼 수 있다. 스베보의 제노는 담배를 고려하는 것으로부터 발생하는 많은 역설들의 현대적인 대가*인 것이다.

마차도Manuel Machado의 짧은 시는 인생이 곧 담배라고 단언하고 있다. 이 책의 주요한 목적 중 하나는 그런 은유법 속에 숨겨져 있는 개연성을 반추해보는 것이다. 은유법이란 고전적으로 볼 때 우리에게 이미 알려진 것을 제공함으로써 알려지지 않은 것을 조명하려는 것이다. 만약 우리가 마차도의 은유법을 심각하게 받아들인다면 우리는 무엇인가가 인생의 은유법이 되기 위해서는 비록 아무리 사소하고, 피상적이고, 친숙하게 보일지라도 그것은 그 자체가 광대하고, 심오하고, 신비스러워야 한다는 것을 알게 된다. 인생은 곧 담배라는 것을 아는 것은 인생의 질문에 대답하게 되는 일일지도 모른다. 그러나 그것은 담배라는 주제를 실제적으로 무한한 고려의 대상이 되게 만드는 것이다. 은유법이 제공할 것으로 기대되는 대답은 이 책이 추구하고자 하는 새로운 신비를 감추고 있다. 따라서 나는 인생이 담배가 아니라, 오히려 담배가 인생보다 더 큰 것처럼 보이는 그런 순간을 세심하게 주의해서 바라보고 있는 것이다. 방빌은 깨어 있는 모든 순간, 즉 수프를 떠먹거나 심지어 연애를 하는 순간에도 굉장한 우아함과 수양으로 담배의 소비에만 헌신하는 '진정한 흡연가'의 절대주의에 매혹된 존경심을 보내고 있다.

　방빌은 비록 그 대가를 치르고 싶어 하지는 않지만 흡연 습관의 절대적인 무익성을 찬양한다. 그러나 그럼에도 불구하고 그는 예술적인 삶의 지고한 형태의 상징을 인정하고 있다. 결국 보들레르가 한편으로는 그것의 자격을 인정하면서도 또 다른 한편으로는 문화적 공리주의에 대항하는 무기로서 사용한 '예술을 위한 예술(L'art pour l'art, 역주 – 불어로 '예술지상주의'를 뜻함)'이라는 문구를 19세기를 향해 던져준 사람은 바로 그 자신인 것이다. 이 문구의 반복적인 자아만족과 그것이 선포하는 심미적인 이데올로기는 보들레르가 말한 대로 영원히 거울 앞에서 사는 멋쟁이의 차갑고도 세련된 외양을 상징하며 그의 완벽한 자기 통제는 자아에 대한 무한정한 내적 반추의 결과인 것이다. 방빌에게 있어서 '진정한 흡연가'는 담배를 맛보면서 인생에 심미적 정당화를 제공하는, 이른바 마차도가 말하는 행복한 몇몇 '다른 삶들'에 속하는 것이다.

> 인생은 담배이며,
> 불똥, 재, 그리고 불 그 자체이다.
> 어떤 사람들은 급하게 담배를 피우지만
> 다른 사람들은 그것의 맛을 음미한다.

"당신의 현재 삶 속에서 가장 중요한 것은 무엇입니까?"라는 질문에
사르트르는 다음과 같이 대답했다.
"나도 잘 모르겠소. 아마 사는 것과 담배 피우는 것을 포함한 모든 것이겠지요."

제1장
담배란 무엇인가?

인간과 동물을 구분해주는 것은 오직 흡연뿐이다.
- 무명씨

《르몽드Le Monde》지 1987년 12월 17일자에 다시 실린 초상 사진은 유명한 프랑스 사진작가 브라사이Brassai가 생 자크 거리의 풀밭에 앉아 파리의 밤거리를 찍는 모습을 담고 있다. 간헐적으로 그림자가 드리워진 거리, 그 거리의 초석에 기댄 브라사이의 옆모습이 보이는 이 사진에서, 그의 시선은 롤라이플렉스Rolleiflex 카메라를 들여다보고 있다. 카메라는 삼각대로 눈높이에 맞게 고정되어 있는데, 삼각대의 다리 하나는 도랑 속에 잠겨 거의 보이지 않는다. 어떻게 보면 오히려 카메라가 그를 들여다보고 있다고 말할 수 있을 것이다.

그는 완전히 다 떨어진 길고 우중충한 오버코트를 입고 있는데, 그 오버코트의 헐렁헐렁한 주름은 마치 구식 사진관에서 사진을 찍을 때 뒤집어쓰는 천처럼 그의 몸을 감싸 우중충하고 희미하게 만들고 있다. 그는 넓은 중절모를 푹 눌러쓴 채 얼굴과 목을 삐죽 내밀고는 열심히 카메라 렌즈를 들여다보고 있다. 대서양으로부터 아무런 방해도 받지 않은 채 서쪽으로 불어온 습기 찬 바람이 파리의 거리를 지나가며 여기저기에 있는 거미줄을 날려버릴 때, 그는 그런 차갑고 으스스한 파리의 밤을 배경으로 해서 등을 구부리고 있는 것이다.

그의 얼굴의 절반은 비스듬한 가로등 불빛의 조명을 받고 있는데 이 것이 사진에서는 그의 얼굴에 극적인 분위기를 잘 심어주고 있다. 커다란 매부리코, 그리고 어둠을 배경으로 밑으로 툭 튀어나오게 물고 있는 길고 두꺼운 하얀 담배가 매우 두드러지게 나타나 있다. 위로 쭉 뺀 그의 목은 카메라 렌즈를 통해 어둠 속에서 카메라 화면 밖에 놓여 있을 무언가, 아마도 눈으로 볼 수 없고 그의 카메라가 기록할 수도 없는 무언가를 보고자 하는 열렬한 희망을 보여준다. 그러나 그와 그의 카메라를 비추는 강한 불빛 아래 사진을 찍는 모습을 찍은 이 사진에서, 그는 사실 카메라 렌즈를 통해 아무 것도 볼 수 없을는지도 모른다. 왜냐하면 이 초상 사진에서 보이는 카메라 렌즈 속을 우리는 들여다볼 수 없기 때문이다. 그의 목과 절묘한 각도를 이루어 삼각대의 다리처럼 보이는 담배는 마치 격려하는 것처럼 그의 입술에서 삐죽 튀어나온 열렬함의 또 다른 지표와도 같다.

담배는 이 초상 사진 속에 나오는 다른 모든 것들처럼 소품일 뿐 아니라 지표이기도 하다. 상징적인 지표가 아니라 사물의 일반적인 범주로서의 기호임과 동시에 있는 그대로의 실재물로서의 지표인 것이다. 이 담배라는 지표는 담배가 사진사의 직업상의 도구라는 것을 나타내준다. 사진 속 담배는 사실 필름의 야간 노출 시간을 측정하기 위한 타이머인 셈이다.

브라사이는 "약간만 밝게 하려면 '골루아즈Gauloise'가 낫고, 그보다 더 밝게 하려면 '보야르Boyard'가 낫다"라고 말했다. 보야르는 러시아 니콜

라이 2세 황제의 파리 방문에 즈음하여, 1896년 상업적인 목적으로 처음 프랑스에 소개된 담배다. '보야르Boyard'라는 단어는 '영주' 또는 '주인' 정도의 뜻으로 번역할 수 있는데 제정 러시아의 귀족 정치를 의미한다. 앞선 브라사이의 말에서 중요한 것은 담배의 직경이 흡연에 소요되는 시간을 결정한다는 것이다(골루아즈의 직경은 8.7mm로 일반적인 반면에 보야르의 직경은 10.5mm였다).

모든 흡연자들이 직관적으로 알듯이, 그리고 많은 문학 작품과 영화들이 입증하듯이 담배는 마치 시계와도 같다. 다시 말해서 충분한 빛이 사진 감광유제感光乳劑에 닿아 마술을 부리는 순간을 예측하기 위해 사진작가가 사용하는 친근한 계수기計數器가 바로 담배인 것이다. 사진의 영상이 카메라 필름에 형성되기 위해서는 시간이 걸린다. 우리가 언뜻 보게 되는 사진의 영상은 그 사진작가가 담배가 아닌 시계를 피우는 모습인 셈이다. 다시 말해서 그 영상을 만들기 위해 필요한 시간을 측정하는, 시계를 피우고 있는 모습인 것이다. 브라사이는 사실상 사진에 나타난 자기 모습이 아니라 우리가 지금 보고 있는 사진의 노출 타이밍을 맞추는 타이머의 사진을 찍은 셈이며, 우리가 보지 못하는 다른 카메라의 렌즈를 통해서 자신의 초상화를 찍은 것이다. 따라서 이 사진작가의 담배에서 나타나는 특이하고 재미있는 것은 빛에 대한 사진의 노출 시간에 또다시 빛을 가하고 있다는 점이다. 즉, 사진 속 영상을 만드는 시간과, 대체로 잠깐 보고 마는 그 영상을 소비하는 즉각성 사이의 차이에 대해 빛을 가하고 있는 것이다. 모든 사진은 하나의 얼어붙은 순간, 즉 카메라가 찰칵click하는 전형적인 시간—여기서의 찰칵은 불어로는 클리셰cliché(역주 - '진부한 문구'라는 뜻임)라고 한다—을 낚아채는 것과도 같다. 물론 어떤 사건도 결코 즉각적이지는 않다. 사건을 한정시키는 것처럼 보이는 정확한 통일성은 이상적인 소설 속에서나 나오거나, 기술적으로 설득력 있는 환상일 뿐이다. 종종 이 즉각성에 대한 환상은 노동 시간으로부터 사라지고 싶어 하는 욕망에 의해 이데올로기적으로 동기화된다. 그러나 생산과 소비를 구성하고 있는 그런 차이를, 우리가 본 맨 처음 사진에서 살펴본 담배에 대한 작은 상징을 제외하고 달리 어떻게 표현할 수가 있을까? 그것은 이 사진작가가 찍은 자기 초상화의 초점이 되고 있다. 명백한 무의미성에도 불구하고, 그것은 우리 앞에 놓인 사진이 숨기고 있는 것을 말한다. 즉, 그것은 사진 그 자체는 설명할 수 없지만 그 영상의 고요함 속에서 희미해질 것이 분명한 시간이라는 차원—여기서는 그것의 생산 시간을 말한다—, 그것을 향해 열린 영상의 표면에 있는 일종의 해석학적 구멍인 것이다.

작가 본인이 찍힌 이 사진의 아이러니 중의 하나는 이 사진의 대상이 사진작가가 아니라 타이머 역할을 하는 담배에 의해 대표되는 사진의 생산이라는 점이다. 브라사이가 이 사진에서 담배에 부여한 중요한 의미는 담배가 일반적으로 영상이나 산문 속에서 사진으로 찍히거나, 그려지거나, 묘사되는 방식과 대조된다. 영상이나 산문에서 담배는 주된 것이 아니라 부수적인 것으로, 인물의 얼굴과 행동을 나타내는 장면의 장식물에 지나지 않는 것으로 취급된다. 그리고 담배의 역할 역시 비본질적이거나 무가치하며, 만일 효용성이 있다고 해도 여가와 기분 전환 정도의 영역에 속하고, 그 기능은 장식적이며 부수적인 것으로 간주된다.

《르몽드》지에 실린 브라사이의 사진과 관련된 표제 기사는 담배의 분위기 때문에 오류를 범하지는 않았다. 그 표제 기사는 담배 상표를 밝히고 나서 브라사이가 피우고 있는 것과 같은 보야르 담배는 그 자체가 소르본 대학의 논문 주제로도 손색이 없다고 반쯤은 진지하게 말하고 있다. 결국《르몽드》지는 우리에게 보야르는 사르트르Jean Paul Sartre가 『존재와 무』를 쓰고 있을 때 '성교를 하곤 하던 살찐 계집gros module'과 같다고 말한다. 사르트르가 자신의 대작을, 생 제르맹 거리의 플로르 카페에 앉아 커피를 마시며, 한 번 입에 물고는 재도 털지 않은 채 피워대 작달막하게 되어버린 담배꽁초들을 끊임없이 재떨이에 가득 채우면서 썼다는 전설은 사실이 아니다. 그러나 그가 글을 쓰면서 터키인처럼 담배를 피웠다는 것은 사실이다. 그러므로 보야르에 관해서라면 소르본의 그 어떤 논문도 사르트르가 작품을 쓸 때 담배가 수행했던 중요한 역할과 『존재와 무』의 도덕적 계급 구조 속에서 담배가 부여받고 있는 평가 절하된 가치, 무의미한 기능을 대조하기는 쉬울 것이다. 그러나 가상의 논문 주제에 너무 깊이 들어가기 이전에 독자들은《르몽드》지가 제시하고 있는 것은 단지 절반 정도만 진지하다는 것을 기억해야만 한다. 왜냐하면 그러한 논문은 불가능하기 때문이다. 사르트르의 담배를 불어로 '살찐 계집gros module'으로 부르는 것은 영어에서의 '살찐 계집fat number'의 의미와 마찬가지로 저속하고 외설적인 언외의 의미를 지니고 있다. 영어 속어인 넘버number(역주 – 영어로 '계집'의 뜻임)와 마찬가지로 불어의 모뒬module 역시 그 단어의 성격상 비인칭형인데(역주 – 영어의 number는 원래 '숫자'를 의미하는 단어이고 불어의 module은 '표준', '단위' 등을 의미하는 단어이므로 인칭형이 아니라 非인칭형이라는 뜻이다) 이는 그것이 가진 본래 뜻과 반대 의미로 쓰이게끔 유도한다. 다시 말해서 단순히 계집이라고 비하하는 투로 말하지만 사실은 담배가 제공하는 쾌락과 맛에 대해 관심이 있으면서도, 마치 "저 '귀여운 계집cute number'은 누구지?"라고 말하는 식으로 무시하는 척하는 의도가 섞여 있는 것이다. 사르트르가 성교를 하곤 하던 살찐 계집, 즉 담배가 소르본 대학의 논문 감이라는 농담은 너무나 역설적이게도 무게감 있는 학술서에 실림으로써 오히려 그것의 실제 가치나 중요성이 평가 절하되는 많은 학술 주제처럼 담배를 평가 절하하고 담배의 천부적 무익성과 구제불능의 천박함을 지적하고 있다. 오로지 바보 천치가 아니면 학자, 이 둘 중의 하나만이 보야르나 담배에 관한 논문이나 책을 쓰려고 할 것이다.

그러나 독자들이 잠시 동안만 마치 저자처럼 학자와 바보 둘 다라고 치고, 《르몽드》지의 제안을 진지하게 받아들인다고 상상해보라. 그리고 그러한 논문의 형태를 머릿속에 떠올리도록 노력해보라. 틀림없이 독특할 정도로 비정상적으로 나타날 것이다. 우선 담배는 모든 소르본 대학의 논문들이 논리를 전개해나갈 때 시작하는 일종의 '아리스토텔레스적 정의'에 적합하지 않기 때문에, "담배란 무엇인가?"하는 식의 철학적 질문을 하는 데 어려움이 있을 것이다. 담배는 본질상 부수적이고 무의미하며 사소한 것으로 보이는 데다가, 타당한 정체나 성질, 기능, 역할 같은 것을 거의 갖고 있지 못하다. 담배는 기껏해야 피우고 나면 곧 사라지고 마는 존재이며, 따라서 문화적 인공물로서의 위치나 신분이나 존재에 관하여 철학적인 대상의 위치를 획득할 가능성이 거의 없는 셈이다. 그러나 담배는 비록 작지만 그 자체로서 존재의 의미를 지니고 있다. 또한 단순하기보다는 오히려 복합적이고도 많은 양으로 증식하는 속성이 있다. 각각의 모든 담배는 흡연가가 계속해서 소비하는 똑같은 다른 모든 담배들과의 연결을 의미한다. 각각의 담배는 필연적으로 또 다른 담배를 즉시 불러오며, 그 담배는 계속해서 흡연에 있어 바로 앞선 담배와 재결합하게 된다.

담배는 사실 겉으로 보이는 것과는 다른 것이고, 늘 다른 곳에서 자기 신분과 기능을 지니고 있으며 해석을 요구하고 있다. 그런 의미에서 담

담배는 숭고하다

배는 다른 모든 기호들이 의미를 감지할 수 있는 물리적인 구체성이 아닌 다른 곳에 그들 자신의 명료한 의미를 가지고 있다는 점에서 기호와 같다. 그 어려움은 담배가 상징하고 나타내는 의미의 복합성과 연결되어 있다. 비유하자면 담배는 간단한 전설이라기보다는 두툼한 책처럼 말하기 때문이다. 담배는 그 자체가 '살해의 음모'라는 선線 주위에서 맴도는 복합적이고 이질적인 것이자, 전혀 별개의 다양한 관계들을 펼치는 책이나 두루마리 같은 존재인 것이다. 담배는 보들레르가 모든 시적 언어의 상징으로서 택한 디오니소스의 지팡이이며 이 지팡이의 포도나무 잎은 시적 의도와 독창적인 목적을 상징하는 시인의 환상이자 창조다. 미묘한 자세를 취한 두 개의 손가락 끝에서 타들어가는 담배, 그리고 담배를 권하며 담뱃갑에서 담배를 꺼내는 행위는 그 어떤 논문도 풀 수 없는, 소설가와 영화 제작자와 작곡가와 시인들에게 요구되는 그런 의미 세계를 전달한다.

사실 아리스토텔레스가 "담배란 무엇인가?"하고 물을 수가 없었던 데는 다른 부수적인 이유들이 있다. 담배는 고대인들에게는 알려지지 않은 존재였으며, 세상의 모든 괴상한 식물을 다 알고 있었던 아리스토텔레스마저도 식물학적으로든 경험적으로든 담배에 대해 알지 못했다. 사실 이것은 고대인이 현대성에 관한 정보에 대해서 들은 바가 없다고 말하는 것과 동일하다. 16세기에 담배가 처음 유럽에 소개된 것은 활자화된 책의 발명과 그것의 보편화, 신세계의 발견과 이성적·과학적 지식의 발달, 그리고 중세 신학에 대한 확신의 동시다발적인 상실에 수반된 현대적 의식의 시초인 '불안의 시대'의 도래와 일치했다. 불안의 시대는 비교할 수 없는, 그리고 아마도 필수 불가결한 치유를 담배라는 형태로 주었다. 그것은 뜻밖의 거대한 미지의 세계와 직면하게 된 서양 문화의 유럽 중심적인 의식 속에, 콜럼버스의 발견이 야기한 불안에 대해 콜럼버스 자신이 신세계에서 가져온 해독제였다. 신체에 미치는 상호모순적인 영향과 독성이 있는 맛, 그리고 불쾌한 쾌감이 함께하는 이 역설적인 흡연의 경험은 낡은 확신에 대한 잇따른 공격으로 인한 충격과 거대한 미지에 대한 기대로부터 발생하는 불안을 완화시켜주는 약이라는 현대성 때문에 열렬한 애호를 받았다. 아시아는 물론 대륙의 모든 구석구석까지 신속하게 퍼진 담배는 현대성을 정의한다. 즉, 담배를 피우는 것은 어떤 의식의 혁명이 고대인의 문화와 관습, 그리고 윤리와 원칙을 변형시켰는가 하는 질문에 대한 하나의 지표인 셈이다. 아리스토텔레스는 담배를 정의할 수가 없었다. 왜냐하면 오히려 담배가 아리스토텔레스적 정의에 저항을 하며 그와 그의 시대를 정의하기 때문이다. 담배는 아리스토텔레스에게 다음과 같이 묻는다. "'……란 무엇인가?'하는 그 질문은 무엇인가?"하고 말이다. 이런 주장은 프랑스의 고전학자이자 포르노 제작가인 피에르 루이가 1896년에 쓴 단편 소설 「새로운 쾌락Une volupté novelle」에서 제기되었다. 그는 여주인공 칼리스토를 통해 담배는 단지 현대인이 1,800년 동안 고안해낸 새로운 쾌락이며, 아마도 쾌락뿐 아니라 고대인의 지혜와 관련된 현대인의 유일한 독창성이라고 제시하고 있다. 그러므로 루이에게 있어서는 담배는 현대인과 고대인의 차이를 정의하며, 따라서 연구하기에 가장 좋은 것, 즉 문화사가가 관심을 집중하기에 가장 가치 있는 것인 셈이다. 역사는 사실 어떤 의미에서 본다면 담배의 역사 이외의 다른 것이 되어서는 안 된다.

담배에게 아리스토텔레스적 질문을 하는 것이 불가능할지라도 우리는 "담배란 무엇인가?"라는 질문이 이미 19세기말에 테오도르 드 방빌이 불어로 쓴 에세이에 있었다는 사실을 무시할 수는 없다. 그러나 우리는 당분간 그가 제시하는 질문에 대한 고찰을 미루고 그런 질문은 없는 것으로 가정하고자 한다.

그러나 우리는 어떤 논문도 「『존재와 무』에 있어서의 보야르」라는 제목의 장을 포함할 수 없다는 법은 없다는 것을 확신할 수 있다. 그 논문은 사르트르의 강박 충동적인 흡연 습관—시몬 드 보부아르Simone de Beauvoir는 사르트르가 하루에 보야르를 두 갑씩 피웠다고 증언한다—으로부터 무엇을 배울 수 있는가 하는 것을 서술한다. 그뿐만 아니라 물질적 생산 작업 속에서 담배가 하는 역할의 중요성과 철학적 사고라는 명확하고도 예시적인 주제로서 역할을 할 때 담배가 암암리에 부여 받는 무의미성을 비교하기도 한다. 왜냐하면 사르트르는 『존재와 무』에서 담배 피우는 것에 대해 자주 언급하고 있기 때문이다. 추상적인 형식이 작가의 주위로부터 끄집어낸 풍부하고 구체적인 예로서 설명된다는 것이 『존재와 무』의 매력 중 하나다.

'이 잉크 병', '이 탁자', '이 담배들'과 같은 지시적인 형태의 예는, 이를테면 사르트르가 계속해서 언급하고 있는 하이데거의 대담하고도 비非설명적인 『존재와 시간』보다는 데카르트의 『명상록』의 스타일을 더 연상시킨다. 『존재와 무』를 쓰는 동안 사르트르가 줄기차게 담배를 피웠다는 것과 그가 그 작품에서 담배를 고의로 평가 절하했다는 것을 비교하는 일은 교훈적이다. 담배—엽궐련cigar은 담배와는 다른 부류이므로 여기에는 해당되지 않는다—와 담배 파이프에 대한 수많은 언급 가운데서 담배 파이프는 '존재'의 측면에 속하고 담배는 '무'에 속한다.

철학적으로 말하면, 그러면 담배란 무엇인가? 《르몽드》지가 제시했던 소르본 대학 논문에서 폭을 더 좁힌 질문, 즉 "보야르는 정확하게 무엇인가?"하는 질문을 하는 것은 크게 어려움이 없을 것이다.

그것은 불운의 황제 니콜라이 2세의 공식적인 파리 방문에 즈음한 1896년, 보야르가 프랑스에 소개된 정황을 지적하면서 시작할 수 있다. 니콜라이 2세는 엄청난 골초였지만 흡연이 그의 사인死因은 아니었다. 보야르라는 이름은 의심의 여지없이 제국의 귀빈, 즉 황제를 존중하기 위해 택해졌겠지만, 이는 귀족주의의 사치스럽고 화려한 분위기를 담배의 가장 민주적이고도 대중적인 형태에 부여하고자 하는 다른 많은 담배들의 이름과 다를 바 없다. 따라서 이 가상의 논문은 러시아 황제를 위해 이름을 붙인 담배가 러시아에서 그를 정복한 프롤레타리아 계급과 동일한 노동 계급에 의해서 채택되었다는 아이러니를 놓칠 성싶지 않다.

『존재와 무』에서는 담배가 제일 첫 부분에 나오는데 사르트르는 여기서 사물 속에 내재되어 있는 속성이 아니라 사물의 객관적인 속성의 존재를 예시하려 한다. 그는 다음과 같이 쓰고 있다.

> 만약 내가 이 담뱃갑에 들어 있는 담배를 센다면 나는 담배라는 집단의 객관적인 속성을 폭로하고 있다, 즉 그것들이 모두 열두 개라는 것을 폭로하고 있다는 인상을 받는다. 내 의식에는 이 속성이 세상에 존재하고 있는 속성으로 보이며, 또한 "앎이란 자신이 안다는 사실을 아는 것이다"라는 알라딘의 공식에 대한 완벽한 반박으로 보이는 것이다. 그리고 이들 담배가 내게 열두 개의 존재로 보이는 이 순간, 나는 내가 여기에 추가로 더하는 행위에 대해서는 시적詩的 명제가 되지 못한다는 의식을 갖는다.

사르트르는 여기서 사물의 반사적인 의식과 즉각적인 의식을 구분하고 있다. 반사적인 의식은 의식이 자기 자신을 통과하는 판단 속에 놓여 있기 때문에 의식 스스로의 시적 명제로서의 위치를 의미한다. 즉, 이는 명백하게, 명목상으로, 그리고 자아 반사적으로 스스로를 그 대상으로서 위치시키며 또한 자신이 알고 있다는 것을 스스로 알고 있는 것이다. 인식 또는 계산과 같은 즉각적인 의식은 의식의 작용을 의식의 대상으로서 보지 않고 객관적인 속성을 사물에게로 돌리고 있다. 예컨대, 담배에 '열둘'이라는 숫자를 부여하듯이 말이다. 이는 자신이 계산하고 있다는 것, 그리고 어떻게 계산을 하고 있다는 것을 알지 못한 채 계산을 하고 있는 것이다. 다시 말해서, 알라딘과는 대조적으로 자신이 알고 있다는 것을 모른 체 알 수가 있다는 말이다. 여기서 흥미로운 것은 담배가 이러한 철학적 구분의 예시에 기여하는 방식이다. 이들 담배가 실제로 열두 개의 존재라는 객관적인 속성을 가지는 것은 아니다. 단지 그것들을 하나둘씩 셀 때 그런 것처럼 보일 뿐이다. 그럼에도 불구하고, 이들은 다른 것들(예를 들어 담배 파이프나 담배 주머니)보다 훨씬 세기가 쉽고 또 저절로 몇 개라는 숫자의 개념으로 보인다.

담배의 독특한 특성은 담배가 불분명하다는 데 있다. 왜냐하면 우리는 A라는 담배 연기와 B라는 담배 연기를 구분할 수 없다. 각각의 담배는 정확하게, 구조적으로, 차별 없이 우리가 바로 전에 피운 담배와 항상 같다. 아마도 이런 식으로 수십만 개의 담배 모두는 방금 전에 피운 담배와 같을 것이다. 모든 담배 하나하나는 다른 모든 것과 마찬가지로 단순한 상호 교환적 기호인 한에서는 모두 다 다른 주체성을 지니고 있다. 각각의 담배에는 실존적·키에르케고르적 독특성이 없다. 다만 모든 개개인들이 내포되는 헤겔의 추상적인 일반성만이 있을 뿐이다. 특수성이나 구별 가능한 특징이 결여되어 있는 이 담배에는 오직 집단적인 주체성이 있을 뿐 개별적인 주체성은 없다. 파이프의 가치가 교체 불가능한

담배는 숭고하다

대상의 향기를 독특하게 전달하는 역할과 기능을 한다는 점에서 담배는 파이프와는 근본적으로 다르다. 담배 주머니 역시 계산하기가 쉽지 않다. 그것의 기능은 돈처럼 셀 수 있는 것을 담는 것이다. 계산한다는 것의 중요한 물질적 조건과 같이, 담배 주머니는 돈처럼 숫자의 객관적인 속성을 받는 것은 무엇이든 담는다. 담배 주머니가 불어로는 우네부스 unebourse(역주 – 불어로 '돈 지갑' 도는 '지갑에 든 돈'이라는 뜻)라고 불리우는 것도 바로 그런 이유 때문이다.

담배는 헤겔의 뒤를 이어(헤겔의 『정신현상학』 제4장을 참조) 사르트르에게 있어서는 사물의 소유를 위한 동기인 자아 확신적 '전유專有'에 다소 대조적인 것으로 보인다(역주 – 저자는 여기서 전유專有: appropriation라는 단어를 계속해서 쓰고 있는데 이는 '전적으로 소유하다.' 또는 '빼앗아서 완전히 자기 것으로 만들다'라는 의미이다). 예를 들어 사르트르는 다음과 같이 쓰고 있다.

> 그러므로 나는 단순히 전유에 의해 사물을 창조하는 것으로 내 스스로에게 보이는 한, 이 사물은 곧 '나'인 것이다. 펜과 담배 파이프, 천과 책상과 집은 곧 '나'다. 내 소유물의 총체는 '나'라는 존재의 총체성을 반영한다. '나'는 곧 '내가 가지고 있는 것'이다.

담배는 사르트르적인 전유의 대상물이 될 수 없다. 그것들은 오히려 제공되는 순간 무차별하게 수용될 수 있는 추상적이고도 몰개성화된 실제물인 것이다. 질적인 면에서 결정권을 거의 가지고 있지 못한 담배는 일종의 대리 자아가 되는 환상과 우리들에게 가장 친근한 주체성을 구체화하려는 노력을 좌절시킨다. 그러나 우리는 누구에게 담배 파이프를 제공하는가? 만일 내가 가진 것이 곧 나라고 한다면, 내가 가진 것이라고는 파이프뿐이며, '담배 파이프가 곧 나^{la pipe, c'est moi}'라는 등식이 성립한다. 만약 곧 사라져 버릴 말라르메^{Stéphane Mallarmé}의 분노에 우리가 사로잡히지 않는다면, 우리는 '나는 곧 나의 담배이다'라고 확언하는 꿈을 꾸지는 않을 것이다.

물론 사르트르의 윤리적 목표는 소유물에 대한 이런 부르주아적 개념, 즉 그 전체 이데올로기가 '나는 곧 내가 가지고 있는 것이다'라는 전제 위에 기초한 부르주아적 개념을 불신하기 위한 것이다. 그러나 그가 주장하듯이 비록 담배 파이프가 완전히 소멸시켜 소유하는 것에 저항하지만, 그럼에도 불구하고 일단 담배를 피우면 그 담배 파이프는 바로 내 앞의 탁자 위에 실질적이고도 독립적인, 그리고 가시적인 대상으로서 남아 있게 된다. 이는 소비하고 나면 곧 사라져버리고 마는 운명을 지닌 담배와는 상당히 다른 것이다. 사르트르는 다음과 같이 말하고 있다.

> 담배 파이프는 탁자 위에 독립적이고도 무관심하게 놓여 있다. 나는 그것을 완전히 소유하기 위해 내 손으로 그것을 집어 들어 만져보고는 그것을 응시한다. 그러나 나의 이런 행동은 정확히 내게 소유라는 즐거움을 주는 운명을 지니고 있기에, 이런 행동은 곧 실패로 돌아가고 결국 나는 내 손가락 사이에 불활성^{不活性}의 딱딱한 나무토막 하나 외에는 아무것도 지니지 않게 되는 것이다.

담배 파이프는 가시적인 현존에 의해서 자신을 소유할 수 있다는 환상을 가지게 함으로써 자기 주인을 유혹한다. 그러나 그것을 주인이 곧 나 자신의 연장이라고 상상하고, 그것을 소유함으로써 즐기려는 목적을 가지고 다룰수록, 그런 행위는 점점 더 확실하게 실패로 돌아간다. 예를

담배는 숭고하다

들어 '나'의 소유 욕망을 완벽하게 충족시킬 수 있다는 환상을 깨버리는 잔인한 일이 계속된다. 다시 말해서 그것은 그 자체가 독립적인 불활성의 나무토막 하나로 남아 있는 것이다.

말라르메는 그가 자신의 성년기를 대부분 바쳐서 작업한 두 개의 위대한 시, 즉 「목신의 오후」와 「헤로디아드」에서 담배와 담배 파이프의 차이를 여름과 겨울로 구분해서 보여준다.

> 어제 나는 아름다운 겨울에 작업을 하는 꿈을 꾸었는데 그 꿈속에서 나는 내 담배 파이프를 발견했다. 그러나 그 꿈속에서 본 담배들은 얇은 천과 같은 태양의 푸른 잎사귀에 의해 조명되는 과거 여름의 어린 아이 같은 즐거움을 안고 내버려져 있었고, 나의 위엄 있는 담배 파이프는 좀 더 작업을 잘 할 목적으로 남의 방해를 받지 않은 채 오랜 시간 동안 담배를 피우고 싶어 하는 한 심각한 사람의 손에 들려져 있었다.

흡연은 얇고 가벼운, 그리고 곧 사라지고 마는 쾌락을 야기한다. 그것은 흡연이 '나'의 해체, 즉 말라르메가 말한 시적 경험의 조건인 탈개인화의 운동을 조장하는 것이다. 역으로 파이프는 '아름다운 겨울날의 작업'을 하는 말라르메에서 보이듯 순수시의 엄격한 임무처럼 부정^{否定}이라는 노동과 좀 더 영웅적인 종류의 꿈을 수반한다. 담배 파이프가 마치 성인 같고, 진지하며, 투박하고 무거운 천이라고 한다면, 담배는 어린아이 같고 무책임한 성격의 얇은 천이라고 볼 수 있다.

사르트르가 담배에 관해서 말할 때는 언제나 '사물 그 자체'로서가 아니라 사물 그 자체 외의 다른 것을 향해 통과하는 것으로 언급한다. 마치 하루살이처럼 곧 사라져버리는 담배는 항상 그들이 사라지는 순간에 자신을 드러내는 다른 어떤 것을 위한 신호이거나 중재자다. 사르트르는 계속해서 다음과 같이 말한다.

> 내가 나의 구체적인 가능성, 보다 더 구체적으로 말해서 담배를 피우고자 하는 나의 욕망을 발견하는 것은 오로지 이 담배에 불을 붙일 때다.

담배는 흡연을 통해 소유할 수 있다. 그런데 그 단순한 즐거움이 자아의 근본적인 자유인 '무'에 실질적인 '존재'를 가져다 줄 수 있다는 환상에 저항하므로, 부르주아 흡연가는 이를 소유하기 위한 좀 더 교묘한 전략을 고안한다. 예술적 창작은 즐거움을 배가함과 동시에, 사람들이 담배를 '나의 담배'로 만들어버리는 과정에 좀 더 세련된 전유의 수단을 더해준다. 사르트르는 계속해서 다음과 같이 말한다.

> 따라서 자기 스스로를 자신이 창작한 일상용품으로 둘러싸기를 좋아하는 사람들은 좀 더 세련된 소유 방법을 지니고 있다.
> 그들은 단 하나의 대상을 통해 즐거움과 창작욕을 동시에 느끼며, 그 완전한 소유를 결합시키고 있다. 우리는 예술적 창작에서부터 담배에 이르기까지—담배는 종이에 직접 스스로 말아서 피워야 제맛이 나는데— 똑같은 투시된 통일성을 모든 곳에서 발견한다.

사르트르에게 담배는 직접 말아서 피울 때 맛이 더 낫다는 개념은 대상의 본질과는 무관하다. 오히려 그것을 생산하는 전유적·창작적 행위와 관련이 있다. 그 맛은 혀에 달려 있기보다는 손에 달려 있는 것이다.
이상하게도 『존재와 무』에서 성냥은 그 존재론적 신분에 있어서는 담배와 담배 파이프의 중간 정도에 속해 있다. 담배 파이프와 마찬가지로 성냥은 물질의 조밀한 조각의 저항을 야기하지만, 담배와 마찬가지로 그 존재는 눈앞의 탁자 위에 놓여 있을 때와는 달리 그 자신과 관계가 없다. 사르트르는 다음과 같이 기록하고 있다.

> 이 나무 조각, 즉 성냥에 대해서도 마찬가지라고 말할 수 있다. 이 성냥은 그 자체가 존재이기는 하지만 성냥으로서의 의미는 그 자신과는 관계가 없다. 따라서 가만히 있는 것이 아니라 확실하게 불을 붙일 수가 있지만, 한편으로는 당분간 검은 머리를 지닌 나무 조각에 불과한 존재이다. 이 속에 내재되어 있는 잠재력은 그 존재에 대해 전적으로 무관심한 상태에 있는 사물 그 자체에 속하는 것처럼 보인다. …… 성냥을 검은 머리를 지닌 하얀 나무 조각으로 간주하는 것은 성냥으로부터 모든 잠재력을 빼앗는 것이 아니라, 단지 그것에 새로운 것, 즉 영속성과 본질을 부여하는 것이다.

담배와 마찬가지로 성냥의 본질은 검은 머리를 한 작고 하얀 나무 조각으로의 형태, 그리고 다른 상태에서는 스스로와 아무 관계가 없다. 사르트르가 '검은 머리를 한 하얀 나무토막'이라는 공식을 반복하는 방식은 성냥에 물질 그 자체의 실제적이고도 반복적인 주체성을 부여하고 있는 것이다. 그러나 성냥의 '머리'라는 의인법의 사용은 작고 하얀 나무토막을 사르트르 자신을 위한 작은 대리인으로 변형시키고 있으며, 그 존재 양식은 그의 컵에 기대어 있는 성냥의 존재처럼 결코 겉으로 보이는 것에 국한되지 않는다. 성냥과 마찬가지로 사르트르는 매 순간마다 그가 겉으로 보이는 것, 즉 플로레 카페의 탁자 위에 기대어 있는 것이외의 다른 존재의 가능성을 누리고 있는 것이다. 생 제르맹 거리를 근시近視의 눈으로 바라보는 조용한 악필가 사르트르는 자신이 지금 처한 것 이외의 상황 속에 자신을 투사하는 실존적 자유, 예를 들어, 혁명의 시기에 이른다면 급격하게 폭발할 수 있는 그런 실존적 자유를 영구히 부여받고 있다.

담배 파이프와 비교해볼 때 담배의 훼손된 존재론적 신분은 사르트르의 실존적 도덕성의 중심이 되는 양극적 반대 속에 있는 담배의 윤리적 입장과 일치한다. 예를 들어, 흡연은 참된 행동과 참되지 못한 행동 사이의 차이에 관한 중요한 철학적 논쟁의 과정에서 사르트르에게 스스로를 드러낸다. 사르트르는 다음과 같이 썼다.

> 행동은 우선 원칙적으로 '의도적인' 것이라는 사실에 주목할 필요가 있다. 따라서 부주의하게 화약 창고를 폭파한 서투른 흡연가는 '행동'을 하지 않은 것이다. 역으로 채석장을 다이너마이트로 폭파하는 임무를 받은 노동자가 주어진 임무에 복종했다면, 그는 예기된 폭파를 이행했기에 '행동'을 한 것이다. 왜냐하면 그는 의도성이 있는 계획을 고의적으로 달성했기 때문이다.

이 글은 자유의 개념과 행동에 관해 중요한 장章인 『존재와 무』의 제4편 맨 첫 부분에 실려 있다. '사용한 후에 버리는' 흡연가의 태도는 폭탄을 던지는 병사의 태도보다 더 중요한 정치적·군사적 결과를 지닐는지도 모르지만, 사르트르에 따르면 전자와 달리 후자가 행동을 달성한다. 왜냐하면 폭탄을 던지는 태도는 의도와 실행, 그리고 어느 정도 적절한 관계가 있는 결과를 내포하고 있기 때문이다. 그 결과가 아무리 폭발적이라 할지라도 담배를 던지는 것은 실존적 조건에서 말하면 행동이 아니다. 왜냐하면 그 결과는 그 행위를 둘러싸고 있는 가상적인 의도와는 관련이 없기 때문이다. 그 행위에 어떤 선택도 자유도 수반이 되질 않았다. 다시 말해서 그 결과는 순전히 '우연'에 의해서 결정되었던 것이다.

이렇게 짧고도 외향적으로 자유스런 철학적 예에 사르트르가 집착한 것은 『존재와 무』 바로 뒤에 씌어진 『더러운 손Les mains sales』이라는 그의 희곡에서 극적으로 나타난다. 2막 1장에서 주인공(어쩌면 주인공답지 않은 주인공이라고도 볼 수 있겠지만) 유고는 타자기 앞에 앉아 공산당 신문 기사를 작성하고 있는 것으로 나온다. 그 타자기의 소음이 비밀 임무를 위해 떠날 시간을 기다리는 이반을 방해한다. 그는 당에 의해 다리 폭파 지령을 받았던 것이다. 그는 유고에게 "당신 이름이 뭐지?"하고 묻는다. 그러자 유고는 "라스콜리니코프, 그는 소설의 등장인물이죠"라고 대답한다. 유고는 담배를 피우며 저널리스트 겸 작가라는 수동적인 역할 속에 당을 위해 봉사만 해야 하는 것에 대해 무력감을 토로한다. 이반은 그에게 당黨 신문을 위해 글을 쓰는 것 역시 '행동'의 한 형태라는 확신을 심어주고자 한다. 연극이 끝날 때까지 유고는 확신을 갖지 못한다. 철학적으로 말해서 유고는 담배를 버리는 사람이거나 아니면 자신 스스로가 그런 사람이라고 생각하는 자이며, 이반은 다리 폭파 지령을 받고 있는 노동자다. 즉 한 사람은 참된 행동가이고(비록 행동이 참되지 못한 무대 위의 연극이긴 하지만) 또 다른 한 사람은 그렇지 못한 행동가인 것이다.

흡연은 대체로 아무 것도 안하는 것으로 여겨진다. 즉, 일반적으로 흡연은 행동으로 정의되지 않는다. 그것은 행동에 수반될지도 모르지만 여하튼 행동으로서는 간주될 수 없는 몸짓이다. 그것은 먹고 자는 것과는 달리 유용성이 없으며, 여가나 작업 시간 이외의 시간에 속하고, 기껏해야 일을 보조하는 동반자 정도인 것이다. 그러나 그럼에도 불구하고 사르트르가 담배를 피우면서 뭔가에 매진을 하는 사람의 묘사를 끝내기 전에 그의 보야르 담배를 몇 모금이나 빨아야만 했을까 하고 우리는 궁금해한다. 실수로 탄약 창고를 폭파하거나 철학서를 쓰는 것과 마찬가지로 이는 '비非행동'인 것이다. 철학자 사르트르의 예를 본다면, 심지어 여기에서처럼 담배가 매우 철학적인 이야기—담배가 중요하지 않다는 것을 설명하는—를 생산하는 데 결정적인 역할을 함에도 불구하고, 담배의 전형적인 묘사처럼 담배의 유용성을 조직적으로 깎아내리고 있다.

이 책에서는 담배를 피우는 것과 글을 쓰는 것과의 연관성을 계속 제시할 것이다. 글을 쓰는 것처럼 흡연은 적극성과 수동성의 양면을 가지고 있다. 흡연이 가진 적극성과 수동성 사이의 구분은 사르트르에게 있어서는 두 종류의 언어, 즉 내적 또는 외적인 현실을 대표하는 '산문의 언어'와 오로지 자기 자신만을 언급하는 '시의 언어'를 구별하는 것과 비슷하다.

두 종류의 글쓰기는 사르트르에게는 정치적인 것과 심미적인 것의 차이와 같다. 흡연은 산문을 쓰는 것이라기보다는 시를 쓰는 것에 더 가깝다. 왜냐하면 산문을 쓰는 것은 흡연을 하고 나서 담배를 버리는 무의식적인 행동과는 달리, 의식적인 테러리즘 행위와 같기 때문이다. 비록 시를 쓰는 것은 비非고의적으로 폭발적이기는 하지만 말이다.

그러나 사르트르 자신의 글인 『존재와 무』는 어떤가? 그것은 유고의 저널리즘이나, 지령을 받고 다리를 폭파하는 이반의 행동에 더 가깝지 않은가? 마치 흡연과 마찬가지로 철학에 관한 책을 쓰는 것은 행동과 비행동, 그리고 뭔가를 하는 적극성과 무익성의 중간쯤 위치하지 않을까?

사르트르가 보야르 담배를 그가 정교히 만든 실존주의 철학의 중요한 요소로 보고 있음을 강하게 시사하는 부분은 그 책의 끝부분에 있는 조금 특이한 한 장 속에서 찾을 수 있다. 여기서 사르트르는 그답지 않게 자신의 전기에 대해 명백히 언급하고 있다. 많은 흡연가들의 전기처럼 그것 역시 금연의 성공적인 시도를 이야기하고 있다. 또한 성공에 관한 많은 이야기들처럼 그 행복한 결말 부분은 담배의 궁극적인 복수에 대해서는 언급을 회피하고 있다. 담배에 대한 사르트르의 철학적이고도 고요한 승리의 이야기는 실제로는 그 승리의 간결성에 의해서 거짓으로 드러난다. 그는 그 다음 40년 동안 계속해서 담배를 피웠던 것이다. 이는 결국 우리로 하여금 그의 철학적 결론을 약간은 회의적인 태도로 바라보게 하는 결과인 셈이다. 여기에 사르트르의 그 긴 문장을 인용한다.

세계를 배경으로 소유되고 일어선 각 대상물은 전 세계를 드러내는데, 이것은 (스탕달에게 있어서는) 사랑받는 여인이 나타날 때 그녀의 주위를 둘러싼 하늘과 해변과 바다를 드러내는 것과 같다. 이 대상물을 스스로에게 전유하는 것은 곧 세계를 상징적으로 전유하는 것이다. 각 개인은 그것을 자신의 경험과 관련하여 인식할 수 있다. 나 역시 나의 개인적인 경험을 인용할 것이다. 이는 어떤 것을 입증하기 위해서가 아니라 독자의 의문에 답하기 위해서다. 몇 년 전, 나는 담배를 끊기로 결정했는데 처음에는 힘이 들었다. 그리고 솔직히 말해서 나는 담배의 '맛'을 그다지 좋아하지 않았기 때문에 흡연에 대한 욕구의 의미를 점차 잃어가고 있었다. 나는 일을 할 때, 그리고 아침 작업 시간에, 그리고 저녁 식사 후 밤에 담배를 피우곤 했다. 나는 담배를 끊으면 작업에 대한 흥미와 저녁 식사의 맛, 그리고 아침 작업의 신선한 생동감을 일정 부분 빼앗길 것처럼 느꼈다. 내 눈앞에서 일어나는 어떤 예기치 않은 사건이든 담배를 피움으로써 내가 더 이상 그것을 기꺼이 받아들일 수 없게 되자, 사건은 내게 본질적인 자극을 주지 못하는 것처럼 느꼈다. 소위 '담배를 피우고 있는 동안에 마주치고 느끼게 되는 것'은 모든 사물 위에 보편적으로 펼쳐져 있는 구체적인 성질로 생각되는 것이다.

게다가 나는 이 사물들로부터 멀어질 것처럼 보였고, 아울러 이런 보편적인 자극이 없는 인생은 살아갈 가치가 없는 것처럼 보였다. 그러나 흡연은 전유적이면서 동시에 파괴적인 반응이다. 담배는 상징적으로 '전유된' 존재다. 왜냐하면 담배는 '지속적인 파괴'라는 행동 양식에 의해 나의 호흡의 리듬을 따라 연소되기 때문이며, 또는 나를 통과하여 '나'로 변하는 것은 소비된 고체가 기체로 변화하는 것에 의해 그 스스로가 상징성을 띠고 드러나기 때문이다. 흡연을 하면서 본 풍경과 이 작은 화장火葬적 희생 사이의 관련은 우리가 방금 본 대로 후자는 전자의 상징과도 같다는 점이다. 그러므로 그것은 담배의 파괴적이고도 전유적인 행동이 상징적으로 볼 때 전 세계의 전유적 파괴와 동등하다는 것을 의미한다. 내가 피우고 있는 담배를 통해서 불타고 있고, 연기를 내며, 증기로 재흡입되어 내 속에 들어온 것은 세계였던 것이다. 담배를 끊고자 하는 결심을 유지시키기 위해 나는 일종의 탈구체화를 달성해야만 했다. 이는 다시 말해서 나는 그것을 정확히 깨닫지 못한 채 담배를 단지 그 자체의 존재, 즉 불붙는 잎사귀로 전락시켰던 것이다. 다시 말해 나는 세계와의 상징적인 연결 고리를 잘라버리고, 내 스스로에게 나는 담배 파이프 없이는 극장, 풍경, 그리고 내가 읽고 있는 책으로부터 아무것도 얻지 못할 것이라고 설득했던 것이다. 그래서 마침내 나는 이 대상들을 소유하는 데 있어서 그 희생적 의식 이외의 다른 양식을 갖게 되었다. 내가 이런 것에 설득되자마자 나의 유감스러움은 무의미로 전락되었다. 나는 담배 냄새를

담배는 숭고하다

맡거나 내 손가락 사이에 끼어 있는 작은 히터의 따뜻함 등을 느낄 수 없는 것을 유감스럽게 여겨왔다. 하지만 갑자기 나의 유감스러움은 진정되고 그런대로 참을 만하게 되었다.

사르트르의 이야기는 그의 말대로 어떤 것을 증명하기 위해서가 아니라 독자의 의문에 답하기 위한 것이다. 개인적인 명상은 마치 잠시 휴식 중인 철학자가 담배를 피우기 위해 시간을 내는 것처럼, 논쟁의 냉혹한 행진곡 가운데서 부드럽게 인도된 간주곡으로서 제공된다. 즉, 여유 있는 서술은 그가 독자로 하여금 마지못해 동의하게 할 정도의 강력한 수사적 힘을 숨기고 있다고 생각해도 좋을 것이다.

흡연이 맛보다 그 '의미'에 의해서 동기화된다는 것이 철학자 사르트르 경우만 그런 것은 아니다. 아마 그 어느 누구도 단지 맛 때문에 담배를 피우는 사람은 없을 것이다. 그러나 그가 담배에 부여하는 의미는 철학적일 뿐만 아니라 그의 정치 철학의 핵심이 된다. 비록 담배는 이 세상에서 가장 어렵게 전유되는 대상물이지만—왜냐하면 사람들은 '내 담배'라고 말하는 데 가장 어려움을 느끼기 때문이다—, 담배를 피우는 것은 전유의 본질을 드러내며 가장 추상적인 형태로서 무언가를 소유하고자 하는 모든 욕망 뒤에 숨겨진 동기를 나타낸다. 왜냐하면 담배의 경우, 우리는 사물 그 자체를 전유하지 않고 그 사물이 우리를 위해 '구체화'하는 모든 것을 전유하기 때문이다. 사르트르는 구체화의 개념을 스탕달의 논문인 「연애론De l'amour」에서 빌려와서 스탕달이 오직 사랑에 대해 묘사한 것을 소유의 모든 형태에 적용시키고 있다. 사르트르는 스탕달이 가진 통찰력의 범위를 확대하고 있는 것이다. 다음의 구절이 바로 그것을 보여준다.

세계를 배경으로 소유되고 일어선 각 대상물은 전 세계를 드러내는데, 이것은 (스탕달에게 있어서는) 사랑받는 여인이 나타날 때 그녀의 주위를 둘러싼 하늘과 해변과 바다를 드러내는 것과 같다. 이 대상물을 스스로에게 전유하는 것은 곧 세계를 상징적으로 전유하는 것이다.

사르트르에게 담배는 우리로 하여금 상징적인 행동으로 우리 주변에 있는 세계와 흡연에 동반되는 전체 풍경을 우리 자신 안에 받아들이도록 한다. 우리가 일할 때나 저녁식사 때, 그리고 어떤 새롭거나 낯선 경험 앞에서 담배에 불을 붙일 때, 우리는 담배에 불을 붙이고 깊이 빨아들이며 주위의 공간에 천천히 내뿜는 물리적 과정에 상응하는 투사投射/동일시/내재화의 행동을 수행하게 되는 것이다. 사르트르는 세계를 내 것으로 만드는 이러한 전유의 행동을 '전유적인 파괴 반응'이라고 부르고 있다. 우리는 세계를 불과 연기와 재, 그리고 우리의 폐 속에 집어넣는 가장 단순한 공기로 '전락시킴'으로써 세계를 전유한다. 또한 우리는 콰키우틀Kwakiutl 인디언들이 부와 권력의 과시로 행하는 포틀래치potlatch라는 선물 교환 의식에서, 한 종족이 다른 종족에게 선물로 준 엄청난 양의 물건을 태워버리듯이, 세계를 상징적으로 파괴함으로써 우리 주위에 있는 세계를 전유한다. 사르트르는 담배를 피우면 그 고체성 물질이 점차 연기로 변해 몸속에 들어가버리기 때문에 담배가 '전유된 대상물의 상징'이라고 말한다. 흡연은 전유적인 소유 행동을 통해서 대상물을 나 자신으로 변형시키는 흉내를 내는 것이라고 말할 수 있다. 다시 말해서 그 대상물은 지속적인 파괴와 소비된 고체가 연기로 변형되는 과정을 통해 '말없는 몸짓'이 되며, 이러한 변형 과정에 의해서 그것이 비로소 내 속을 통과하여 나 자신(또는 나 자신의 일부)이 되는 것이다. 그러므

담배는 숭고하다

로 흡연은 고체성 물질로서의 담배가 사라져버리는 것이, 내 주위의 세계를 내게로 전유함으로써 얻을 수 있는 상징적 이익에 의해 무한대로 보상되는 '희생적 의식'인 것이다. 따라서 흡연을 포기하는 것은, 당연히 참기 어려운 세계와 자아의 결여를 초래한다. 한마디로 담배 없는 삶은 살 가치가 없는 것이다.

사르트르는 전유의 동기가 단순히 대상물을 소유하고자 하는 욕망이 아니라고 말한다. 즉, 우리는 자아를 대상물로서(또는 마치 대상물인 것 같이) 소유하고자 하는 그런 소유를 통해서 욕망을 느끼기 때문이다. 우리가 소유하거나 전유하고자 바라는 것은 우리 존재의 근거이자 보증으로서 우리가 전유하기를 원하는 '존재 그 자체'의 '구체적인 대표자'다. 오로지 전유된 대상물만이 그 자체의 개별적인 질, 또는 사용을 위한 가치를 가지는 것은 아니다. 모든 개개의 사물 역시 그것이 사물의 일반적인 분류에 속할 뿐 아니라, 사물 그 자체에 부과되어 있는 안정성과 적극성을 통해 우리의 존재를 기초하고자 하는 희망을 상징적으로 나타내는 한 '무한한 연장延長'을 지니고 있는 것이다. 구체화를 통한 전유는 모든 전유와 소유의 목적을 입증하는 패러다임이다. 그것은 사르트르에게 있어, 우리의 자유가 지닌 근본적인 혼란과 우리에게 속하는 가능성으로서의 부정성이자, 현재 우리가 우리 자신 이외의 다른 것이 될 가능성으로부터 달아나버리는 양식이다. 전유와 흉내의 모든 형태는 사르트르가 헤겔의 뒤를 이어 '즉자en-soi(역주-불어로 '물체 그 자체', 또는 '본질'의 뜻)'라고 부르는 것, 즉 사물이 스스로 존재하는 한 그것과 영원히 동일한 것에 우리가 부여하는 존재론적 안정성과 근본적인 적극성을 자아에게 주는 것을 목표로 한다. 실존주의에 있어서 자아는 '대자pour-soi(역주-불어로 'en-soi'와 반대되는 개념)'가 될 가능성, 즉 현재 순간의 그 스스로를 넘어 현재를 무의미화하거나 사르트르가 '무'라고 부르는 비존재로 전락할 위험성에 대항하여 스스로를 보호할 수 있는 가능성 속에 그 참된 존재 양식을 가지고 있다.

사르트르는 일단 자신이 경험을 탈구체화하면, 즉 일상생활 속에서 의미 있는 사건들을 소유하는 다른 방법들, 예를 들어 저녁 식사의 맛, 작업의 기쁨, 이른 아침에 글을 쓰는 행동 등을 발견하기만 하면 담배를 끊기는 쉽다는 것을 발견했다고 말한다. 그는 자기 자신은(또는 어느 누구나) 흡연이 상징적으로 표현하는 전유적 욕망을 비난할 수 있다고 말하지 않으며, 단지 상징적인 전유를 하는 다른 방법들을 찾았다고 말할 뿐이다. 그는 프랑스인들이 표현하듯이 담배를 '불로 굽는' 희생적 의식을 더 이상 요구하지 않았다. 일단 그가 전유의 그러한 특별한 양식을 요구하지 않기로 설득되었기에, 담배 연기 냄새에 대한 그리움을 억누르는 고통과 그의 손에 쥐고 있는 불의 따뜻함을 느끼고 싶어 하는 마음, 기타 등등을 참는 데에는 문제가 없었다고 말한다. 여기서 '기타 등등'은 사르트르에게는 상당히 중요했음직한 흡연에 대해 말하지 않은 하찮은 매력들 모두를 포함한다. 왜냐하면 그는 곧 복수심을 가지고 흡연을 다시 시작했기 때문이다. 심지어 보부아르는 사르트르가 말년에 그의 좌반구의 순환에 중대한 문제가 생겨 혈관이 좁아지는 병으로 고통받으면서도 의사의 지시를 거부하고 고집을 부리며 술을 먹고 담배를 피워댔다고 기록하고 있다. 마침내 그는 담배를 들고 있는 것조차 매우 어려워졌고, 툭하면 담배가 그의 입술에서 떨어져내렸다. 의사들은 급기야 그가 담배를 줄이도록 강력한 진정제와 정신 안정제를 처방하기에 이르렀으나, 이 모든 것에도 불구하고 그는 단호한 표정으로 다시 흡연하겠노라고 말했다고 한다. 어느 날 저녁, 그는 몽파르나스의 한 브라질식 음식

78

점에서 돌아오던 중 다리를 삐긋하는 바람에 땅에 쓰러졌다. 병원에서 의사는 그에게 강압적으로 금연을 권했다고 보부아르는 전한다.

사르트르는 오직 담배를 끊어야만 자기 다리를 살릴 수 있었다. 만약 그가 처음부터 담배를 피우지 않았다면 건강은 훨씬 더 좋았을 것이고 조용한 노년의 삶과 정상적인 죽음을 보장받았을 것이다. 그러나 이후에도 계속 담배를 피운다면 그는 발가락을 잘라야 할 테고, 점차 발, 그리고 다리까지 잘라야 할 것이다. 사르트르는 충격을 받은 듯했다. 릴리앙과 나는 아무 어려움 없이 그를 집으로 데려올 수 있었다. 담배에 관해서 그는 다시 한번 깊이 생각해보고 싶다는 말을 했다. …… 우리는 그날 저녁을 독서와 잡담으로 보냈다. 그는 그 다음날인 월요일에 담배를 끊겠다고 결심했다. 나는 그에게 이렇게 말했다. "당신이 마지막 담배를 피우게 된다고 생각하니 슬프지 않아요?" 그러자 그는 "아니, 솔직히 말해서 이제 담배라면 신물이 나오"라고 대답했다.

그러나 사실 완전히 신물이 난 것은 아니었다. 왜냐하면 얼마 지나지 않아 그는 또다시 엄청나게 담배를 피우기 시작했기 때문이다. 이러한 상습적인 흡연의 이유는 아마 그가 그해 《뉴스위크》지 유럽판을 위해 응했던 인터뷰에서 찾아볼 수 있다. "당신의 현재 삶 속에서 가장 중요한 것은 무엇입니까?"라는 질문에 그는 다음과 같이 대답했다.

"나도 잘 모르겠소. 아마 사는 것과 담배 피우는 것을 포함한 모든 것이겠지요."

보부아르는 사르트르가 담배 피우는 것이라고 말한 것은 무시하고 다음과 같이 통역했다.

"그는 이 푸르고 금빛 찬란한 가을의 아름다움을 완전히 의식하고 있어요. 그는 이것에서 기쁨을 찾지요."

그 철학자는 지적 설득력과 정반대로, 건강에 대한 위급한 염려에도 불구하고 흡연의 매력에 이끌렸다. 그 향기 나는 연기의 부름, 통제된 불꽃의 독창적인 열기, 그리고 그 밖의 '기타 등등'이 마술을 부려, 그로 하여금 평범하지만 강압적인 열정을 가지고 이 친근한 희생제의를 수행하도록 유혹한 것이다. 인터뷰 기자에 대한 사르트르의 반응을 가을의 아름다움을 나타낸 것으로 바꿔 버린 보부아르의 통역은, 우리로 하여금 '기타 등등'이 사르트르가 스탕달을 읽고 나서 암암리에 암시한 것, 즉, 자유의 철학과 실존주의가 삶을 본질에 놓고자 하는 불가피한 명령 속에 그 위치가 거의 없는 심미적인 것의 모든 영역을 포함하고 있음에 분명하다고 생각하게 한다.

고답파高踏派, Parnasse적인 '예술지상주의l'art pour l'art'의 창시자이자 가장 탁월한 주창자인 방빌은 보들레르가 매우 존경하는 사람이었다. 그는 자신의 긴 인생 말년에 담배에 관한 글을 썼는데, 이 글은 다음과 같은 역설적인 반추로 시작하고 있다.

"이제는 더 이상, 아니 빠른 시일 내에 더 이상 흡연가는 있을 수가 없으며 있지도 않을 것이다."

1895년에 제임스 뷰캐넌 듀크가 본색 기계Bonsack's cigarette rolling machine를 가동시켜 전 세계적으로 팔리는 수십억 개의 담배를 생산한 시점에서, 방빌의 이 예언은 즉시 엄청난 공격을 받았다. 그러나 만일 우리가 '진정한 흡연가'와 그 밖의 다른 것들을 구분할 자격을 그가 가지고 있다고 여긴다면, 그는 오해받지 않은 것이라고 볼 수 있다. 그는 다음과 같이 묻고 있다.

담배는 숭고하다

"그러나 진정한 흡연가를 만들기 위해서 합쳐져야 할 조건들이란 무엇인가?"

이 질문에 대답을 하기 전에, 그는 사물 그 자체를 정의하기 위한 아리스토텔레스적 강압적인 충동을 느낀다.

"우선되고, 가장 으뜸이 되는 것은—왜냐하면 그것이 정의되어야만 하기에— 담배란 무엇인가 하는 점이다."

대답은 즉각적으로 나올 수 있지만 이는 지나치게 간결한 것이다.

"그것은 작은 종이에 둘둘 말려 있는 소량의 연초 잎사귀이다."

만약 담배가 그 자체 이외의 다른 어떤 것에 둘둘 말린 연초 잎사귀로 정의된다면 그 근원은 바르톨로메 데 라스 카사스의 글에서 우리가 보았듯이 서양에 연초가 최초로 소개된 때와 그것을 넘어서 콜럼버스 이전 시대로 추적이 될 수 있겠다. 그러나 우리가 견해를 좁힌다면 우리는 '담배의 전체적인 멋은 종이에 있다'라고 썼던 네드 리발의 말에 동의할 것이다. 리발에 의하면 담배는 1825년에서 1830년 무렵에 스페인에 처음 도착했는데, 브라질 사람들에 의해 소개되었던 것 같다. 30년 전쟁이 담배를 유럽 전역에 퍼뜨렸듯이 크림 전쟁 역시 담배를 대중화하는 역할을 했다. 프랑스 군인들은 1850년대에 터키인들과 전투를 할 때 처음으로 담배라는 것을 접하게 되었고, 그 이후 열정적으로 그것을 손에 넣었으며 고국으로 돌아가서 그들의 동포들에게 전해주었다.

담배는 그보다 약간 이른 1843년에 잠시 유행을 탔다. 이 당시에 루이 필리프 왕Louis Philippe과 그의 부인 마리 아멜리 왕비Marie-Amélie는 왕립 담배 독점 기업 레지의 대표 시몬 자작에게 끝에 금딱지가 붙은 담배 2만 개를 제조할 것을 명했다. 아울러 이들은 그 담배를 석판 인쇄된 종이에 말아 열 개씩 갑에 넣어 과들루프 지역의 태풍 생존자들을 돕기 위한 경매에서 60프랑에 팔 것을 명했다. 그 이후 프랑스에서의 담배 생산은 중단되었다가 프랑스 혁명이 일어난 해인 1848년에 재개되었다. 흡연은 항상 정치적 위기와 사회적 억압이 있는 시기에 호기를 맞는다는 사실은 우연일 수 없다. 그러나 모든 종류의 담배를 가리지 않고 하루에 50개비씩 피워댔던 루이 나폴레옹Charles Louis Napoléon Bonaparte은 집권했던 제2제국 시기 동안 귀족주의를 내세우며 자신의 담배 애용을 정당화했다. 그리고 마침내 제임스 듀크와 그의 기계는 담배를 귀족주의로부터 대중화시켰다.

종이의 멋, 그리고 '석판 인쇄된 종이'라는 언급이 던진 암시에 관한 리발의 말은 항상 말이든, 영상이든, 여하튼 종이 위에 눌러서 잉크로 찍힌 것, 즉 인쇄된 것은 모조리 연기로 날려 버리는 것을 의미했다. 왜냐하면 담배는 그 자체가 기계적으로 스탬프가 찍히고 정형화되어 인쇄된 것이기 때문이다. 마치 담배를 만드는 것이 처음부터 찍어서 인쇄하는 것과 동등한 것으로 이해가 된 것처럼, 담배 생산을 기계화하기 위한 최초의 시도는 '담배 타자기'라고 불린 작은 담배 말이 기계를 낳게 되었다. 고티에Jules Théophile Gautier는 『에스파냐(스페인) 여행Voyage en Espagne』에서 담배로 인해 누렇게 된 엄지와 둘째 손가락으로 석판 인쇄된 종이를 말고 있는 스페인 사람을 묘사한 후 다음과 같이 덧붙였다.

종이에 싸인 담배에 관해 한 마디 더 언급할 필요가 있다. 나는 이런 작은 묶음을 본 적이 없다. 이곳 주민들은 글씨가 씌어 있는 평범한 종이를 작게 잘라서 사용하고 있었다. 이런 종이에 싸인 담배는 감초 향기가 났고 그림으로 알록달록했으며 재미있는 이야기로 뒤덮여 있었는데, 이국적인 것을 좋아하는 프랑스인들을 위해 프랑스로 실어갔다.

담배는 숭고하다

포장된 담배 위에 듬성듬성 쓰인 글자와 재미있는 이야기들도 담배가 연기로 사라짐과 동시에 마치 꿈처럼 사라져버린다. 애초에 담배를 소비하는 것은 낭만을 소비하고, 향기 나는 연기 속에서 꿈과 소설 속에 나오는 이야기를 불태우는 것을 의미했다.

독자들도 기대하겠지만 방빌의 정의는 쉽게 정의될 수 없는 대상물 주위에서 그가 이끌어내는 구조의 시초에 불과하다. 즉, 담배에 있어 정의라는 것은 단지 이야기를 하기 위한 시작일 뿐인 것이다.

> 그것은(=담배) 작은 종이에 둘둘 말려 있는 한 다발의 연초 잎사귀이다. 그러나 일단 잎담배가 공평하게 배분되면 그것은 우아하고 신속하게, 그리고 박자감 있는 조화와 신속하고도 확신에 찬 모습으로 말아져야 한다.

방빌에게 있어 담배는 생산물일 뿐 아니라 작은 예술작품이라는 것은 이미 명백하다. 담배의 존재는 그 매력이 자태, 조화로움, 우아함, 신속함, 그리고 몸짓에 대한 확신 여하에 달려 있는 발레만큼이나 엄격하게 안무되는 '작은 기술'의 수행 여부에 달려 있다. 하지만 그것이 전부는 아니다. 이는 단지 담배를 만드는 것의 시초일 뿐이다. 방빌은 계속해서 다음과 같이 말한다.

> 그렇게 끝났다고 해서 담배가 만들어지는가? 결코 그렇지 않다. 왜냐하면 그 모양은 고정되거나 규정되어서는 안 되기 때문이다. 흡연가의 특이한 취향에 따라 담배는 끊임없이 개조되고 다시 말아지기 때문에 가변성이 있고, 다양하며, 인상적이고, 감성적이며, 또한 살아 있는 것이다. 이것은 기계적으로 만들어져 포장된 담배를 피우는 것이 얼마나 비예술적

예술적인 흡연가의 손가락 사이에 끼워진 담배는 마치 말 없는, 그리고 불투명한 대리석이 조각가의 도구 아래에서 생명력을 언뜻이 살아 있고 감성적인 피조물이 된다. 담배는 그것을 만든 사람의 천재성을 반영하는 독특한 존재 그 자체를 획득한다. 그러나 창조자로 하여금 이 세상에서 그 존재를 독립적이고 살아 있는 존재로 유지시킬 것을 더 이상 요구하지 않는다. 그러므로 '진정한 흡연가들'이 기계에 의해 사전에 말아진 담배를 피우는 것은 성직자나 군인과 유사한 헌신과 열정으로 전념하는 그들의 예술적 소명 의식과는 모순되는 것이다.

심미적 관점에서 볼 때 19세기의 엄격한 개인적 규율로서 가장 강렬한 영감을 모은 것은 물론 '멋쟁이Dandy'라는 인물들이다. 게다가 방빌은 '진정한 흡연가'를 보들레르적 예술가와 동일시하기를 주저하지 않는다. 그는 진정한 흡연가의 집중력과 외골수적인 것의 본질에 관하여 쓰고 있는데, 이것은 보고 베꼈을 수도 있다고 느껴질 만큼 보들레르에게 영감을 받았음에 틀림없는 언어로 쓰였다. 하찮은 행위인 흡연은 인생의 전반적인 목적이 되는데 이것은 방빌에게 있어서 '멋쟁이 정신'의 정의를 충족시킨다. 멋쟁이는 절대적으로 할 만한 가치가 없는 행위들을 아름답게 수행함으로써 미적 세련됨을 우아할 정도까지 끌어올린다. 보들레르와 마찬가지로 방빌은 귀족주의와 영웅 모두를 권좌에서 끌어내렸던 산업혁명 가운데서, 이런 귀족주의적인 자세의 영웅주의에 감사하고 있다. 멋쟁이의 세련된 행위의 무익성은 칸트 이래로 기호에 대한 순수한 미적 판단과 분리할 수 없는 것으로 간주된 무관심을 허용한다. 멋쟁이는 개인적 이익을 증대시킬 그 어떤 것도 목표로 삼지 않으며, 다만 그 자신을 위해 할 수 있는 일만을 목표로 한다. 흡연은 담배를 피우는 행위 그 자체가 인생의 전반적인 목표가 될 만큼 무가치하고 비생산적인 행동이다. 만약 인생이 어떤 공리적 원리에 따르지 않고 미적으로 정당화된다면 말이다.

방빌은 물질 소유에 전적으로 전념해온 사회에서 '멋쟁이 정신'이 사라져 가는 것에 대해 개탄한다. 그리고 더 이상 배타적인 강박관념 내지는 선입관을 옹호해서 세상을 비난하는 것은 가치가 없다고 생각한다. 그는 다음과 같이 썼다.

> 한마디로 모든 사람이 모든 것을 원한다. 담배는 가장 오만하고, 가장 매력 있는, 그리고 가장 자극적이고, 가장 사랑스러우면서 세련된 정부情婦이며, 또한 자기 자신 이외의 어떤 것도 용납지 않으며 그 어떤 것과도 타협하지 않는다. 그것은 도박이나 독서처럼 절대적이고 배타적이며 격렬한 열정을 불어넣는다.

담배는 지독하고, 격렬하며, 무언가에 대해 요구하는 여성과 같다. 그 어떤 타협도 허용치 않고 자신의 열정에 그 어떤 대안도 용인하지 않는 절대적으로 열렬한, 바람직한 여성인 것이다.

이런 의미에서 본다면 보통 우리가 담배라고 부르는 궐련은 방빌이 말한 대로 담배 파이프나 잎담배와는 구분이 된다고 볼 수 있다. 식사 후나 또는 신중하게 선택된 다른 때에 담배를 피우는 것은 욕구를 충족시킨다. 그리고 그 욕구는 일단 충족되면 당분간은 사라져버린다. 그러나 담배는 욕망의 또 다른 외고집의 논리에 복종한다. 방빌은 계속해서 다음과 같이 썼다.

담배의 경우에는 그렇지 않다. 담배는 유쾌하고 육욕적이며 잔인하다. 그리고 동시에 부드러운 흥분을 자아낸다. 그 흥분은 우리가 그것에 복종하면 할수록 그 자체가 점점 더 새롭게 되며 또한 수그러들거나 꺼지지도 않는다.

프로이트가 말하는 쾌락 원칙의 효율적 적용에 위배되지 않는 한, 흡연의 쾌락은 담배 소비의 다른 형태에 의해 획득되는 즐거움과는 구분된다. 쾌락을 욕구의 모델에 근거하여 해석하는 원칙에 따를 것 같으면, 마치 우유와 모유에 대한 어린 아이의 요구와 욕망이 어머니의 보살핌에 의해 완전히 충족되듯이, 욕망의 충족은 욕망의 제거를 야기한다. 그러나 담배에는 쾌락의 그런 경제 원칙이 적용되지 않는다. 즉, 담배는 욕망을 충족시키지 않고 오히려 그것을 악화시킨다. 우리가 흡연의 흥분에 굴복하면 할수록 담배는 더욱더 갈급하고도 육욕적으로 잔인하게 욕망을 일깨운다. 그것은 소멸해가는 것을 불붙게 하는 것이다. 담배를 피우고자 하는 이런 흥분의 외고집을 이루고 있는 것은 그것이 결코 누그러지거나 꺼지지 않는다는 사실이다. 그것은 에너지의 소비가 이득과 손실의 방정식에 따라서 계산될 수 있는 유용성의 경제 원칙과는 거리가 먼 것이다. 따라서 공백을 채우면 더 긴급하게 다시 채울 것을 요구하는 더 커다란 또 다른 빈 곳이 나타나는 것이다.

욕망의 일시성과 충족이라는 이 이상한 역전 속에서 흡연은 욕망을 후퇴시키는 것처럼 보인다. 마치 그 충족은 흡연이 충족시키는 욕망보다는 오히려 욕망 그 자체인 것처럼, 그리고 정상적으로는 욕망 뒤에 와야 할 것이 오히려 그 앞에 오는 것처럼 말이다. 명백하게 공리주의적이지 않은 이 욕망의 논리는 좀 더 심미적이다. 흡연은 마치 칸트적 예

담배는 숭고하다

술 작품처럼 어떤 목적성을 지니지 않으며 자신을 벗어나서는 그 목표가 없다. 고답파 시인 방빌은 그의 심미적 이데올로기에 가장 가깝게 필적하는 용어로 '담배를 위한 담배la cigarette pour la cigarette (역주 – '담배지상주의'를 뜻함. 이는 '예술을 위한 예술', 즉 '예술지상주의'를 본떠서 만든 용어이다)'의 원리를 주창하는 것처럼 보인다. 방빌은 흡연이 얼마나 근본적으로 무의미한 것인가를 인정하고 있다. 그는 이 살인적인 오락이 위대한 남녀를 매료시키고, 지배하고, 점령하기 위해 요구되는 모든 것보다는 오히려 더 훌륭한 성품, 적성, 그리고 놀라운 재능을 요구한다고 말한다. 그는 자아를 담배에 내맡기는 것은 곧, '자신의 관심을 결코 만족될 수 없는 욕망을 창조하는 것에 몰입하게 두는 것'이라고 명백하게 인정한다. 그러나 그럼에도 불구하고 그는 그의 '작은 연구硏究'를 불가피한 수사학적인 질문으로 끝맺고 있다. "그러나 자신의 삶을 잔인하고 소멸되지 않는, 그리고 완전히 무익한 욕망에 내맡기는 것은 그야말로 근사한 '멋쟁이 정신'이 아닐까?"라고 말하고 있는 것이다.

물론 방빌의 이러한 연구가 존재한다는 사실은 곧, 자기 스스로가 이런 종류의 멋쟁이가 아니라는 것을 의미한다. 그가 이런 글을 쓴다는 단순한 사실은 그가 더 근사한 형태의 멋쟁이 정신—그의 체계에 있어서는 담배 멋쟁이가 되는 것이 예술적 삶의 가장 고상한 형태다—을 발견했다는 것이 아니다. 대신 기발한 행동과 사고, 즉 통제의 필수 불가결한 상실에도 불구하고, 그가 종이 위에 글을 쓰는 덜 순수하고 좀 더 번거로운 작업에 만족하기로 결정했다는 것을 의미한다. 그 시인의 희생은 여신(女神, 여기서는 담배)을 위해 모든 물질적 관심을 포기하는 흡연가의 희생과 비교해볼 때 아무것도 아니다. 그는 다음과 같이 말하고 있다.

흡연가는 매 순간마다 두 손과 입술을 자유롭게 해야만 하기에 야망가가 될 수도 없고, 노동자도 될 수 없으며, 약간의 예외를 제외하고는 시인, 예술가도 될 수가 없다. 즉, 그에게는 모든 일은 물론이고, 심지어 성행위의 말할 수 없는 쾌락마저도 금지되는 것이다.

담배는 비록 예술 작품과 같은 심미적 쾌락의 한 형태이지만, 그럼에도 불구하고 이론상으로는, 예를 들어 방빌이 직접 썼을 실제 예술작품인 시를 짓는 것과는 상반되는 것이 분명하다. 따라서 그는 최상의 예술가 계층인 담배 멋쟁이라는 선택된 집단으로부터 자신을 제외하는 동안, 자신의 창조하는 것은 끊임없이 흡연이 내뿜는 시적 순수성의 세속적이고도 물질적인 것이 될 뿐이라는 사실을 인식하게 된다. 방빌이 자신을 진정한 흡연가들 속에 포함시키지 않는 것은 명백하다.

방빌은 그가 설정한 엄격한 규칙에 몇몇 중요한 예외를 인정한다. 그는 비록 담배가 절대적으로 무익한 것으로 간주될지언정 담배는 흡연가를 어딘가로 인도하며, 그들에게 무엇인가를 준다는 사실을 인정한다.

그러나 우리로부터 모든 것을 빼앗고 또 모든 것으로부터 우리를 멀리 쫓아버리는 이 폭군과도 같은 담배는 마침내 우리를 어디론가 인도하고 뭔가를 가져다주지 않는가? 그렇다. 담배는 행동을 가라앉히는 고요하고도 사내다운 체념을 주며, 또한 변경할 수 없는 신비한 즐거움으로 우리를 내몰아버린다. 모든 위대한 흡연가는 체념한 자와 신비주의자 가운데 있는 것이지, 야망가나 떠버리 가운데 있는 것이 아니다.

방빌은 마음에 떠오르는 모든 예외들을 인정한다. 하지만 그는 그것들을 자신의 규칙을 입증하기 위해서 사용한다. 그는 계속해서 다음과 같이 말한다.

> 솔직히 말해서 현실은 내게 거짓을 가져다주는 것 같다. 그러나 그것은 단지 현실이 잘못 이해되었기 때문에 그런 것이다.

그는 지금까지의 모든 흡연가 중에서도 가장 지독한 흡연가 중 하나인 조르주 상드George Sand를 예로 들고 있다. 그녀는 연극의 예행연습이 진행되는 극장에서 5분을 보낸 후, 자신이 썼던 것의 단어 하나도 완전히 이해할 수 없게 되었다. 배우들이 의견을 물으면 그녀는 담배에 불을 붙였다. 그리고 그 담배는 즉시 극장 건물이 화염에 휩싸이는 것은 물론이고, 극장 안에서 담뱃불을 붙이는 것조차 참지 못하는 '청렴한 소방수'의 출현을 초래했다. 방빌은 창조하거나 생산하는 것을 멈추지 않았던, 그러면서도 흡연을 멈추지 않았던 이 행동파 여인의 외관상의 모순을 설명하고 있다. 낮 동안에 그녀는 곤충학과 잼 만드는 것을 좋아했던 '바람직한 부르주아bonne bourgeoise'였으나 밤에는 '그녀의 생각을 침범하고 지배했던 모든 숭고한 이야기들을 구술했던 천재성의 악마, 담배의 먹이가 되었다. 그러므로 그녀의 독창성은 '그녀의 밖'에서 발생하였으며 '그녀가 수반될 필요가 없이' 성취되었던 셈이며, 그녀는 '마치 아무런 할 일이 없는 사람처럼' 담배를 피웠던 것이다. 영감이라는 것이 그녀의 비범한 작품을 구술했기 때문에 그녀는 마치 자신의 엄청난 창작의 광경에 대해 신비로운 체념에 사로잡힌 채, 그리고 전적으로 수동적인 방관자가 되는 것 이외에는 아무 것도 할 수 없었다. 우리가 사르트르의 『존재와 무』에서 보았듯이 담배를 피운다는 사실은 예술의 생산이라는 이런 다른 종류의 행동, 또는 비^非행동과 특권적인 연관이 있다.

방빌은 그의 규칙에 또 하나의 예외로 보이는 경우, 즉, 흡연가들 중에서도 가장 위대하고 가장 고집 센 사람 중의 하나였던 나폴레옹 3세를 예로 든다. 하늘로 치솟은 야망을 지닌 사람이 신비로운 체념에 사로잡힌 이의 열정이라 할 수 있는 담배와 그토록 열애를 해왔다는 것을 어떻게 설명할 것인가? 그것은 바로 그가 완전히 운명주의적이었기 때문이며, 또한 그가 했던 모든 것은 스스로도 어쩔 수 없는, 그리고 심지어 자신의 참여 없이도 스스로 수행했던 예정된 계획에 따른 것이라고 간주했기 때문이다. 방빌은 다음과 같이 말한다.

> 그러므로 그는 가장 예기치 못한 행운과 가장 지독한 불운 속에서 체념을 했던 것이며, 또한 모든 것이 끝났을 때, 즉, 그가 1870년 폐위되었을 때 여느 때와 다름없이 조용히 담배에 불을 붙였던 것이다. 이 가시적인 공상, 즉 영혼을 아편이나 대마초보다 더 비물질적인 낙원으로 보내주는 이 연기는 한 국가의 우두머리인 그에게 최고의 평온함을 제공해주었다.

마지막으로 방빌은 가장 활동적이고 야망적인, 그리고 서사시적으로 신동에 가까운 작가인 빅토르 위고^{Victor-Marie Hugo}를 이야기한다. 위고는 담배를 증오했으며, 자기 주위에 담배나 담배 연기가 가까이 있는 것을 참지 못한 것으로 알려진다. 방빌에 의하면, 그는 오직 단 한 번 사람들이 자신의 면전에서 담배를 피우는 것을 허용했다. 그것은 1870년 파리의 포위 기간 동안이었는데, 방빌은 그때 위고의 탁자에서 국가보위군 병사들이 후식을 먹은 후에 담배를 피우는 것을 보았던 것이다. 방빌은 '끔찍한 해'였다고 말하고 있다.

담배는 숭고하다

위고와 같은 빛나는 시대에 속했던, 공상가이자 다소 여성적인, 그러나 매력적이었던 알프레드 드 뮈세Alfred de Musset는 담배 애호가였다. 나는 아직도 그를 본다. 소파에 앉아 탁자 위에 놓인, 밀수업자 모습이 새겨진 메릴랜드 담배 한 갑과 붉은색으로 칠해진 원통형 성냥 상자를 손 가까이에 놓은 모습을. 프레스코 벽화에서처럼 수정이 불가능한, 그리고 항상 한 번에 성공해야만 하는 그런 예술을 수행할 때 그는 자신이 지금 막 쓴 원고를 다시 읽기 위해 담배에 불붙일 권리가 있다. 그러나 위고와 같은 거물은 자기 글을 다시 읽을 필요가 없었다. 왜냐하면 그에게는 시간이 너무도 귀중했기 때문이다.

뮈세와 위고의 차이는 바로 시인과 거물의 차이다. 즉, 단명短命의 서정 예술을 수행하는 뮈세와 같은 시인들은 순간의 영감에 의존하여 작은 시들을 단번에 써버린다. 서정시를 쓰는 데에는 시간이 안 걸리고, 마치 다시 읽는 것처럼 힘도 들지 않고, 담배를 피울 시간만 많이 남겨두려는 노력 외에는 다른 수고가 필요하지 않다고 방빌은 말하는 듯하다. 반면에 위고와 같은 거물급 작가는 표면적인 이유 때문에 담배를 피우지 않았다. 그에게 있어서 흡연은 비활동적인 것이며, 매순간 분명한 야심에 차 있고, 독창적인 생산을 위해 유보되어 있는 것이기 때문이다. 반대되는 모든 증거에도 불구하고, 방빌이 활동적인 일과 흡연 사이에는 근본적인 양립 불가능이 있다는 것을 증명하는 것은 이렇게 뒤얽힌 주장에 의해서다. 그는 실제로 글 쓰는 '행위'와 담배를 피우는 '행위' 사이에 이루어지는 신기하리만큼 친밀한 관계를 둘러싼 특이한 불균형을 설명하는 데 성공했다.

방빌은 모든 약물들 중에서 왜 담배가 이러한 특이한 상태, 즉 고요하고도 남성다운 체념과, 그러면서 바꿀 수 없을 만큼 놀랍고 신비로운 기뺨을 야기하는 힘을 지니고 있는가에 대해 설명하지 않는다. 이런 상태는 아마 우리가 이미 보들레르에게서 살펴 본 두 가지 조건과 상응한다. 예술가의 두 가지 가정, 체념으로부터 나오는 자아의 강화라는 '집중'과 신비로운 팽창 속에서 맺어지는 자아의 상이라는 '증발'이 바로 그것이다. 이러한 절대적인 조건 속에서 이해되는 방빌의 예언은 심오하지만 사실이다. 다시 말해, 그가 묘사하는 종류의 '진정한 흡연가', 즉 완전히 무익한 어떤 것에 편협한 열정으로 전력하는 '담배 멋쟁이'는 더 이상 있을 수도 없고 있지도 않은 것이다. 그러한 자세의 귀족주의적인 아름다움은 방빌이 말한 대로 진정한 흡연가를 위해, 그리고 절대적으로 요구적이고, 잔인하고, 오만한, 그러나 그럼에도 불구하고 가장 사랑스러운 '여성(담배)'을 위해 모든 것을 희생하며 추구하는 것과 같은 아름다움과 쾌락의 이상理想을 옹호한다. 그리고 동시에 물질적 복리에 대한 거부를 허용하지 않는 이 세계에서 사라진다. 흡연이 보편적인 열정이 되어가는 시대에 글을 썼던 방빌이 진정한 흡연가는 머지않아 더 이상 남지 않을 것이라고 주장한 것은 틀림없이 옳은 것이었다.

한 세기 뒤에 흡연가는 조만간 그 어느 곳에서도 남지 않을 것처럼 보이는 것도 당연하다. 한때 가장 세련되고 가장 무익했던 멋쟁이들의 유일한 특권이었던 것이 수십억 사람들의 사치가 되면서 곧 사라질지도 모른다. 그러면 그것과 함께 무엇이 사라질 것인가? 승리감에 도취한 몇몇 담배 반대주의자들이 마지막 담배를 지구의 얼굴인 땅바닥에 던져놓고 자신의 발뒤꿈치로 비벼 끄는 날에, 세계는 이 문화적 관습이자 미의 사회적 도구이며 꿈의 지팡이의 상실에 대해 슬퍼하거나 애도할 이유를 가지게 될까? 아니면 담배에 자신의 인생을 바친 사람들, 담배를 끊을 수가 없었기에 수명을 다하지 못하고 죽어버린 사람들에 관해서는 어떨

담배는 숭고하다

까? 그들은 그들의 희생에 대해 어떠한 존경이나 칭찬도 받을 자격이 없는가? 사르트르가 말한 대로 그들에게는 흡연 없는 삶은 살 가치가 없다. 제노가 말했듯이 그들에게는 그것이 죽음에 대한 그들의 생활양식이었던 것이다.

"매일매일 되풀이 되는 일상생활의 영원성에 맞서,
담배는 마치 시처럼 그것을 즐기는 사람을 잠시나마
백일몽의 낙원 속 환상으로 초대한다."

제2장

담배는 숭고하다

아르헨티나 탱고를 발전시키고 대중화했던 카를로스 가르델의 묘가 근처에 있는데 이곳에는 골초이면서 챙이 늘어진 모자를 썼던 그 음악가를 기념하여 담배 하나가 항상 불붙은 채로 있다.
– 1989년 10월 3일자 《인터내셔널 헤럴드 트리뷴》

흡연은 시를 짓는 것에 비유할 수 있다. 영감이라는 뜨거운 공기를 들이마시면, 종이 위를 수놓은 글들은 소리 없이 아우성치며 대기 중에서 타오르고, 욕망의 소용돌이를 내뿜고, 몸짓을 하며 서정적인 대화를 머리 위에서 연기로 조절한다. 이 장의 목적은 담배를 시로 간주하는 것뿐만 아니라, 과장법으로 표현하여 서정적인 분출물이라는 차원에서 시를 불러일으키는 것까지 포함하고 있다. 담배가 제공하는 제국주의적인 매력의 본질과 담배가 시인의 손에 의해서, 아니 더 나아가서 담배를 사랑하는 수많은 사람들의 손에 의해서 조장하는 수사학적인 솜씨를 발견하기 위한 것이기도 하다.

담배에 관한 장르의 가장 빠른 예라고는 결코 볼 수 없는 〈나의 담배 My Cigarette〉는 찰스 러미스Charles F. Lummis가 썼는데, 이 시는 표현이 매우 적절하지 못한 시다. 그러나 시인들이 종종 담배에 부여하는 서술어가 흥미롭게 요약되어 있다. 또한 우리에게 담배에 관한 시가 늘 창작되고 있다는 시대착오적인 효과를 불러일으킨다. 지난 30년을 회고해볼 때 담배의 가치는 변화했다고 볼 수 있다. 이 시를 읽으면 지그문트 프로이트^Sigmund Freud가 자신의 부인에게 코카인을 추천하면서, 강장제로서의 아름다움을 칭송하고 '그녀를 강하게 하고 그녀의 볼에 색조를 더하게 만든다'라고 보냈던 편지를 생각나게 만든다. 코카인이 해롭지 않다는 낙관적인 가정으로 인해 프로이트는 동료에게 모르핀 중독의 치료제로 엄청난 양의 코카인을 처방한 그 유명하고도 치명적인 실수를 저지르게 된다. 담배에 관한 가장 좋은 시는 흡연의 위험한 결과를 무시하려들지 않는다. 러미스의 시에서 발견할 수 있는 또 다른 결함은 내가 내 마음대로 담배를 가질 수 있다는, 즉 '나의 담배'를 가질 수 있다고 주장하는 점인데 이는 우리가 이미 본 대로 전유될 수 없는 대상을 소유하는 체하는 것이다. 이 시는 사르트르가 통찰한 두 가지 측면, 담배를 개인적인 소유물로 만들고자 하는 부르주아적 욕망의 무익성(예를 들어, "담배는 직접 말아서 피울 때 맛이 더 좋다"라는 표현 등과 같이)과 그 무익한 욕망의 고집을 교묘하게 예시해주고 있다. 본질적으로 전유할 수 없는 것을 전유하고자 하는 열정은 그것이 사람들의 자아에 확고한 근거를 준다는 환상으로 인해 소비주의가 가진 모든 병리 현상의 동기가 되기도 한다.

사르트르는 자신의 담배를 직접 마는 것과 마찬가지로 쇼핑은 자유에 대한 근본적인 불안감을 가지고 있는 가운데 환상에 가까운 보호받는 느낌을 준다고 생각한다. 이 시는 사르트르의 설명대로 전유될 수 없는 담배가 세계를 상징적으로 전유하는 강력한 도구라 확신하는 미덕을 지니고 있다.

　나의 담배

　　　　　　　　　　　　　　　　　　　담배는 숭고하다

나의 담배!
불안과 슬픔을 마법에 걸어
멀리 날려버리는 부적과 같은 존재.
오늘을 넘어서서 내일을 불러올 수 있는 요술 지팡이
사랑의 욕망과도 같이 불붙은 그대의 왕관

황혼과 부드럽게 혼합된 그대.
그리고 아… 시인의 꿈은
위로 올라가기만 하는 그대의
연기 꽃다발 속에 있는 것이 아닐까?

　여기서 담배는 부적이라는 마법 같은 위치에 있으며 기호의 조작을 통해서 세계에 영향력을 행사하고 있다. 요술 지팡이는 끝에 별이 달린 요정의 지휘봉처럼 '오늘을 넘어서서' 미래를, 즉 '내일을 불러오는' 힘을 지니고 있다. 흡연가는 공상을 위해 담배가 열어주는 마법의 시간과 공간 속에서만이 아니라, 실제로 아마도 실현 불가능한 가능성을 꿈꾸게 된다. 담배는 미래를 소환하고 그것을 안내하는 불붙은 지휘봉이자, 사고思考를 예기하며 상상력을 풍부하게 하고 가설을 재촉하는 하얀 옷을 입은 촉진자이며, 현재에서 벗어나 당분간 존재하지 않을 미래로 옮겨주는 희열의 투사물이다. 담배의 마법은 아마도 미래에 대한 사고에 의해 야기되는 불안감, 즉 모든 예상(왜냐하면 불안감이란 항상 미래의 위협을 예상하는 것에 방향을 쏟기 때문에)을 완화해주는 능력에서 기인한다. 담배는 결코 존재하지 않는, 담배를 피우는 잠깐 동안에만 가능한 미래의 세계를 향해서 현재의 순간보다 더 친밀하게, 그리고 조용히 우리 자신을 투사하도록 해준다. 장기를 두는 흡연가나 성 발렌타인 축제 때 이성에게 보내는 카드를 쓰는 흡연가는 끊임없이 담배를 피운다. 저널리스트나 무대 양옆의 숨은 장소에 있는 연극배우들도 사정은 마찬가지다. 연인 이나 군인들은 특정한 상황 속에서 기다림과 소망, 두려움을 겪게 되는 데, 항상 유쾌하지만은 않은 기대에 대한 불안감을 완화하고 조절하기 위해 담배의 도움을 필요로 한다.

러미스는 시에서 담배 끝에 붙은 불똥을 사랑의 욕망과 동일시하고 있는데, 그 욕망의 불똥은 황혼의 가벼운 불빛과 열기로 누그러지고 있 다. 이는 곧 소진되어 꺼지기 일보 직전에 있는 불타는 욕망의 재인 것 이다. 담배를 입에 물어 빼는 행위는 흡연가로 하여금 황혼의 잠이라는 영역을 조화롭게 포옹하도록 해준다. 이 시에서 담배 연기는 꽃다발이 나 반지처럼 위로 올라가서는 꿈의 운동을 나선형으로 급상승하도록 해 주며 매일의 근심 걱정을 초월하도록 해주고 소설이나 시적 야망의 문 을 열어준다. '시인의 꿈은 위로 올라가기만 하는 그대의 연기 꽃다발이 아닐까?'라는 구절이 바로 그것이다. 담배 연기로 만들어진 반지는 이탈 리아 시인 페트라르카가 로마의 캄피돌리오^{Campidoglio}에서 신격화된 채 왕관을 머리에 쓴 것처럼 월계 꽃다발이기도 한 것이다.

〈나의 담배〉는 마치 의도하지 않은 자위행위처럼 들리기에 당혹감을 불러일으킨다(실제로는 없는 누군가를 상상하면서 '나의 담배'를 조종한다는 것은 에로틱한 만족감을 조장한다). 뜨거운 지팡이는 분출하는 연기가 꿈틀대며 위로 올라가는 데서 절정을 이루는 것이다. 아마도 러미스의 욕망은 무 의식중에 그의 담배를 남성의 성기―접근이 불가능하기에 많은 사람들 이 그것을 가지려고 노력할 뿐 아니라 그것이 되고자 노력하는 데 자신 의 삶을 보내는―와 혼동하는 것과 연관이 있다. 성기로서의 담배는 우리가 '험프리 보가트 담배'를 다루게 될 제5장에서 서술할 것인데, 여기서 험프리 보가트^{Humphrey Bogart}는 〈카사블랑카^{Casablanca}〉라는 영화에서 끊임없이 담배를 피우는 릭의 역할로 나온다. 그런 의미에서 본다면 험프리 보가트라는 미국 영화배우는 자신이 피우고 있는 담배와 동일한 셈이다.

담배는 종종 거리가 먼 의사소통, 즉 수송과 여행을 시작하기 위한 수단과 연관이 있다. "나는 카멜 담배를 위해서라면 1마일을 걸어갈 수도 있어", "말보로 나라로 오십시오", "당신, 먼 길을 오셨소" 등과 같은 표현이 그것이다. '오다'라는 희열어린 운송은 여행이라는 개념과 정신적 측면에서의 작은 오르가슴적 변형이라는 개념과 연관이 있다. 그러나 담배의 쾌감은 일종의 부정적인 오르가슴이다. 왜냐하면 담배는 흡입하는 순간에 그 독성분이 뇌세포를 죽이거나 신경 세포의 잇닿은 부위를 파괴하기 때문이다. 아마도 그것은 생각의 관점을 변경하여 마치 흡연자가 거리를 횡단하고 있는 것처럼 느끼게 만드는 가벼운 치매 현상이나 기억력 감퇴 같은 것을 유발한다. 담배가 종종 전電—도구^{tele-instrument}로서 묘사되는 것을 보는 것은 인상적이다. (전)보, (전)화, (텔레)비전뿐 아니라 (전)미학과, 먼 거리에 있는 것을 만지고 향기를 멀리 내뿜는다는 의미를 가진 (텔)아로마가 바로 그것이다. 알프레드 코크레인^{Alfred Cochrane}이 쓴 다음의 시는 담배가 마법적인 메시지를 물질적인 거리뿐 아니라 계급적 거리를 초월하여 전달하는 성향을 보여준다.

테라스에서

가라, 작은 연기의 꽃다발이여, 빨리,

그대의 부정하고도 희미한 향기를 발산하라.
저 멀리 있는 등불 켠
방의 금지된 공간을 가로질러.

거기에서 책을 읽으며
심지어 내가 없음에도 불구하고 하품할 때 입을 가리는
그녀에게 말하라. 여름의 부드러운 목소리는
그녀가 잔디 위에 있어 주기를 애원한다고.

말하라, 짙푸른 산언덕 위에는
보기에도 아름답게 초승달이 걸려 있다고,
그리고 감미로운 향기가 오늘 오후
아름답게 다듬은 과수원을 채우고 있다고.

말하라. 그녀에게 그대의 부드러운 영향력은
희망 어린 감정이 섞인 채
이 세상에서 보기 드문 자비심으로
지금 곧 저녁 식사를 한 여인에게 영감을 불러일으키고 있다고.

그리고 아마도 정원에서 딱정벌레가 윙윙대며 노래하고 있는
그 정원이 그녀가 쉬고 있는 방에서
마음을 돌리도록 유혹할 수 없다면,
그리고 그녀가 밖으로 나오기를 여전히 거부한다면.

담배는 숭고하다

그렇다면, 나의 담배여! 그녀의 귀에 속삭이라.

아직도 나의 마음을 사로잡고 있는

사원에 헌납된 향香을 연상시키는

그 불길한 전조를 말이다!

이 '큐피드'의 '부정한' 초대, 그리고 그것의 방심할 수 없는 따가운 화살은 '희미한 향기' 때문에 더욱더 교묘하다. 담배 연기의 타는 향기는 문지방을 넘어서 '저 멀리 등불 켠 방'의 '금지된 공간'을 횡단한다. 담배는 문화라는 이름의 하품하는 등불을 떠나라는 명령이다. 왜냐하면 그것은 한여름 밤의 감질나게 하는 본성과 같기 때문이다. 거의 가리지 않은 성적인 풍경은 초승달의 이러한 광경이다. 초승달은 방금 막 단장한 과수원의 향기로 충만한 짙푸른 산언덕 위에 '걸려' 있으면서 그녀가 나와서 처다보기를 요구하고 있다. 낫 모양을 하고 있는 이 초승달은 그의 말에 의하면 '보기에 아름다우며' 또한 정신분석이라는 측면에서 볼 때 해부학적인 것처럼 들린다. 왜냐하면 그런 표현이 이 시에서는 걸려 있는 이 '낫과 같은 모양의 초승달'(이 낫은 과수원을 단장했기에 아직도 뜨거운데)의 거세하고 거세당하는 모습으로부터 콤마로 단절되어 있기 때문이다(역주 – 이 시의 영어 표현에서는 콤마로 단절되어 있다. Hangs, fair to see, the sickle moon, ……). 이것은 담배가 여인으로 하여금 와서 보라고 초청하는 성적인 달밤 풍경이다. 큐피드로서의 담배는 저녁 식사를 잘 한 후에 마음을 가라앉히며 한 대 피우기를 소망하는 흡연가의 보기 드문 자비심을 전달해주는 것으로 충만해 있다. 왜냐하면 우리는 흡연가의 이러한 저녁 식사 후의 '자비심'이 무언가를 일깨워주는 것으로써 간주하려는 의도가 명백하기 때문이다.

마지막의 어둡고도 비밀스런 구절은 '윙윙대며 노래하고 있는 딱정벌레'와 정원의 성적인 전망에 의해 유혹되지 않을지도 모를 성스런 여인에 대한 배반과 복수를 약속하고 있다. 큐피드(=담배)는 '그녀의 귀에다 불길한 전조'를 속삭이기 일보 직전이며, 시인은 그의 향을 자신의 마음을 일부분 점령하고 있는 다른 사원들에게로 향하게 하겠다는 두려운 약속으로 충만해 있다. 만약 그녀가 미와 쾌락의 약속에도 아랑곳하지 않고 나오지 않는다면 아마도 그녀는 다른 동료들과 격리될 것이라는 위협을 암암리에 하고 있는 것이다. 담배 연기는 그와 그녀를 갈라놓고 있는 장벽을 가로질러 횡단하고자 하는 그 시인의 욕망과 위협의 신호다. 시 끝부분에 와서 큐피드의 화살은 그녀가 빨리 서둘러 밖으로 나와, 잔디 위에 앉지 않으면 그가 다른 굴뚝 위로 연기를 불겠다는 날카로운 의미로 녹아들고 있다. 그렇게 본다면 이 강탈자와 같은 담배 연기는 한마디로 별로 멋진 큐피드는 아닌 셈이다. 이 시에서는 메시지를 멀리 운반하는 담배의 힘, 부정한 것과 위악적인 것과의 연결, 그리고 낙관적인 견해뿐 아니라 음침한 견해까지도 모두 개방하는 담배의 능력이 모두 나타나고 있다. 19세기에 속하는 수사학적 어조를 지닌 이 시는 낭만에 대한 20세기의 태도를 예상하고 있는 듯하다. 이 큐피드(=담배)는 밖에서 담배를 피우며 기다리고 있는 모습의 험프리 보가트나 개츠비(역주 – 스콧 피츠제럴드의 소설 『위대한 개츠비』의 주인공을 말한다)와 같은 강인한 사내로부터 메시지를 전달하고 있는데, 이 메시지는 이 시의 윌리엄 테니슨적인 기법이 암시하는 것보다 더 솔직하고 위협적이다. 이 시에서는 담배가 현대적 큐피드, 즉 낭만을 탈낭만화하고 그것에 더 예리한 잔인함과 아이러니와 생생한 유혹을 부여하는 존재의 가장 좋은 화신이다.

담배에 관해 쓴 시 중에서 가장 위대한 시는 의심할 여지없이 상징주의 시인인 쥘 라포르그가 쓴 것인데, 그 시는 1880년에 출간되었다. 그 시는 상징주의의 아버지인 보들레르가 1837년에 쓴 〈담배 파이프〉라는 위대한 시에서 찬양을 했던 것처럼 강박충동적으로 자신이 담배를 피웠더라면 그가 썼을지도 모를 소네트(역주 - 14행의 짧은 서양 시가)라고 볼 수 있다. 라포르그의 소네트는 실제로는 보들레르의 것을 마치 메아리처럼 흉내 낸 것일는지 모르며 그 고조된 자기모순에도 불구하고 상당히 젠체하는 보들레르의 시적 언어의 심각함을 조롱할 수도 있을 후세들의 명랑한 목소리일는지 모른다. 라포르그는 그의 시를 보들레르보다 50년 뒤에 썼다. 만약 라포르그 당시에 담배가 인기 있었던 만큼 보들레르의 시대에도 인기가 있었다면 아마 그도 담배를 피웠을는지도 모른다. 담배는 크림 전쟁의 영향 때문에 유럽에 보편화되었으며, 이 전쟁에서 프랑스 군인들은 자신들을 전쟁에 나가도록 만들어준 그들의 적인 터키인들에게 감사함을 느끼며 귀국했다. 왜냐하면 전쟁 때문에 군인들은 담배라는 것을 알게 되었기 때문이다. 또한 그들은 루이 나폴레옹과 조르주 상드와 같은 지독한 흡연가들에 대해서도 감사를 했는데 이 두 사람은 궐련을 하루에 50개비 이상을 피웠다(이들은 궐련은 물론이고 그와 동시에 여송연, 파이프 담배, 코로 흡입하는 담배도 엄청난 양으로 피웠다).

페트라르카 이후로 소네트 형식의 시는 주로 시인들이 여성을 찬미하기 위해 쓰였다. 그러나 담배에는 테오도르 뷰렛Thedore Burette이 1840년에 〈흡연가의 생리학La physiologie du fumeur〉이라는 시에서 썼던 대로 매우 일찍부터 여성적인 유혹이라는 성질이 부여되었다. 그는 "담배는 쾌적하고 생동감이 있으며 생명력이 있다. 왜냐하면 담배는 음식의 양념과도 같이 톡 쏘는 그 어떤 것이 있는데 이것이 바로 담배의 매력이다. 담배는 흡연가의 음탕하고도 성적으로 자극적인 여성 파트너다"라고 쓰고 있다. 제1장에서 저자는 담배를 여성에 비유하는 방빌의 은유법을 다음과 같이 인용했다.

"담배는 가장 오만하고, 가장 매력적인, 그리고 가장 자극적이고 사랑스러우면서 세련된 정부情婦이며, 또한 자기 이외의 그 어떤 것도 용납지 않으며 그 어떤 것과도 타협하지 않는다. 그것은 도박이나 독서처럼 절대적이고 배타적이며 사나운 열정을 불어넣는다."

담배와 사랑에 빠진 남자는 위험과 상상력이 풍부한 모험에 취해 있다. 방빌이 말한 대로라면 가장 '지독하고, 사납고, 자극적인, 그렇지만 어떠한 타협이나 대안도 허용치 않는 절대적이고, 열정적이며 매력 있는 여성'에 의해 취해 있는 것이다. 제4장 「카르멘의 악마」에서는 이 지독한 정부이자 무한한 매력이 있는 위험스런 여성에게 이름과 형태가 주어질 것이다. 이 여성은 담배를 상징한다. 라포르그의 시에서는 여성이 마약인 것과 마찬가지 방식으로 담배가 여성이다. 담배는 보들레르가 그의 어두운 정부나 아편으로부터 전통적으로 유도해내는 그런 종류의 환각적인 경험의 원천인 것이다.

담배

그렇다. 이 세상은 재미없고 따분하다. 한마디로 역겹다는 말이다.
나는 내 운명에 체념하고 있다. 희망이 없기 때문이다.
단지 죽음을 기다리며 시간만 죽이고 있는 셈이다.
나는 단지 신을 조롱하면서 작은 몸매를 지닌 담배를 피운다.

앞으로 전진하라. 그리고 계속해서 투쟁하라. 지금은 비록 살아 있지만 미래의 불쌍한 해골이 될 너!

나는 하늘을 향해 몸을 뒤틀며 올라가는 푸른색의 꼬불꼬불한 길과 같은

것에 의해 무한한 환희 속에 빠져든다.

마치 불붙은 수많은 그릇 속에서 죽어 사라지는 향香처럼.

그리고 나는 밝고도 맑은 꿈으로 뒤덮인 낙원으로 들어간다.

발정기가 된 코끼리들이 환상적인 왈츠를 추는

모기 합창단과 교미를 하는 그런 낙원 말이다.

그런 후에 내가 내 시를 꿈꾸다가 잠에서 깰 때

나는, 아니 이 세상에서 가장 부드러운 기쁨으로 충만한 내 가슴은

거위 다리처럼 데워진 내 귀여운 엄지손가락을 응시한다.

이 시인이 '나는 작은fines 몸매를 지닌 담배를 피운다'라고 말한 것은 주목할 만하다. 작은 몸매의 멋은 수학적인 숭고함의 개념과 떨래야 뗄 수 없다. 담배에는 작고도 가냘픈 느낌을 주는 외모와 달리 무한한 양의 쾌락이 들어 있는 것이다. 불어에서 형용사 '핀fine'은 '작은'이라는 심미적인 구분뿐 아니라 도덕 및 계급과 관계가 있는 섬세함의 질이라는 의미를 내포한다. 가장 고상하고 귀족적인 사치를 의미하는 상표들이 가장 민주적이고도 대중적인 형태의 담배 소비에도 그 의미가 적용되기는 하지만, 아무튼 그것들이 끈질기게도 많이 발견되는 것은 놀랄 만하다. 번햄의 공작Duke of burnham, 마노瑪瑙 보석Cameo, 공작의 제일 좋은 옷Duke's Best, 엘리트Elite, 우아함Les Élégantes, 기수騎手, Jockeys, 세련된 사환使喚들Petits Pages, 유행Fashion, 상류 생활High Life, 오래된 금Old Gold, 총독Viceroy,

주택 지구Up Town 등이 바로 그것이다(역주 – 여기에 나오는 이름들은 모두 다 담배 상표들이다).

담배의 아름다움은 이를테면 엽궐련의 아름다움과 비교해볼 때 완전히 다르다. 담배의 경우 흰 종이에 말려 있는 말쑥함이라든가 손으로 만들거나 또는 공업용 기계로 글자를 인쇄하여 박아넣는 매끈함에서 그 아름다움을 찾을 수 있다. 원통형이라는 담배 구조의 완벽한 대칭이 거칠고 벌거벗은 담뱃잎(엽궐련)을 쥐고 있는 것과는 전혀 다른 가시적, 혹은 묵시적 쾌락을 부여하고 있다. 눈처럼 하얀 종이에 싸인 담배를 만지는 것과 단순한 담배 잎사귀를 만지는 것과는 비교가 안 된다.

담배는 그 자체가 멋일 뿐 아니라 단순히 손가락과 입, 그리고 주위의 대기와 가까이 있는 존재라는 것만으로도 세련미를 만드는 힘을 지니고 있다.

라포르그의 시는 우리 존재의 구제할 수 없는 무미건조함을 확인하는 것으로 시작하고 있다. 우리네 존재는 약진도 초월도 불가능하다. 소위 다른 세상, 내세에 관해서는 '부질없는 소리sornettes!'라는 불어 단어를 쓰고 있는데 이 단어는 당돌하고도 경멸적인 뜻으로 영어로는 '개소리Bullshit!'로 번역을 해놓았으나 아마도 딱 맞아떨어지는 단어는 아닌 것 같다. 하지만 영어에서는 그 단어가 불어와 마찬가지로 담배와는 운율이 그런대로 어울리므로 눈감아줄 수는 있을 것 같다. 라포르그는 보들레르의 도전적인 현대성에 대한 일종의 모방물인 이 시에서, 보들레르적 권태감을 새롭고 좀 더 현대적인 절망감으로 표현하고 있다. 그것은 종교의 환상에 대한 그의 경멸뿐 아니라 죽음의 영원성이라는 가능성 앞에서 모든 야망의 무익함, 삶 그 자체의 무익함에 대한 그의 운명론적인 체념에도 존재한다. 방빌의 영웅(=방빌이 쓴 시의 주인공)처럼 그는 모든 생산적 활동을 포기하고 희망 없는 운명에 스스로 체념을 하고 마는 것이다.

한편, 권태만이 있는 세계 속에서의 탄생과 내세의 가능성이 없는 죽음 사이에서 담배를 피우는 것은 바로 '시간을 죽이는 일'이다. 그에게는 자아 밖의 상태, 즉 무한이라는 것을 향해 지루하게 달려가기만 하는 듯한 일상생활의 과정을 벗어난 상태로 그를 집어던지는 담배, 푸른색의 구불구불한 연기의 능력이 그 힘의 원천이 되는 담배가 바로 전쟁의 무기인 것이다(역주 – 저자는 시간을 '죽인다^{kill}'는 동사를 사용하고 있으므로 담배를 전쟁 무기로 본 것이다). 리발은 알프레드 드 뮈세가 "하루 종일 도박을 해서 피곤한 저녁 때에는 담배 세 개비가 시간을 죽이는 성스러운 비결이다"라고 말했던 것을 인용하고 있다. 심지어 도박이라는 기분 전환도 시들해져버리는 때에는 흡연이 뿌옇게 닫혀 있는 괄호문을 열어주는 역할을 한다. 마치 당분간은 괜찮은 듯이, 그 시인은 죽을 수밖에 없는 우리네 존재들의 무미건조한 유한을 조롱하는, 불멸로 상승한 신들을 오히려 조롱하고 있다(역주 – 담배를 피우는 것이 신들을 조롱하는 것이라는 말은 우리가 담배를 피울 때 엄지손가락이 코에 닿기 때문에 그렇게 본 것이다. 영어에서는 남을 조롱할 때는 '엄지손가락을 코에 얹는다$^{thumb\ one's\ nose\ at}$'라는 표현을 사용한다.) 이는 흡연가가 마치 작은 신인 것처럼 유한의 존재로부터 잠시 동안 도피하게 되는 것을 뜻한다.

손가락 사이에 담배를 끼운 채 엄지손가락을 코에 갖다대는 것은 흡연가에게 있어서는 하루에도 수백 번씩 반복되는 행동으로 이렇게 모든 것을 초월한 체하는 것이 피할 수 없는 운명, 즉 죽음이라는 경멸적인 운명 앞에서 무너지고 마는 일상성에 대한 도전인 것이다. 라포르그의 시에서 담배를 피우는 시인은 담배로 인해 '무한한 환희'에 빠져 잠과 같은 상태로 떨어지게 된다. 그가 죽을 수밖에 없는 존재라는 진부함과 죽음의 불가피성을 막아내고 물리치는 작은 무기인 담배는 담배라는 시간 속에서 죽어 하늘나라에 갔다는 느낌을 유도하고 있다. 매번 빨아대는 담배 속에 든 독이 모든 흡연가들의 경우와 마찬가지로 그를 죽이고 있다. 그러나 오히려 천천히 죽어가는 그 행위로부터 쾌감이 발생한다. 매일매일 되풀이 되는 일상생활의 영원성에 맞서, 시는 마치 담배처럼 그것을 즐기는 사람을 잠시나마 백일몽의 낙원 속 환상으로 초대한다. 그러나 잠시 기다리라.

확실히 여기서 담배는 보들레르의 일반적인 시적 소재인 작은 그릇 속에서 '죽어가는 향薌'의 소생력이 부여되어 있는데, 이는 천천히 사라져버리는 것처럼 보이는 모든 것들의 우울한 아름다움을 자아내고 있다. 담배가 유도하는 맑은 마취의 꿈은 보들레르가 그의 가장 영향력 있는 시인 〈일치Correspondence〉에서 자아내는 환상과 약간 유사성이 있는데 이 시는 종종 상징주의 시 운동의 선언서로 간주된다. 보들레르와 마찬가지로 라포르그의 첫째 연은 세계의 본질에 대한 교리적이고 교의적인 주장을 하고 있으며, 곧이어 둘째 연은 주제가 그 세계의 본질에 위배되는 것으로 묘사되고 있다. 하지만 그럼에도 불구하고 이 둘은 전혀 배치되지 않고 조화롭게 어우러진다. 이 두 시에서는 두 번째 연이 모두 무한한 팽창이라는 운동 속에서 인간과 우주의 황홀한 동일시를 묘사하고 있다. 이 두 소네트의 3행 연구聯句들은 놀랍고도 생생한 이미지로 자연이나 담배가 시적 고찰자 속에서 유도하는 초자연적이고도 환상적인 경험의 가능성을 예시하고 있다. 라포르그의 '무한한 환희'는 보들레르의 '무한한 것들의 팽창'을 명백하게 그대로 반복하고 있는 것이다.

보들레르의 시에는 '~같이comme'라는 단어가 여섯 번씩 반복되는데

이는 정상적으로는 명백히 구별된 것으로 간주되는 경험과 감정의 영역 사이에 종합적으로 의사소통이 이루어지는 것, 즉 '일치'라고 불리우는 것의 원동력인 유추적 과정을 의미할 뿐 아니라 그것을 실행하고 있다. 라포르그에 있어서는 그 단어는 둘째 연, 즉 '마치 불붙은 수많은 그릇 속에서 죽어 사라지는 향香처럼'에서 두각을 드러내는데 여기서 그 단어는 담배 연기와 무한한 팽창, 그리고 향기 나는 담배 연기의 사라짐을 모두 동일시하고 있다. 라포르그의 '수많은 그릇'은 담배를 보들레르가 그의 시 〈일치〉의 끝에서 서술한 것과 같은 물질인 '정신과 감정을 운반해 주는 호박琥珀, 사향, 향유'를 동양의 향로香爐에 비유하고 있다. 보들레르의 시에 있어서와 마찬가지로 향香, 또는 향기는 '일치'가 일어날 수 있는 매개체이다. 모든 물질 중에서 향은 사고나 꿈의 물질적인 일치에 가장 가까운 것이며, 가장 멀고, 깊고, 잊힌 기억을 소생시켜 주는 그 힘은 상상력과 시의 영역에 특별히 연관이 있다는 것을 보여주는 신호다. 보들레르는 〈머리카락Le chevelure〉이라는 시에서 그가 사랑하는 여인을 통해 경험하게 되는 시적 모험에 찬사를 보내기를 갈망한다. 그는 그녀의 머리카락을 제유법提喩法으로 그녀의 전체로서 간주하고 있다(역주 - 제유법이란 '일부'를 가지고 '전체'를 나타내거나 '특수'를 가지고 '일반'을 나타내는 수사법이다. 여기서는 보들레르가 자신의 애인 머리카락, 즉, 그녀의 일부를 가지고 이를 마치 그녀의 전부라고 간주함을 뜻한다). 그리고 과거를 회상하는 그의 상상력이 가장 이국적이면서 가장 시적인 곳을 향해 돛을 올리고 항해를 하는 배는 바로 그녀의 머리카락에서 나는 향기다. 라포르그의 담배 연기는 보들레르의 애인인 장 두발의 머리카락 향기와 같은 기능을 갖고 있다.

보들레르가 그의 시에서 여러 가지 감정들, 즉, 오보에의 소리, 초콜릿의 맛, 무한의 향기 등과 같은 다양한 감정들을 결합시키듯이 라포르그의 담배는 자연이 아니라 일반적으로 서로 관계가 전혀 없는 것으로 생각되는 감정의 영역들을 결합시키는 종합적인 힘을 부여받고 있다. 담배는 시 속 화자에게 그가 낙원이라고 부르는 것, 즉, 보들레르가 찬사를 보냈던 '인공적인 낙원'을 분명하게 상기시킨다. 그러나 다시 보라. 이 소네트의 4행시들 중의 맨 끝줄은 우리를 메스껍게 만들려는 의도가 다분히 있는 것이 명백하다. 불붙은 수많은 향로는 그 불이 꺼져가는 다양한 과정 속에서 아마도 우리가 상상할 수 있는 환각제 판매 가게의 지독한 냄새보다도 더 악취가 날 것이다. 담배는 아름다울지 모른다. 하지만 동시에 고약한 냄새가 난다. 오늘날 현대의 많은 것들처럼 말이다. 그러나 그 운율, 즉 담배^{cigarettes}와 향로^{cassolettes}를 다시 보라. 향로^{cassolettes}는 냄비^{casserole}, 즉, 고기 수프^{cassoulet}의 그릇과 비슷한 발음이 난다. 다시 말해서 누군가의 거위가 이미 요리되고 있는 것이다(역주 ― '누군가의 거위가 요리된다^{cook somebody's goose}'는 영어 표현은 '악평을 받는다', 또는 '평판이 구겨지다'라는 의미가 있다).

'발정기의 코끼리가 환상적인 왈츠를 추는 모기 합창단과 교미를 한다'는 보들레르의 시 〈일치〉의 3행 연구를 말끔히 모방한 것이다. 정교하고 고상한 보들레르의 환상과 비교해볼 때 라포르그의 그것은 시시한 것을 질질 끄는 듯한 인상을 주며 성급하고도 지저분해 보인다. 합창단의 노래가 발정기에 있는 것과 관련이 있는 유일한 것은 바로 이 둘 사이의 대칭적인 언외의 의미(전자는 신성하고 후자는 불경스러운 것)인 것이다. 모기와 코끼리가 공통점이 있는 유일한 것은 그들의 크기의 면에서 극과 극을 달리는 대칭적인 관계에 있다는 점이다. 다시 말해서 동물들 가운데서 전자는 무한히 작은 존재를 의미하고 후자는 무한히 큰 존재를 의미한다. 교미, 즉 자연의 극과 극인 이 둘이 한데 어울리는 것은 곧

담배는 숭고하다

무시무시할 정도로 성적으로 난잡한 낙원, '천국의 성교가 이루어지는 지옥'과도 같은 것이다. 왜냐하면 음탕한 후피동물(코끼리)과 까불이 아첨꾼인 명사격수(모기)가 교미를 하는 것이기 때문이다.

　라포르그의 시에서 화자가 본연의 일로 다시 돌아가고 담배 꿈에서 깨어날 때 그는 시간을 죽이는 것이 가치가 있었다는 것을 깨닫는다. 화자는 그의 짧았던 낙원에서 나와 그의 엄지손가락이 마치 모든 습관적인 흡연가들처럼 거위와 같이 그을려진 것을 발견하게 된다. 그 자체가 작은 성기인 그의 엄지손가락에 의해 형상화된 자아는 좀 더 상처를 입은 채, 말하자면 전보다 더 죽어 있는 상태로 담배의 꿈에서 벗어난다. 라포르그는 현혹되지 않으며, 그 약물(담배)이 해롭지 않고 시간을 죽이기 위한 어떤 대가도 요구하지 않는다는 상상으로 독자를 유도하지도 않는다. 왜냐하면 그는 시간과의 전쟁에서 가장 결정적인 무기가 죽음을 재촉하는 것임을 알기 때문이다. 흡연은 그것이 시인에게 제공하는 손실과 이익의 논리라는 측면에서 볼 때 일종의 자아희생이다. 초월이라는 것이 없는 물질적인 세계에서는 흡연이 다른 무엇보다도 자아를 희생하는 더 좋은 방법이다. 아마도 중요한 점은 이 마지막 줄의 어조일 것이다. 이것은 아무리 자기모순적일지라도 자만심이 그로 하여금 시 속에 자신의 엄지손가락의 얼룩을 걱정하지 않도록 하는 보들레르의 것과는 상당히 다르기 때문이다. 게다가 보들레르적인 소네트를 쓰는 한편, 라포르그는 이렇게 말한다. 담배를 피우는 그 누구도 보들레르를 더 이상 심각하게 여기지 않으며 일종의 현대성 때문에 보들레르의 고상한 낭만적 희열 가운데 남은 것은 모두 다 담배―한 갑이라는 작은 가격을 주고 궁극적으로는 죽음을 얻게 되는 담배―에서 얻을 수 있다.

　담배가 야기하는 맑은 꿈속에서 라포르그가 발견하는 미는 긍정적이지 않다. 그것은 죽음을 극복하기도 하고 또한 죽음을 겪기도 하는 부정적인 미인 것이다. 이런 점에서 그것은 칸트가 『판단력 비판』의 「숭고의 해부」라는 장에서 분석한 부정적인 미의 형태와 닮은 것처럼 생각된다. 칸트의 논문은 담배가 이 세상에 제공해온 모순적인 미와 역설적인 쾌락의 본질의 이해를 위해 필요한 전제 조건이다. 칸트에게 있어서 숭고는 단순히 아름다운 것과는 다른데, 이것은 그 제한적인 조건으로서 고통의 순간을 동반하기 때문에 부정적인 쾌락을 제공한다. 그가 말하는 고통이란, 충격이라는 정상적인 감정이나 그 완전한 중요성에 의해 우리를 감동시키는 모든 것, 즉 경외나 존경의 마음을 불러일으키는 존재에 의해 야기되는 두려움을 의미한다.

담배는 독이다. 그리고 그것은 미각적으로 말해서 맛이 좋지 않다. 그리고 담배는 정확하게 말해서 아름답지 않다. 그와 동시에 숭고하다. 칸트가 구분을 하는 용어를 빌려서 말하자면, 이 차이점은 흡연이 이를테면 잘 다듬어 만들어진 유골 단지의 고요함을 응시하는 것에서 나오는 감정과 고통스럽게 싸우는 심미적 쾌락의 형태를 야기한다는 것을 뜻한다. 칸트의 용어로는 우리가 일상적으로 아름답다고 간주하는 것, 즉 그가 '미각의 순수한 심미적 판단'이라고 부르는 것의 대상은 유한적인 실재다. 참으로 우리가 정상적으로 심미적 만족과 연관을 짓는 고요한 즐거움과 평온한 환희의 감정을 자극하는 것은 그것의 정교한 한계, 즉 그것의 수단과 목적 그리고 그것의 여유와 크기에 한계가 있다는 점인 것이다. 이와는 대조적으로 우리가 무경계無經界의 경험에서 취하는 심미적 쾌락은 긍정적이지 않고 부정적이라고 칸트는 말한다. 상상력은 처음 순간에는 고통스런 무한한 관점의 존재 속에서 충격을 입는다. 그러나 이 부정성은 바로 숭고함의 조건이다. 그러므로 보들레르는 그의 에세이에서 "모든 숭고한 사고의 개념에는 뇌의 기저에서부터 느껴지는 초조한 동요가 있는 법이다"라고 쓰고 있다.

우리가 숭고하게 아름다운 것이라고 부르는 것, 즉, 두려움을 수반하는 경외와 존경의 감정을 처음 만나는 순간에는 봉쇄를 경험하게 된다. 우리는 그러한 두려운 순간에 무한한 심연을 상상하는 우리 능력의 한계, 다시 말해서 유한한 영상 속에서 무한한 것처럼 보이는 중요성과의 만남을 나타내는 능력의 한계를 인식하는 혹독한 경험을 하게 되는 것이다. 상상력은 이 세상에서 보이지 않는 것을 만들어 낼 수 있다. 그러나 무한을 나타내는 일 앞에서는 힘을 쓰지 못한다. 하지만 다행히도 칸트에 따르면, 이성의 능력은 정신이 붙잡을 수 있지만 상상으로서의, 모든 한계와 유한을 넘어선 경계 없음으로서의 무한이라는 개념을 제시함으로써 상상력을 구원한다.

상상력을 구원하면서 이성은 경외와 두려움의 순간 뒤에 만족을 가져오는데, 이 만족은 비록 사고 속에 있기는 하지만 우리의 상상력에 대한 한계를 인식하는 고통을 극복하는 것으로부터 파생하는 만족인 것이다. 칸트는 다음과 같이 말하고 있다.

"숭고의 느낌은 단지 간접적으로 발생하는 쾌락이다. 그리고 이것은 짧은 순간 동안 생명력이 봉쇄되는 느낌과 곧 그 뒤를 이어 그 생명력이 더 강하게 방출되는 것에 의해서 생산되는 것이다. 그러므로 감정으로서의 그것은 장난처럼 보이는 것이 아니라 상상력의 작용에 있어서 심각한 것처럼 보인다."

담배는 어린 아이들에게 설탕이 그렇듯이 궁극적으로 맛이 좋은 것은 아니다. 담배와 관련된 '쾌락'은 부정적이므로 정확하게 말해서 쾌락이 아니라고도 볼 수 있다. 흡연은 무해하고 달콤한 맛보다는 오히려 혐오와 질병을 동반하므로 흡연의 첫경험은 장난이 아니라 심각한 행위로 보인다. 사실 담배는 그 독이 소화되는 매순간마다 약간씩 메스껍게 만든다. 담배는 처음부터 그것의 유독한 성질을 선포하며, 특히 처음 빨 때 그리고 연속해서 한 모금씩 빨면 빨수록 신체에 반복된 동요를 전달한다. 담배에 관한 모든 문학은 사람들이 그렇게 열렬히, 그리고 굶주린 듯이 담배를 피우는 것은 담배의 유해성에도 '불구하고'가 아니라 담배의 유해성 '때문에'라고 말한다. 독 성분이라는 담배의 성격, 즉 그것의 엄청난 중독성과 유독성 효과는 담배의 다양한 사회적 유익의 기저에 깔려 있을 뿐 아니라 담배의 음침한 미를 구성하고 있다.

흡연에 관한 가장 훌륭한 시는 말라르메가 쓴 소네트이다. 이 시는 우리의 목적에 부합되게도 담배를 그 주제로 하고 있다. 그의 이러한 소재 선택의 이유는 말라르메가 담배를 특별히 편애해서 그러했다기보다는 오히려 운율을 고려한 것과 연관이 있는지도 모른다. 그는 그의 정기적인 문학 모임에서 상징주의 노선을 따르는 그의 제자들에게 자신이 피워대는 신탁神託의 담배 연기 구름 뒤에서 말하곤 했다. 말라르메는 담배를 사랑했다. 그러나 라포르그보다는 덜 대담하고 덜 무모했기에 그는 '—ette'로 운율을 맞춘 소네트에 대해서는 새하얗게 질려버렸을 것임에 틀림없다. 호흡, 불, 불똥, 그리고 연기 등과 같은 모든 면에서 볼 때 이 시에 나오는 담배는 '엽궐련cigar'이 아니라 '궐련cigarette'이다. 왜냐하면 엽궐련류의 특징은 흡연가들이 종종 만들고 싶어하는 동그란 담배 연기와 불붙은 담배 끝에서 점점 길어져가는 재를 보면 명백하게 알 수 있기 때문이다. 그러나 만약 우리가 이 시를, 담배를 명목상의 주제로 삼는 다른 시에 합류시킨다면 단순히 해야 할 일을 하고도 공치사하는 격이 되는 것만은 아니다. 왜냐하면 말라르메가 힘겹게 이야기를 꺼낸 후에 끝부분에서 가서 이야기를 꺼낸 대상은, 불충분하지만 이것이 엽궐련이 아니라 궐련이라는 것을 의미한다. 이 시에서 말하는 담배가 종이에 만 담배라는 것은 연기의 숭고함에 그 담배가 거의 완벽하게 희생물이 된다는 것에 있다. '엽궐련'에 있어서 문제는 피울 때 '담배'와는 달리 충분히 사라져주지 않는다는, 즉 별로 중요치 않은 꽁초 밑부분까지 깨끗이 타들어가주지 않는다는 점이다.

우리가 천천히 담배를 내뿜을 때
영혼 전체는 소환이 되지.
몇 개의 둥근 원형 모양의 담배 연기는
다른 둥근 원형 모양의 담배 연기 속에 묻혀서 사라지지.

담뱃재가 그 밝은 불의 키스로부터
떨어져 나가는 것은
곧 담배가 말없이
타들어가고 있다는 것을 입증하는 셈이지.

낭만의 합창 소리가 그대의 입술을 향해 날아들면,
그리고 그대가 진실을 작곡하기 시작하면
거기서 빠져나오라.

지나치게 정확한 의미는 그대의 희미한 문학을
삭제하여 지워버리기 때문이지.

영혼 전체, 즉 모든 영혼들이 담배를 내뿜는 순간에 되살아나고 소환된다. 여기서 연기의 등장은 단지 신호나 영혼의 상징만은 아니다. 요컨대, 담배 연기는 그 '모호함', 투명할 뿐 아니라 파도치는 것이며, 전에는 똑같았던 무엇인가의 외재화와 변형의 상관물相關物이기도 하다. 그런 의미에서 본다면 숨을 안으로 들이쉬는 것은 곧 숨을 밖으로 내쉬는 것과 같다.

첫째 연의 많은 비음鼻音들은 각행에서 담배 연기를 작게 내뱉는 효과를 수행하고 있으며 또한 이것들은 이 시에서 '천천히lente'라는 단어의 중요성을 강조하고 있다. 이 단어는 '~할 때Quand'에서 완전한 비음을 반복하는데 이는 그 줄이 시작하는 부분에서 담배 연기를 길게 내뱉는 효과를 주고 있다. 정신이 육체의 물질성과 연관이 있듯이 담배 연기라는 실체는 영혼의 탈물질화에 가까운 물체다. 무언가가 영혼을 지니고 있다고 말할 때 우리는 그 에너지가 육체 속에 가시적으로 녹아들어 있다는 것을 의미한다. 이러한 실재물 또는 존재, 다시 말해서 영혼과 담배 연기는 물질적인 것과 영적인 것, 그리고 감정적인 것과 지적인 것의 경계선 위에 놓여 있는 것이다.

'천천히lente'라는 단어를 나무의 접지接枝, 또는 접목接木으로 읽는다면 사람들은 이 시의 전체 해석을 물질보다는 밀도가 덜하고 정신보다는 좀 더 육체성이 농후한 영혼의 특징을 나타내는 '중간 존재' 주위에서 맴도는 것으로 파악할지도 모른다. 따라서 처음 두 줄은 '영혼 전체가 재가 된다. / 우리가 (중간 존재를) 천천히 내뿜을 때'와 같이 읽힐 것이다. 물론 '천천히lente'는 또한 '유령처럼 ~에 늘 붙어다니다l'hante'로 들릴 수도 있다. 그리고 영혼을 재개시키는 이 담배 연기는 그 연기 꽃다발, 즉 유령의 모습으로 으스스한 그 어떤 것을 지니며 삶과 죽음, 호흡과 죽음의 중간의 그 어떤 지점에서 거주하고 있는 것이다. "영원성이 그를 본래의 그로 바꾸어주리라"라고 말라르메가 에드거 앨런 포의 묘비에 썼던 대로 죽는 순간, 영혼은 모든 것을 정리하게 된다. 죽음의 순간에는 자신의 삶을 다시 만들려는 영원한 인간의 자유가 사라지고 만다. 그리고 그러한 삶은 또 다른 형태를 취한다. 그것은 다른 사람들이 가야 할 길로서 남는 것이다. 오로지 맨 끝에서야 우리는 비로소 인생을 이해하게 된다. 오로지 죽음만이 우리로 하여금 확신을 가지고 인생의 목적지를 향하게 해주고, 그 인생의 운명과 의미를 이해하게끔 해주는 것이다. 우리는 인생의 종착역에 있어야만 비로소 지나간 날을 회고하며 그 인생이란 것의 플롯을 발견할 수가 있는 것이다. 그러니까 삶은 만료되는 시점에서 다시 재개된다. 그것은 마치 우리가 매번 둥근 원형 모양의 담배 연기를 내뿜을 때마다 우리는 인생 이야기를 무덤 뒤편에서부터 보이는 것으로 쓰고 있는 셈인 것이다.

담배 연기는 몇 개의 동그라미 모양으로 내뿜어지고 다른 동그란 담배 연기 속에 합류되어 사라진다. 영혼은 담배 연기처럼 일원론一元論적이지 못하고 이질적이며 복합적이다. 몇 개의 동그라미 모양을 한 담배 연기는 동시에 모두 다 똑같은 동그란 연기이며 이것들이 흩어지고도 반복되는 그 다음의 담배 연기와 구분이 불가능하기 때문이다. 단일적이고 일원적인 것, 복합적이고 이질적인 것, 밖으로 내뿜는 영혼, 연기로 사라지는 것, 이 모든 것들은 일시적인 운동이며 아리스토텔레스적인 시간 그 자체의 운동이다. '물리학'에서 아리스토텔레스는 '지금'이라는 것의 역설을 명백히 밝히고 있다. 동그라미 모양의 담배 연기처럼 각각의 연이은 순간, 다시 말해 '지금'이라는 것은 자신의 위치를 차지하기 위해 그 이전의 것을 무효화시키고 그것을 대체한다. 동그란 담배 연기처럼 각각의 새로운 '지금'의 등장을 위한 조건은 또 다른 '지금' 속으로 사라지는 것이다. 그것의 등장은 그것의 사라짐과 동시적인 것이다. 그리고 각각의 '지금'은 이 현재의 순간 속에 존재하는 것과 동일한 것이기에 그것들이 계속되는 시간은 순환적인 것으로 간주되고, 각각의 순환되는 원은 그 다음에 뒤따르는 원 속으로 사라지는 것이라고 아리스토텔레스는 말한다. 말라르메가 말하고 있듯이 되살아나는 영혼 전체는 단지 되살아날 수 없는 것의 경험에 불과한 것이다. 그것은 영혼의 일시적인 연속, 즉 시간의 '운동'의 복합성과 단일성인 것이다(만일 우리가 시간에 의해 이미 결정되지 않은 움직이는 그 어떤 것을 생각한다면 말이다). '천천히 ~할 때Quand lente'라는 단어는 흡연의 행위와 거기에 존재하는 일시성 사이의 근본적인 동일성을 지적한다.

　'버리다, 또는 철폐하다Abolis'라는 단어는 소르본 대학의 논문에서 다루어야 할 주제 중의 하나이다. 이 단어는 종종 가장 특징적인 말라르메식ᵃ 단어로 간주되는데 단어의 중요성은 그의 가장 위대한 시의 제목과 주요 절인 '주사위를 던지는 것은 기회를 버리는 것이 결코 아니다'에서 찾아볼 수 있다. '버리다'라는 동사의 중요성은 그것이 이 시에서 부정적인 단어, 부정의 행위, 그리고 부정적인 개념으로서 작용하는 역할 속에서 찾아볼 수 있으며 이것은 담배에 관한 말라르메의 시적 논쟁 전체를 조장하는 것이다. 그의 언어는 무無의 최소한의 존재를 동그란 담배 연기처럼 긍정적이고 또한 가시적인 것으로 만들려고 끊임없이 시도하고 있다. 대부분의 무無는 무無가 아니다. 그것은 헤겔이 말한 대로 대체로 그것의 한계를 정하고 그것의 용어를 고정시키고 그것에 여유를 주는 어떤 것과 관계가 있는 '결정된 무'인 것이다. 부정적인 행동, 예를 들어 무언가를 버리고 폐지하는 그런 행동은 가장 결정적으로 '결정된' 존

담배는 숭고하다

재를 지닌다. 말라르메가 우리의 심장의 박동을 멈추게 만드는 탄원 속에서 나타내려고 의도하는 것은 달콤한 말이나 찬사의 부재이다.

'버리다'라는 단어는 말라르메에게 매력적인 것이다. 단어들의 글자와 발음의 특징에 대한 그의 지나치게 세심한 관심은 그를 각각의 글자의 가장 작은 미세한 부분에 이르기까지 시적인 선택을 하도록 만들었다. '버리다Abolis'에서 'O'라는 글자는 마치 그것이 성취하는 無를 나타내듯 그 단어의 중앙에 있다. 자신의 꼬리를 물고 있는 뱀처럼 'O'라는 글자는 처음과 끝을 통일시켜준다. 마치 A부터 Z까지 모든 가능한 기호의 총체처럼 말이다. '버리다Abo-lis'의 처음 세 글자는 그리스어의 알파-베타-오메가로 이루어져 있다. 'O'는 끊임없는 부정이라는 원동력에 의해 움직이는 헤겔의 전체 우주를 둘둘 말아주는 無다. 그 우주는 속이 빈 원형, 즉 불어의 '그릇bol'과 같다. '그릇bol'은 또한 '내던져진'이라는 뜻의 그리스어로부터 그 어근을 취하고 있다. A-bol은 운명적인 종국을 나타내는 주사위를 던지는 것처럼 '아래로 내던져진' 그 어떤 것을 의미한다. 'L'이라는 글자는 불어로는 물론 '날개가 달린elle, 즉 날개를 의미하는 단어로도 들린다. 아래로 던져진 것은 말 그대로 던져진 것이며 또한 마치 말라르메의 시, 〈성 요한의 찬가〉에서 세례 요한의 머리에 의해 묘사된 궤도처럼 위로 치솟으며 출발하는 순간에 땅을 향해 쌍곡선의 비상을 하는 것이다(이 시에서는 'I'라는 글자가 많이 사용된다. 왜냐하면 그 형태가 철폐되는 '즉, 여기서는 잘리는' 순간 구르는 머리처럼 그 글자의 작은 점이 위를 향해 날아오르는 효과를 내며 세례 요한의 목 잘림을 구체화해주기 때문이다). 동사의 분사 형태인 '버리다abolis'에서 's'라는 글자는 이 담배에 관한 시에서 약간 수직적인 물결을 이루며 그 단어를 끝내는 역할을 하고 있다. 마치 그 불타는 끝으로부터 담배 연기가 위로 말려 올라가듯이 말이다.

담배 연기는 일종의 신탁의 지혜를 지니고 교묘하게 타들어가는 엽궐련Cigar에 대해 증언한다. 즉, 이 엽궐련은 가려진 진실을 말하고 이해하기 힘든 것들의 지식을 전달한다. 엽궐련은 마치 재가 밝은 불의 입맞춤으로부터 떨어지는 것만큼 오래 탄다. 그것의 재는 담배를 피우는 것을 방해하려고 끊임없이 위협한다. 재는 끝부분에 정위치하여 자리를 잡고는 점점 자라며 엽궐련의 실체를 자신의 유령 같으나 가시적인 부정적 형태로 대체시킨다. 그리고 그 가시적인 부정적 형태는 점차 그 불똥을 질식시키고 궁극적으로는 궐련의 불을 끄는 것이다. 엽궐련은 만약 고의적으로 끄지만 않는다면 끊임없이 다시 붙여질 필요가 있다. 이 사실은 이 시에서 낭만을 이야기하거나 시를 만드는 것을 엽궐련을 피우는 것과 비교하는 접속사 'ainsi'에 의해 탁월하게 완성된다. 만일 불타는 영감의 키스가 당신의 시를 어루만져주기를 원한다면, 마치 담배가 타기 위해서는 자신이 그 속되고 더러운 재로부터 벗어나야 하듯이 그 시에서 나쁜 현실을 배제하라고 그는 말하고 있는 듯하다. 현실의 요소는 담배 연기나 낭만의 조건들을 만들어내기 위해서는 필수 불가결하지만, 일단 불이 붙으면 불똥이 계속 타도록 하기 위해서는 그 진실을 배제시킬 필요가 있다. 재는 진실을 지나치게 흉내낸 흔적인 반면에, 시의 개념은 한번 담배 연기를 빨아대는 가운데에서 명쾌하게 일시적으로 진실을 소진하는 것이다. 마치 지나치게 정확한 의미가 담배 연기와 같은 문학의 뿌연 것을 지워버리듯이 지나치게 많은 재는 결국 담배를 다 없애버리게 만드는 것이다.

사실 재는 매우 엄밀하며 사실적이고 흔적이나 기억을 보존하고 있는 것보다 더 본질적이다. 비록 어떤 사물의 나머지는 소진해버렸지만 그것은 사물의 본질에 비교할 수 없는 단서를 제공한다. 즉, 어떤 것의 재는 그 진실을 드러내는 것이다. 셜록 홈스를 예로 든다면 그는 어떤 사람의 개성을 그 사람이 피우다 남긴 담뱃재를 관찰함으로써 재구성할 수 있었다. 홈스는 특히 담뱃재의 전문 감식가였다. 셜록 홈스 시리즈의 작가인 아서 코난 도일은 다음과 같이 쓰고 있다.

> 셜록 홈스가 말했다. "그렇소. 나는 몇몇 논문들에 대해 죄책감을 느끼고 있소. 이것들은 모두 기술적인 주제에 관한 것이지. 예를 들어, 이것은 내가 쓴 「다양한 담뱃재의 구분에 관하여」라는 논문인데, 이 속에서 나는 140가지 형태의 엽궐련, 궐련, 파이프 담배를 열거하고 있으며 그것들의 재가 서로 다르다는 것을 색색의 표찰로 구분하여 설명을 하고 있소. 그것은 형사 재판에서 계속적으로 등장하고 때로는 가장 중요한 단서가 되기도 하지. 예를 들어, 어떤 살인이 인디언 룸카를 피우고 있던 사람에 의해 저질러졌다고 명백하게 말할 수 있다면 그것은 추리의 영역을 확실히 좁혀주는 셈이지. 양배추와 토마토 사이에 커다란 차이가 있듯이 노련한 눈에는 트리키노폴리 담배의 검은 재와 버즈아이 담배의 보푸라기 같은 하얀 재 사이에는 명백한 차이점이 있으니까."

재는 사물의 미라일는지도 모른다. 존재하지 않는 것의 형태와 그것의 본질적인 형태의 윤곽을 완벽하게 보존해주고 그것에 대한 추억을 보호해주는 그런 것 말이다. 사물 그 자체가 소진된 후에 남은 재는 그 희생의 유일한 유물이다. 바로 그 점 때문에 고귀한 것이다. 유물이란 그 본래의 사물보다 더 오래 생존하므로 더 고귀한 것이며 더 오랫동안 지속하는 것이다. 왜냐하면 사물 그 자체는 사라질지 모르나 재는 그 사물의 기억을 보존하며 또한 사라짐으로써 그 사물은 개념이 되기 때문이다.

말라르메에게 있어서 엽궐련^{Cigar}의 재는 나쁜 시처럼 그것이 대체하는 현실을 지나치게 모방한다. 따라서 흡연과 문학의 본질인 이 시의 불타는 상상력의 뜨거운 불길을 훅 하고 불어서 꺼버리는 셈이다. 재는 시적 영감의 뜨거운 숨결이 지속되어 만료될 때 입술로부터 흩날리거나 훔치며 떨어진다. 만약 담배가 시가 된다면, 보다 적은 재를 남기며 더 완벽하게 소진되는 궐련^{Cigrette}이 가장 어울릴 것이다.

〈새로운 쾌락〉이라는 제목의 단편소설에서 피에르 루이는 1,800년 동안 죽어 있던 한 아름다운 알렉산드리아 여인의 유령인 칼리스토의 입을 통해서 담배를 옹호하는 엄청난 주장을 한다. '그녀의 세련된 재를 담고 있는 돌'인 그녀의 무덤과 공존하고 있는 그녀의 '망령'은 헬레니즘 시대의 안티오크 파괴 현장에서부터 루브르 지역까지 나타난다. 이 소설의 화자가 집에 들어와서 생각하며, 글을 쓰고, 무엇보다 담배를 피우려는 순간, 그녀는 어느 날 밤 늦게 느닷없이 화자의 방문 앞에 등장한다.

어느 날 밤 나는 하얀 탁자 위에 웅크리고 앉아 있는, 광택이 나는 고급스런 색채의 파양스 도자기로 만든 두 마리의 고양이와 침묵의 대화를 나누며 나의 고독을 없애버릴 두 가지의 오락 중 어느 것을 선택할까 망설였다. 하나는 담배를 피우면서 정기적으로 소네트를 쓰는 것이었고, 또 다른 하나는 천정에 있는 동양산^産 융단을 바라보며 담배를 피우는 것이었다. 중요한 것은 항상 손에 담배를 가지고 있는 것이었다. 우리는 빛과 그림자를 적시고 있는, 그리고 거친 모서리를 지워내고 향기라는 마법으로 정신의 동요에 다양한 균형(이 균형으로부터 정신이 공상. 망상이라는 상태로 떨어질 수가 있는데)을 부과하는 멋진 창공의 구름(여기서는 담배 연기)으로 주변의 사물들을 봉해야만 하는 것이다.

이처럼 포화 일보 직전 상태의 내적 독백이 마치 여성의 자궁처럼 화자 주위에 펼쳐져 있다. 그것은 분석가들이나 시인들이 응시하고, 추리하고, 꿈을 꾸는 에드거 앨런 포와 보들레르의 방을 상기시킨다. '하얀 탁자 위에 웅크리고 앉아 있는' 도자기로 만든 두 마리의 고양이는 허구와 진실, 즉 꿈을 꾸는 것과 글을 쓰는 것 중간에 위치한 이 신비스런 장소의 스핑크스와 같은 상징이다. 이 시적인 공간에서 담배는 사르트르가 말하곤 했던 대로 세계를 상징적으로 '전유'하는 도구일는지도 모른다. 그 연기는 빛과 그림자를 적시고 거친 현실의 압박을 흡연가가 그의 입속으로, 즉 그의 입술을 통과해 폐로 집어넣어 그의 코를 통해 내뿜는 정취로서 완화시킨다. 내가 피운 담배 연기로 방을 가득 채우는 것은 방의 면적과 표면, 그리고 모서리 모두를 소유하여 그것들을 내 스스로 통합함으로써 감싸고 변형시키는 방법인 것이다. 그러나 이 향기 있는 마법은 또한 시적 영감의 조건에 영향을 미친다. 다시 말해서 그것은 일상생활의 선입관에 의해 혼란된 정신에 '가변성의 균형'을 부과하고 라포르그의 시에서처럼 꿈의 공간이라는 것을 실행하는 것이다. 그것이 부과하는 균형은 따분할 정도로 똑같은 것이 아니라 균형을 변화시키며 각각의 순간마다 다르게 균형을 잡아주는 '가변성'의 것이다. 우리가 제5장 「군인의 친구」에서 살펴보겠지만 흡연의 생리학적 효과는 루이가 묘사하는 가변성을 설명해준다. 긴장으로부터 완화 상태로, 그리고 중추신경 자극 상태로부터 마취 상태로 갑자기 통과하는 효과를 담배가 조장하고 있는 것이다.

칼리스토는 마치 다 녹아 없어진 양초를 들고 서 있는 미미나 유리창

앞에 앉아 있는 포의 갈가마귀처럼 한밤중에 예기치 않게 문앞에 등장한다.

똑똑똑!

그가 문을 연다.

그러자 매우 아름다운, 아주 오래 전에 살았던, 성적으로 매력 있는 유령 하나가 소생된 채 지하 세계에서 풀려나온 영혼처럼 밝은 모습을 내보이며 그의 곁을 스쳐 지나간다. 그녀에 대한 열정적인 사랑을 고백하는 것으로 말을 맺는 화자는 인간의 모습을 입은 그녀의 육욕적인 존재에 대해, 특별히 육체에 대해서 이야기한다. 그녀는 아름답고도 선정적인 옷을 입은 모습이다. 루이는 다음과 같이 묘사한다.

> 그녀의 옷은 초록색 물과 같은 비단으로 만들어져 있었고, 옷은 수놓은 거대한 불꽃으로 장식되어 있었으며, 그 불꽃의 가지는 그녀의 몸을 따라 죽 밑으로 그녀의 벌거벗은 젖꼭지를 드러내는 가슴 부분에 이르기까지 뻗쳐 있었다. 그녀의 양팔에는 에메랄드 눈을 가진 금빛의 작은 뱀이 그려져 있었다. 진주로 만든 이중 목걸이는 그녀의 검은 피부를 거울로 해서 빛을 발하고 있었으며 이는 움직이는, 그리고 곡선이 진 그녀의 목이 다시 탄생함을 나타내는 것이었다.

그녀는 춘화春花의 여자 예언자이며 유혹의 기술뿐 아니라 지리학과 건축학과 야금술의 고대 기법은 물론이고 기하학과 소크라테스 이전의 포함하는 모든 예술과 학문, 그리고 그에 필연적으로 뒤따르는 부산물까지 포함한 모든 축적된 과거의 지혜를 모아 놓은 백과사전이다.

칼리스토의 아름다움은 풍부한 지성, 그리고 토론자들의 뜨거운 논쟁

● 해변의 미인
©Magnum Photos

과 관련 있다. 그런 면에서 그녀는 후기 낭만주의적 포르노주의 현대 사상가인 루이가 생각한 현대적 에로시티즘과 고전적 에로시티즘의 차이점을 상징한다고 볼 수 있다. 왜냐하면 루이는 1세기의 알렉산드리아와 안티오크에서, 사고의 가장 추상적인 형태, 그리고 에로틱한 쾌락의 가장 서정적인 형태 사이에는 구분이 없다고 상상하기 때문이다. 심지어 전문가인 화자마저도 칼리스토가 말없이 제안한 성적인 쾌락의 대담한 가능성에 놀라고 흥분되어 뒤로 넘어지고 만다.

'보기 드문 지성'의 고급 창녀인 그녀는 침대에 있는 화자에게 사고와 대상의 동일시에 관한 파르메니데스의 철학적 교리에 대해 강의하며 그를 흥분시키고 만다.

말없이 나타나 화자의 환상을 침범하는, 1,800년이란 긴 세월을 지내온 이 유령은 파리의 거리를 배회하는 동안 그녀가 보아온 것에 대한 실망과 당혹감을 퍼부어댄다. 그녀는 모든 것들이 더 악화되었다는 것, 즉 인생은 멍청하고 사람들은 그녀가 알았던 세상의 사람들보다 덜 행복하다는 것을 발견할 뿐 아니라, 그녀를 마비시킬 정도로 변한 것이 거의 없다는 것도 발견한다. 그녀는 자신의 옷과 구두, 보석들이 현대 여성들이 지닌 것보다 더 좋다고 말한다. 그것은 잘못된 판단이며 모든 시대의 여성들이 똑같이 아름답다고 화자가 주장하자, 그녀는 순식간에 옷을 벗어버리고는 그녀의 휘황찬란함을 드러내보인다. 그러자 그는 그녀를 자기가 여태껏 보아온 여자들과는 다르다고 인정하지 않을 수 없게 된다. 그는 "나는 그녀의 아름다움이 우리의 풍토와 우리 시대에서는 결코 실현될 수 없다는 것을 어떻게 설명해야 좋을지 몰랐다. 왜냐하면 그것을 입증하는 것은 간단한 것이 아니라 일반적인 조화나 명백함 속에 있는 것이기 때문이다"라고 말한다. 이 고전적인 미美의 매력은 괴테의 그리스처럼 조화롭고도 명백하다.

칼리스토는 19세기말까지 발명되고 발견된 것은 모두 고전 시대에 이미 알려져 있었고 또한 충분히 이해되었다는, 논박할 수 없는 주장으로 증명을 해나가면서 '강의'를 계속한다.

"나는 내가 여기저기 돌아다닌 후에 느꼈던 실망감을 누군가에게 말할 필요가 있으며 나는 그것이 비축되어야만 함에도 불구하고 비축되어 있지 않은 그러한 모든 놀라움 때문에 당신이 살고 있는 이 세기에 대해 분개하고 있는 거예요."

현대성이라고 불리는 것은 단지 대부분 구제불가능하게 잃어버린 지혜와 기술의 부분적인 재발명에 불과하다. 이전에 이미 이해되지 않았던 새로운 것이나 좋은 것은 없으며 또한 현대성이라는 것에게 많은 부분을 빼앗겼다고 알려지거나 실제로 그렇게 된 것도 없다. 아니, 현대성이 오히려 더 비참하고 슬픈 것일 뿐이다. 칼리스토는 자신의 논점을 거부하려는 화자의 마지막 시도마저도 분쇄해버리며 태양 아래 새것은 없으며 새로운 쾌락도 전혀 없다고 주장한다. 그러나 소설의 끝부분에서 화자는 모든 논쟁에서 자신이 졌음을 인정하는 바로 그 순간에 칼리스토에게 담배를 권한다.

"담배 한 대 피우겠소?" 내가 그녀에게 물었다.

"뭐라고요?"

"아니, 내 말은 당신이 담배를 한 대 피울 의사가 있느냐는 말이오. 그러고 보니 이것 역시 그리스에서 온 것이 틀림없는 것 같군…. 아리스토텔레스인가 뭔가 하는 그 사람 이후로 말이오."

"난 그렇게 먼 시대까진 가고 싶지 않아요. 난 우리가 그런 조잡한 습관에 무지했다는 것을 인정해요. 입 안에다 나뭇잎 연기를 채워 넣는 그런 습관 말이에요. 하지만 당신은 내게 이것을 일종의 쾌락으로서 권하는 것은 아니겠지요?"

"나도 모르겠소. 하지만 이걸 피워 본 적이 있소?"

"한 번도 없어요. 아니, 그럼 당신은 이런 우스꽝스런 행동을 하는 사람들 중 한 사람이란 말인가요?"

"그렇다고 볼 수 있소. 난 하루에 60개비를 피워대니까. 담배는 내가 짊어지기로 한 짐이자, 내가 유일하게 정기적으로 하는 행동이오."

"그럼 당신은 그걸 좋아하세요?"

"나는 담배로부터 1주일 동안 격리되느니 차라리 1주일 동안 여자 손을 안 잡아보는 것을 택할 것이오. 이건 내 진심이오."

"과장이 지나치시군요."

"완전히 과장이라고만 볼 수는 없지."

그녀는 꿈을 꾸고 있는 듯해 보였다.

"좋아요. 그럼 내게 한 대 주세요."

나는 그녀에게 담배를 건네주었다.

"불을 붙여 주세요. 이걸 어떻게 하는 거죠? 안으로 빨아들이면 되나요?"

"여자들은 그걸 입에 물고는 밖으로 불지. 하지만 그렇게 하면 안 되오. 안으로 빨아들여야 하지. 자, 한 모금 빨아보시오. 그리고 눈을 감고. 그런 후에 또 한번⋯⋯."

잠시 후 칼리스토는 그녀의 작은 동양의 나뭇잎(담배)을 피워서 재로 만들어버렸다. 그리고 그녀는 피우지 않은 절반의 담배를 버렸다. 남은 절반의 담배에는 그녀의 립스틱 자국이 남아 있었다. 침묵이 흘렀다. 그녀는 심지어 나를 쳐다보지도 않았다. 그녀는 네모단 담뱃갑을 그녀의 손에 쥐었는데 내게는 어쩐지 작은 감동에 의해서 그것이 흔들거리는 듯이 보였다. 그녀는 담뱃갑을 여기저기 관찰했다. 그리고는 내게 다시 돌려주려 않으려는 듯한 눈치였다. 가장 소중한 물건에 대해서 사람들이 일반적으로 가지고 있는 열망으로 그녀는 천천히 그것을 소파 끝 모서리에 있는 재떨이 곁에다 놓았다. 그리고는 그 소파 위에 누워 그녀의 길고도 검은 육체를 쭉 펼쳤다.

마침내 담배를 피우는 것은 마지막 말이자, 현대성이 과거에 대답할 수 있는 유일한 말이 된다. 그러나 몸을 쭉 펼치고 누워 있는 칼리스토 역시 예언자적인 피조물이다. 그녀의 쾌락을 자기 마음대로 지휘하고 있는 그녀 자신이—상대방인 멋쟁이 남자가 아니라— 바로 20세기에 있어서의 담배의 미래인 것이다.

"프로메테우스가 자신의 담배에 불을 붙이려고 하늘로부터 불을 훔쳤다면
신들은 그를 내버려두었을 것이다."

제3장

제노의 역설

담배는 이상할 정도로 역설적이다.
왜냐하면 그것은 스스로 침묵할 때에 모든 것을 말하고,
가려져 있을 때 명백히 드러나며,
또한 힘들고 견딜 수 없을 때,
즉 완전히 소진될 때 비로소 생생하게 살아 있기 때문이다.
— 애니 르클레르

담배의 철학적 의미를 결정하고, 미적 쾌락을 판단하고, 문화적 가치를 측정하려는 중요한 논의를 하려면 먼저 1923년에 출판된 이탈로 스베보의 걸작 『제노의 의식La coscienza di Zeno』을 고려해야만 한다. 그 책은 영어로는 『제노의 고백The Confessions of Zeno』으로 번역되었는데 이는 잘못된 것이다. 왜냐하면 이탈리아어로 '코시엔차coscienza'라는 단어는 '의식'이나 '양심', '성실'을 의미하며 '고백'이라는 의미는 없기 때문이다. 그런데 확실히 이 책은 제노의 삶을 스스로 고백적인 형태로 자세히 서술한 고백서이자, 동시에 화자의 독특한 개인적 도착 증세와 성적인 외도外道를 보여주어 자극하는 대중적인 의미의 고백서이기는 하다. 이 소설은 허구적인 고백임과 동시에 철학적인 고백이다. 즉, 이것은 화자가 경험한 극적인 순간을 폭로하고, 그의 도덕적 양심을 노출시키고, 면밀히 조사하여 엄격하게 묘사하고 분석하는 책이다. 제노는 『사기꾼 펠릭스 크룰의 고백Confessions of Felix Krull』이나 토머스 드 퀸시Thomas De Quincey의 『한

영국 아편 중독자의 고백Confessions of an English Opium Eater』에 나오는 화자보다는 성 아우구스티누스St. Aurelius Augustinus나 장 자크 루소Jean Jacques Rousseau의 명상록에 나오는 화자에 더 가깝다.

스베보의 소설은 제노 코시니라는 주인공의 허구적인 회상록인데 제노의 삶은 작가인 에토레 슈미츠Ettore Schmitz의 삶과 상당히 흡사하다. 바로 이 에토레 슈미츠의 필명이 이탈로 스베보였던 것이다. 슈미츠는 마치 그가 이 고백서의 주인공인 제노에게 부여하고 있는 것과 마찬가지로 트리에스테Trieste에서 안락한 상류층의 생활을 누렸다. 이 두 사람은 바이올린을 연주하는 것과 담배를 끊는 것으로 기분 전환을 하고자 했다. 그러나 작가나 화자, 즉 스베보나 제노는 둘 다 이 두 가지 일에 별 성공을 거두지 못했다.

스베보는 이탈리아의 위대한 비평가 에우제니오 몬탈레Eugenio Montale에게 보낸 한 서신에서 자신과 그의 화자인 주인공 제노와의 차이점을 강력하게 주장하는 반면, 다른 한편으로 제노와의 유사성도 인정하고 있다.

"이것은 자서전적이기는 하지만 나의 자서전은 아니라는 것을 고려해주기 바란다."

스베보는 몬탈레에게 제노의 행위와 매너리즘을 모방함으로써 자신을 제노라는 인물과 동일시해보려고 노력했다고 말한다. 즉, 스베보는 이 자서전적인 소설의 원고를 쓰려 할 때는 반드시 그전에 제노가 걷는 걸음과 담배 피우는 스타일을 흉내 내곤 했던 것이다. 트리에스테에서 영국 작가 제임스 조이스James Joyce와 친교를 가졌던 슈미츠는 그의 필명인 이탈로 스베보와 그의 소설의 주인공 제노 코시니라는 여러 개의 이름을 가지고 있었다. 거울에서 보는 것처럼 동일한 이중 얼굴을 가지고 어떤 때는 같은 모습으로, 그리고 어떤 때는 서로 다른 모습으로 자기를 감추려고 하는 일종의 게임을 해야만 했다. 즉, 제노/스베보는 우연일 수가 없는 것이다. 제노는 슈미츠와 같은 사람의 소설상의 이름이고 스베보는 그 소설에서 화자의 역할을 하는 소설적 대리인과 유사한 그런 인물이다. 이름으로 하는 장난은 이 소설의 장르를 혼동케 하려는 의도가 있으며, 따라서 이 『고백서』를 자서전적으로 읽어야 할지, 아니면 소설로 읽어야 할지, 그리고 또한 언제 그렇게 해야 하는지를 결정하는 것을 불가능하게 만든다.

> 1896년 2월 11일 : "나는 그대에게 담배를 끊겠다고 수많은 약속을 했었지만 모든 것이 다 수포로 돌아갔소. 그러나 지금 기다리고 있는 동안, 나는 비로소 마지막 담배를 피웠으며 이것으로 더 이상 담배를 피우지 않겠다고 그대에게 말할 수 있을 것 같소."
>
> 잠시 후 그날 오후 : "7분 전 오후 4시. 나는 아직도 담배를 피우고 있다. 아직도, 그리고 항상 이것이 마지막 담배라고 생각하면서."
>
> 1896년 2월 13일 : "어젯밤 나는 리비아에게 더 이상 담배를 피우지 않겠다고 약속했다."
>
> 잠시 후 그날 오후 : "그대에 대한 나의 이런 고백에 기쁨이 솟아, 그리고 그대의 허락으로 나는 마지막 담배를 피웠소. 그리고 앞으로는 그것에 관한 이야기는 그만합니다."
>
> 1896년 2월 19일 : "내가 피우고 있는 이 담배는 나의 마지막 담배다."

『제노의 고백서』 제1장은 자아 분석을 하는 것을 자처한다. 제1장은 제노라는 주인공의 흡연 경향과 담배를 끊고자 하는, 하지만 성공적이지 못한 끊임없는 노력의 역사에 대한 일종의 정신분석과도 같다. 그는 마치 스베보처럼 자신이 '마지막 담배', 즉 셀 수 없을 정도의 '아직도, 그리고 항상' 마지막인 담배를 피웠음에도 불구하고(아니, 아마도 바로 그 렇기 때문에) 실패하고 만다. 작가와 작중 인물 두 사람의 삶에 있어서 근 본적인 역설은 담배를 끊겠다고 결정하는 것이 바로 계속해서 담배를 피우게 되는 필수 조건이 된다는 점이다. 반대로 제노의 이런 역설은 질 문을 야기한다. 즉, 금연을 하려고 결심하는 것이 흡연을 고집하는 것을 허용한다면, 아니 사실상 이를 보장한다면 그런 습관은 어떻게 치료가 될 수 있는가 하는 것이다.

제노의 고백서 1장은 이탈리아어로 「일 푸모Il fumo」라는 제목이 붙었 는데, 이는 단순히 '연기' 또는 '흡연'을 의미한다. 이 제목에는 결심을 하고, 결심을 포기하는 이 소설의 주요 주제가 드러나 있지 않다. 영어식 번역인 '마지막 담배'는 비록 부정적이기는 하지만 구름과 연기 등 모든 뿌연 형태가 제1장과 소설 전체에 이르기까지, 그리고 결국에는 마지막 줄에 '하늘을 방황하는 그 뿌연 형태로 되돌아가는' 지구 최후의 묵시록 적인 환상에서 그 절정에 이르기까지 주요한 위치를 차지하고 있지만 않다면 원래의 제목보다 더 나은 것 같다.

확실히 특별하게 보이기를 원하지 않는 듯한, 그리고 단순히 평범한 책의 범위를 넘어서는 소설이 되기를 의도한 이 이상한 소설에서 가장 신비로운 것은 소설 맨 끝의 예언적인 구문이다. 이는 핵무기 이전의 후 기 생태학적 시나리오다. 여기에 그 소설의 마지막 문장을 옮긴다.

재앙이 우리를 건강으로 다시 돌아가게끔 인도해줄 것이다. 모든 독가스 가 소진될 때, 육체과 피로 이루어진 다른 인간들과 같은 존재로서의 인간은 그의 조용한 골방에서 지금까지 존재하는 모든 폭탄들은 자신이 발명할 폭탄에 비하면 전혀 해롭지 않은 장난감으로 보일 정도로 놀라운 위력을 지닌 폭탄을 발명할 것이다. 그리고 그의 형상과 다른 모든 사람들의 형상을 본떠 만들어진 또 다른 인간—그는 그들보다는 약간 더 약한 존재인데—은 그 폭탄을 훔쳐 가지고는 지구의 중심으로 기어가 그것이 최대한의 효력을 가질 것이라 계산되는 곳에 놓을 것이다. 엄청난 폭발이 있을 것이다. 그 누구도 그것을 듣지 못할 것이고 또한 지구는 성운 같은 뿌연 상태로 되돌아가 하늘을 배회할 것이며 마침내 지구는 기생충과 질병으로부터 자유롭게 될 것이다.

만약 핵무기의 발명이 예언의 초반 부분과 확실하게 맞아 들어간다면 그 개연성을 둘러싼 공포감은 더욱 확실해진다. 그러나 제노의 '예언'에서 말하는 것은 과연 무슨 의미일까? 소설의 등장인물이 미래를 예측할 수가 있을까? 만약 누군가 있다고 한다면 과연 누가 여기서 말하고 있는 것인가? 그리고 과연 무슨 권위나 무슨 근거로? 제노의 흡연에 관한 토론의 분석은 이 소설의 첫 부분에서 그를 담배의 심미적이고도 문화적인 의미로부터 끄집어내어 완전한 핵전쟁이나 일반적인 플루토늄 오염처럼 들리는 것으로 과장하는 열정을 추적하려는 의도가 있음에 분명하다. 담배에 관한 반추가, 불가피하게 우리를 묵시록에 대한 예언적인 기대로 인도할 정도로 논리적일 필요성이 있을까?

우리가 그러한 열정을 추적할 수 있도록 도와줄 실마리 중의 하나가 바로 이 소설의 마지막 장의 제목인 「정신분석」이다. 이 소설에 나오는 화자가 정신분석—정신분석은 문학에서는 1923년에 처음 나타난다—을 시작하는 것이 이 소설의 첫 전제다. 그 회고록은 자신을 제노의 분석가로 신원을 밝히고 있는 S 박사에 의해 "나는 이 소설에서 그다지 좋지 않은 말로 묘사되는 의사다"라는 서문으로 시작된다. 그는 자신을 괴롭히는 것에 대한 보복의 형태로 환자의 허락도 없이 원고를 출판하려는 자신의 결심을 정당화한다. 가장 흥미로운 끝부분에서 그는 제노가 분석을 중단시켰으며 또한 그 분석을 다시 재개할 것을 거부하고 있다고 말한다. 착취자와 같은 이 정신과 의사는 이런 실제 사건에 근거를 둔 회고록을 출판하는 것으로부터 파생하는 수익금을 이 회고록의 실제 저자인 자신의 환자와 나눠 가질 것을 제의하며, 분석을 재개하는 것에 동의하는 조건으로 자기 환자인 제노에게 수익금을 외상으로 지급한다. 이 소설의 후기 부분에서 제노는 침대 위에서 하는 분석에 대해 완강히 거부한다. 다시 말해서 제노의 회고록을 쓰는 것은 결국 정신분석적 치료법이 그에게 만성적인 흡연 습관을 경감시켜주지 못한 곳, 즉 침대나 소파 같은 것들이 놓여 있지 않은 곳에서 성공하는 것이다. 제노는 정신분석적인 치료와 그것의 신비한 방법에 대해 우습게 여기고, 그 대신 자신이 '흡연분석fume-analysis'이라고 부르는 것의 이론과 실제 적용 방안을 제안한다.

이 소설의 화자가 제 아무리 자신이 프로이트의 정설로부터 출발했다고 믿고 있을지라도 파멸과 문명의 종말을 예언하는 이 소설의 마지막 부분은 완전한 핵전쟁을 무시무시할 정도로 예견하고 있다. 이것은 프로이트가 인류의 운명에 대해 참담한 예언을 하고 있는 『문명 속의 불만』의 끝에 나오는 구절보다 16년이나 앞서는 것인데, 여기서 인류는 계속 전진해나가는 성공에 의해 창조된 파괴력과 그것의 기술적 팽창을 잡으려다 결국은 그 속에 갇혀버린 존재들이다. 제노의 프로이트적인 정신분석을 위해서 쓰인 이 회고록 가운데에서 제노의 펜으로부터 핵전

담배는 숭고하다

쟁의 예언이 나온다는 것은 사실과 허구의 얽히고설킴을 보여준다. 그것은 마치 프로이트의 정신분석학의 영향을 받아 쓰인 어느 한 소설이 프로이트보다 16년이나 앞선 시점에, 가장 중요한 프로이트적 결론에 도달할 수 있었다는 말과 같다.

정신분석에 대한 제노의 대안은 '말로 하는' 치료법이 아니라 '글로 쓰는' 치료법이다. 또한 유아기의 성충동 억압 같은 것을 그 분석의 대상으로 삼자는 것이 아니라, 환자가 담배를 피우게 된 동기 등을 포함한 환자의 흡연 역사를 더듬어 올라가는 것을 그 분석의 대상으로 삼는 것이다. 그리고 그 역사에 대한 회상은 환자가 끊임없이 담배를 피우면서 그것을 글로 쓸 때 비로소 촉진되는 것이다. 제노는 정신분석을 거부하는 이유를 그 정신분석을 포기하고자 하는 상황을 서술함으로써 나타낸다. 그리고 그 정신분석에 대한 포기는 그의 분석가가 트리에스테에서 부재중인 시간 동안에 그가 처음으로 썼던 일기를 다시 쓰는 것으로 나타난다. 제노가 자신의 연필을 내려놓았을 때 그의 분석가가 돌아왔다. 그리고는 6개월 동안 정통파 프로이트식 치료에 응했다. 그러나 마침내 그러한 치료법은 결국 실패작이며 자신의 방식이 오히려 더 유익하다는 확신이 선다. 결국 그는 이 소설의 끝부분에서 자신의 정신과 의사를 단념하고 자신을 괴롭히던 의사의 손에 있는 회고록도 단념하기로 결심한다.

1915년 5월 3일 : 나는 정신분석을 끝냈다. 6개월 동안 정신분석을 열심히 시도해 보았지만 더 악화되어 있는 나 자신을 발견할 뿐이다. 나는 아직은 그 의사를 해고하지는 않았지만, 내 결심은 이제 확고하며 돌이킬 수 없다. 나는 어제 도저히 그를 만나러 갈 수 없었다. 하지만 며칠 동안은 더 나를 분석하는 것을 기대해도 좋다는 말을 전하려고 사람을 보냈다. 만일 내가 화를 내지 않으면서 그에게 미소를 지을 수 있다는 확신만 있다면 나는 그 친구를 다시 본다 해도 개의치 않는다. 그러나 나는 끝에 가서는 그에게 공격을 퍼부을 것만 같다.

 우리는 첫 장의 시작 부분에서 의사가 트리에스테를 떠나기 전에 제노에게 자기 삶을 글로 적어 옮기는 비정통적인 기법을 사용하도록 처방하는 것을 목격하게 된다. 의사는 제노의 상태가 치유되기 위해서는 시간을 낭비해서는 안 된다는 생각을 하게 된 것이다. 의사는 "결국 그 친구는 늙었기 때문이지"라고 말한다. 그는 제노에게 이제는 먼 과거이며 믿을 수 없는 것인 유아기의 기억을 회상하지 말라고 경고한다. 그는 그 대신 담배를 피우게 된 역사 같은 것, 그러니까 시간적으로 좀 더 가까운 것으로 시작할 것을 권유한다. 그는 다음과 같이 말하고 있는 것이다.
 "쓰시오! 쓰시오! 당신은 당신 자신을 곧 명백하게, 그리고 완전하게 볼 수가 있을 것이오."
 제노는 그의 흡연분석을 물질적 조건을 통해 시작하고 있다. 예를 들면, 그는 '저 침대'에 앉아 '꿈이나 꾸는' 행동을 하지 않고도 단지 '여기 있는 내 탁자 옆에' 앉아 글을 잘 쓸 수가 있다고 생각한다. 정신분석과 흡연분석의 차이점은 결정적인 몇몇의 등위 어구로 해석이 가능하다. 그의 흡연분석은 수평적이라기보다는 오히려 수직적인 치료법이다. 왜냐하면 흡연분석은 상대방에게 말로 하는 것(=수평적)이 아니라 글로 써 내려가는 것(=수직적)이기 때문이다. 그것은 즉각적인 확신을 전유한다. 그리고 저 침대 위에서 말하는 편안하고도 희미한 것에 굴복하는 것이 아니라, 오히려 '내 탁자'의 표면에 누르고 있는 연필의 저항마저도 느끼고 소유할 수 있는 것이다.

글을 어떻게 시작해야 좋을지 망설이던 제노는 자신의 흡연 역사에 대한 서사시적인 서술을 뮤즈 여신에게 말을 거는 의전儀典으로 시작하는데, 그의 말을 빌릴 것 같으면 '내 손에 들고 있는 것과 매우 유사한 담배들의 도움'에 호소를 하고 있다. 만약 그가 계산을 했었다면 그는 평생 동안 피워댄 그 엄청난 양의 담배 수를 일일이 다 열거했을 것이다. 다시 말해서, 하루에 50개비의 담배를 20년 동안 피워댔으니 총 365,000개비를 피웠을 것이다. 물론 4년에 한 번마다 있는 윤년 동안에 피워댄 추가분 250개비는 포함을 안 시키고도 말이다. 어떤 전문가들은 300,000개비의 담배를 피운다면 암은 당연히 걸릴 수밖에 없다고 생각한다. 이들 각각의 담배는 마치 콕토가 열거하는 것들과 같은 몇몇 작은 의식적인 행동의 반복을 의미한다. 한 갑의 담배를 취하는 것, 그리고 그중에서 하나를 꺼내 불을 붙이는 의식, 우리의 몸에 스며든 후에 우리의 코를 통해 밖으로 내뿜어져 나오는 '이상한 구름' 등이 바로 그러한 것들이다. '서로가 매우 유사한' 연속적인 사물과 몸짓의 역사를 쓴다는 것은 조금 역설적으로 보일는지도 모른다. 그러나 그것에 앞서거나 뒤따르는 것으로부터 구분이 불가능한, 어떤 것의 필수불가결하고도 끊임없는 회귀는 마치 '시간의 통과'라는 순환구조와 같다. 다시 말해 이는 우리가 앞에서 살펴본 바와 같이 '지금'이라는 것과 대치되고, 또한 다음에 올 것을 예기豫期하는, 또 다른 '지금'과 정확히 동일한 '지금'과 같다고 볼 수 있는 것이다. 그러므로 흡연의 역사는 짧지만, 시간이라는 역사 그 자체와도 같다. 담배를 피우는 제노는 마치 고대인들처럼 시간의 역설을 탐구하는 철학자이다.

그의 말대로 '내 손에 들고 있는 것과' 유사한 모든 담배의 여신에게 탄원할 때 제노의 손은 3인칭 화법이 된 이 본문에서는 담배를 동반할 수 없거나 담배에 의해 중단될 수 없는 구절은 단 한 번도 쓰이지 않았다는 것을 의미한다. 제노의 회고록의 형태를 띠고 있는 이 소설을 저자인 스베보/슈미츠가 쓰면서 무슨 일을 했던지, 항상 한 손에는 담배를 지니고(다른 한손에는 연필을 쥐고) 있었을 것이다.

담배 연기에 대해 알레르기 반응을 일으키는 사람은 이 소설을 읽어서는 안 될 것 같다. 이 소설을 읽는 것은 마치 흡연이 금지되어 있지 않은 국내선 비행기를 탄 것과 같은 느낌을 주기 때문이다. 이 소설은 오로지 흡연가들을 위해서만 쓰였다고 해도 과언이 아니다. 만일 우리가 담배를 손에 쥐고 있지 않다면 우리는 아마 소설의 논점을 놓치게 될 것이며, '자아의 역사'와 치료의 가능성 사이의 관계를 오판하게 되고, 그럼으로써 화자의 서술의 목적을 오해하여 아마도 그것을 유치하거나 순진한 것이라고 생각하게 될 것이다. 역으로 흡연가는 치료 과정에 대한 이 소설(이 소설은 그 나이 든 주인공이 담배를 끊고자 노력하는 데 일생을 다 바친 후에야 비로소 금연을 하게 되는 마지막 장에서 그 절정을 이룬다)을 읽는 일에 강한 흥미를 느낄 것이다. 이 회고록은 정신분석에 신랄한 비판을 가하고 있으며 정신분석의 실패는 참된 치유법의 여정으로 고칠 수 있다고 주장한다.

담배를 피우면서, 치료의 역사서인 이 책을 읽는 독자는 소설 속 화자와 똑같은 정화淨化를 대리만족의 형식으로 느끼게 되어 결국 흡연 습관을 단념하게 되는지도 모른다. 우리는 이 작품만큼 독자의 삶에 즉각적이고도 결정적인 영향력을 미치기를 추구하는 소설 작품을 거의 생각할 수 없다.

트리에스테에서 슈미츠에게 영어를 가르쳤던 때부터 상당히 존경받았던 제임스 조이스는 그 책의 목적을 매우 잘 이해했다. 그 소설이 독자들에게 뭔가를 변형시키는 힘과 영향력을 가지고 있다고 생각했다. 제임스 조이스는 퍼트넘Putnam 출판사의 편집부 직원들로부터 『제노의 의식』의 영문판 번역 서문을 써달라는 요청을 받았지만 이를 거절했다. 그리고 대신 그 책의 홍보를 위해 도움이 되었으면 하는 취지에서 다음과 같은 글을 써 보냈다.

> 『노년Senilità』의 저자가 쓴 또 다른 책과 관련하여, 영국 독서계의 관심을 끌 수 있게 하기 위해 내가 제안할 수 있는 유일한 일은 다음과 같은 것입니다. 『나의 연인 니코틴My Lady Nicotine』과 『피터팬』의 저자인 제임스 베리James Matthew Barrie 경으로 하여금 서문을 쓰게 하고, 오늘날 대중의 인기를 독차지하고 있는 스티프키 신학교 교장과 웨일스의 공주로부터 이 책에 대한 의견을 받아서 싣고, 그리고 책 표지에는 왕립 미술원 회원이 그린 금발과 갈색 머리의 젊은 두 여인을 묘사한 그림을 싣게 하시오. 이 그림에 나오는 두 여인은 비록 머리색은 다르지만 미인이며, 그들은 탁자 옆에 우아하면서도 잘 어울리는 자세로 앉아 있소. 그리고 그 탁자 위에는 이 책의 제목을 앞으로 내보여주면서 똑바로 서 있게 하면 되겠고, 그림 밑에는 단순한 대화 세 줄을 넣도록 하시오. 예를 들면 이런 식으로 하면 될 것 같소.
>
> 에델 : 시릴은 아직도 담배에다 돈을 낭비하니?
>
> 도리스 : 전보다 더해.
>
> 에델 : 퍼시도 그래. (손가락으로 탁자 위에 놓인 책을 가리키며) 그에게 저 『제노』를 사 줘야 할 것 같아.

각각 갈색과 금발을 가진 두 매력적인 여인들의 권태로운 듯, 그런대로 괜찮은 멋은 이방인 독서 대중을 유혹하여 돈을 지출하도록 하려는 의도가 있다. 그러나 그들이 이 책을 사는 것은 이 책이 지닌 예술성 때문이 아니라 이 책의 유용성 때문이다. 그리고 그 유용성도 자신의 건강과 관련된 유용성이 아니라, 책 자체가 그럴듯하기 때문이다. 조이스는 이 책을 읽으면 읽을수록 담배에 투자되는 경비는 줄어들 것이기 때문에, '제노를 사라'는 문구로 책을 선전할 것을 추천한 것이다.

제노에게는 흡연분석이 곧바로 작용했다. 그는 그동안 피웠던 담배로부터 뮤즈 여신을 불러내자마자 뭔가를 기억하게 되는데, 그것은 그가 '그동안 잊었던 것'이 아니라 그가 '전에는 기억하지 못했던 것'이라고 말한다. 그는 상당히 오래 전에 피웠던 첫 담배가 이제는 더 이상 팔리지 않고 있다는 것을 떠올리게 된다. 1870년경 오스트리아에는 쌍두 황제 독수리가 표시된 작은 상자 속에 들어 있는 담배가 있었던 것이다. 뭔가 사라져버린 지식을 기억하는 것, 이것은 부정적인 기억이자 흡연의 역사상 처음 있는 형태이며, 또한 역사적 흡연과 연관 있는 것이다. 16세기 이래 서양을 지배해온 전쟁이나 세금 등 주요 문제들과 그다지 동떨어지지 않은 담배는 개인의 친밀한 쾌락에 대한 국가의 가장 직접적이고 전통적인 간섭의 핵심 형태이다. 여기서 정치적으로는, 특히 전시에 중간에서 여과되지 않은 혹독한 공황과 혁명 등을 경험하게 된다. 쌍두 독수리가 담뱃갑 위에 새겨져 있는 담배의 흥망성쇠는 제노의 의식에 있어서 역사적인 기억의 형태를 추구하며, 역사의 운동을 그 흡연가의 삶에 도장처럼 찍어놓는다.

다음으로 제노는 이 오스트리아 담배가 들어 있는 상자 주위에 모인 몇몇 사람들의 영상에 환각 증세를 일으킨다. 그는 모든 이름을 기억할 정도로 그들의 모습을 충분히 구분하고 있다. 그는 그들에 의해 전혀 감동받지 못하고 있다는 점에 당황한다. 그는 이러한 회상으로부터 더 많은 것을 얻기를 소망하며, 글 쓰는 것을 멈추고는 침대가 있는 곳으로 다가가서는 그 위에 눕는다. 그리고는 좀 더 정통파 프로이트적 정신분석의 자세를 취해 본다. 곧 그 얼굴들은 사라지고 대신 그를 향해 웃어대는 무시무시한 가면들로 대치된다. 그는 낙담한 채 일어선다. 그리고는 탁자로 다시 간다. 정신분석의 자세는 그를 배신하고 조롱하며 낙심시킬 뿐 아니라, 프로이트가 감정의 힘과 유아기의 기억력의 결정적인 영향력에 부과하는 역할도 전적으로 믿을 수 없다는 것이 입증된다.

제노는 다시 탁자에 앉아 담배에 불을 붙이고, 일단 뒤로 눕는 치욕을 거부한다. 또한 그것이 기억의 위치를 침범하려는 무시무시한 의도를 거부한 이상, 이제 그는 자기 눈에 보이는 자신이 피운 수많은 담배와 의식적으로 연결된 자신의 과거로부터 나와 참된 장면을 향해 접근한다. 더 빠르고 더 날카롭게 다가오면서, 이것들은 부재와 사라짐, 잊힘, 그리고 발생부재의 일관된 서술을 형성하기 시작한다. 쌍두 독수리가 있는 담뱃갑에 대한 기억에 그가 알고 있던 '다소 쉰 목소리를 지닌' 주세페라는 소년의 '형상'이 겹쳐진다. 주세페는 이 회고록에서 기억되는 첫 사람이지만, 이 치료 분석에서의 역할은 처음이자 마지막으로 단한 번 나오는 것으로 제한된다. 정신분석 치료에 있어서 유아기에는 중요성을 하나도 받지 않은 채, 주세페의 첫 등장은 그 뒤에 따르는 것에 결코 영향을 미치지 못한다. 상당히 깊은 암호 해독력을 요하는 심리적 중요성은 물론, 제노의 의식을 벌거벗기는 데 어떤 역할도 하지 못하는 것이다. 제노가 우리에게 말하는 유일한 것은, 이 소년이 그의 아버지로부터 많은 돈을 받아서 그것으로 그 오스트리아 담배를 샀다는 것이다.

제노는 한 가지는 확신하고 있다. 그것은 바로 주세페가 그에게 그 담배를 하나도 주지 않았다는 것이다.

제노로 하여금 그가 담배를 사는 데 필요한 돈을 훔치게 만든 주세페의 탐욕은 일반적인 잎담배tabacco와 특별한 궐련(cigarettes, 역주 – 저자는 잎담배가 모든 담배의 재료가 되므로 일반적인 것으로 보았고, 궐련은 종이에 말려 있는 것이기에 특별한 것으로 보았다)과 관련이 있는 민주주의적인 관용성이라는 대중적 윤리와는 반대가 된다. 이런 의미에서 볼 때, 그것이 지닌 관용성 때문에 담배에 찬사를 보내는 긴 독백으로 시작하는 몰리에르 판 『돈 조반니Don Giovanni』의 첫 장면을 회상하는 것은 가치가 있다. 돈 후안의 시종은 궐련을 모든 병을 고치는 만병통치약—그중에서도 특히 자발적인 선물 교환을 격려함으로써 경제 정의의 더 완벽한 우주를 건설하는 것—으로 부르고 있다. 주세페는 돈 조반니처럼 담배가 건설하려는 그런 유토피아적 경제에 저항을 하고 있는 것이다. 지극히 소량이었던 때를 제외하고는 담배가 돈과 같은 보편적인 교환의 징표가 될 때, 그것은 일반적으로 사유 재산이 인정되는 정권에서는 예외적인 것이 되며, 선물이라는 것보다 더 광범위한 거래에 종속이 된다. 심지어 지금도 예전의 미국처럼 많은 국가에서는 어느 계층에 속하는 사람이든 누구나가 다른 사람에게 담뱃불을 빌려 달라고 요청할 수가 있으며, 또한 불을 빌려 달라는 요청은 결코 거절당하지 않는다. 리발은 '흡연가의 형제애'에 관해 말을 하고 있다. 비록 요즈음은 점차 '자매애'로 되어 가고 있지만 말이다. 그는 드 지라르댕 부인의 편지를 인용하고 있다. 이 편지는 드 지라르댕 부인이 1844년 드 로네 자작에게 쓴 것으로, 여기서 그녀는 최근에 한 노동자가 왕자에게 불을 빌려 달라고 하자 그가 그 노동자에게 불이 붙은 자신의 담배를 건네주었다고 자세히 말하고 있다. 그녀는 스페인에서는 남에게 담뱃불을 빌려 주는 것을 거절하는 것은 심각한 언쟁을 야기할 수도 있다고 말하고 있다. 가장 천한 거지마저도 왕자에게 담뱃불을 빌려 달라고 요청할 권리가 있다는 것이다. 그녀는 다음과 같이 말하며 글을 끝맺는다.

"프로메테우스가 자신의 담배에 불을 붙이려고 하늘로부터 불을 훔쳤다면 신들은 그를 내버려두었을 것이다."

주세페의 탐욕 때문에 제노는 흡연가로서 그의 경력을 그가 담배를 사는 데 필요한 돈을 훔치는 것으로 시작하고 있다. 그의 유일한, 작은 현금의 원천은 여름 동안 종종 방 안의 의자에 방치되어 있던 아버지의 조끼 주머니였다. 그리고 그는 훔친 잔돈으로 담배를 사기 시작했다. 제노는 그 귀중한 작은 상자(=담뱃갑)를 얻기 위해 10솔디soldi라는 돈을 아버지의 주머니로부터 훔쳐 담배를 하나둘씩 연달아 피웠는데 이는 그 도둑질의 치욕적인 열매인 담배를 오랫동안 보관하지 않기 위해서였다. 제노에게 있어서는 담배를 피우기 시작하는 것은 도둑이 되는 것과 같은 것이었다. 담배를 피우는 것이 부정不正의 신호 아래서 시작된다는 것은 일반적인 것이며, 또한 아마도 그렇게 담배를 피우기 시작하는 것이 정석일 것이다. 의사들이나 도덕주의자들은 모두가 다 담배 피우는 것을 못마땅해하므로 흡연은 일종의 권위에의 저항과 인간과 신의 법칙에 대한 저항이라는 형태를 띠게 된다. 라포르그는 담배를 피울 때 엄지손가락을 그의 코에 갖다 대고 신들을 향해 조롱한다. 혁명가들은 흡연과 담배의 손쉬운 유통을 억압하려드는 전제 군주와 독재자들에게 항거하기 위해 반복적으로 들고 일어선다. 제노는 담배를 피우기 시작하는 것은 종종, 아니 항상 오이디푸스적인 부정이라고 매우 잘 이해하고 있다. 그러나 프로이트와는 달리 그는 그 사실이 치료의 효과를 내는 것과는 전적으로 무관한 것으로 간주한다.

제노가 말하는 자신의 흡연 경력은, 정신분석적 치료처럼 유아기 성충동이라는 깊이 감추어진 비밀의 점진적인 공표에 의해 쌓여가지는 않는다. 그보다는 오히려 그의 개괄적인 연대기는 의식적으로, 그리고 분석적으로 흡연의 한 역설로부터 또 다른 역설로 흐르고 있다. 서술의 각 단계마다 그는 흡연이 그의 의식에, 즉 다시 말해서 철학자나 수학자의 논리상의 딜레마에 감각이 예민한 정신에 제공하는 또 다른 차원의 역설을 실행하고 있다. 결국 제노는 스베보와 마찬가지로 직업적으로 법률과 화학을 연구한 셈이다.

제노는 아버지의 돈을 훔쳐서 담배를 피우기 시작했으나 결국 어느 날 그의 아버지에게 들키고 말았다.

> 나는 어느 날 아버지의 조끼를 들고 있다가 들켰던 것으로 기억이 된다. 지금 이 순간까지도 나를 당황하게 만드는 그 모욕감으로 인해서 나는 아버지에게 그 조끼 단추가 몇 개 있는가 알고 싶어서 호기심으로 만지고 있을 따름이라고 말했다. 아버지는 양복과 관련된 수학적인 것에 대한 나의 성향을 보고 웃었는데, 미처 내 손이 그 조끼 주머니에 들어가 있는 것은 보지 못했다. 영광스럽게도 나는 나의 천진난만함 때문에 웃었던 그의 웃음이, 내게 그 천진난만함이 더 이상 존재하지 않을 때에는, 나로 하여금 다시는 훔치는 행동을 못하게 하려는 의도로 웃는 것임을 알았다고 말할 수 있다.

그가 들키지 않은 결과는 역설적이다. 왜냐하면 그가 돈을 훔친 후 대담하게 거짓말을 할 때 그는 그 천진난만함을 이미 잃어버린 것이므로,

담배는 숭고하다

그 순간에 아버지가 그의 천진난만함에 대해 웃음을 터뜨린 것은 다시는 돈을 훔치지 못하도록 하기에 충분했다고 말하기 때문이다. 왜 그럴까? 그의 아버지가 미처 생각하지도 알지도 못하는 정황 중에 그에게 준 이 괄목할 만하고도 효과적인 교훈의 논리적 조건은 무엇인가? 그것은 그가 '받기에 합당한' 교훈이 아니기 때문일까? 자신의 아들이 범죄 행위를 하는 것을 상상할 수 없는 그의 아버지의 비난으로부터 면죄부를 받은 제노는 그가 얼마나 잔인했었나를 더욱 철저하게 입증하기 위해 그 죄에 대한 처벌을 스스로에게 적용한다. 만일 그의 아버지가 제노의 소행을 보았다면, 그래서 그를 혼냈다면, 그는 아마도 그 다음부터는 더욱 교묘한 솜씨를 발휘하리라고 마음먹었을는지도 모른다. 자신에게 명예가 될 수 있도록, 그는 처벌을 강도가 약한 자기혐오라는 형태로 스스로에게 적용을 시켰으며, 그것은 그에게 그의 아버지가 전에는 주지 못했던 교훈을 효과적으로 주는 역할을 했다.

즉, 아버지의 법칙은 내재화되고 그에 대한 복종은 영광이라는 도식이 성립된다. 그는 이제 그 처벌을 스스로에게 적용하지 않을 수가 없으며, 원칙에 대한 자신의 이해에 자신의 행동을 기초하지 않을 수가 없다. 실제로 처벌하는 것이 아마도 그의 지속적인 저항을 심화시켰을지도 모르는 반면, 처벌하지 않는 것이 오히려 처벌의 효과를 만들어 주었던 것이다. 그러나 만약 그의 아버지의 웃음이 단지 가장된 웃음이며, 사실 그가 제노의 손이 들어가 있는 곳을 제대로 보았다고 가정해보라. 그리고 자신이 본 아들의 도둑질 장면을 자기 아들은 아버지가 못 보았을 거라고 생각하는 것마저 그가 알고 있다고 가정해보라. 아버지가 아들이 잘못을 스스로 깨우치도록 했다고 가정해보라. 즉, 그는 자기 아들로 하여금 남의 도움 없이 그가 담배 때문에 더 이상 돈을 훔쳐서는 안 된다는 도덕적 결론을 내리도록 하기 위해 그가 들키지 않았다고 계속해서 믿도록 두었다고 가정해보라. 아마도 아버지가 그 순간 아들을 처벌했다면 제노는 계속해서 훔치는 일을 할 것이라고 확신했을 것이다. 반면 자기 자신을 처벌하고, 아버지의 예상과는 달리 그런 범죄를 할 수도 있는 존재라는 것을 입증하지 않을 수 없는 그 아들은 자기 아버지보다 더 나은 아버지인 셈이다. 적어도 자기 자신에게만은 말이다. 도둑질을 못 본 척하는 것은 사람들이 일반화하기를 원하지 않는 교육 모델일는지 모른다. 왜냐하면 만약 그의 아버지가 똑같은 심리를 적용하여 제노로 하여금 흡연을 금지시키는 대신에 오히려 흡연을 허용했다면, 그는 더 이상 만성적인 흡연가가 되지 않았을는지도 모르기 때문이다. 마치 그가 교정할 수 없는 도둑이 되지 않듯이 말이다. 실행하지 않음으로써 오히려 더 잘 실행되는 몇몇 금지 항목들이 있는데, 흡연에 대한 금기가 그중의 하나일는지 모르겠다.

제노의 첫 번째 역설 뒤로 바로 두 번째 역설이 뒤따른다. 그가 고의로, 대담하게 저지른 행위에 대해 처벌받지 않았기 때문에 다시는 돈을 훔치지 않겠다고 결심을 한 그는, 영원한 맹세에도 불구하고 곧 다시 도둑질을 시작했다. 다만 또다시 훔치되, 그것을 도둑질이라고 생각하지 않고 말이다. 그의 아버지는 절반만 피운 '버지니아' 담배를 탁자 모서리나 서랍이 있는 장롱 위에 내버려 두었다. 제노는 그것을 하녀가 치워버릴 것이라고 생각하고는 몰래 피우기 시작했다. 아버지는 이것에 관심이 없을 것이라 생각하며 말이다.

담배를 전유하는 행위가 나에게 혐오의 감정을 불어 넣었다. 이것들이 내 속을 얼마나 메스껍게 만들 것인지를 내가 알고 있기 때문이다. 잠시

담배는 숭고하다

후 나는 이마가 식은땀으로 뒤덮일 때까지, 그리고 내 위가 뒤틀릴 때까지 이것들을 피워댔다. 그렇다고 해서 내가 힘없이 빌빌대는 어린아이였다고는 결코 말할 수가 없다.

담배를 전유하는, 그러니까 담배를 자기만의 것으로 전적으로 소유하여 마음대로 할 수 있는 행위를 이탈리아어로는 'impadronirmene'라고 하는데 이것은 im-padron-irmene, 그러니까 '그것들의 아버지가 된다'라는 뜻이다. 아들은 아버지의 재산을 아버지가 지배하는 방식으로 재전유함으로써 아버지와 같게 된다. 그러나 그가 이런 행위로부터 취하는 유일한 성취감은 담배가 얼마나 그의 속을 메스껍게 만드는가 하는 것에 대한 기대감 가운데서 느끼는 혐오의 몸부림이다. 그의 기대는 위장을 뒤틀리게 하는 경련과 담배가 조장하는 식은땀에 의해 완벽하게 성취된다. 그것은 적은 기운을 취하는 것이 아니라 처음으로 해본다는 엄청난 대가를 지불하고, 대신 자기 스스로를 위해 복잡하게 구성된 쾌락-고통을 확보하기 위해 엄청난 경비를 들이는 것이다. 흡연을 시작하면 처음 얼마 동안은 좋은 맛이나 감정, 즉 니코틴이 제공하는 쾌감을 느끼기는 어렵다. 그 맛은 처음에는 사악하며, 또한 혐오로 인해 몸서리쳐지며, 그것을 피우는 과정에서 속이 메스껍고 뒤틀리며 괜히 피웠다는 느낌을 갖도록 만든다.

그는 하녀가 내다버릴 것이라고 생각했던 그 피우다 남은 담배꽁초를, 그의 아버지의 역설적인 간섭이 또다시 그의 훔치는 버릇을 치유할 때까지 계속해서 피웠다. 어느 날 그가 어머니 옆에 있는 소파 위에 웅크리고 잠자는 듯이 앉아있을 때 아버지가 들어왔다. 그는 자신이 탁자 모서리에 놓아두었던 담배 절반이 어떻게 되었는지 모르겠다고 투덜거렸다.

"이러다간 정말 미쳐버리겠군. 내 생각으로 30분 전에 저 탁자 위에 절반만 피운 담배를 분명히 놓아두었는데 찾을 수가 없으니 말이야. 내 상태가 전보다 더 심해진 것 같아. 게다가 머리의 나사가 자꾸 풀리는 것 같고 말이야."

제노의 어머니는 그의 아들을 깨우면 안 될 것 같은 불안감으로 대답한다.

"점심 이후로는 이 방엔 아무도 없었어요."

그러나 제노의 아버지는 다음과 같이 말한다.

"내가 미칠 것만 같다고 말한 것은 바로 그 사실을 나도 알고 있기 때문이야."

제노는 결국 그의 아버지를 미치게 할 것이라는 두려움 때문에 아버지의 담배꽁초를 훔치는 것을 그만두게 된다. 사실상 방안에는 그들 외에는 아무도 없었기 때문에 타인이 담배꽁초를 취할 수는 없었을 것이다. 단지 그 자신, 제노를 제외하고는 말이다. 여기서 제노는 '제노'가 아니라, 아버지로부터 담배를 훔치고 싶어하는 성년 '제로', 다시 말해 위에서 언급한 '아무도$^{no one}$'에 해당한다고 볼 수 있다. 어머니의 웃음은 그 아이는 이미 천진난만함을 잃어버렸다는 것을 알고 있다는 것을 드러낸다. 그러나 아버지는 그런 가능성을 생각 못하고 있다. 비록 자신의 정신없음에 대해 의심을 할지언정 의심을 그 아들에게 돌리는 것은 거부한다. 또다시 제노는 아버지가 실행하지 못한 법을 내재화한다. 아버지의 전략은 외관상으로 볼 때 자기 자신도 모르는 고의성이 없는 것이지만 매우 성공적이었다. 왜냐하면 그것은 제노가 처벌받지 않게 하려고 일부러 안 보는 척함으로써 제노의 담배 훔치는 버릇을 고쳤기 때문이다.

반대로 담배와 관련해서라면 부모는 실패했다고 볼 수 있다. 왜냐하면 금지라는 것이 그 목표와는 직접적으로 반대되는 결과를 얻기 때문이다. 제노는 그 다음에 이 짧고도 숙명적인 문구를 쓰고 있다.

"이 뒤로는 내가 돈이 없어서 이 악행을 충족시키기가 어려웠던 적은 없었다. 그러나 금지라는 것은 그것을 부추기기에 충분했다."

만약 처벌하지 않는 것이 그의 이러한 악행을 낮게 한다면, 금지하는 것은 오히려 그것을 부추기는 것이다. 무엇인가를 어기는 것, 부정을 촉진하는 금지의 힘은 심리학적으로 입증된 사실이며, 그 결과도 명백하다. 금지가 오히려 금지하는 행위를 더욱 부채질한다는 이 역설은, 예를 들어, 미국 정부의 외관상 보이는 모순적인 정책 같은 것을 잘 설명해줄 것이다. 미국 정부는 담뱃갑에 경고 문구를 집어넣으면서 동시에 담배 재배상들에게 보조금을 지급하고 있는 것이다! 만약 부지불식간의 목적이 사실상 제노의 역설에 따라 국내외의 흡연율을 증대시킨다면, 흡연을 부추기는 가장 효과적인 방법은 그것을 금지하는 영역을 확대하는 일일 것이다.

금지의 위협 아래 제노는 '모든 피울 수 있는 장소에 숨은 채' 풍족하게 담배를 피웠던 것을 기억한다. 그는 특히 지하실에서 두 명의 다른 사내아이들과 숨어 가능한 가장 짧은 시간 내에 누가 더 많은 담배를 피울 수 있나 내기도 했던 것을 기억한다. 여기서 제노는 이겼다. 대신 그는 무엇을 얻었는가? 어두컴컴한 지하실에서 햇빛과 시원한 공기가 있는 곳으로 휘청대며 나오며, 제노는 넘어지지 않으려고 눈을 감아야만 했다. 즉, "나는 영웅답게, 이 이상한 경험으로부터 야기되는 메스꺼움을 숨기고 있었다"라고 회상하고 있다. 이 초보 흡연가가 자신을 이처럼 끔찍하게 메스껍고 약하게 만드는 것을 많이 피우려고 한 것은 조금 이상하다. 제노는 원기를 회복하면서 자신의 승리를 자랑했다. 한 친구가 다음과 같이 말했다.

"만약 내가 지더라도 난 상관없어. 왜냐하면 난 내가 즐길 만큼 오랫동안 담배를 피울 수 있기 때문이야."

제노는 그 순간 자신을 향하고 있음이 분명한 생기발랄한 '얼굴'―생기발랄한 '말'이 아니라―을 기억한다고 말한다. 여기서 암시하고 있는 그의 망각은 그의 친구에 대한 일종의 역설적인 복수심이다. 제노에게 흡연은 처음부터 건강이나 단순한 즐거움과 관련이 없다. 흡연을 충분히 즐기기 위해 담배를 피운다는 개념은 경험과 습관의 실제 본성과는 모순이 된다. 교황 요한 바오로 2세는 외경스럽게도 하루에 담배를 세 개비, 즉 식후에 한 대씩 피우는 것으로 유명하다. 그러나 자아에 대한 그 정도의 통제는 오직 성인˙ˢ만이 할 수 있는 것 같다.

대략 스무 살 무렵, 제노는 담배를 끊으려는 노력의 결과로 골초가 되었다. 격렬한 목의 통증과 고열로 몇 주를 고생한 그는, 결국 의사로부터 담배를 절대로 피우지 말고 한동안 쉬라는 처방을 받는다.

> 절대로라는 말은 내게 상처를 주었으며 내 몸의 열은 그 상처를 더욱 생생하게 만들었다. 왜냐하면 이 말은 공허감 주위에서 갑작스레 만들어진 엄청난 압력에 저항할 또 다른 공허감, 즉, 무˙ᴹ이기 때문이다.

의사가 떠난 후 그의 아버지는 자신의 손에 담배를 든 채 그에게 다시는 담배를 피우지 말 것을 상기시켰다. 아버지의 이러한 명령은 엄청난 불안을 조장한다. 그것은 제노의 흡연의 역사에서의 역설적인 그 다음 단계로 이끌었다.

담배는 숭고하다

담배는 내게 해를 가져다주기 때문에 나는 다시는 담배를 안 피우겠어.
그러나 난 마지막으로 담배를 피우고 싶어. 딱 이번 한 번만.

비록 그것이 그의 편도선에 불이 붙은 듯한 느낌을 갖게 만들기는 하지만, 그래도 그는 '마지막 담배'를 피울 결심을 한다.

"나는 사람들이 맹세를 실행에 옮기는 세심함으로 마지막 담배를 끝냈다. 그리고 늘 끔찍한 고통을 느끼면서도, 많은 담배를 피웠다."

흡연의 고통은 담배를 끊겠다고 맹세를 하는 그 엄청난 불안과 비교해볼 때 아무것도 아니다. 담배를 끊기 위해서는 우선 마지막 담배를 피워야만 하나, 그 마지막 담배는 늘 그럼에도 불구하고, 또 다른 담배인 것이다. 따라서 금연은 계속적인 흡연을 의미한다. 역설은 바로 여기에 있는 것이다.

담배는 내게 해롭다. 그러므로 나는 담배를 끊을 것이다고 할 때 담배를 끊겠다고 약속하는 것은 엄청난 불안을 조성한다. 나는 마치 내가 맹세를 실행에 옮기는 것처럼 마지막 담배를 피운다. 그러므로 그 맹세는 이행이 된다. 그리고 그것이 야기하는 불안은 사라진다. 따라서 마지막 담배는 나로 하여금 그 다음에 또 다른 많은 담배를 피우도록 허용한다.

때때로 그의 아버지는 담배를 입에 문 채 나타나서는 그가 몰래 어겼던 결심을 잘 지키라고 격려하곤 했다. 그의 아버지는 이렇게 말했다.

"멋지구나! 며칠만 더 담배를 안 피우면 넌 치유될 거야."

이 문장은 그의 아버지가 곧 자기 곁을 떠남으로써, 이제 그가 아버지의 담배가 있는 곳으로 달려갈 수 있다는 갈망을 만들어 주었다. 때때로 제노는 아버지가 좀 더 일찍 자신의 곁을 떠나도록 하기 위해 일부러 잠자는 척하기도 했다. 그의 병은 그로 하여금 긴 인생을 살아간 뒤 그가 이 흡연 분석을 쓰고 있는 순간까지 계속되어 온 흡연가로서의 그의 경력 중 성인의 단계로 돌입하게 만들었다.

이 병은 내게 두 번째 혼란을 가저다주었다. 내 생애는 담배와 담배를 안 피우겠다는 결심으로 충만한 채 끝나버리고 말았다. 내가 스무 살 때 시작했던 '마지막 담배'는 아직도 계속되고 있다.

그는 이제 흡연 습관뿐만 아니라, 담배를 끊겠다는 결심의 습관마저도 얻게 되었다. 게다가 마지막 담배를 피우겠다는 결정은 점차 그의 삶의 지배적인 행위가 되었다. 그것은 그가 그의 두 가지 습관에 대해 뒤돌아보면서 회고록을 쓰고 있는 순간에도 그렇다고 고백하고 있다. 점점 더 나이를 먹어감에 따라 그의 결심들은 덜 격렬해지고 그는 자신의 연약함에 대해 더 관대해진다. 자신의 결심을 지킬 능력에 대해 점점 더 현혹되지 않게 되는 것이다. 그럼에도 불구하고 그는 심지어 담배를 피우면서도 계속해서 전보다 더 뚜렷한 결심을 한다.

결심은 덜 격렬하다. 그리고 나의 연약함은 내 늙은 영혼 속에서 더 많은 관용을 찾는다. 사람은 늙으면 인생과 그 인생이 내포하고 있는 모든 것에 대해 미소를 짓는 여유를 갖게 된다. 사실 한동안 나는 많은 담배를 피워왔다고 말할 수 있다. 그러나 그것들은 항상 마지막이 아니었다.

다시 말해서 그가 최근에 피우고 있는 담배들은 마지막으로 피우는 담배가 아닐 뿐 아니라 그가 말하고 있는 진정한 의미의 '마지막 담배', 즉 끊겠다는 결심을 동반하기는 하되 결코 지켜지지 않는 그런 마지막 담배도 아닌 것이다.

사르트르는 도박 중독에서 끊임없이 벗어나려는 결심을 기록한 도스토옙스키Fyodor Mikhailovich Dostoevskii의 편지를 언급하면서, 몇몇 습관을 단념하고자 하는 단호한 의지가 실패하는 메커니즘에 대해 실존주의적 해석을 제시한다. 그 메커니즘, 다시 말해서 그 원칙은 자유를 위한 우리의 가능성 이외에 아무것도 아니다. 그것은 현재 우리의 절대적인 선택의 자유에 모든 과거의 결정이 영향을 끼치지 못하는 것을 말한다. 우리의 과거, 그리고 심지어 우리의 가장 확고한 결정의 그 어떤 것도 우리 행동을 결정할 수 없다.

담배의 유혹을 받은 흡연가를 덮치는 감정은 종종 담배를 피우는 경향과 갈등하거나, 선의에도 불구하고 종국에는 항상 지게 되는 결심, 이 둘 사이의 내적인 토론으로 묘사된다. 사르트르는 이런 다른 '기능들'의 실체화된 반대에 지나치게 의존하는 모델을 거부한다.

우리 안에는 마치 우리가 결정을 내리기 전에 그 동기와 이성을 측정해야만 하는 내적인 토론 같은 것은 없다. 담배를 끊겠다는 이전의 결정은 항상 '거기에' 있다. 그리고 대부분의 경우 담배를 가지고 있는 것으로 묘사되는 흡연가는 그 결정의 도움을 요청하는 것으로 돌아간다. 왜냐하면 그 전날 결정을 한 이상 그는 담배를 피우고 싶지 않기 때문에, 아니 그보다는 오히려 자신이 담배를 피우고 싶지 않은 것으로 아직도 생각하고 있기 때문에, 다시 말해서 그는 그 결정의 유효성을 믿고 있기 때문이다. 그러나 그가 분노하는 가운데 자신의 손에 쥐고 있는 것은 정확하게 과거 결정의 전적인 무효라는 것이다. 틀림없이 그 결정은 아직도 거기에 있다. 그러나 내가 그것을 의식하고 있다는 사실 때문에 얼어붙은 채로, 효과가 없는 채로, 그리고 초월된 채로, 다시 말해서 이미 물건너간 채로 남아 있는 것이다. 그 결정은 일시적인 유동성을 통해서 나 자신으로, 나의 존재를 영구적으로 성취하는 정도까지는 아직도 '나'다. 그러나 그것은 나의 의식을 '위하고' 있다는 사실 때문에 더 이상 '나'가 아니다. 나는 그 결정으로부터 도피한다. 그리고 그 결정은 내가 그것에 부여한 임무에 실패하고 만다. 담배를 피우고자 하는 흡연가의 욕망은 그의 결정을 압도하여 결국에는 그것을 파괴하고 만다는 것은 아니다. 왜냐하면 그것은 아직도, 그리고 항상 거기 있기 때문이다. 담배와 마주치면 그는 그 결정으로 되돌아가고 그 결정에게 도움을 호소한다. 담배를 안 피우겠다는 결심은 아직도 그와 함께 하고 있으나 그가 그 결정으로 하여금 자신을 도와달라고 호소하는 순간, 곧 분노한 가운데서 새로운 유혹에 부딪히게 된다는 사실을 발견한다. 사르트르의 말에 의하면 그것은 현재의 상황 속에서 그 결정의 전적인 무력감이라는 것이다. 그 결정은 과거의 결정의 시간을 통한 총체이자 연속체라는 정도라면 점에서 아직도 그 자신이다. 그러나 일단 그것을 초월한 이상, 그가 그것을 과거에 속하는 그 어떤 것으로 의식하고 있다는 사실 때문에 그것은 더 이상 '그'가 아니다. 사르트르는 다음과 같이 말한다.

> 그러나 그것은 나의 의식을 '위하고' 있다는 사실 때문에 더 이상 '나'가 아니다. 나는 실제로 (새로운) 결정을 하는 것이 아니라. 그것을 내 의식을 위한 과거의 그 어떤 것으로 기억하고 있으므로 그것으로부터 도피하고, 그 결심은 내가 부여한 임무에 실패하고 마는 것이다.

담배는 숭고하다

임무를 완수하지 못한 흡연가는 심지어 자기를 자기 자신으로부터 소외시키는 '무 존재non-being'라는 거리감과 직면하게 된다. 그는 금연을 사랑했을 것이다. 다시 말해서 어제라면 담배를 결코 손에 들지 않았을 것이다. 왜냐하면 그는 어제 전체라는 종합적인 시각 속에서 사물을 명확하게 보았기 때문이다. 그가 인식한 건강과 흡연 사이의 관계, 그리고 친구와 가족들로부터 인정받지 못한다는 것, 사회로부터 불명예를 사는 것, 이 모든 것들이 그가 담배를 못 피우게 했던 것이다. 그는 담배와 자신 사이에 장애물을 쌓았다고 생각했다. 그러나 그것은 지금 어느 한 개념에 대한 먼 추억처럼 보이며, 그가 어제 가졌던 감정의 유령으로만 보이는 것이다. 그의 결정이 그를 돕도록 하기 위해서 그는 그것을 처음부터 다시 반복해야만 할 것이다. 그러나 그 순간 그것은 새로운 결정, 즉 그가 담배를 피우느냐 마느냐 하는 지금 현재 가지고 있는 선택들 중 하나가 되는 것이다. 그는 건강에 대한 모든 불안감을 현재 속에 재창조해야만 하고, 그가 어제 느꼈던 사회적 불안정에 의해 야기된 불행을 행복으로 재생시켜야만 한다. 왜냐하면 그렇게 하지 않으면 그 결정은 단지 텅 빈 환상이기 때문이다. 흡연가는 그것이 이후로 담배를 못 피우도록 할 것이라고 믿고 있었다. 그러나 지금 흡연의 유혹 앞에 서 있는 이상, 그는 자신이 전과 동일하게, 만일 원하기만 한다면 언제든 피울 수 있는 담배 사이에 그 어떤 장애물도 없는 채로 벌거벗은 채 외롭다는 것을 깨닫게 된다. 그리고는 담배를 피우는 것이다.

사르트르에게 있어서는 가장 확고하게 내린 결심이라 할지라도 그것의 실패는 곧 결정주의의 부재를 입증하는 것이며, 과거의 결심을 깨뜨리는 내재적인 자유의 증거다. 사르트르적 흡연가는 그러한 자유를 향유하지 않는다. 그 대신 그는 오히려 그러한 자유를 분노의 양식으로 경험하며, 그 어떤 것도 그를 현재의 그의 행동의 선택을 위한 책임을 떠맡는 필요성으로부터 보호해주지 않는다고 깨닫게 된다.

브루스 보헬은 "담배를 끊는 것은 내가 여태껏 한 일 중에서 가장 쉬운 것이었다. 왜냐하면 나는 그것을 하루에도 수천 번씩이나 끊었기 때문이다"라고 말하고 있다. 마크 트웨인Mark Twain은 모든 것에 '처음'이라는 것은 단 한 번밖에는 없는 반면, 담배에서는 '마지막'이라는 것이 셀 수 없이 많다고 확언한다. 즉, 그것은 더 이상 없는 담배인 동시에 또 다른 하나의 담배인 것이다.

제노는 그의 이야기를 상당히 많은 미사여구로 장식하여 아름답게 쓰인 사전 앞장에 다음 내용을 기록했다.

"1886년 2월 2일 : 오늘 나는 법률 공부를 끝내고 화학 공부를 시작한다. 그리고 이것이 마지막 담배다!"

제노는 그의 인생에 있어서 중요한 날짜와 연관되어 있는 마지막 담배의 전체 계층구조의 개념을 즐기고 있다. 그것은 마치 그의 결정이 다시 담배를 피우는 것에 대한 장애물로서 강화되기 위해 어떤 중요한 순간의 지지를 요구하는 것과 같다. 역으로 담배를 끊고자 하는 결심은 또한 그 순간의 중요성을 강조한다. 사전 속에 미사여구로 기록된 그 '마지막 담배'는 그의 경력에 있어서의 변화의 중요성으로부터 힘을 획득한다. 동시에 그것은 그 결정의 신호에 가시적인 대중적 외재성을 제공한다. 법학에서 화학으로 넘어 가면서 이 '마지막 담배'는 행위(심지어 손으로 하는 행위를 포함하여)와, 조용하면서 흐트러지지 않고 명백한 사고에 대한 욕망을 정확히 의미한다. 다시 법률 공부로 돌아가는 것이다. 그는 화학에는 천부적인 소질이 없다고 깨닫고는 다음과 같이 덧붙인다.

"내가 계속해서 터키인처럼 담배를 피우는 마당에 내가 손재주를 가졌다고 하는 것이 어떻게 가능했는지 모르겠다."

마지막 담배를 피우는 것은 계속해서 터키인처럼 담배를 피우는 결과를 야기했으며, 따라서 그가 실험실 작업을 위해서 요구되는 능수능란한 손놀림을 발전시킬 수가 없었던 것이다. 마지막 담배를 피운 것은 그것이 상징화하기로 되어 있는 재주나 솜씨를 그가 획득할 수 없을 것이라는 사실을 보장한다. 철학자들이 실용적인 역설이라고 부르는 것은— 어떤 행위의 선언이 그 행위가 발생하는 것을 불가능하도록 만들어주는 한— 여기에 해당한다.

제노가 학생이었을 때, 그는 자기 방을 바꾸고 벽에다 페인트칠도 다시 해야만 했다. 왜냐하면 그의 방은 선한 결정의 묘지였으며, 그 밖의 다른 결정을 그 방에서 하는 것은 더 이상 불가능하다고 생각했기 때문이다. 사르트르가 진단하는 '결정을 내리는 것의 역설'이 복수심으로 그를 괴롭힌다. 한편으로 그는 다시 담배를 피우고자 하는 유혹을 물리칠 난공불락의 장애물과 강력한 의지를 위해서 대리석과 같은 확고부동한 안정성으로 자기 결정을 굳게 할 필요가 있다. 그러나 다른 한편으로, 그는 그가 그 결정을 굳게 하면 할수록, 즉각적인 현재의 유혹으로부터 자신을 도와줄 힘이 없는 과거로 점점 더 속하게 된다는 사실을 분노하면서 발견하는 것이다. 오래된 결정은 그것이 그의 의식을 '위하는' 것이기 때문에 더 이상 효력이 없을 것이다. 그는 담배를 끊고자 하는 결심을 위한 현재의 가능성을 포착하는 행위를 반복할 필요가 있다. 그러므로 그는 현재에서는 잊힐 수 있으나 벽에서는 지워지지 않을, 이전의 것보다 더 강조된 새로운 날짜를 벽에 쓸 필요가 있는 것이다. 그러나 '좀 더 친근한 결정'에 의해 '자리를 물러나야만 하는 결정'이란 무엇인가?

내 방의 벽에 있는 날짜들은 다양한 색깔로, 아니 심지어 기름으로 쓰여 있다. 가장 솔직한 확신으로 반복된 결정은 그 이전의 결정에 헌신한 색깔을 흐리게 만들었기 때문에, 또 다른 색깔의 힘이 필요했던 것이다. 단념한 채 방치되어 있는 결심은 보통은 잊힐 수도 있다. 그러나 그것이 미사여구와 색깔로 덧입혀 칠해지면, 설령 죽을는지는 모르나 결코 매장되는 않게 된다. 즉, 그것은 거기에 남아 있는 것이다. 벽 표면에 각인된 기념비가 늘어선 묘지에서처럼 아무런 영향력을 발휘할 힘도 없으면서도 사라지는 것은 거부하는 유령이나 환영처럼 말이다. 새로운 결심은 그것이 그 이전의 결심에 의해 더 이상 결정되지 않는다는 것을 뜻한다. 그러나 각각의 결정이 백지 상태tabula rasa를 요구할 때, 과거의 지나간 모든 결정들을 매장하는 얼룩 상태tabula macula에 둘러싸인 채 사는 것은 불가능하다.

어떤 날짜들은 숫자의 '일치' 때문에 선호된다고 제노는 말한다. 예를 들어, 9라는 숫자의 일치가 단순히 우연이 아니라 제노의 운명과 어떤 의미 있는 관계에 있는 것처럼 말이다. 그 운명의 숫자는 1899년 9월 9일이었다. 어떤 날짜는 곧 운명처럼 담배를 끊게 될 바로 그 날이라는 확신, 그것이 그가 가진 궁극적인 환상이다. 새로운 세기는 즉시 그에게 의미 있는 새로운 우연의 일치를 제공한다.

"1901년 1월 1일 : 나는 아직도 만약 그날이 다시 돌아올 수만 있다면 새로운 삶을 시작할 수 있을 것 같다."

그의 말에 따르면, 사람들이 만약 '작은 상상력'을 발휘할 준비만 된다면 달력은 의미 있는 숫자로 가득 차 있다는 것이다. 그는 특별히 어떤 날을 기억하고 있는데 이는 '극도로 명백한 규칙'이 있는 날이기 때문이다. 그날은 하루 24시간 동안, 즉 1912년 6월 3일의 24시간 동안이었다. 그것은 마치 모든 숫자가 배가된 것처럼 보이는 날the 3th day of the 6th month of 1912 at 24hours이었다. 그러나 이 긍정적인 비율의 어느 특정한 날이 담배를 끊는 것과 일치될 필요는 없었다. 그는 그 어떤 변명도 가능하다고 말하고 있다. 그는 '1905년 2월 3일 6시'라는 숫자에 당황했던 순간을 기억한다. 왜냐하면 그것의 숫자들에는 어떤 일치성도 없기 때문이었다.

"한번 생각해보면 그것은 좀 맞지 않는 것 같다는 생각이 든다. 왜냐하면 모든 개별적인 숫자는 그 앞의 숫자를 부정하는 것처럼 보이기 때문이다."

교황 비오 9세Pius IX의 죽음이나 아들의 탄생과 같은 중요한 날짜는 담배를 끊기에 충분히 중요한 날로 간주된다. 가족들은 생일과 기념일을 잘 기억하고 있는 제노의 놀라운 기억력을, 그 모든 것들이 그의 결심과 연관이 있다는 것은 모른 채 칭찬한다. 그들은 그것이 제노의 타고난 천성이라고 생각하는 것이다. 우리의 삶에서 발생하는 모든 것을 금연을 위한 구실로 삼는 것은, 만약 그것이 우리들로 하여금 가족의 사랑을 이끌어내는 데 사용된다면 그리 나쁜 것은 아니다.

그리고 시간은 흘러간다. 건강하게 기분 좋은 마음가짐으로 새로운 삶을 살려는 결심 대신, 삶은 지켜지지 않은 결심들의 역사가 된다. 제노는 다음과 같이 말한다.

어리석게 보이는 것을 즐기기 위해, 나는 '마지막 담배'의 찝찝함에 철학적인 내용을 부여하려 노력했다. 사람들은 가장 아름다운 태도로 '다시는 안 하겠어'라고 스스로 다짐한다. 그러나 이 약속이 지켜지지 않는다면 그런 아름다운 태도는 역시 아무 쓸모없게 되는 것이다. 그러나 태도를 정한다는 것은 결정이 갱신되어야 비로소 가능하다. 내게 있어서 시간이란 결코 멈추는 것이 아니다. 내게 있어서는, 오로지 내게 있어서는 시간이란 멈추지 않고 다시 돌아오는 것이다.

이탈리아어 '태도^{atteggiamento}'는 이 짧은 구문에서 세 번씩이나 반복된다. 그 단어는 이탈리아어로 특별한 울림을 지닌 단어다. '더 이상은 안 돼!'라는 표현은 문화 영웅, 즉, 좀 더 순수하고 고상한 삶을 위해 자신의 악한 부분을 뒤로 물리는 사람의 행동이나 태도와 연관 있는 표현이다. 만약 그런 희생의 태도가 고상함의 극치라고 한다면, 계속해서 그 '아름다운 태도'를 취할 수 있도록' 반복적으로 결심을 해야 하는가, 하고 제노는 묻고 있는 것이다.

그러나 이 구문에서 제노의 가장 신비로운 주장은 마지막 구절이다. "내게 있어서 시간이란 결코 멈추는 것이 아니다. 내게 있어서 시간이란 오로지 멈추지 않고 다시 돌아오는 것이다."

삶은 끊임없는 결정으로 구성되는데, 그 삶의 역사는 시간의 흐름의 역사가 아니라 끊임없이 되돌아오는 시간의 역사인 것이다. 그의 삶은 담배를 끊겠다고 하는 똑같은 결정의 연속적인 반복이다. 아마도 그런 의미에서 본다면 시간이 되돌아온다는 것은 오로지 제노만을 위한 것이라고 보아도 무방하다. 그의 이름의 일시적인 역설(제노/제로)처럼 제노의 유일한 행동은 금연을 하기로 결정하는 행동이다. 거북이를 따라 잡지 못하는 아킬레우스처럼, 그리고 그 목표를 맞추지 못하는 화살처럼(왜냐하면 그 화살은 목표의 중간 지점에서 항상 밑으로 떨어지므로) 제노는 담배를 끊겠다는 약속을 결코 따라잡지 못한다. 아무리 그가 빠르게 날아간다고 해도 그는 결코 그의 목표를 맞추지 못한다. 아무리 그가 담배를 끊겠다고 확고하게 결심을 하더라도, '마지막 담배'를 피우는 것은 결국 그가 계속해서 담배를 피울 것이라는 사실만 확실하게 해주는 것이다.

반복해서 피우게 되는 '마지막 담배'는 흡연가로 하여금 삶에 대해 영웅적인 태도를 보존하도록 할 뿐 아니라 가장 강렬한 맛을 제공한다. 제노는 다음과 같이 썼다.

> 내 생각으로 담배는 마지막이 될 때 가장 강렬한 맛이 있는 것 같다. 다른 것들도 물론 특별한 맛을 지니고 있기는 하나 그 강렬함에 있어서는 덜하다. 마지막 담배는 자아에 대한 승리감과 힘과 건강이라는 가까운 장래의 희망이라는 것에서 그 맛이 나온다. 마지막 담배 이외의 다른 담배들은 자유를 옹호하여 저항을 하는 동시에 힘과 건강이라는 미래가 사라지지 않기 때문에 그 나름대로 중요성을 지닌다고 볼 수 있다.

마지막 담배와 관련이 있는 맛의 강렬함이 곧 그 담배의 맛 그 자체가 좋다는 뜻은 아니다. 오히려 그것은 지속적이고 습관적인 흡연이 담배 맛을 떨어뜨리는 영향력을 감소시키는 해독제의 작용을 한다고 보아야 할 것이다. 마지막 담배를 피운다는 것은 그것이 마지막일 때 느낄 수 있는 어떤 강렬한 맛을 계속 느끼고 싶다는 이유를 제공한다. 그것은 우리가 담배를 끊기로 결심한 후에도 원하기만 하면 담배를 자유롭게 피울 수 있다는 것을 입증하기 위해 피우는 담배의 특별한 맛에 대해서도 설명한다. 제노가 묘사하는 메커니즘은 완벽한 쾌락 장치처럼 보인다. 계속해서 마지막 담배를 피우는 것은 자아와 건강한 미래의 가능성에 대한 반복된 승리감을 야기하며, 동시에 담배를 끊어야만 하는 필요성으로부터의 자유를, 힘과 건강의 미래를 없애지 않고도, 단지 지연시키기만 하면서 맛보게 한다.

결단을 내리지 않기로 결심하는 것은 단지 좀 더 우회적인 변증법적 방식일 뿐 결심하는 것과 같은 효과를 낳는다.

> 나는 늙었고 또한 아무도 내게 어떤 것도 기대하지를 않으므로, 나는 결심과 담배 이 두 사이를 끊임없이 왔다 갔다 할 뿐이다. 그러나 이 결심들이 오늘날 무슨 의미가 있는가? 카를로 골도니Carlo Goldoni가 묘사한 그 늙은 위생사처럼 나는 내 모든 인생을 병든 채 살다가 죽을 때는 건강하게 죽고 싶을 뿐이다.

병든 인생을 산 후에 건강하게 죽는 것, 그것은 골도니의 소설 속 주인공의 역설적인 목표다. 이것은 죽음에 이르러 병이라는 것으로부터의 자유를 얻는 순간에야 비로소 건강을 추구하는 데 성공하는 것처럼 보이는 제노의 삶과 유사하다. 이 역설에는 건강과 질병의 가치를 재평가하는 의미가 내재되어 있다. 즉, 건강에 대해 끊임없이 추구만 하다가 흘러가기 때문에 그의 인생은 곧 질병이라고 볼 수 있으며, 이 질병을 치료하는 유일한 약은 죽음밖에 없는 것이다. 왜냐하면 건강은 오로지 무덤에만 속하는 것이기 때문이다. 질병의 핵심인 역설의 나무껍질은 하나둘씩 떨어져 나가다, 이 소설의 끝부분에서는 핵전쟁의 참상에 대한 묵시록적 예측으로 끝난다.

마지막 담배가 다 태워지고 나면, 그리고 이제는 전 세계적으로 흡연이 금지가 된다면, 과연 아무것도 잃는 것이 없을까? 그날은 질병에 대해 인간성이 명백한 승리를 거둔 날이 될 것인가? 또한 그것은 대중의 건강과 인간의 행복을 옹호하는 진보적 사건이 될 것인가? 건강은 소위

'건강 산업'이라고 불리는 것의 형태로 모든 산업 중에서도 가장 수익성 있는 것이며, 미국에서도 중요한 경제 행위가 되어가고 있다. 그러나 사실 우리가 건강에 관해 이야기를 많이 들으면 들을수록, 그리고 이에 대해 지출을 많이 하면 할수록 우리 사회는 점점 더 병들어가는 것이다. 점점 더 연약함과 고통과 모든 종류의 불구로 향하는 경향에 있게 되는 것이다. 우리는 우리가 먹고, 숨쉬고, 만지는 것의 상당 부분이 우리에게 이롭지 못하면 우리를 병들게 만든다는 사실을 발견한다. 그러나 '병이 든다'는 것은 무엇인가?

제노는 의사들이 그의 병의 원천은 본인의 삶 속에 있다고 하는 말을 받아들인다.

> 삶은 어떤 면에서 질병과 닮았다. 이것들은 둘 다 고요하고 좋은 날과 나쁜 날의 위기와 기간을 지니고 있다. 그러나 다른 질병들과는 달리 삶은 항상 죽을 수밖에 없는 운명이다. 그것은 치료제가 없다. 그것은 마치, 우리 몸에 있는 구멍을 상처라고 믿고, 그 구멍들은 틀어막아 버리고 싶은 심정과 같다. 우리는 치료를 받느니 차라리 목을 매달아 죽는 편이 낫다.

그는 의사들이 자신의 흡연 습관을 치료하고 싶어 하는 것에 대해 비난하지 않는다. 왜냐하면 그들이 흡연의 결과를 질병의 상징으로 보는 한 그렇게 할 수밖에 없기 때문이다. 그러나 흡연은 제노의 삶의 일부분이다. 아니, 제노의 경우, 그것은 곧 그의 삶 자체이다. 그것을 치료하고자 하는 것은 곧 삶 그 자체가 의사의 관심을 필요로 하는 병이라고 생각하는 것이다. 의사 자신들은 그것이 그렇다고 생각하기를 좋아한다. 우리를 치료하고 싶어 하는 사람들, 다시 말해서 우리를 건강한 상태로 회복시키고자 하는 사람들에게 있어서는 삶의 고통이 곧 질병의 증상인 사람들이다. 치료하고자 하는 그들의 충동은 순수함과 건강이라는 이름으로 문명 속에서 삶을 죽이고자 하는 공격적인 욕망이다. 흡연가가 아닌 제노의 부인은 결코 흡연을 병이라고 생각해본 적이 없었다. 그녀는 "흡연은 삶의 방식 중의 하나이며 그리 나쁜 것은 아니다"라고 항상 말해왔다. 인정하건대, 흡연은 몇몇 불쾌한 부작용을 지니고 있다. 하지만 그것은 삶도 마찬가지다.

제노가 그의 생의 말년에 흡연은 단지 삶의 또 다른 하나의 방식이라는, 즉 병이 걸리는 방식이라는 것을 깨닫고, 또 자신은 더 이상 그것이 자신의 건강을 위해 나쁘다고 생각하지 않게 되자 담배를 끊겠다는 결심을 그만둔다. 그는 금연을 하겠다는 약속을 포기해야만 했고 그는 이미 건강하다고 믿어야 했다. 일단 그가 자신이 건강하다고 믿자, 그는 '마지막 담배'의 역설적인 논리로부터 자아를 해방시켰으며 흡연은 더 이상 그에게 흥미를 가져다주지 못했다.

그러나 제노는 그가 흡연, 즉 '독'이라고 반복적으로 부르는 것의 악영향을 과소평가하는 것을 거부하고 있다. 담배는 매우 강력한 독을 적지만 규칙적으로 주입한다. 정신분석가가 흡연은 그에게 어떤 해도 가져다주지 않았고, 진정으로 해롭지 않다고 설득하려 할 때 오히려 그는 가장 화가 난다. 치료의 자아도취에 고착된 정신분석가는 그의 흡연이 단지 다른 좀 더 근본적인 강압과 콤플렉스의 증상이라고 믿기를 원한다. 즉, 제노는 그의 아버지와 경쟁하기 위해 악을 취했으며, 단지 그러한 경쟁 때문에 자기 자신을 처벌하는 것은 옳지 못하다는 생각을 하고 있다고 말하는 것이다. 역으로 제노 자신은 환상을 가지고 있지 않으며, 그가 겪은 끊임없는 작은 고통과 병을 담배의 독성분 탓으로 돌리고 있다. 그는 담배를 끊기 위해서는 자신의 신경 증세를 치료하는 것이 아니라 금연을 해야 한다는 것을 이해한다.

　정신분석은 실패한 반면, 흡연분석은 담배를 재해석함으로써 성공을 거두었다. 그것도 완전히 다른 방향으로 말이다. 건강이란 존재하지 않으며, 단지 '확신'일 따름이라고 인정함으로써 그는 건강을 얻고 있다. 회고록 제일 마지막 장에서 제노는 기뻐 날뛰고 있다.

> 나 자신이 건강하다고 느낀 것은 비교에 의한 것이 아니다. 나는 절대적으로 건강하다. 오랫동안 나의 건강은 건강에 대한 나의 확신 이외에는 아무것도 아니었다. 또한 설득 이외의 다른 방법으로 그것을 치료할 수 있다고 상상하는 것은 최면 걸린 공상가나 하는 어리석은 생각이라는 것을 알았다. 나는 물론 고통을 어느 정도는 겪는다. 그러나 그 고통들은 나의 전체적인 건강에서는 중요한 부분을 차지하지 않는다. 나는 여기저기에 붕대를 댈 수 있다. 그러나 그 나머지에게 그것은 계속해서 움직이고 방랑하는 문제이며, 동시에 부동성不動性의 유혹에 결코 굴복되지 않는 것이다. 고통과 사랑, 즉 한마디로 인생 전체라는 것은 우리를 아프게 만든다는 이유만으로 병이라고 간주될 수는 없는 것이다.

　만약 건강이 단순히 확신이라고 한다면, 자아로 향해진 '설득'은 건강을 획득하는 데 있어서 약보다 더 본질적이다. 이 궤변론자 제노는 우리가 병 또는 질병이라고 부르는 것을, 문명의 대가로 불가피하게 발생하는 고통과 병약함에 우리가 부여하는 이름으로 간주한다. 만약 오직 동물들만이 진정 건강하다면, 일단 그것은 질병과는 개념적으로 다른 관계에 있는 것으로 이해가 된다. 그리고 그것의 반대나 파괴로 이해되지 않는 이상, 늙은 제노는 사실 매우 양호한 건강 상태에 있을지도 모른다는 결론이 나온다. 만약 우리가 아직도 움직이고 있다면, 그리고 우리는 '건강하다'라는 제노의 전제를 수용한다면, 질병은 우리의 건강에 해롭고 때에 따라 일시적으로 수습될 필요가 있는 것으로 간주되어서는 안 된다. 그것은 우리들의 절대적으로 양호한 건강의 일부분으로 다루어지는 것이며, '우리들의 절대적으로 양호한 건강'은 질병에 의해 판단되어서는 안 된다. 동시에 우리가 규칙적으로 붕대를 감아야만 하는 타박상이나 찰과상과 같은 것에 의해 판단되어서도 안 된다. 단지 아프다고 해서 그것이 곧 병을 의미하는 것은 아니다. 왜냐하면 사랑도 인생도 마찬가지로 아프기 때문이다. 그것들은 질병이 아니다.

흡연가는 그의 담배를 통해서 인생을 살며, 담배는 곧 그의 삶이다. 그리고 그것들을 없애버리는 것은 그에게서 건강이라는 이름으로 그의 존재의 한정적 순간을 박탈하는 것과 같다. 그러나 그는 이미 건강하다. 그것이 바로 그가 담배를 피우는 이유인 것이다. 그는 하루 종일 피워대는 담배 속에 들어 있는 독이 담배를 피우면 피울수록 더욱더 예민하게 느껴지는 많은 병과 역기능을 야기한다는 것을 알고 있다. 그러나 그는 다양한 상황에서 그의 모든 감정과 운동에 수반이 되는 임무를 수행하고 쾌락을 얻기 위해 담배를 조직적으로 이용하고 있기 때문에 자신의 흡연 습관을 계속 유지한다. 담배가 없으면 그가 더 건강한 삶을 누릴 것인가? 그는 단순한 삶을 가지고 있는 것이 아니라 자신의 삶을 가지고 있는 것이다. 그것 없이는 삶 자체가 메마를 수도 있기 때문이다. 물론 도덕주의자들은 동의하지 않을 것이다. 그러나 어떤 흡연가라도 사르트르의 말, 즉 "담배가 없는 삶은 살 가치가 거의 없는 것이다"라는 말이 옳다고 수긍할 것이다. 제노는 말한다. 만약 흡연이 우리가 살고 있는 삶의 방식이라면 우리는 좋은 날도 가질 것이고 나쁜 날도 가질 것이라고. 비록 우리가 이것들을 포기한다고 할지라도 그 사실만은 변하지 않을 것이다.

제노는 질병이 우리가 문명의 기술로부터 얻어내는 쾌락과 이용의 불가피한 결과라고 말한다. 우리가 취하는 모든 문명화된 쾌락과 우리의 육체적·지적 힘의 성공적인 향상은 질병과 불구, 그리고 기생충을 생산한다. 게다가 우리는 우리를 질식시키는 인구 과잉과 산업화에 의해서 우리들의 환경을 점진적으로 파괴하고 있다. 그 결과 인류는 자신의 몸 속에서 재진화를 하는 것이다. 마치 그 진화라는 교묘함이 기계라는 인공 기관을 확대함으로써 신체의 연약한 부분을 돕는 것이 가능하도록 만들 듯이 말이다. 동물들이 자연 도태에 의해 변화된 상황에 직면하는 새로운 능력을 발전시켜 새로운 도전에 더욱더 강하게 대처를 하는 반면에, 인간들은 자신들이 만들어낸 기계가 수적으로 증대하고 강력해짐에 따라 점점 더 약해진다. 우리는 '안경을 낀 동물'이라고 제노는 말하고 있다. 우리는 연약함을 우리의 외부에 적용하는 도구나 기계 등의 기구를 가지고 보충을 하여 더 이상 스스로가 노력할 필요 없이 성취하게끔 만드는 것이다. 점점 증가하는 질병과 기생충은 진보와 발전, 그리고 성장과 불가피하게 공존하는 것들이다. 즉, 문명은 우리의 건강을 위해서는 해로운 것이다. 만약 우리가 건강이란 것을 믿고 있다고 한다면 말이다.

의사들은 우리들이 병으로부터 자유로울 수 있다고 믿기를 바란다. 그러나 자유는 오직 자연에만 속하는데 자연은 자유롭지가 못하다. 제노는 "건강을 획득하기 위한 모든 노력은 헛수고다. 건강이란 다시 동물들에게만 속할 수 있다. 이들에게 있어서는 진보의 유일한 개념이 자신의 육체에만 있다"라고 말한다. 문명 속의 삶은 우리가 질병들을 치료하는 것보다 더 빠르게 새로운 질병들을 창조한다. 따라서 그것은 단지 일시적으로 약을 투약하는 것처럼 여러 가지 선택지 중 하나를 택하는 것에 불과하다. 담배를 포기함으로써 우리가 건강할 수 있다는 개념은 담배 자체가 만든 금연 충동을 부추긴 환상일 뿐이다. 인간은 점점 더 약해지고 기계에 의존하는 대가를 지불하고서야 성공한다. 즉, 좀 더 수동적이고 의존적일 때 그 형편없는 성공을 거두는 것이다.

궁극적으로 건강이란 '건강'은 없으며, 있는 것이라고는 오로지 질병과 기생충이라는 깨달음이다. 그러나 그것이 삶이다. 흡연분석은 삶에 있어서 질병과 기생충에 대한 유일한 치료란 삶의 소멸뿐이라는 깨달음으로 이끈다.

고백서의 첫 장에서의 '흡연'과 핵전쟁이라는 전적인 파괴의 예언적 환상 사이의 연관성이 이제 드러나기 시작한다. 스베보는 세계를 폭파하고자 하는 충동은 흡연의 종말을 고하고자 하는 욕망의 심장부에 놓여 있다고 이해했다. 문명은 기계를 창조하면서 질병과 기생충을 낳았다. 그리고 이것은 인류로 하여금 그것을 파괴하기 위해 기계를 사용함으로써 건강에 대한 문명 이전의 상태로 회귀할 것을 원하도록 만들었다. 반≅흡연 집단은 문명의 타락 이전의 자연 상태에 대한 향수를 가지고 있다. 그러나 문제는 문명 그 자체다. "엄청난 양의 기계의 법칙 아래에서 질병은 번영을 누리고, 점점 더 번창할 것이다." 그 결과 "아마도 기계에 의해 생산된 몇몇 믿을 수 없는 재앙이 우리를 건강으로 다시 돌아가게끔 인도해줄 것이다." 제노는 반흡연주의의 히스테리 가운데 문명 그 자체에 대한 복수의 징후를 진단한다. 그것은 문명을 파괴하기 위해 그것을 사용하고자 하는 사람들에게, 그래서 세계를 문명 이전의 순수하고 자연적인 상태로 복귀시키고자 하는 사람들에게 그 궁극적인 기술이 가진 엄청난 힘을 준다.

엄청난 폭발이 있을 것이다. 그 누구도 그것을 듣지 못할 것이고, 또한 지구는 성운 같은 뿌연 상태로 되돌아가 하늘을 배회할 것이다. 마침내 지구는 기생충과 질병으로부터 자유롭게 될 것이다.

"그녀는 자신의 손을 탁자가 있는 곳으로 가져갔으나 담배는 거기에 없었다.
담배를 피우지 않고 어떻게 살 것인가?
그녀의 손가락은 그 작고 메마르고 따뜻한 물건을 만질 수 있어야만 했고,
그리고 그것들을 마음껏 빨 수 있어야만 했다.
그래서 그녀의 방이 그녀가 내뿜은 담배 연기로 가득 차
그 연기로 목욕을 할 정도가 되어야만 했다."

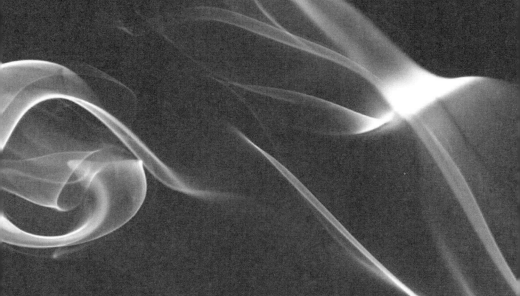

제4장

카르멘의 악마

담배를 길고도 깊게 한 모금 빨아보라. 그 독성 있는 연기로 당신을 가
득 채워보라. 그리고는 천천히 코와 입술을 통해, 회오리 바람처럼 넓
게 펼쳐지는 물줄기처럼 당신의 머리 주위에 내뱉어보라. 문제의 핵심
은 바로 그것이다. 그 연기는 날카롭게 당신을 침투하고 관통해서는 당
신의 육체의 한계를 확장시키는 경험 속으로 당신을 부드럽게 집어넣은
후 감싸버릴 것이다.

　담배 연기는 당신의 가장 친밀한 내부에 피난처를 제공하는 공동空洞
내에서 응축된 후에 당신의 외적 형태에 후광을 두르는 대기 속으로 원
자화되어 사라진다. (배)안의 연기와 (배)바깥의 연기가 서로 합류하면서
각각의 담배 연기는 물 속에 가라앉는 기독교의 침례와 같은 것이 된다.
즉 그것은 침례받을 대상자를 새로운 감동의 격발과 통일된 '나'의 순간
적이면서 곧 없어지는 육체 형상으로 침례를 주는 것이다.

　담배 연기를 안으로 빨아들이는 집중의 순간은 연기가 좀 더 밀도 있

고 뿌옇게 되도록 하기 위해 자아를 집중하는 순간이라고 볼 수 있으며, 다음으로 그 담배 연기는 자아가 밖으로 내뿜어질 때 지그재그^{zigzag}로 생기는 연기화의 운동이라는 것이 뒤를 잇게 된다. 즉, 내뿜어진 담배 연기는 점차 희석되어 외부 세계와는 점차적으로 구분이 안되는 것이다.

'집중화'와 '증기화'라는 이중 가정(이들은 매번 담배를 피운 후 재를 털 때마다 마치 리듬과 같이 발생하는데)은 시인들에게는 결정적인 심리적·미국적 의미를 지니고 있다고 보들레르는 쓰고 있다. 그것은 낭만적이고도 서정적인 자아의 운동을 흉내 내는데 이 자아의 요동搖動은 이 세상 속에 환상적으로 침잠하는 것과 강렬한 자기존중, 즉 이기심의 극과 극 사이에서 왔다갔다 하는 것이다. 보들레르의 신화에서 이 두 충동을 동시에 가장 잘 구체화하는 시적 경험의 세속적 인물은 '담배 멋쟁이'이다. 그는 가장 공허하고 부도덕한 생각에 대해 가장 잔인하고도 집중적인, 심미적인 통제를 가한다. 끊임없는 자아개발 그 자체인 멋쟁이는 잔인할 정도로 엄격하고 무한할 정도로 단명短命한다. 그는 소네트의 수학적인 분출이나 담배의 지나치게 세심한 반복적 만족과 주관적인 상관관계에 있다. 서정적인 멋부림의 심미적 종교와 삶의 방식으로부터 예술 작품을 만드는 도덕성의 가장 고귀한 유산은 담배에서 발견할 수 있는데, 담배의 발견은 자기 자신을 예술이라고 부르고 자신의 교리를 '예술을 위한 예술'이라고 불렀던 1830년의 고답파 멋쟁이의 발견과 거의 일치한다.

리발이 "담배의 전체적인 멋은 종이에 있다"라고 말한 것을 상기하라. 담배가 말려져 있는 종이는 흡연가들에 의해 사랑을 받는 희고, 불에 타기 쉽고, 나쁜 맛이 없고, 뭔가에 저항하는 듯하고, 투명한 성질을 지니고 있다. 울퉁불퉁하고 벌거벗은 듯한 담배 잎사귀와는 달리 담배 종이는 담배에 유동성과 엄격함을 부여하고 있는데, 담배의 멋은 바로 멋쟁이의 엄격한 심미적 규율을 비춰주는 것이다. 담배처럼 멋쟁이는 강으로 치면 미묘한 합류^{合流}이며 각각 다른 두 종류의 특성들, 즉 규율이나 군인다운 충성심의 잔혹함, 그리고 무한한 사랑과 관대함의 상호 교대가 아니라 연합적인 것이다. 이 둘의 동시 발생은 군인과 집시의 거룩하지 못한 결혼식에서 발견이 되는데 이 두 인물의 결합은 프랑스 사람들에게는 '카르멘'의 선율을 운명론적으로 상기시켜준다. 초인^{Übermensch}의 등장을 예언한 니체는 카르멘이 프랑스의 가장 위대한 오페라일 뿐아니라 심지어 니체 자신의 작품만큼이나 오랫동안 공연 목록에서 지속될, 그리고 심지어 오늘날 인간이라고 불리우는 것의 멸종 이후까지도, 그래서 초인이라는 존재가 등장할 때까지도 지속될 전망이 있는 것으로 보고 있다.

"카르멘은 이 세상에 존재하는 오페라 중에서 가장 으뜸이 되는 오페라다. 그리고 '우리들이' 존재하는 동안 그것은 유럽의 모든 공연 목록에서 나타날 것이라는 나의 신념은 확고하다."

니체는 1881년 12월 제노바에서 쓴 이 글을 그의 친구인 음악가 페터 가스트^{Peter Gast}에게 부쳤다. 일주일 뒤 그는 그 오페라의 첫 이태리 공연이 우아한 대중들로 꽉 들어찬 대극장에서 상연된다는 소식을 들었다. 그것은 "진짜 사건"이었다고 니체는 썼다. 그는 그 네 시간 동안에 그가 4주 동안 경험했던 그 어떤 것보다 더 많은 것들을 체험하고 이해했다고 말하고 있다. 그는 무엇을 이해했다는 것일까?

「바그너의 경우」에서 니체는 춥고 안개 긴 북부 유럽의 천재성과 비제의 비극적인 라틴 정신을 대조하고 있다. 그는 그것의 역설적인 본질, 즉 태양과 피, 웃음과 숙명의 본질의 파괴적인 에너지를 비제의 집시 여주인공 카르멘과 그녀의 불운한 연인 돈 호세의 비극적이고도 열정적인 이중창에서 발견하고 있다. 그 이야기의 플롯에서 그 군인과 집시는 성스럽지 못한 결혼으로 강력하게 서로 묶여 있으므로 한 사람의 죽음은 또 다른 한 사람, 즉 상대편의 죽음을 야기한다. 그 오페라 대사의 원천이 되는 메리메의 이야기에서 카르멘이 소설 속에서 처음으로 담배를 피우는 여성으로 나온다는 것과 1910년 이후로 골루아즈와 지탄이 가장 인기 있는 프랑스 담배였다는 것은 우연이 아니다. 그렇다. 그것은 우연일 수가 없는 것이다. 왜냐하면 니체가 카르멘에게 부여하는 역설적인 성질은 곧 카르멘이 피우는 담배로 시작하여 궁극적으로 프랑스인들의 전적인 사랑을 받게 될 운명의 담배로 막이 내려지는 담배 그 자체의 특성이기 때문이다. 담배는 비제의 오페라에서는 모든 곳에 존재하고 있다. 즉, 카르멘은 현대성에 대한 담배를 둘러싸고 있는 주요 주제를 규정하고 있는 것이다.

골루아즈는 제1차 세계대전 전야에 처음으로 유통되었는데 이 담배는 프랑스 보병의 푸른 제복과 같은 애국주의적인 푸른 옷(=담뱃갑)을 입고 있으며 고대 프랑스의 헬멧이 국가의 단결된 힘을 상징하는 깨지지 않은 연결 고리에 둘러싸인 채 각인되어 있다. 20세기 동안 골루아즈는 또 다른 책의 주제가 될 수도 있을 강렬한 애국주의를 연상시키는 중요한 역할을 해왔다. 이 책의 목적상 우리는 같은 해에 도입된 또 다른 담배, 즉 지탄에 관심을 기울여야 한다. 지탄은 정열적인 여인을 상징한 담뱃갑 속에 들어 있기 때문이다. 짙푸른 담뱃갑에 부채, 탬버린, 스페인의 세비야 오렌지가 그 모티프로서 그려져 있는데, 이 모든 모티프들은 메리메의 원작에 나오는 것이며 각각은 집시 카르멘의 축하연을 의미한다. 카르멘이 돈 호세와 하룻밤의 사랑을 나누고 그를 자신의 집시 애인으로 삼기로 결심한다. 그녀는 모든 돈을 모아 달콤하고 맛있는 것

담배는 숭고하다

들, 즉 설탕을 집어넣은 계란 노른자와 꿀이 든 누가, 과일 사탕 들을 마음껏 산다. 그리고 그녀는 마치 여섯 살짜리 어린 아이처럼 사탕을 집어들어서 껍질을 벗기고는 파리들이 놀라 이리저리 도망갈 정도로 벽에다 대고 마구 던진다. 마치 달콤함에 대한 그녀의 탐욕에는 한계가 없고, 그녀가 자기 자신과 또한 자신이 사랑하는 불운의 것들(=사탕들)을 향해 보여주는 관용성에는 제한이 없는 것처럼 말이다. 그녀는 깨진 접시 조각을 마루에 부딪치며 캐스터네츠를 즉흥적으로 연주한다. 그리고는 비교할 수 없는 스타카토 리듬 부분에서는 빙글 돌면서 지루함을 달래려는지 그것들을 깨뜨려버린다. 그 어느 것도 그녀의 춤, 즉 그녀의 야성적인 집시춤을 막을 수는 없다. 열정적인 욕망으로 그녀가 빙글빙글 도는 좁은 원들은 그녀가 피우는 담배로부터의 위로 올라가는 둥근 원형의 연기 속에서 다시 재개된다. 담뱃갑에 인쇄된 그 친숙한 스페인 집시 여인은 기오라는 사람에 의해 지탄의 홍보 포스터에 처음으로 그려졌는데, 1927년에는 그 집시 여인이 지탄 담배의 공식적인 상징이 되었다. 그녀의 이미지는 신화적 차원, 즉 절대적인 유혹의 마력을 나타내는 암호를 획득하게 되었다. 또한 그것은 최근에 프랑스 파리의 에스파스 피에르 가르뎅에서 개최된 그래픽 아티스트 쇼를 이끌어낸 구실이 되었다.

담뱃갑 위에 새겨져 있는 집시 댄서의 모습은 실로 영감을 불어넣어 주기에 충분하다. 그녀는 길고 곡선이 진 몸매를 지니고 있고 팔 하나를 푸른 밤을 배경으로 실루엣을 이루고 있는 작고 하얀 연기처럼 올린 채 자세를 취하고 있다. 『에스파냐 여행』이라는 책에서 고티에는 감초의 색조가 나고, 작은 낭만적 이야기로 밝게 채색되고, 섬세하게 각인된 '담배 종이'의 이국적인 모습에 매혹이 되고 있다. 종이에 둘러싸인 채 '말'을 불러오는 힘을 부여받은 담배는 처음부터 흡연가의 머리 위에 있는 대기 속에서 낭만을 펼치는 작은 두루마리나 책과 같은 존재인 것이다.

담배는 카르멘처럼 문자와 관련된 전설의 대상이고, 근원이며 공중으로 구불거리며 올라가면서 상상과 공상의 세계를 쓰는 것이다.

1830년에 스페인은 그 당시 유럽에서는 아마도 유일하게 담배가 널리 알려지고 보편적으로 애용된, 그것도 특히 여성들에 의해서 많이 애용된 나라였다. 스페인의 식민지 국가에서 종이로 말린 담배가 사용되었다는 것은 1635년에 예수교 신부 누렌베르크가 쓴 『자연의 역사』라는 책에서 확증된다. 그 엽색꾼(=누렌베르크 신부)은 그의 회고록에서 그가 마드리드에 있었을 때 그의 여인숙 주인이 피웠고, 고야가 흡연가들에게 두 번씩이나 보여주었던 종이에 말린 브라질산 담배에 관해 묘사를 하고 있다. 리발에 따르면 담배는 1825년에서 1830년 사이에 스페인으로부터 프랑스에 도입되었으며, 스페인 사람들은 그것을 브라질로부터 알게 되었다고 한다. 1830년에 두 명의 담배 상인이 쓴 책에서는 담배에 대한 정의가 다음과 같이 언급되고 있다.

"담배는 작고 네모난 편지 종이 속에 집어넣은 연초煙草다."

메리메는 스페인이 약물, 특히 담배의 나라이며 동시에 범죄자의 소굴이라고 말하고 있다. 또한 그에게 있어서 스페인은 집시의 나라이기도 하다. 학술적인 논문에서 그는 카르멘의 이야기에 관해 다음과 같이 덧붙이고 있다.

스페인은 오늘날 전유럽에 흩어져서 사는 보헤미안족, 지타노족, 집시족, 치고이너족 등으로 불리우는 유목민이 발견되는 나라들 중의 하나이며, 이들의 숫자는 아마도 스페인이 가장 많다. 대부분은 남부와 동부 지방이나 안달루시아, 에스트레마두라와 무르시아 지역에서 여기저기 떠돌아다니는 떠돌이의 삶을 살고 있다. 아니 산다기보다는 대충 영위한다고 볼 수 있다. 그리고 또한 그들은 카탈루냐 지역에 특히 많이 살고 있는데 이 지역에 있는 사람들은 종종 프랑스로 건너간다. 그들은 프랑스 남부에 있는 시장 어느 곳에서도 만날 수 있다. 보편적으로 남자들은 말상인이나 수의사, 노새털깎이와 같은 직업에 종사하고 있으며, 또한 밀수나 다른 불법적인 활동은 말할 것도 없고 후라이팬이나 놋으로 만든 도구를 수선하는 재주도 지니고 있다. 여성들은 사람들에게 점을 쳐주거나 구걸을 하거나 온갖 종류의 약재를 팔고 있다.

스페인에 있는 집시 여자들은 대부분 아름답지 못하다. 그러나 안달루시아의 대도시에는 예쁜 여성들이 약간 있는데 그들은 돈 때문에 남들 앞에서 공공연하게 춤을 춘다고 메리메는 계속해서 말하고 있다. 아울러 그들은 카니발 축제에서 금지된 춤을 추는데, 그 외관상의 외설스러움은 그들이 자신과 같은 민족들에게 보여주는 충성심과 자기 남편들에게 보여주는 헌신으로 인해 무마되고 있다고 한다. 그들의 언어(로마니어나 치페 칼리어인데)를 성실하게 배우는 학생이었던 메리메는 보헤미아 '인종'의 주체성을 나라 없는 집시들이 서로 같은 인종들끼리 보여주는 '충성심', 즉 그의 말을 빌리면 '애국주의'에서 발견하기 위해 어원론적인 주장을 인용하고 있다.

"보헤미아인들이 자신들에게 적용하는 이름들 중의 하나인 '배우자 Romé'는 내게는 그 인종들이 결혼 상대에 대해 보여주는 존경심을 입증해주는 것 같다."

화자의 경험으로 볼 때 그녀의 나라에 있는 모든 여성들보다 더 예쁜 카르멘은 이 소설에서도 역시 스페인에서 가장 대담하고 자유롭고, 그리고 비극적으로 가장 헌신적인 지탄으로 묘사되고 있다. 만약 우리가 그녀의 성질을 그녀가 피우는 담배에게 돌린다면 그것에 그녀의 부정한 매력, 부정적인 아름다움, 그리고 그녀가 담뱃불을 붙여주는 사람들과 결혼하는 동일한 운명적 강박과 충동을 부여해도 좋을 것이다.

메리메의 소설에서 화자가 카르멘에게 담배를 건넬 때(이는 문학에서는 처음으로 소설의 내용에서 담배를 권하는 것인데) 그는 우아한 작은 은상자 속에 넣어가지고 다니는 멋진 담배 하나를 피우고 있다. 프랑스인인 화자는(마치 저자인 메리메가 그랬던 것처럼) 카이사르가 공화국의 마지막 수호자들인 폼페이의 아들들과 싸웠던 결정적인 전쟁의 정확한 장소에 관한 추측을 확증할 목적으로, 안달루시아에 개인적인 고고학적 탐험 여행을 하고 있다. 돈 호세와 카르멘의 이야기는 메리메의 소설의 구조 내에서 화자의 학문적 작업의 우연한 부산물로서 등장한다. 카르멘의 이야기를 카이사르의 승리보다 덜 심각하게 받아들이는 체하는 흥미의 계층 구조는 그 자체가 그의 아이러니의 대상이다.

"내 논문이 전유럽의 학문을 불안하게 만들고 있는 지리학적 문제를 궁극적으로 해결해주기를 기다리면서 나는 작은 이야기를 하나 들려주고 싶다."

화자의 자아 모순은 이중적으로 역설적이다. 즉, 그의 발견(이는 저자의 발견과 동일한데)은 고고학적으로 비난할 수 없을 뿐 아니라 카르멘과 돈 호세와 관련한 화자의 초연한 태도는 그가 이 '작은' 이야기에 열정적으로 관련이 있는 것을 이 소설에서 가리는 명백한 역할을 하는 것이다. 그의 말투의 냉정함에도 불구하고, 화자는 몇몇 구절에서 독자에게 그의 관점이 카르멘의 비극에 대해 호기심만 많지 중립적인 태도를 취하는 사람보다 더 열렬하다는 것을 알려주고 있다. 비록 그 소설은 우리에게 그 화자를 저자인 메리메의 소설적 재현으로 간주할 것을 요구하지만 우리는 그 저자가 이 세상에서 가장 매력적인 여인인 카르멘의 매력에 홀렸는지 홀리지 않았는지 의아하게 생각해야만 한다. 독자가 그녀의 유혹에서 벗어날 수 있을까? 원문 그 자체는 카르멘이다. 즉, 여주인공의 사랑과 죽음의 허구적 이야기인 그 소설은 그녀가 이야기 속에서 하는 것처럼 문자 그대로 독자에게 주문을 걸며 화자와 그의 등장인물뿐 아니라 이 소설의 작가와 그의 관객인 독자들에게까지도 마법의 힘을 행사한다.

우리는 돈 호세가 살인죄로 처형되기 전날 밤 세비야에서 화자가 그를 만나 그로부터 카르멘의 사랑과 죽음의 참된 이야기를 듣게 되는 것을 볼 수 있다. 카르멘의 이야기는 처형되는 사람의 목소리로부터 흘러나오는데 우리가 지금 말하고 있는 프랑스 화자는 그 사람과 사실상 공통점이 없다고 그는 우리에게 확신시키고 있다. 그가 돈 호세의 목소리를 복화술로 말하며 그의 이야기를 하는 동안 그는 독자들에게 일반적인 무뢰한처럼 다소 성적 흥분을 자아내는 음탕한 열광을 상기시킨다는 것을 제외하고는 아무런 공통점이 없는 것이다.

어떤 때는 심지어 화자가 그 자신의 카르멘에 대한 관심 때문에 돈 호세의 적수가 되었다고 상상을 하기도 한다. 즉, 카르멘과 그의 친숙한 강령회降靈會에 그 살인자(=돈 호세)가 침범을 하자 그는 이 무례한 친구에 대해 짜증을 내며 마지못해 만나는 것이다. 화자는 카르멘이 자신의 목을 자를 마음을 먹고 있었으며 또한 만약 돈 호세가 간섭을 하지 않았다면 정말 그의 목을 잘랐을 수도 있었다는 생각을 하게 되자 화자의 짜증이 잠시 후에는 감사로 바뀌고 만다(물론, 만약 이 소설의 작가가 그의 화자에게 한 시간 정도 카르멘과 단둘이 있도록 해주고 싶었다면 그는 그들의 연애에 끼어드는 돈 호세의 출현을 잠시 뒤로 연기했을지도 모른다). 그가 돈 호세를 향해 보이는 질투심은 곧 화자가 카르멘의 마력에 매혹되었다는 것을 암시하며 이것은 그 살인자 돈 호세는 물론이고 화자도, 그리고 독자도 그녀의 매력 앞에 무릎을 꿇었다는 것을 의미한다. 그렇다면 이 베일에 싸인 지탄은 누구인가?

카르멘과의 첫 만남은 화자가 코르도바를 관통하는, 그리고 신화로 둘러싸인 과달키비르 강이 있는 곳까지 내려가는 계단 맨 위에 앉아 있을 때 이루어진다. 이 코르도바에서는 늙고 젊은 도시의 여성들이 해질 무렵이면 그곳에 목욕을 하러 가는 버릇이 있었다. 밤이 도래했다는 것을 공식적으로 알리는 만종이 울리면 여성들은 옷을 벗고 물 속에 들어간다.

> 잠시 후 괴성과 웃음이 터져나오며 지옥과 같은 아수라장이 되어버린다. 그 부두의 꼭대기에서는 남자들이 목욕을 하는 이들을 관망하고 있다. 그러나 그들은 열심히 보기는 하지만 그다지 오랫동안 보는 것은 아니다. 짙푸른 강물을 배경으로 드러나는 하얗고 불확실한 이들의 형태는 시적 정서를 불러일으킨다. 그리고 조그마한 상상력만 동원하면 악타이온의 운명을 두려워할 필요도 없이 자기 앞에 목욕을 하는 디아나 여신과 그녀의 요정들을 불러다놓는 것도 어렵지는 않다.

화자는 자신과 다른 남자들이 이 목욕하는 여인들을 두려워할 것은 없다고 생각하고 있다. 즉 컴컴한 어둠 속에서는 아무것도 보지를 못하기 때문에 그들은 디아나 여신의 목욕의 비밀을 훔쳐본 사냥꾼에게 가한 처벌은 면제가 된다고 생각한 것이다. 로마의 시인 오비디우스의 신화에는 그 침입자, 즉 사냥꾼 악타이온은 디아나 여신에 의해 벌을 받아

사슴이 된 후에 자기가 데리고 왔던 개들에 의해 추격을 받게 된다. 사실상 학문적인 그 화자가 50년 뒤에 사르트르가 '악타이온 콤플렉스'라고 부른 것에 희생이 되었을지도 모른다는 것은 카르멘의 또 다른 아이러니 중 하나다. 악타이온 콤플렉스란 일종의 정신적, 성적 도착증세인데 그것의 승화가 결국은 모든 연구와 탐구의 동기화가 되는 것이다. 사르트르는『존재와 무』에서 다음과 같이 쓰고 있다.

> 모든 종류의 연구는 마치 악타이온이 목욕을 하고 있는 디아나를 더 잘 보기 위해 숲을 옆으로 제치듯이 우리가 그것을 덮고 있는 장애물을 제거함으로써 노출시키는 개념을 포함한다. 베이컨은 이를 '판의 사냥Hunt of Pan'이라고 명명하고 있다. 학자/과학자는 희디흰 알몸을 드러내놓고 있는 디아나를 한번 바라봄으로써 깜짝 놀라게 하는 범하는 사냥꾼인 셈이다. 따라서 이러한 이미지들의 조화는 우리가 앞으로 '악타이온 콤플렉스'라고 부를 그 어떤 것을 우리들에게 드러내주는 것이다.

역사적 진실을 추구하는 사냥꾼인 카르멘의 화자는 자신이 악타이온의 운명으로부터 자유롭다고 상상을 한다. 부두 꼭대기 위에 앉아 단지 어두컴컴한 아래의 희미한 윤곽들만을 보면서 그는 디아나 여신과 그녀의 요정들로부터 그 어떤 해도 입지 않을 것이라고 상상하는 것이다. 그러나 그가 담배에 불을 붙이면서 시적 반추의 상태로 향하는 바로 그 순간에 한 여자가 강에서부터 위로 뻗어 있는 계단을 타고 올라와서는 그의 곁에 앉았다고 그는 말하고 있다. 그는 그녀를 '목욕하는 여자'로 부르고 있는데, 그녀는 다름아닌 이 세상에서 가장 위험스런 여자이며 디아나 여신이 가진 남자들의 눈을 멀게 하고 미치게 만드는 비범한 힘을 지닌 마녀이자, 악마들과 연합하고 있는, 아니 그녀 스스로가 악마의 화신이다. 로마^{Rome}의 진실을 배우기 위해 온 그 고고학자(=화자)는 카르멘에게서 '로메(Romé, 역주 – 집시나 보헤미아인들이 자신들을 일컬어 부르는 이름으로 원래의 뜻은 '배우자'란 의미이다)'의 악마적인 힘을 발견한다.

"내 곁에 다가오더니 그 '목욕하는 여인'은 그녀의 머리를 덮고 있던 망토를 그녀의 어깨에서부터 벗어내렸다. 그러나 '하늘의 별에서 떨어지는 희미한 밝음'으로 인해 나는 그녀를 볼 수가 있었는데 그녀는 체구가 작고, 젊으며 멋진 육체를 지니고 있으며 매우 큰 눈을 지니고 있었다."

마치 위로 올라가는 커튼처럼 그녀의 망토가 벗겨지면서 그녀의 육체가 드러났던 것이다. 메리메는 그가 코르네유^{Pierre Corneille}의 〈르 시드^{Le Cid}〉에서 취하고 있는 그 유명한 구절, 즉 '하늘의 별에서 떨어지는 희미한 밝음'을 마치 그는 독자들로 하여금 이 목욕하는 여인이 처음으로 빛을 받으며 나타나는 그 빛의 모순어법(역주 – 왜냐하면 '희미한 밝음'은 어법상 모순이 되기 때문이다), 즉 그것이 조명하는 것을 어둠 속으로 집어넣는 밝음과 별빛으로 환하게 조명하는 것을 어둡게 하려는 것을 주목하라고 하는 뜻인 것처럼 이탤릭체로 쓰고 있다. 어둠의 피조물인 카르멘은 매우 큰 눈을 지니고 있는데 이는 모든 것, 즉 과거는 물론이고 미래까지도 더 잘 들여다볼 수 있기 위한 것이라고 한다. 마치 담배처럼 그녀는 영원이라는 것에 대한 전경과 현재를 벗어난 시점에서 시간을 열어서 보여주며 또한 그녀에 대해 감탄하는 자들에게 그녀의 꿰뚫어보는 듯한 면모로 매혹하고 있다.

악타이온 콤플렉스는 여태까지 발견이 안된 누드와 또한 아직까지 베일에 싸인 역사나 자연의 진실을 벌거벗기는 학문적인 꿈을 꾸고 이를 추구하는 사람, 즉 화자를 괴롭힌다. 그의 운명은 진실을 발견하는 것은 일종의 범죄이며 신들이 그에게 상처를 주거나 그를 미치게 함으로써 가하는 벌이라는 변경할 수 없어보이는 포고령을 반영하고 있다. 그녀의(=여기서는 학문의) 나신을 범하는 것은 연구자의 전적인 기회라고 그는 생각한다. 그리고 그가 자신의 개에게 잡아먹힐 때 비로소 그의 운명을 배우게 되는 것이다. 그의 사냥은 그로 하여금 여자 사냥꾼 디아나, 즉 카르멘에게로 인도하게 되는데 그녀는 그를 사냥당하는 존재로 변형시키고 그를(또는 그가 가장 좋아하는 개념들을) 물어뜯으려고 한다. 그래서 그녀가 속임수를 써서 야기하는 강박관념적이면서도 매력적인 호기심으로 결국은 그를 파멸시키고 만다. 카이사르가 폼페이를 추적했던 장소를 추적하고 있는 카르멘의 화자─고고학자는 그가 발견하리라고 기대하지 않은 것, 즉 그의 연구의 전체 목표를 조화롭게 해주는 인물을 발견하게 된다. 그녀가 어둠 속에서 계단 위에 앉아 있는 것이다. 아직도 목욕 물기가 축축한 채로 말이다.

화자는 담배에 불을 붙이면서도 곧바로 그 여신에게 희생 제물을 바친다. 그녀는 물론 모든 다른 여신들처럼 그것의 냄새와 연기를 마음에 들어한다.

나는 즉시 담배를 버렸다. 그녀는 이러한 내 모습을 매우 프랑스적인 예의범절이라고 이해를 하고는 내게 그녀는 담배 냄새를 무척이나 사랑하며 심지어 매우 부드러운 종이에 말려 있는 담배를 보면 자기도 그 담배를 피운게 된다고 성급히 말했다. 운이 좋게도 나는 내 은상자 속에 그런 담배를 몇 개 가지고 있었기에 그녀에게 얼른 한 개를 권했다. 그녀는 기꺼이 그것을 받아들고는 우리가 한 아이로부터 1페니를 주고 잠시 빌린 불붙은 노끈에다 대고 불을 붙였다. 우리는 같이 담배를 피우면서 오랫동안 이야기를 나눴다. 잠시 후에 보니 부두에는 아름다운 그녀와 나 밖에는 없다는 것을 발견했다.

화자의 프랑스적인 '예의범절', 즉 여성이 앉을 때 담배를 버리는 행위는 여성들의 면전에서 담배를 피우는 것은 금기시된다는 것을 나타낸다. 카르멘의 부정적인 특징은 그 화자에 따르면 여성들이 싫어하도록 되어 있는 것에 대한 그녀의 탐욕에 의해 자명하게 드러난다. 그녀는 일반적으로 여성이 바라는 것으로는 기대되지 않는 쾌락을 원하는 것이다. 즉 그녀는 자신의 쾌락의 지배자가 되고 싶어하는 것이다.

문학에서는 여성이 담배를 수용하면 그러한 행동은 틀림없이 그녀를 여성의 속성이라는 한계를 초월한 무례한 여자 마법사나 악마와 같은 창녀와 동일시된다. 그러나 마치 아름다운 여신인 디아나가 마녀 헤카테로부터 극악무도한 형태를 취하듯이 그녀를 불길하게 아름다운 존재로, 그리고 악마적인 존재로 만드는 것은 그녀의 '비인간적이고도 비여성적인' 여성성이다. 진실을 추구하고 벌거벗기는 것처럼 그녀가 추구하고 벌거벗기는 것은 이와 비슷한 사악한 결과를 지닌 채 위험할 정도로 강력하다. 카르멘은 곧 그녀가 화자의 은상자로부터 마치 보석인 양 취하는 담배와도 같다. 아니, 그보다는 오히려 그녀는 불타는 깜부기 불의 뜨거운 심장부, 모든 밝은 꿈들이 맛 좋은 연기와 씁쓸한 재로 영원히 변해버리는 담배 끝에 있는 붉은 카르멘인 것이다.

카르멘의 얼굴은 1페니를 주고 한 어린아이로부터 빌린 노끈 끝에서 타고 있는 이국적인 불길에 의해 갑자기 조명된다. 이 아이는 누구인가? 마녀의 불을 붙여주는 심부름꾼? 일종의 열정적인 큐피드? 아니면 계몽의 요정? 또 다른 원문, 즉 '스페인 마녀'에서 메리메는 다음과 같이 쓰고 있다.

"스페인에는 '유령Ghost'으로 번역될 만한 단어가 없다. 우리가 사전에서 찾아볼 수 있는 '두엔데Duende'는 '유령'이라기 보다는 오히려 영어로는 '요정', 그리고 불어로는 '장난꾸러기 아이'에 더 부합하는 단어다."

스페인어에서는 '유령'이라는 단어가 없다. 그러나 이 아이는 이 소설의 서술에서 햄릿의 아버지 유령처럼 진실을 찾고자 하는 탐구자를 자아 의심과 망설임의 혼돈 속으로 이끌어주는 플롯에 장난기가 있게 박자를 가하는 기능을 하는 두엔데인 것이다. 요정과 같은 이 아이가 불붙은 노끈을 쥐고 있다는 이런 짓궂음은 틀림없이 그것이 화자를 카르멘에게로 고정시키는 열정의 담배에 불을 붙여주는 데에 있다. 그것은 결국 그가 예전에는 발견하리라고 꿈꾸지 못했던 얼굴을 그에게 조명하게 되는 것이다.

두 사람이 담배에 불을 붙이려고 불 주위에 모이는 순간 전기적인 격렬함으로 활기를 띠게 된다. 여기에 그것을 현대적인 영상으로 재현시키지 못한 것에 대해 안타깝게 여기는 저널리스트가 있다.

남자와 여자가 서로의 눈을 강렬하게 바라보고 있다. 그는 그녀에게 담배를 건넨다. 그녀는 좋다는 신호를 보내고 부드럽게 손을 앞으로 내민다. 그는 성냥을 켠다. 그리고는 그녀의 손목을 잡고는 불을 가까이 가져간다. 그의 두 눈은 그녀의 눈 속에 빠진 채로 말이다. 한마디로 전기가 폭발하기 직전의 순간인 것이다.

이것은 로마에 있는 한 작가가 최근에 미국 헐리우드 영화에 도래한 변화에 대해 묘사한 글이다. 헐리우드 영화는 오로지 사악한 사람들만이 담배를 피운다는 그러한 진부한 표현은 더 이상 용납하지 않는 것이다.

메리메에게서 우리는 그러한 판에 박은 '사악한 사람'과의 만남과 그 근원을 발견한다. 여성의 담배에 불이 붙는 순간 발생하는 이 작은 번개 현상은 프랑스인들이 '갑자기 타오르는 사랑의 불길, 혹은 첫눈에 반함(coup de foudre, 역주─불어로 원래 '번개', '낙뢰'의 뜻)'이라고 부르는 것과 비슷하다. 불붙은 사랑의 섬광은 서로가 응시하면서 담배를 가로질러서 부딪치는 순간 죄를 야기한다. 작가의 대리인인 흡연가/화자는 종이로 말려진 그녀의 담배에 가까이 가져간 불에서 발산하는 불빛에 의해 그녀의 눈을 바라보게 되는데 이것은 부정을 범하는 것이다. "우리는 같이 담배를 피우면서 오랫동안 이야기를 나눴다. 잠시 후에 보니 부두에는 아름다운 그녀와 나밖에는 없다는 것을 발견했다"라는 구절이 바로 그것이다. 화자와 작가, 그리고 독자를 목욕하는 여인/여신의 극적인 존재 속으로 복잡하게 연루시키는 것은 카르멘의 담배로부터 위로 올라가는 연기 속에 그들의 각각의 유령의 위치를 혼합시키는 것과 같으며, 이들은 약간 불법적인 관계로 그 집시 여인을 몰래 추적하는 비극적 운명의 서술과 연결시켜주고 있다.

그 장난꾸러기 아이는 1페니를 받고는 그녀에게 빛의 선물, 즉 불빛을 제공한다. 카르멘의 세계에서 돈은 인간관계의 한 형식인 결혼을 제외한 모든 것을 지배하는 원칙인데 결혼은 값으로 따질 수가 없다. 내적인 망명자인 그 집시 여인은 생존을 위해 투쟁해야만 하는 돈의 경제에서 벗어난 것이다. 그녀는 군인들과 함께 나가거나 돈 때문에 춤을 추거나 그들이 사준 보석 달린 옷을 입기 전에는 종종 누더기 옷을 입거나 고급 창녀로 나타난다. 그녀는 거래를 멋지게 해내고 남자들에게 산을 통해 엄청나게 수익성이 있는 탐험을 하도록 주선하는 밀수업자이며, 또한 화자의 커다란 금시계를 훔치고는 그의 목을 칼로 베어 거의 죽을 뻔하게 만든 강도다. 또한 카르멘은 용병과도 같으며 반역적이고 잔인하다. 즉 사랑을 제외하고는 그녀가 지니는 모든 것을 돈으로 산다. 그녀는 돈호세에게 화를 내며 다음과 같이 말한다.

"내가 당신을 사랑하는 것을 모르세요? 내가 당신을 사랑하기 위해 당신에게 돈을 요구하지 않았다는 것을 보면 모르세요?"

메리메에 의하면, 그녀는 창녀, 포주, 마녀이다. 즉 그녀의 몸을 돈을 주고 사기는 쉬우나, 모든 스페인 여성들처럼, 카르멘에게 사랑하는 사람으로 선택되기는 어려운 것이다. 그녀의 남자에 관해서 말하자면 신방에 들어감으로써 결혼이 완성되는 순간 그녀의 '남편'은 그녀에게 버림을 받느니 차라리 그의 손으로 그녀를 죽여버리는 편이 낫다고 볼 수 있겠다.

『현대 생활의 초상화』라는 작품 중 '아내와 창녀'라는 장에서 보들레르는 프랑스 파리 사람들이 '로렛lorettes'이라고 불렀던 하층계급 창녀의 잔인한 초상화를 그리고 있다. 이들은 파리의 제9군에 있는 노트르담 드 로렛 교회 주위의 지역에서 일을 했다. 담배는 처음이자 마지막으로 그의 글에서 나타나는데 이것은 사회 최하층에 있는 이들 여인들의 손에 들려져 있는 것으로 묘사된다. 즉, 담배는 그들의 입에서 멀리 떨어진 채 그들의 손가락 사이에 끼워져 있으며 이들은 지루함을 달래며 시간을 죽이고 있다.

사회의 계층이라는 것을 따라 내려가다 보면 우리는 종종 카페처럼 장식된 오두막집에 국한되어 살고 있는 노예들이 있는 곳까지 내려가게 된다. 이들은 불행하게도 가장 천한 신분을 지니고 있으며 자기 것들이라고는 아무것도 소유하고 있지 못하며 심지어 그들의 미에 양념과도 같은 역할을 하는 괴상한 장식거리 하나 없는 것이다. 순진하면서도 가공할 만한 어리석음의 본보기라고 볼 수 있는 그들 중 몇몇은 그들의 얼굴과 대담하게 위로 올려다보는 모습 속에서 자신들이 살아 있다는 명백한 행복의 증거를 보여주고 있다. 그들은 때로는 본능적으로 조각상을 수집하는 사람들에게 마법을 걸 만한 대담성과 고결성도 보여준다. 만약 현대의 조각상들이 고결성을 모든 곳에서, 아니 심지어 진흙탕 속에서도 지니고 있다고 가정한다면 말이다. 그리고 때때로 그들은 극도로 지루한 듯이 술집에서 축 늘어진 모습으로, 그리고 남성다운 냉소주의의 태도로 넙죽 엎드린 채 동양적인 운명주의의 체념으로 시간을 죽이기 위해 담배를 피워대는 모습을 보여준다.

좀 더 일반적으로는 '그리젯(grisettes, 역주−불어로 '바람기가 있는 젊은 여자'라는 뜻)'이라고 불리우는 이 로렛들은 담배를 공공연하게 피우고 있는 것으로 묘사되는 첫 여성들이다. 그들과 담배의 관계가 친밀한 것은 아마도 이것들의 운율에 의해서 유발되는데(역주−cigarettes와 lorettes는 운율이 서로 맞아떨어진다) 그것은 리발의 역설적으로 느껴질 정도로 경멸적인 문장 속에서 입증이 된다. 리발은 담배의 신속하고, 애정이 없고, 음탕한 쾌락을 행실이 헤픈 여성과 동일시하고 있는 것이다. "담배는 오직 멋쟁이와 창녀들의 기분전환을 위해서는 안성맞춤인 흡연가들의 헤픈 연인이다"라는 구절이 바로 그것이다. 담배는 이 그리젯에게 '취하게 만드는 그 무엇gris'을 제공한다. 즉, 담배는 그것이 상승할 때 독성을 발하는 모든 '취기'의 핵심에 있는 회색의 연기인 것이다. 시간을 죽이는 흡연은 또 다른 시간, 즉 평범한 지속성을 잠시 벗어난 연기의 상태를 창조한다. 그 평범한 지속성의 꿈결 같은 사라짐은 그것이 담배를 피우는 데 걸리는 시간이라는 회색의 괄호 속에서 잠깐 동안 연기延期된다. 이 세상에서 가장 천한 그 오두막은 위로 올라가는 담배 연기에 의해 잠시 잊혀지며, 또한 위로 올라가는 담배 연기는 유령과도 같은, 그리고 사후死後의 초연함의 정도로까지 낮아질 대로 낮아진 모든 사람들을 위로 상승시켜주는 것이다.

담배 피우는 여성들의 뻔뻔스러움은 군인들이 세비야에 있는 담배 공장 밖에 서서 담배가 생산되어 나오는 모습을 '그들의 이빨 사이에' 담배를 끼운 채 보면서 부르는 노래 속에서 볼 수 있다.

저들을 보라! 저들의 시건방진 응시를!
그리고 저들의 바람기 있는 모습들을.
모두 다 하나같이 뻔뻔스럽게 담배를 피우고 있지 않은가!

담배를 끊는 것은 남자보다 여자들에게 더 극심하게 어렵다. 그 이유는 아마도 오늘날의 경우에도 여성이 담배를 피우면 뻔뻔스럽고도 부정적인 행동을 하고 있다고 보이기 때문이다. 많은 여성들에게 있어서 어떤 경우에는 담배에 불을 붙이는 것이 또 다른 주관성의 침범으로 인해 야기되는 적개심이나 공격적인 성감性感을 의미하는 사회적으로 묵인된 양식이다. 즉 남성이 그녀에게 화를 내며 다가올지도 모를 모든 상황에서, 여성은 종종 담배에 불을 붙여 불과 연기를 소환하는 행동을 취하며 또한 담배 끝을 손톱이나 이빨로 찌르곤 하는 것이다. 이것은 곧 여성들 사이에서 흡연이 관능적인 면모를 보여주는 대가로 돈을 받는 여배우나 집시, 창녀들로부터 시작했다는 것을 설명해준다. 그러한 여성은 쾌락을 수동적으로 받아들이는 대신에 적극적으로, 그리고 도전적으로 쾌락을 느낌으로써 전통적인 역할을 어기고 있다. 담배에 불을 붙이는 것은 일반적으로 여성들에게 기대되는, 그들의 순진성과 위엄으로 담배와 같은 것들을 갈망하지 않도록 해주는 섬세한 당혹감이나 정숙함에 위배되는 것이다. 여성 흡연은 여성 자신뿐 아니라 다른 남성들의 눈에도 좀 더 적극적이고, 공격적이고, 건방지다고 보이기 때문에 덜 '여성적인' 것으로 간주될는지도 모른다. 그러나 사실상 그녀는 좀 더 자유로워 보이기 때문에 더 바람직할는지도 모른다. 아무튼 여성들이 담배를 끊는 것이 더 어렵다는 것은 당연하다.

"당신, 먼 길을 오셨군요!"라는 표지판의 문구는 여성 해방에 있어서 놀라운 진전을 연상시킨다. 담배를 피울 권리를 획득하는 데 있어서 여성들은 완전한 성인으로서의 책임을 지는 과정에서 유아적 의존 상태로부터 벗어난 것으로 간주되기 때문이다. 광고의 한 글귀로서 이러한 찬사는 여성 해방을 모독하며, 그것이 성적인 평등이라는 견지에서 볼 때 먼 길이라고 가정함으로써 그것을 사소한 것으로 만드는 것이다. 그럼에도 불구하고 그 홍보의 호소력은 지금껏 여성들이 종속되어왔던 차별, 그중에서도 특히 그들이 담배를 사용하면 받게 되는 차별을 인정하는 여성들의 심금을 울리려는 계산을 하고 있는지도 모른다.

헤픈 여성과 담배의 유사함은 같은 시대의 또 다른 작은 시에서 나타나는데, 이 시는 부정적인 에로티시즘의 시간과 흡연의 시간을 연결하는 보들레르의 주요 핵심을 보여준다.

창녀의 거리에서는

담배는 숭고하다

사랑은 일시적이다.
그리고 담배는 그 사랑보다는
약간 더 오래 지속한다.

창녀들과의 사랑을 제외하고는 담배의 시간보다 더 일시적인 것은 없다. 그들에게 있어서 사랑은 마치 담배처럼 시간을 죽이고 지루하게 지속되는 것은 무엇이든지 없애버리는 것이기 때문이다.

모랄 상병은 비제의 오페라 카르멘의 노래에서 담배 이야기의 도덕을 말하고 있다.

위병소 정문에서
우리는 시간을 죽이기 위해
담배를 피우고 잡담을 하고
지나가는 사람들을 바라본다.

어떤 생산적인 활동을 하는 것이 아니라 담배를 피우며 그것의 단순한 쾌락을 위해 잡담을 하면서 지나가는 사람을 멍하니 바라보는 흡연가는 시간과 음악과 단순한 통과의 증인이 되기 위해서 일과 책임의 시간을 단지 죽이고만 있는, 유용성과 윤리의 영역에서는 벗어난 심미적 입장을 채택하고 있는 것이다. 카르멘과 돈 호세, 그리고 투우사toreador의 드라마는 그 오페라의 무대 중앙을 차지하고 있다. 그러나 그것은 음악의 일시적인 전개와 약한 상관관계에 있는 셀 수 없이 많은 담배 연기에 의해 꾸며지고 있다.

메리메의 소설에서 화자와 카르멘을 연결시켜주는 담배라는 끈은 처음부터 그를 돈 호세의 운명과도 묶는다. 스페인에서는 담배를 권하고 받는 것으로 상징되는 호의성의 규칙들이 형법을 넘어서는 절대적인 우선권을 지니고 있다. 이 이야기의 처음 부분에서 화자는 이글거리는 스페인의 태양열로 인해 녹초가 된 기진맥진한 상태에서 기적적으로 바위 틈새에서 차가운 샘물을 분출하고 있는 작은 오아시스 하나를 만나게 되는 순간을 자세히 설명하고 있는데, 이것은 갈대와 풀과 노란 수선화가 있는 티끌 하나 없는 정원으로 변하게 된다. 그가 그 이후의 모든 모험의 원천이자 이야기의 시작점인 이 마법적인 장소로 들어가자, 그는 이미 그곳에 사납고 화난 듯한 모습의 사람 하나가 있는 것을 발견하는데 그의 안내자는 이 사람이 사납기로 유명한 강도라는 것을 곧 알아차리게 된다.

호기심이 발동한 화자는 그러한 경고를 무시하며 화자의 안내자의 침입으로 놀란 그 강도가 겨누는 총마저도 무시하게 된다.

> 나는 풀밭에 누워 편안한 자세로 총을 든 그 남자에게 혹시 라이터를 가지고 있는지 물었다. 그리고 동시에 나는 담뱃갑을 꺼냈다. 그 사람은 계속해서 말없이 그의 주머니를 뒤진 후에 라이터를 꺼내서는 곧 내게 불을 붙여주었다. 명백하게도 그는 조금 전보다는 더 인간에 가까워지고 있었던 것이다. 그는 무기를 내려놓지 않은 채 나를 마주보며 앉아 있었다. 담배에 불을 붙인 후 나는 남아 있던 담배 중 제일 좋은 것을 하나 선택해 그에게 피우지 않겠느냐고 물었다.
> 그러자 그는 "좋소, 선생"하고 대답했다.
> 이것이 그가 말한 첫마디였다. 나는 그가 '선생'을 안달루시아식으로 발음하지 않았다는 것을 알아차렸다. 나는 곧 그가 나처럼 고고학자는 아

닐지언정 나와 같은 여행자임에 틀림없다는 결론을 내리게 되었다.

담배를 권하는 것은 그 살인자를 인간화시키고 문명화시키는 교환이라는 개념이 된다. 그 강도는 담배를 권하는 것에 대한 응답으로 말을 하게 되고 화자에게는 그 강도가 사회적인 맥락 속에 놓이게 된다. 그 무법자의 얼굴을 덮고 있는 야만인의 가면 뒤에 놓인 사랑에 관한 비범한 역사의 근원들을 발견하도록 해준다. 담뱃불을 제공하고 이를 수용하는 행동은 이 경우에 화자의 생명을 구해주는(그리고 우리들을 위해서 이야기도 살려주는) 구속력이나 계약과 같은 역할을 한다.

> 나는 그에게 하바나 여송연을 건네며 "이것은 맛이 괜찮을거요"라고 말했다.
> 그는 내게 고개를 가볍게 끄덕이고는 내 담배에서 자기 몫을 가져가 불을 붙인 후 또다시 고개를 끄덕이며 감사하다고 말을 했다. 그리고 매우 생기 있고 즐거운 표정으로 담배를 피우기 시작했다.
> 그는 입과 코를 통해 연기를 내뿜으며 "아! 내가 담배를 피워보는 것이 얼마만인가!"라고 외쳤다.
> 마치 동양에서는 빵과 소금을 나눠 갖는 것이 호의의 표현이듯 스페인에서는 담배를 주고받는 것이 호의의 표현이다.

이보다 100년 뒤에 쓰여진 어니스트 헤밍웨이의 〈누구를 위하여 종을 울리나〉에서 이 소설의 주인공인 로버트 조던이 왕정파 게릴라의 동굴에 도착했을 때 이곳에서 다른 일을 하기 전에 우선 그가 러시아제 담배를 죽 돌리는 장면에서 이와 전적으로 동일한 상투적인 문구를 발견할 수 있는 것은 그리 놀라운 일이 아니다. 동시에 로버트 조던은 자신의 목소리를 바꾸지 않고서는 그 검은 눈의 여인을 바라볼 수 없다고 스스로 인정하게 된다. 그 순간 그는 스페인어를 말하는 사람들과 잘 지내기 위한 두 가지 규칙 중에서 두 번째 규칙, 즉 남자에게만 담배를 주고 여성에게 주어서는 안 된다는 것을 어기고 있다는 사실을 깨닫는다. 메리메 소설의 화자는 호의성에 관한 스페인적 규칙 즉 담배는 나누되 여성들에게는 안 된다는 규칙을 이와 동일한 방식으로 이해하고 있다.

맹수를 길들이고 또한 고고학자와 살인범 사이에 정중함이라는 관계를 설정하는 담배의 힘은 이야기의 서술을 적절하게 만든다. 그는 아무런 무기나 보호의 수단 없이, 그리고 모든 도움으로부터 단절되어 잔인함을 보여주는 한 남자의 손에 전적으로 달려 있다. 그래서 끝없는 심연만을 바라보고 있지만 그럼에도 불구하고 그는 조금도 두려움을 느끼지 않는다.

> 나는 내가 밀수꾼, 아니 어쩌면 강도를 다루고 있다는 사실에 대해서는 의심하지 않았다. 하지만 그것이 어떻단 말인가? 나는 함께 밥을 먹고 담배를 피웠던 그 사람을 두려워할 필요가 없다는 확신을 할 정도로 그 스페인 사람의 성격을 알게 되었다. 게다가 나는 그가 강도였다는 사실을 알았기 때문에 다소 기뻤다. 강도란 날마다 만날 수 있는 그런 사람들이 아니기 때문이다. 그리고 자신이 위험스런 존재와 함께 있다는 사실에서 우리는 어떤 매력 같은 것을 발견할 수가 있다. 특히 그들이 우리의 선입관과는 달리 부드럽고 유순하다고 느낄 때 말이다.

칸트는 「숭고함의 분석」에서 다음과 같이 쓰고 있다.

담배는 숭고하다

용감하게 밖으로 튀어나온 바위, 번개와 천둥을 동반하여 하늘을 향해 전진하는 폭풍우와 구름, 엄청난 위력을 지닌 화산, 황폐만을 남기는 태풍, 그리고 성난 바다, 힘 있는 강이 쏟아붓는 폭포 줄기, 이 모든 것들은 이들이 가지고 있는 힘과 비교해볼 때 웃음거리 밖에 되지 않는 것에 대한 우리들의 저항력을 감소시키는 것들이다. 그러나 우리가 이런 것들로부터 안전하기만 하다면 이런 광경은 공포감을 유발시키기에는 적절하다는 한에서는 더욱더 매력적이다. 그리고 우리는 영혼의 힘을 그 습관적인 수단 위에 올려주고 우리로 하여금 다른 종류의 저항력을 우리 자신 속에서 발견하게끔 해주는 이런 것들을 '숭고함'이라고 기꺼이 부르는데 이것은 우리에게 자연의 명백한 전지전능으로 우리를 측정하는 용기를 부여하는 것이다.

칸트의 여행자처럼 메리메의 화자는 죽음을 똑바로 응시하기 위해 가장 커다란 위험, 즉 그의 일상적인 경험과는 다른 격렬함에 기꺼이 직면하려 한다. 왜냐하면 그는 담배의 진정 효과에 의해 그의 주위에 생성된 마법의 원 속에 서 있다는 것을 알기 때문이다. 그는 무장을 하고 있지는 않지만 그럼에도 불구하고 확신한 채 그 앞에서 어른거리는 위협과 숭고하게 마주치는 쾌락을 두려워하는 것이 아니라 오히려 그것을 경험한다. 메리메가 삶에 있어서 그러한 용기를 보여줄 것인가에 대해서는 의심이 간다. 이야기의 화자로서 그의 특권이 이 소설 내에서 그가 담배를 권하는 것보다 더 확실하게 그를 보호해주는 것이다. 그러나 아마도 우리는 그의 서술의 완벽함과 담배 연기의 꿈과 같은 환상을 동일시하려는 의도가 있다. 왜냐하면 담배 연기의 원은 소설의 공간처럼 잠시 동안 저자를 평범한 도덕성의 영역에서 끄집어내 위로 올려주고 영혼을 습관적인 수단 위로 상승시키며 저자를 숭고함의 서술자로 변모시키기 때문이다.

그녀 스스로가 도둑이자 강도인 카르멘 역시 그것의 범위를 벗어나고 있다. 카르멘과 화자가 과달키비르의 부두에서 처음 만났을 때 화자는 그녀가 무어인Moor인지, 아니면—그에 따르면 이것은 말하기 곤란해 비록 말은 하지 않았지만— 유태인은 아닌지 하고 묻는다. 그러나 그녀는 피부가 매우 검고 그 방랑자보다 더 방랑 기질이 있어 보였다.

"이봐요! 난 당신이 보다시피 집시예요. 카드로 점괘를 쳐드릴까요? 카르멘이라고 들어본 적이 없나요? 그게 바로 저예요!"

화자는 자신이 불경스런 이교도이며 국가와 교회의 법에 어긋난 것들에 대해 열렬한 흥미를 지니고 있기에 자신이 마녀와 함께 있다는 사실을 발견하고도 공포에 질리거나 움츠러들지 않았다고 말하고 있다. 스페인 여자 마법사인 카르멘에 관한 모든 것은 그것과 반대되는 사물에 의해 배가된다. 그녀의 아름다움은 그녀의 추함과 분리할 수 없으며 화자의 눈에는 그녀가 불쾌감으로 톡톡 쏠 때 오히려 더 매력적으로 보인다.

장황한 묘사로 독자들을 지루하게 만들지 않기 위해 나는 간단히 말하겠다. 그녀는 선명하게 대비되는 각각의 성질에 의해서 아주 개성적으로 보였다. 그 개성이란 이상하고도 야만적인 아름다움이었으며 또한 처음에는 깜짝 놀라게 만드나 그럼에도 불구하고 잊을 수가 없는 그런 얼굴이었다. 무엇보다도 그녀의 눈은 내가 인간의 모습 속에서는 찾아볼 수 없었던 육욕적이면서 동시에 강력한 표현을 지니고 있었다. 스페인에서는 정확하게 관찰하는 사람을 두고 '집시의 눈', 또는 '늑대의 눈'을 지닌 사람이라고 부른다. 만약 독자들이 늑대의 눈을 연구하기 위해 파리 식물원Jardin des Plantes에 갈 시간이 없다면 집에 기르고 있는 고양이가 참새 꽁무니를 몰래 접근할 때를 보면 그의 미*를 알 수 있을 것이다.

그녀의 애인 돈 호세처럼 그녀는 위협적이면서 동시에 유순하다. 즉 그녀는 늑대이자 동시에 집에서 기르는 고양이인 것이다. 육욕적이면서 동시에 사나운 그녀의 검은 눈 속에서 화자는 사랑의 논리에 대해 그녀가 이해하는 것으로써 소유하고 있는 악마적인 힘을 보게 된다.

메리메는 로마니어(역주 – 집시의 언어임)로 '검다'는 것을 의미한다. 집시들이 스스로를 부를 때 종종 사용하고 있는 '카레Calés'라는 단어를 인용하면서 '집시'는 검다는 것을 뜻한다고 말하고 있다. 그는 집시들이 인도에서 왔으며 그들의 검은 피부도 그 때문에 그렇다고 한다. 그러나 니체는 그가 비제의 카르멘에 찬사를 보낼 때 그것이 지닌 힘을 다른 요소로 돌리고 있다.

그것의 활발함은 아프리카적이다. 숙명이 그 위를 맴돌고 있으며 그것의 행복감은 짧고, 급작스러우며, 무자비하다. 나는 비제가 지금까지 문명화된 유럽의 음악에서는 찾아볼 수 없었던 예민함의 용기를 지니고 있기에 그가 부럽다. 내가 예민성이라고 말함은 남부적이고도 강인한, 그리고 열렬한 예민성을 의미하는 것이다. 이 금빛 찬란한 오후가 얼마나 큰 행복감을 가져다 주고 있는가!

니체는 마치 20세기에 재즈라는 새로운 음악의 개념을 발견하고 있는 것처럼 보인다. 그것의 즐거움이 '짧고도, 급작스러운, 그리고 무자비한' 것인 그런 재즈 음악 말이다. 니체가 비제의 음악에서 듣는 '남부적이고도 강인한, 그리고 열렬한 예민성'은 차원을 넘어서 비밀스런 잔인성의 장소인 빛나는 금속성 어둠을 야기하는 음악 속에서 발견된다. 카르멘의 유혹적인 강력함은 돈 호세를 위해 검은 속성으로 그 절정을 이루는 두 눈의 심연 속에 있는 타고난 신비와 연결되어 있다. 돈 호세가 집에 도착을 하자 그는 카르멘이 자신을 지켜보고 있는 것을 발견하는데 그녀는 돈 호세를 위해 덫을 놓았던 것이다.

"유리창의 차양은 반쯤 벌어져 있었다. 이때 나는 나를 몰래 지켜보고 있는 그녀의 커다란 눈을 보았다."

마지막 부분에서 이것과 똑같은 눈이 그의 기억 속에서 강박관념적으로 고정된 채 그 앞에 나타난다.

"나는 그녀의 커다란 검은 눈이 나에게 시선을 고정시킨 채 쳐다보는 것을 아직도 볼 수가 있다. 잠시 후 그것은 구름처럼 희미해지더니 마침 내 눈을 감았다."

그녀의 눈 속에서 그는 어둠의 심장부를 꿰뚫어보는 환상의 가능성을 보게 된다.

검다는 것은 카르멘의 인종적 본질이다. 그것은 또한 그녀와 메리메에게 있어서는 '가장 절대적인 개인적 자유'와 동의어이다.

"나는 고통을 당하거나 특별히 이래라 저래라 하는 명령을 받고 싶지 않다. 나는 자유롭고 싶다. 그리고 내가 원하는 것을 하고 싶다. 즉 집시로 태어나 집시로 죽고 싶을 따름이다."

돈 호세가 그녀에게 스페인을 떠나 자기와 함께 미국에 가지 않겠다면 죽이겠다고 위협을 하는 이야기의 끝부분에서 그녀는 비록 자신의 예언이 애인의 손에 죽임을 당할 것이라고 나오지만 이에 불응한다.

"당신은 저를 죽이려 하는군요. 하지만 당신은 내게서 승낙을 받아낼 수 없어요.”

절대적인 독립을 위한 그녀의 요구는 가장 고집 센 충성심과 공존하고 있다. 그 모순어법이 짧고 급작스럽고 무자비한 대단원을 획득하기까지는 말이다. 카르멘의 죽음이 가진 잔인성은 아마도 그녀의 예언적인 힘에서 기인하는 도전적인 쾌활성과 결합되고 있는 것 같다. 그녀의 이 예언적인 힘은 그녀 자신의 죽음에 대한 사후의 견해, 즉 ‘현재’라는 폭군으로부터의 자유와 복수에 대한 상상(치명적인 모욕이 발생하기 전에)을 제공하고 있다. 그녀가 피우는 담배와 마찬가지로 카르멘은 담뱃재처럼 검고 담배 불똥처럼 붉다. 그녀의 눈에 있는 빙글빙글 회전하는 아라베스크 무늬는 필연적으로 죽을 수밖에 없는 인간의 모습과 잔인함의 한계에 대한 인식을 나타낸다.

돈 호세가 공장에서 보초를 서고 있을 때 그는 몇몇 부르주아 계층 사람들이 다음과 같이 말하는 것을 들었다.

“저기에 그 집시 계집애가 있어. 그때가 금요일이었지. 난 그걸 잊을 수가 없다구. 나는 자네들이 알고 있다는 그 카르멘을 보았단 말이야.”

벼락을 맞은 것처럼 첫눈에 반하는 사건이 돈 호세에게 금요일날 일어나게 된다. 물론 페트라르카가 로라의 모습에 넋을 잃었던 것과 동일한 금요일날 말이다. 돈 호세는 순식간에 자신의 영혼을 그 악마에게 팔아버리게 된다.

그녀는 매우 짧은 슬립을 입고 있었는데 그것은 여러 개의 구멍이 나 있는 하얀 실크 스타킹과 붉은 색깔의 리본이 부착되어 있는 예쁜 모로코산 빨간 구두를 드러내어 보여주었다. 그녀는 자신의 양 어깨를 드러내 보이기 위해 그녀의 망토를 아래로 내렸는데 그러자 그녀의 블라우스로부터 붉은 계수나무 꽃다발이 나타났다. 그녀는 입가에 또 다른 붉은 꽃 하나를 물고 있었으며 마치 코르도바의 종마 사육소 출신의 암망아지처럼 엉덩이를 흔들며 전진해왔다. 우리나라에서는 그런 식으로 옷을 입는 여인은 사람들로 하여금 가슴에 십자가를 긋게 만들 것이다. 그리고 그녀는 자신의 입에 물고 있던 꽃을 손으로 집더니 그것을 나를 향해 던졌다. 그것도 양눈 사이를 향해서 말이다. 그것이 내게는 마치 나를 향해 달려오는 총알처럼 보였다.

그녀의 이름은 라틴어로는 '붉은' 것처럼 발음이 되는데 그 이름에 부합되게 그녀의 악마적인 붉은색은 심지어 그녀의 멋진 발 끝에 이르기까지 완벽하다. 그녀는 그들의 신혼여행 바로 다음날 그를 떠날 때 자신은 악마라고 그에게 말을 한다.

"저런, 이봐요! 나의 사랑이여! 당신은 속은 거예요. 내 말을 믿어요. 당신은 악마를 만난 거라구요. 그래요. 악마 말이에요. 악마는 항상 검지만은 않죠. 게다가 목을 비트는 것만도 아니구요. 나는 비록 양털옷을 입고 있지만 그렇다고 해서 양은 아니에요."

이 이야기에서 그녀는 늑대이고 그는 양인 셈이다. 그를 사로잡는 그녀의 힘은 초자연적이며 파괴를 확신하고 있기 때문이다. 이 인간 늑대에 대항하는 유일한 무기는 십자가일 것이다. 돈 호세는 화자에게 "만약 마녀라는 것이 있다고 한다면 그녀가 바로 마녀이다"라고 말한다. 메리메는 그가 쓴 네 장의 「스페인에서 보낸 편지」 중에서 하나는 전적으로 '스페인의 마녀'란 주제로 시종일관하고 있는데 여기서 그는 또 다른 마녀, 즉 자신과 마지못해 따라온 자신의 하인이 머물게 되는 여인숙 주인과의 만남에 대해 자세히 설명하고 있다. 그녀는 악마를 요리사로서 두

담배는 숭고하다

고 있다. 그의 하인은 그녀를 알아보고는 무서운 이야기를 하게 되는데 그는 이 이야기에서 "처음에는 창녀요, 그 다음에는 술집 포주요, 그 다음에는 마녀다"라는 스페인 격언으로 시작하고 있다.

메리메는 카르멘에 관한 그의 이야기를 그리스 명시 선집에서 취한 유명한 한 묘비명의 글귀로 서문을 장식하고 있다.

> 모든 여성들은 담즙질 성격의 소유자들이다. 여성들은 단지 두 가지의 좋은 날이 있는데 그중에 하나는 그들이 결혼하는 날이고 그 다음 하나는 그들이 죽는 날이다.

5세기 알렉산드리아의 냉소적인 풍자가인 팔라다스의 이 풍자시가 저속한 여성 혐오증처럼 보이는 것은 숙명적인 신부에 대한 개념에 의해 강박관념에 사로잡혀 있다고 말할 수 있을는지도 모른다.

결혼식 날 죽은 여인들의 무덤 위에 쓰여진 이처럼 감동을 주는 글귀는 에우리피데스의 『메데이아Medea』에서 극적으로 실현되는데, 여기서 이아손의 젊은 신부는 이아손으로부터 경멸당한 그의 본부인 메데이아가 그녀에게 보내준 결혼복을 입는다. 그 옷은 그녀가 입자마자 독으로 부풀어 오르더니 그녀의 살을 태운다. 결혼복이 수의복으로 변형되는 것은 니체가 카르멘을 언급하면서 '사랑의 본질인 비극적 정신'이라고 부르는 것을 실행하는 본질적인 변신인 것이다. 수의복과 신부 드레스의 차이점이 거의 눈에 드러나지 않는 것은 그리스어로 된 카르멘의 묘비명에서 볼 수 있다. 즉 거의 동음이의어에 가까운 '결혼하다thalamo'와 '죽다thanato'가 그것이다. 그러니까 우리가 결혼을 하는 상대방 여성은 그녀 자체가 이미 죽은 것이며 죽음을 불러오는 사람인 셈이다. 메리메와 비제의 카르멘에서 사랑과 죽음의 동일시는 두 가지의 가장 극적인 순간에 가장 강력하게 확증이 되는데 카르멘의 결혼 축제와 그녀의 살해 장면이 그것이다. 즉 팔라다스가 말한 대로 그것이 두 가지의 좋은 날인 것이다.

신부와 죽음의 동일시는 프로이트의 짧은 에세이 「상자 세 개의 주제 The Theme of the Three Caskets」의 주요 모티프이다. 그것은 프로이트의 임상 실험 결과에 의해서 제공된 일반적인 것이 아니라, 민담과 대중적인 이야기에서 취한 소재를 광범위하게 사용하고 있기 때문에 프로이트 특유의 글이라고 할 수 있다. 그것은 그로 하여금 남성의 집단무의식의 신화와 같은 것을 정의하게 해주는데, 그것에 의해 남성들은 자기들의 신부를 죽음 그 자체와 동일시하는 것이다. 그는 셰익스피어의 〈베니스의 상인〉과 〈리어왕〉의 두 장면을 검토하는 것으로 글을 시작하고 있다. 이 두 장면에는 한 남자가 세 여자, 또는 대리인 사이에서 선택을 해야만 하는 필요성에 직면하게 되며 처음에 그는 이 셋 중에서 가장 안 좋은 것을 선택한 것처럼 보이지만 결말 부분에서는 오히려 그것이 가장 바람직한 것으로 증명되고 있다. 〈베니스의 상인〉에서 바사니오는 금이나 은 대신 가장 고상하지 못한 금속인 납으로 된 상자를 선택한다. 그러자 그 안에서 포티아의 초상화를 발견하게 되는데 그는 결국 그녀와 결혼하게 된다. 프로이트는 바사니오가 그 값어치 없는 납의 덕성을 칭찬해야만 하는 순간에 그가 하는 말은 이상할 정도로 수긍이 안 간다고 지적을 하고 있다. 이와 유사하게 리어왕의 끝부분에서 리어왕은 그의 세 딸 중에서 제일 못해보였던 마지막 딸 코델리아의 시체만 건지고 그의 모든 재산은 물거품처럼 사라지게 되는데, 결국 그녀만이 가장 사랑의 가치가 있었던 딸이라는 것이 증명이 되는 셈이다.

프로이트가 도달하는 문제는 다음과 같다. 왜 남자는 항상 세 여자 사이에서 선택을 해야만 하는가? 그리고 왜 그는 가장 좋지 못한 인상의 사람을 선택하는가? 그는 세 번째 여자가 항상 그녀를 죽음과 연결시키는 속성을 내포하고 있다고 믿는다. 프로이트에게 있어서는 코델리아의 벙어리 증세와 납의 불확실성은 곧 죽음을 웅변해주는 상징이다. 그는 셰익스피어의 두 연극이 그 자신의 죽음을 선택하는 한 남자의 꿈(사실 그것은 항상 그 반대이기 때문에, 즉 오히려 죽음이 그를 선택하기 때문에 더욱더 강력하고 유혹적인데)을 설명해준다고 결론을 내리고 있다. '일부이처제는 부인을 두 명 갖는 것이 아니라 사실은 일부다처제와 다를 바가 없다'라는 말이 있다. 즉 프로이트는 모든 결혼은 일부이처나 일부다처와 다를 바 없다고 말한다. 왜냐하면 그에 의할 것 같으면 모든 남성들의 삶에는 세 명의 여성 또는 세 명의 어머니가 있기 때문이다. 첫 번째 여성은 우리에게 생명을 주고, 마지막 여성은 우리가 죽을 때 우리를 받아들이는 '대지'라는 어머니이고, 그리고 두 번째 여성은 우리가 결혼하는 여성인데 이는 첫 번째와 세 번째 여성의 표상이다. 그는 모든 부인은 실제로 세 명의 여자(또는 사실상 세 명의 어머니)이며, 따라서 결혼은 영웅적인 행위라고 말하고 있다. 그것에 들어가는 순간 남자는 자신의 죽음을 선택하고 그것을 배우자로 삼아 그 선택으로부터 자신의 삶을 만든다는 점에서 그런 것이다. 그가 결혼하는 여성은 현재 속에서는 근원과 종말 모두를 흉내내는 모조품인 반면에 과거(그의 생물학적 어머니)와 미래(대지라는 어머니의 가슴)는 대표하지 못한다.

부인이라는 개념이 프로이트와 같은 남성들에 의해서 이해되는 한, 확실히 부인과 같은 그러한 것들은 없을는지도 모른다. 아니면 만약 모든 여성(혹은 남성)들이 갈망하는 부인에 대한 개념이 있다면 그것은 집시 신부를 맞는 꿈일는지도 모른다. 즉, 카르멘은 돈 호세와 결혼할 때 "당신은 나의 집시요, 나의 배우자요, 나의 남자예요. 그리고 나는 당신의 집시요, 당신의 배우자요, 당신의 여인이에요"라고 말하고 있는 것이다. 카르멘과의 결혼은 흡연가와 담배와의 결혼처럼 자유에 대한 가장 활기찬 견해와 습관화된 쾌락을 연결해주는, 궁극적으로 숙명적인 것이다.

테레즈 데케루Thérès Desqueyroux 역시 좋으면서 나쁜 여성이다. 그녀의 이름은 '순교당한 성자'인 테레사Theresa와 '절망적인Dés-e-spéré'과 지옥불의 붉은빛roux을 연상시키는 것이 연결되어 있다. 이 작품의 작가인 프랑수아 모리아크는 서문에서 그녀가 가증스럽다고 말하고 있으며 그녀를 보들레르가 괴물이라고 부르는 것들에 비유하고 있다. 동일한 서문에서 그는 자신이 성자를 창조했는지도 모른다고 인정하고 있다.

"오랫동안 나는 당신이 로쿠스테 성인Sainte Locuste의 이름에 부합되는 면이 있기를 갈망했다."

그러나 그는 그녀를 성인으로 추앙하는 것이 경건한 자들에게는 신성모독으로 보일까봐 두려워한다. 2세기의 로마 연대기 작가인 수에토니우스는 왕국의 독살자들을 기록해 놓았다. 처음에는 아그리피나, 그리고 나중에는 그녀의 아들 네로에 의해 고용되어 클라우디우스 황제와 그의 적수인 브리타니쿠스를 각각 독살하게 되는 로쿠스테가 그들이다. 가톨릭 신도인 모리아크에게 있어서 로쿠스테를 성인으로 추앙하는 모험은 심각한 불경죄를 범하는 것이고 악마에 대한 동정심을 야기하는 것이었다. 이 소설에서 그녀의 담배는 그녀의 신성함과 사악함 모두의 상징이다.

테레즈의 삶 속에서 오랫동안 극적인 흥미는 일어나지 않는다. 그녀는 따분하고 자기만족적인 남자와 결혼을 하고 돌보기 싫은 아이 하나를 갖게 되며 담배, 그것도 많은 양의 담배만 피우게 되는 것이다. 그녀는 또한 보르도 남쪽 메마른 지역에 있는 그녀의 가족이 가진 부의 원천인 소나무 수천 에이커를 파괴하는 꿈만을 꾸게 된다. 그녀는 보르도에서 바다까지 쭉 이어진 잔인할 정도로 황폐화된 황무지에서 성장했다. 불어로 '랑드landes'라 불리우는 이 황무지는 울퉁불퉁한 초목들이 점점이 흩어져 있으며 19세기말 이래로 가족의 얼마 안 되는 부를 향상시켜준 소나무 줄기가 여기저기 드러나 보이는 곳이다. 모리아크는 황무지가 '지구의 극단에 있는' 땅이라고 말하고 있다. 테레즈는 천할 정도의 지루함, 고약할 정도의 잔인함, 그리고 오만한 가톨릭 부르주아 계층의 메마른 엄격성의 부산물이자 희생 제물인 자신의 삶, 다 타버려서 회색 재만 남은 그녀의 삶 속에서 그 풍경을 반추한다. 그녀는 버나드 데케루가 그 지역의 또 다른 커다란 토지의 소유자이고, 그들 가족간의 유대가 오랫동안 유지되어 왔으며, 그 황무지 지역의 다른 남자들 보다는 덜 어리석다는 이유 때문에 그와 결혼을 한다. 그녀는 남편을 싫어하지는 않는다. 그를 죽이고자 하는 데에는 관심이 없는 것이다. 단지 그의 완고한 자기만족을 골탕먹이기 위해 그가 죽음에 직면할 때 어떤 반응을 보일까를 보고 싶은 단순한 욕망으로 의사가 처방해준 그의 약에 쓰디쓴 독을 몇 방울 떨어뜨리고 싶은 충동을 느끼게 된다. 그런 행동은 이유없는 악의이자 완전한 범죄이며, 또한 그것의 동기는 그녀처럼 거만하고 반동적인 계급의 사악하고 위선적인, 그리고 독선적인 적개심에 대한 반항의 일환으로 보여지게끔 한다. 모리아크는 자신의 내기에서 이긴다. 왜냐하면 테레즈(성자)/로쿠스테(독살자)는 이 소설에서 유일한 성자가 되며 초월에 대한 갈망의 순교자가 되기 때문이다.

그러나 결국 그녀의 처방은 잘못되어 남편은 살게 된다. 테레즈는 그녀의 범죄 사실을 발견한 의사에 의해서 비난을 받게 된다. 원로원 의원인 그녀의 아버지의 간섭과 그녀를 위해 오히려 기꺼이 위증을 하려 하는 남편이 그녀가 감옥에 가는 것을 면제해준다. 그녀가 지불하는 대가는 비록 그녀가 감옥에는 가지 않았지만 사실상 그들에게는 죄수나 다를 바가 없게 되는 것이며, 아버지의 정치 경력과 가족의 명예를 보존하기 위해서 되도록 모습을 감춰야만 하는 것이 되었다.

테레즈가 그녀 주변의 사람들에게 행사하는 힘은 잠행성潛行性으로 모르는 사이에 진행되는 형태를 지니며 설명이 불가능하고 음침할 정도로 마법적이다. 그녀가 미소지을 때 사람들은 자신도 모르게 이에 동의하게 된다. "그녀가 예쁘냐, 못 생겼느냐 하고 묻지 마라. 그녀를 보게 되면 그녀의 매력에 자신도 모르게 두손을 들고 말테니"라는 구절이 그것이다. 그들은 또한 그녀가 담배를 지나치게 많이 피운다는 것도 인정하게 된다. 확실히 이 소설에 나오는 모든 사람들이 담배를 피운다. 심지어 그녀의 담편 버나드도 때로는 담배를 종이에 말기 때문이다.

"그녀는 담배를 지나치게 많이 피우기에 그녀의 손가락과 손톱은 마치 아르니카(역주 – 엉거시과의 식물이며, 진통제로 많이 쓰인다고 함)에 담근 것처럼 누렇다."

그녀의 손에 배어 있는 니코틴의 얼룩은 스스로에게 아코니틴(역주 – 바곳屬의 식물에서 빼낸 유독 물질이며, 진통제로 사용된다고 함) 스무 알을 주입하도록 하는 독사와 같은 충동을 가시적으로 보여주는 징조이다. 한마디로 테레즈는 마녀인 것이다.

그러나 지나친 흡연은 그녀가 태어난 도덕적인 계층의 사람들과 그녀가 근본적으로 다르다는 것을 나타내는 징표이기도 하며 그 사실은 그들도 너무나 잘 알고 있다. 그 차이점은 물론 그들이 비난하고 두려워하는 도덕적인 차이점이며 동시에 영적인 차이점이다. 그들은 이 영적인 차이점의 음침한 초월을 이해하지는 못하나 전지전능한 이야기의 화자는 이를 강조하고 있는 것이다. 그녀의 시어머니는 다음과 같이 말한다.

"불행하게도 그 아이는 우리들의 원칙을 지니고 있지 못해. 예를 들어 그 아이가 마치 굴뚝처럼 담배를 피우는 것이 그 좋은 예라고 할 수 있지."

지나친 흡연은 이 소설에서 이런 촌티나는 인생의 숨막히는 억압에 대한 불복종과 나머지 모든 가족들이 말없이 따르고 있는 판에 박은 듯한 삶에 대한 거부의 상징이다. 그녀의 손에 배어 있는 니코틴은 그녀의 잔인할 정도로 역설적인 본성이며 이 독선적인 사회가 부를 축적하고 그 구성원들을 착취하며 특권을 향유하면서, 선과 악 중 단순한 양자택일을 수용해 다른 사람들에 대해서는 마음의 문을 닫아버리는 것을 거부하는 정신의 상징이다. 테레즈는 즉각 장을 유혹한다. 그리고는 그를 처음으로 순수하게 사랑했던 그녀의 시누이로부터 떼어낸 후에 그를 버린다. 그녀의 혈관 속에는 역설과 마찬가지로 잔인성이 흐르고 있다. 왜냐하면 니코틴이 피와 함께 섞인 채 그녀의 혈관 속에서 흘러가고 있기 때문이다. 테레즈는 머리카락을 삐죽삐죽 서게 만들 정도의 광적인 '말투'로 남편과 주위 사람들에게 화를 낸다. 가족들은 그녀가 그런 행동을 어디서 배웠는지 의아해 할 따름이다. "테레즈는 소녀들의 고개를 돌리게끔 만드는 낭만적인 소설이나 좋은 책들보다 더 나쁜 것은 없다고 말하는데 이는 너무나 역설적이기에 이해를 할 수가 없다"라고 가족들은 말한다. 버나드는 어깨를 들썩할 뿐이다. 그녀는 역설로써 그를 죽인 셈이기 때문이다.

영리하다는 것은 많은 교활함을 요구하지 않는다. 우리는 모든 것에 관해서 단지 합리적인 것에 반대되는 것만을 확인하면 되는 것이다. 우리가 제3장에서 살펴본 대로 흡연의 논리는 마치 버나드를 살해하고 테레즈의 지성과 도덕성을 그들의 논박할 수 없는 모순, 즉 그들의 악마와 같은 진실로 오염시키는 사람들처럼 종종 숙명적인 역설을 만들어낸다.

그녀의 흡연은 이 엄격한 가톨릭 사회의 도덕적 원칙뿐 아니라 그것의 경제적 복리, 심지어 생존에까지도 위협이 된다.

> 가족 사이에서는 산불의 원인에 대한 끝없는 토의가 있었다. 버린 담배 때문일까, 아니면 악의를 품고 일부러 그렇게 한 것일까, 하고 말이다. 테레즈는 어느날 밤 잠에서 깨어나 집을 나선 후 마른 나뭇가지로 빽빽한 숲에 도착하여 그녀의 담배를 그곳에 버렸는데 그것이 하늘을 뿌옇게 뒤덮을 정도로 커다란 화재로 변해버리는 꿈을 꾸었다 …… 그러나 그녀는 그런 생각을 떨쳐버리고는 자신의 혈관 속에 소나무에 대한 애정을 다시 주입시켰다. 그녀의 증오는 소나무 때문이 아니었기 때문이다.

테레즈는 뭔가를 파괴시키고자 하는 욕망과 수천 에이커에 달하는 소나무에 대한 애착 사이에 놓여 있다. "그녀의 재산은 항상 그녀의 핏속에 들어 있다"가 바로 그것이다. 재산의 평가는 그녀의 흥미를 돋구었다. 엄청나게 늘어서 있는 재산, 즉 소나무를 지배하고자 하는 것이 그녀를 유혹했다는 데에는 의심의 여지가 없다. 그녀는 가장 작은 불이 소나무숲 전체를 태울 수 있다는 것을 알고 있다. 그녀는 담배를 버렸지만 마치 황무지에 있는 사람들처럼 그것을 주의하여 비벼 껐기 때문이다. 그러나 다른 때에는 그녀는 부주의하게 던진 담배가 야기할지도 모를 파괴를 꿈꾸고 있다. 그곳 자체는 물론이고 그곳의 주민들마저도 묵시론적으로 파괴하는 그런 꿈을 말이다.

담배는 취하게 하고 독성분이 있는 약이다. "그러나 그녀가 담배를 지나치게 많이 피우는 것은 잘못이다. 왜냐하면 그녀는 자신을 취하게 만들며 독성분을 스스로 투여할 뿐만 아니라 그녀 주위에 있는 사람들에게까지 그러한 독성분을 투여하기 때문이다"라는 구절이 바로 그것을 웅변해준다. 따라서 그녀에게 담배는 무기이자 증오의 도구이며, 복수심의 대변자이다. 역으로 그녀가 담배를 삼간다는 것은 그녀 주위의 사람에게는 그녀답지 않은 표시라고 여겨진다.

"그러나 드 트라브 부인은 테레즈가 그녀의 딸을 자신의 방식대로 사랑했다고 확신하고 있다. 사람들은 당연하게도 그녀로 하여금 딸에게 목욕을 시켜주거나 기저귀를 갈아주라고 요청하지 않는다. 그런 것은 그녀의 핏속에 없기 때문이다. 그러나 나는 그녀가 날마다 저녁 때면 집에서 요람 옆에 앉아 그 아이가 잠드는 것을 지켜보기 위해 담배를 피우지 않는 것을 보아왔다."

"버나드가 '담뱃불을 조심해. 그것은 불을 낼 수가 있기 때문이야. 황무지에는 이미 물이 말라비틀어졌다구'라고 말하자 그녀는 '고사리가 청산靑酸 성분을 지니고 있다는 것이 사실이에요?'라고 물었다. 그러나 버나드는 고사리가 사람들을 독살하기에 충분한 청산 성분을 지니고 있는지에 대해서 모르고 있었다."

담배는 그녀의 남편 버나드를 찌르려고 향해 있는 단도다. 가족의 가치를 수호하려는 그의 맹렬함은 테레즈의 눈에는 가능한 한 짧은 시간 내에 있는 모든 것을 모조리 보려는 자기만족감의 무자비하고도 억압적인 결과로 비춰지고 있다.

"'이봐, 테레즈! 논쟁을 위해 하는 논쟁 따위는 집어치우자구. 모든 유태인들은 다 똑같아 …… 게다가 유태인들은 변절자들이며 뼛속까지 결핵이 스며들어 있고 말이야. 이건 누구나 다 아는 사실이라구.' 그녀는 항상 버나드를 놀라게 한 몸짓으로 담배에 불을 붙였다. '당신 할아버지가 무슨 병으로 죽었다고 했지? 그리고 당신의 증조 할아버지는?'"

담배에 불을 붙이는 몸짓은 멋진 일격을 암시한다. 그것은 버나드에게 작은 충격을 주게 되는데, 가족의 유전인자의 순수한 통일성을 수호하려는 의도가 깔린 전체적인 체계에 대한 테레즈의 무자비한 공격에 대비하도록 해주고 있다. 담배에 불을 붙이는 테레즈의 이런 건방진 제스처는 그에게 눈뜨고는 못 볼 여성의 부정함을 드러내준다. 이 소설의 첫 부분에서 우리는 버나드가 신혼 여행에서 자신에게 충격을 던져준 뮤지컬 극장 문을 박차고 나오는 것을 보게 된다.

"외국인들이 저런 것을 본다고 한번 상상해봐! 이 얼마나 창피한 일인가! 외국인들이 저런 것을 보면 우리를 어떻게 평가할까? 정말 끔찍하군."

자기만족적인 자만심과 그것이 일깨워주는 모든 해방감으로 인해 그녀는 여성적인 복종의 환상을 버렸다. 심지어 즐겨 보고자 하는 것조차 거절한 채 버나드를 모욕할 수 있었던 것이다.

공공연하게 담배를 피우는 여성은 '여성이라면 베일로 얼굴을 가려야만 한다'고 생각하는 사람들의 기분을 상하게 한다. 두 명의 남녀 사이에서는 그의 남성적인 입장에 저항하려는 그녀의 결정과 그의 아담적인 호흡을 그녀에게 불어넣어 주고자 하는 의지에 대한 영원한 신호로 나타난다. 그녀가 빨아대는 모든 담배 연기는 그녀 스스로가 호흡을 하기로 결정했다는 것을 그에게 말하는 것이다. 그것도 전적으로 그녀 자신의 호흡을 말이다. 여성들의 흡연이 또다시 금기시되었던 제1차 세계대전 이전에는 한 여자가 별빛 아래서 담배를 피우고 있는 한 남자의 곁에 앉아서 그에게 "나처럼 불어봐요!"라고 요청하는 모습의 광고들이 나붙었었다. 파리에서의 사치와 자유의 상상할 수 없는 삶으로 도피하는 꿈을 꾸며, 테레즈는 자신이 그곳, 즉 버나드가 아닌 장 아제베도와 몇몇 젊은 여성들과 함께 있었던 볼로뉴에 있는 레스토랑에서 자기 방식대로 담배 연기를 내뿜는 모습을 상상하고 있다.

"그 상상 속에서 그녀는 거북이 등껍질로 만든 자신의 담뱃갑을 탁자 위에 내려놓고는 압둘라에게 불을 붙여주었다. 그리고 그녀는 마음을 활짝 열고 말을 하기 시작했으며 이때 밴드가 음악을 부드럽게 연주하기 시작했다."

모리아크는 자신의 담뱃갑을 탁자 위에 올려놓는 꿈을 꾸는 여인의 초상화를 그렸다. 그러나 그녀의 꿈은 그녀가 불을 붙여주는 압둘라에게서 더 높은 차원을 띠게 된다. 보르돌레의 황무지에서 누가 과연 끝에 금빛이 나는, 그리고 향기나는 터키산 담배를 피울 가능성을 꿈꾸어보기라도 했단 말인가? 그곳에 있는 히드 초원 위에 앉아서 담배를 피우면서 테레즈는 자신이 파리에서 담배를 피우고 있다는 상상을 한다.

왜냐하면 모리아크와 마찬가지로 그녀에게 있어서 담배는 유혹의 수단이자 기도의 한 형태이며, 가장 깊은 욕망의 표현이자 자유를 위한 초월의 가능성을 향해 마음의 문을 여는 매개체이며 의식이기 때문이다.

담배가 완전히 떨어지기 전에 테레즈는 멋진 금빛 담배를 통해 상상할 수 있는 모험 가득한 미래와는 대조가 되는, 그 싫은 과거를 묶어놓고 있는 남편의 담배 파이프에서 풍기는 강압적인 냄새와 싸움을 해야만 했다.

"버나드는 그날 저녁 외출을 하지 않았다. 테레즈는 담배를 피우고 나서 꽁초를 버리고는 계단이 있는 곳으로 나갔다. 그때 남편이 1층에서 이 방 저 방으로 왔다갔다 하는 소리를 들었다. 그의 담배 연기는 그녀의 침실로 침입해왔으며 테레즈의 멋진 금빛 연기를 제압해버렸다. 이때 그녀는 자신의 옛 과거의 향기를 인식하게 되었다. 날씨가 나빴던 그날을 말이다."

테레즈는 가족들로부터의 고립과 낙심으로 인해 쇠약해졌다. 그녀는 침대에서 일어날 수도 없을 정도로 쇠약해졌을 때, 단지 담배를 피울 수 있을 만큼 회복하기 위한 목적으로 먹고 마시게 된다.

"그녀는 고기 조림 몇 숟갈을 떠먹고, 커피 몇 모금만을 마실 뿐이다. 이렇게 하는 것은 오로지 그녀가 담배를 피울 수 있는 기력을 회복하기 위해서일 뿐이다. 공복이었을 때는 그녀의 위가 담배를 이겨내지 못했기 때문이다."

담배는 그녀의 생존에 점점 더 필수적인 것이 되었으며 심지어 음식보다 더한 존재로 되어버렸다. 그녀가 무시하려는 경향이 있는 그녀의 외모보다 더 중요한 담배는 그녀의 내면을 구체적으로 보여준다. 이 소설의 초반부에서 테레즈와 그녀의 담배는 직접적으로 동일시되고 있는데 여기서 그녀의 시누이는 테레즈를 찾고 있다.

"테레즈, 어디 계세요?"

"여기요. 벤치에 있어요."

"아, 그렇군요. 당신 담배가 보이는 걸 보니."

그녀를 체포한 자들이 가하는 궁극적이고 사악한 처벌은(이는 일종의 정신적 살해라는 양상을 띠는데) 그녀에게서 담배를 없애버리는 것이다. 그녀에게 이 일은 끔찍한 두려움이다. 담배를 잃는다는 것은 그녀 자신, 즉 그녀의 삶을 잃어버리는 것과 다를 바가 없는 것이다.

담배는 숭고하다

"테레즈는 그들이 그녀의 담배를 없애버렸다고 생각했다. 그녀는 자신의 손을 탁자가 있는 곳으로 가져갔으나 담배는 거기에 없었다. 담배를 피우지 않고 어떻게 살 것인가? 그녀의 손가락은 그 작고 메마르고 따뜻한 물건을 만질 수 있어야만 했고, 그리고 그것들을 마음껏 빨 수 있어야만 했다. 그래서 그녀의 방이 그녀가 내뿜은 담배 연기로 가득 차 그 연기로 목욕을 할 정도가 되어야만 했다. 그녀는 두 눈을 감았다. 그리고는 예전처럼 그녀의 누런 손가락은 담배가 있었던 곳 주위로 맴도는 행동을 계속하고 있었다. 그러나 담배는 없었다."

그녀가 두 눈을 감자 그녀의 의식은 곧 꺼져가는 듯 보이고 그녀는 단지 목숨만 붙어 있다는 희미한 징조만을 내보일 따름이다. 하지만 그래도 손가락만큼은 움켜쥔 채로 여전히 존재하지 않는 담배 주위를 맴돌고 있는 것이다. 작고 따뜻한, 그리고 메마른 물체는 일종의 그녀 자신의 음핵의 대리자인 셈이며 그것 주위에서 놀고 있는 그녀의 손가락들을 감싸는 것은 그녀 자신을 자위 행위적인 자기만족의 감할 수 없는 원 속에다가 봉하는 것이다. 담배 연기를 흡입하고 내뿜는 것은 그녀로 하여금 육체를 상상의 공간 속으로 확장시키고 또한 그것을 소유하고 자아 만족이라는 구름 속에다가 그것을 봉하게끔 해주는 것이다.

마침내 그녀가 가족에 의해 투옥되다시피 한 방에서 일어났을 때 그녀는 외출을 감행하고 계획을 세우고 또한 굴뚝처럼 줄담배를 피우기 시작한다.

"테레즈는 그녀가 방금 다 피운 담배로 새로운 담배에 불을 붙였다. 4시 무렵 그녀는 비옷을 입고는 빗속으로 돌진했다. 그녀는 밤이 무서웠기에 다시 그녀의 방으로 돌아왔다."

담배를 계속해서 피우는 것은 마치 회복기 환자가 처음으로 시험삼아 내딛는 걸음걸이와 같다. 즉 각각의 담배는 작은 성공을 거두게 되고 그 각각의 성공은 또 다른 성공을 야기하며 결국은 그녀의 궁극적인 회복과 최종적인 도피로 치닫게 되는 것이다. 그녀는 처음으로 억압이 없고 모험의 가능성만이 있으며 사치스러울 정도로 자유로운 파리에서의 또 다른 삶의 가능성을 꿈꾸기 시작한다. 그녀는 비로소 이국적인 터키산 담배를 피우는 꿈을 꾸기 시작하는 것이다. 이 소설의 마지막 장에서 그녀의 꿈은 실현된다. 버나드가 단념하고 그녀를 그녀의 운명에 내맡기고서는 스스로의 인생 여정으로 되돌아갈 때 그녀는 '드 라페 카페'에 혼자 남아 있게 된다. 그녀는 자유를 맛보며 옆탁자에 있는 매력적인 젊은 남자가 건네는 불로 자신의 담배에 불을 붙인다.

"작은 술병에 들어 있는 포일이라는 술을 마신 탓인지 따스한 만족감이 그녀를 엄습해왔다. 그녀는 담뱃불을 요청했다. 그러자 옆 탁자에 앉아 있던 어느 한 젊은 남자가 자신의 라이터를 그녀에게 건네주었으며 그녀는 미소를 지어보였다."

모리아크는 소설 서문에서 밝히기를, 이야기의 끝부분에서 그의 괴물을 부정적인 초월의 성자, 즉 범죄의 공포 속으로 내려가는 것을 통해 영적인 승화를 획득하는 자로 만들려는 유혹을 거부했다고 우리에게 말하고 있다. 그러나 그러한 역전의 가능성은 마지막 대목에서 예시가 되고 있다. 여기서 그녀는 원하는 만큼 담배를 피울 권리를 획득하게 되는 것이다.

"테레즈는 술은 적게 마셨지만 담배는 무척 많이 피웠다. 그녀는 마치 행복한 사람인 양 혼자서 마구 웃어댔다. 그녀는 코에 분을 발랐으며 입술에도 화장을 세심하게 했다. 잠시후 그녀는 거리로 나와 마음껏 자유자재로 활보를 했다."

담배는 숭고하다

그녀는 얼굴을 갑자기 바꾸고는 군중들 속으로 뛰쳐들어가서는 예측 못할 만남과 결정 못할 많은 기회에 자신을 내맡긴다. 독자들은 혹시라도 담배가 걸어가는 모습을 본 적 있는가 모르겠다.

"위로, 불안으로부터의 도피, 즐거운 안도, 배고픔과 지루함의 제거,
결정의 조력자, 경계심의 자극제, 큐피드의 화살,
그리고 상급자에 대한 무기인 담배는 군인들이 필요로 하는 모든 것이다.
담배 없는 군인의 삶은 무엇과 같을까?
아마도 그 자신이 아닐 것이다."

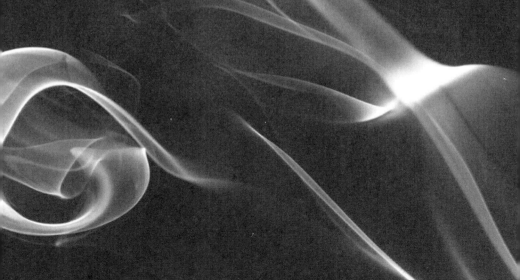

제5장

군인의 친구

우리가 이 전쟁에서 이기기 위해 무엇이 필요한가 물어보라.
그러면 나는 담배, 그것도 많은 양의 담배,
즉, 음식보다 더 많은 담배가 필요하다고 말할 것이다.
- 존 J. 퍼싱 장군이 국방성 장관에게 한 말 중에서

담뱃갑에 새겨진 붉은 주아브^{Zouave} 병사의 형상은 어쩌면 크림 전쟁에서 가장 결정적인 사건이 될 수 있었을지도 모를 일을 기념하기 위한 것이다. 그 이야기는 1852년 한 터키 군인이 그의 담배 파이프가 총알에 의해 박살이 난 것을 발견하고는 탄약을 싸고 있던 빈 종이 속에 연초를 말아 넣어 피움으로써 오늘날과 같은 담배를 최초로 사용했다는 것이다. 사실 담배는 그보다 25년 더 일찍 프랑스로부터 들여온 것이었다. 그럼에도 불구하고 그 이야기는 '터키인처럼 담배를 피운다'라는 표현이 가능하게 만드는 근원이 됐다. 그러한 표현은 터키인들의 중독적인 흡연 습관을 나타내며, 무한한 발명의 재주로 전투 중에도 끊임없이 담배를 피운다는 것을 확인시켜주는 그런 문화 안에서 담배에 부여된 가치를 뜻한다.

사르도노폴리스^{Sardonopolis}에서 귀환하는 프랑스 군인들은 흡연이라는 습관을 가지고 돌아왔다. 그러자 담배는 한동안 파리에서 인기를 누렸다. 마르크스주의자들이 말하듯이, 담배는 프랑스와 그 밖의 유럽 국가들이 혁명의 폭동에 의해 뒤흔들렸던 1848년에 특히 폭발적인 인기를 누렸다. 모든 사회는 사회적 붕괴, 전쟁, 경제적 위기의 순간에 담배가 지니고 있는 유용성과 가치를 인정한다. 이 기간 동안에는 담배의 소비가 급상승을 하고 흡연에 대한 대중의 태도가 변화했다. 그러한 양상은 20세기에도 증명된다. 시민들이 긴장감과 불안감을 느끼고 있는 시기에는 담배가 보편적으로 용납되며 애국주의적인 감정과 감상적인 애착의 대상물이 되는 것이다. 그 대표적인 예가 자동차 제조업자인 안드레 시트로엥André Citroën이 1925년에 쓴 보고서이다. 그는 프랑스 담배 독점 회사인 레지Régie사에 의해 프랑스 담배의 장점을 어떻게 잘 살릴 수 있을까에 대해 자문 요청을 받았다. 시트로엥은 '검은' 프랑스 궐련에 부여된 군인 계급의 호칭인 '하사caporal'의 성질에 찬사를 보내는 극도의 애국주의적 비가의 문구를 써서 보내주었다.

> 활기차고, 대담하며, 남자답고 건장한 우리의 카포랄caporal. 우리의 전쟁 동지이자, 멋진 친구인 그는 그 얼마나 멋진 개성을 소유하고 있는가! 게다가 카포랄은 연기가 마치 노이로제 환자처럼 힘없이 위로 올라가는 대부분의 외국 담배와는 완전히 다르다.

루이 포웰louis pauwels은 프랑스 담배가 깎은 잔디와 파서 뒤집어놓은 흙, 양털, 물기 있는 가죽, 숲속의 불, 그리고 군인들만을 위한 클럽에서 나는 냄새가 난다고 했다. 시트로엥과 포웰에게 있어서 골루아즈 담배는 남성적인 결합으로 만들어진 것이며, 다른 외국 담배들은 감성적인 신경증 환자들을 위해서 만들어진 셈이다.

담배는 숭고하다

히스테리 증세에 사로잡혀 있는 미국인들은 당연하게도 럭키 스트라이크 그린Lucky Strike Green 담배를 자기 군복에 새겨놓고 있는 미국 보병 (역주 – 이 담배의 담뱃갑에는 럭키 스트라이크 그린 담배가 새겨진 군복을 입고 있는 미국 보병이 그려져 있다)과 "카멜이 오고 있다"라는 1914년의 약속과 관련이 있는 유럽인들의 희망에 대한 미국인들의 자부심과 애정 어린 동일시를 잊어버렸다. R. J. 레이놀즈에게 제발 담배를 보내 달라고 하는 미군 사령관 퍼싱 장군John J. Pershing이 쓴 편지 내용의 절실함을 듣고 미국인들은 꽤 놀랐을지도 모른다. 이 장의 맨 처음에 인용된, 1918년에 그가 국무성 장관에게 탄원하고 있는 보다 더 강력한 어조 또한 마찬가지다.

담배는 전시에 어떤 장점과 가치, 유용성, 미덕을 지니고 있는가? 담배는 음식처럼 필요한 것을 먹여 주는 것도 아니고, 부상당한 것을 치료해주지도 못하는데 말이다. 그러나 그럼에도 불구하고, 담배는 마치 금처럼 모든 상품 중 가장 값어치가 있고, 심지어 음식보다도 더 필수적이다. 교환의 보편적 징표였던 담배는 '완벽한 상품 교환권Golden Token'이라 불리워 왔다. 미국에서는 '올드 골드Old Gold'라는 담배의 상표도 있었다. 네드 리발에 따르면 "1940년에 침공당한 프랑스에서는 담배가 암시장에서 날마다 그 가치가 치솟는 완벽한 상품 교환권이 되었다"라고 한다. 전쟁 기간 동안 배급된 담배는 근본적으로 돈이나 마찬가지였으며 미국 담배 한 갑은 유럽에 있는 군인들에게 그들이 원하는 것이면 무엇이든지 구입할 수 있게끔 해 주었다. 루마니아 혁명 말기에 미국 담배인 '켄트Kent'는 잠시 루마니아의 수도 부쿠레슈티Bucharest에서 현지 화폐인 '레이Lei'를 대신해 상품 교환의 주요 매개체로 쓰였다. 러시아의 트빌리시Tbilisi에서는 폭도들이 거리에 뛰쳐나왔는데 이들은 빵 배급에 대해 항의하는 것이 아니라, 갑자기 줄어든 담배에 항의를 하기 위해서 시위를 했던 것이다. 죄수들이 동부로 추방되기 전에 억류되어 있던 드랑시의 프랑스 집단 수용소에서는 담배 한 갑의 가격이 200프랑과 500프랑 사이를 오르락내리락할 정도였다. 드니 에메Denise Aimé는 『방황하는 역마Relais des errants』에서 다음과 같이 썼다.

"담배가 그들이 동부로 추방되기 전날 밤에는 150프랑에 팔린다. 그리고 담배를 한 모금 빠는 데 10프랑을 지불해야만 한다. 결국 자유와 꿈이라는 이 마지막 담배 한 모금에 10프랑의 대가를 지불하는 것이다."

'마지막 담배'는 초자아Superego, 즉, 도덕적 양심을 심어주는 사형대의 유머gallows humor와 동일한 기능을 수행한다고 프로이트는 말하고 있다. 양심이 위치한 이 초자아는 또한 우리들의 가장 높은 가치와 가장 고상한 자아의식을 대변하기에, 우리는 다가오는 죽음에 대해 관조의 태도를 지닌 채 죽음의 공포에 아랑곳하지 않게 되는 것이다. 가치란 시간과는 무관하게 영원하므로, 초자아는 자신이 사라져버릴 것이라는 사실을 믿지 않는다. 또한 그것이 설령 긴급하게 처형당하는 순간에 직면할 때에도 자신은 파괴되지 않을 것이라고 느낀다. 우리가 흔히 하는 농담과 마찬가지로, 곧 죽으려 하는 사람들을 위해 담배가 제공하는 유익은 사후死後의(또는 신성한) 입장—이것은 우리가 시간이라는 것을 벗어나서, 아무런 해를 입지 않는 또 다른 시간과 장소 속에 들어가는 것을 의미하는데—을 받아들이는 그들의 능력 여하에 달려 있다.

1917년, 참호 속에서 편집되었던 신문《라 배오넷La Baïonnette》은 군인들을 위해 중재자의 역할을 해주고, 위로가 필요한 자들에게 위로를 주는 담배의 신성한 임무에 대해 확증해주고 있다. 그 신문은 '담배 예찬론'과 '감사와 찬미로 쓴 기도'라는 고정 칼럼을 정기적으로 발행했다.

담배는 숭고하다

가을 잎사귀와 잘 익은 귀리 색깔이 나는 카포랄이여, 그대에게 축복이 있을지어다. 오, 담배여! 그대는 전투에 임하는 군인의 위안이어라! 그대는 모든 종류의 꿈을 조장하고 모든 고통을 덜어주며 심지어 우울한 기분을 불어서 날려버리는 것까지도 알고 있네. 오, 성스런 위로자인 너 담배여!

교환의 보편적인 징표로 쓰이는 담배의 가치는 '선물을 주는 경제의 개념' 속에 내포되어 있다. 담배는 남에게, 또는 자기 자신에게 주는 선물로서 제공된다. 담배는 군인에게 관용성의 지표이자 표시다. 군인은 동지애의 발로에서 담배를 전우와 서로 주고받는 것이다. 두려움이나 불안의 순간, 담배는 군인들로 하여금 용기를 북돋아주고 안정을 되찾게끔 해준다. 담배는 선물을 주거나 공격을 해야 하는 그의 능력과 자아를 되찾기 위해 스스로에게 하는 작은 선물이다. 그러나 또한 담배는 그가 실패와 낙심, 기다림의 지루함을 달래기 위해 하루에도 마흔 번씩 마실 수 있는 기회를 발견한 깊은 우물과도 같다. 담배는 이 땅과 하늘을 연결시켜주는 '향薰'이다. 담배는 그 향이 현세에 대한 부정성으로 더 높은 영역을 향해 올라갈 수 있도록 해주는 능력을 가지고 있다. 담배가 또다시 악마시된 시대라면 다음 이야기를 상기하면 도움이 될 것이다. 바로 담배가 콜럼버스 이전 시대에는 뉴욕의 이로쿼이Iroquois 족에서부터 유카탄의 마야Mayans 족에 이르기까지 널리 펼쳐져 있는 북미 인디언들을 그 추종자로 두었던 신으로 간주되었다는 것을. 북미 인디언들이 사용하는 긴 담뱃대의 깜부기불은 종족들이 둥그렇게 둘러 서 있는 원과 조상의 영혼들을 연결시켜주고 있다. 시간으로부터 도피하여, 과거와 미래를 소환하는 힘을 지닌 담배를 통해 죽은 조상과 연결된 인디언들은 그들의 조상에게서 자신들을 보았던 것이다. 담배는 조상들을 모방하고 또 그들을 능가함으로써 떠돌아다니는 영혼들이 자신들에게 부과하는 짐을 경감시키기 위해 꼭 필요하다. 담배 연기는 조상들에 버금가는 용기를 얻기 위한 그들의 집단적 갈망을 소환하는 역할을 했다.

사적 영역에서 무언가에 집중하려는 태도로 서두르지 않고 담배 연기를 흡입하고 내뱉는 단순한 행위는 기도의 조건을 충족시킨다. 그것은 흡연가로 하여금 수용과 초연함으로 구성된 관심의 질을 자신의 고통 속으로 투영하고, 그럼으로써 이러한 고통을 신에게 제시하는 것이다. 그러한 관계는 새로운 것이 아니다. 흡연의 쾌락을 다룬 1856년도 저널 《파리의 흡연가Paris fumeur》는 '흡연은 곧 기도다Qui fume prie'라는 모토를 가지고 있었다. 더욱 최근을 예로 들면, 르클레르는 흡연을 다루고 있는 자신의 책 『오늘의 불』에서 "담배는 우리 시대를 위한 기도다"라고 쓰고 있다.

〈담배 예찬론〉은 '꿈에 호의를 베풀고' 시공간을 활짝 열어 공상이 조금 더 연장될 수 있도록 만드는 담배의 능력을 다루고 있다. 매번 빨아넘기는 담배 연기는 꿈을 꾸는 아름답고 세련된 공간이자, '필요'라는 거친 억압과 죽음의 잔인한 위협으로부터 도피처로서 흡연가의 머리 위에 즉시 회색빛 섞인 푸른 기구 풍선을 띄워준다. 내뿜는 각각의 담배 연기는 자유와 꿈의 마지막 표출이다. 빨아들이고 내뿜는 순간은 근심으로부터 해방되는 순간이다. 짧은 명상의 순간인 그것은 현실을 잠시 고정시켜주며, 우리로 하여금 우주에 대한 무한한 애착과 불멸에 대한 짧은 경험을 느끼게끔 해준다. 구름과 같은 담배 연기는 만화 속에 나오는 기구 풍선이나 마치 스크린에 투영되듯이 흡연가의 상상이 투영되는 그림과 닮았다. 이탈리아어로는 만화 속 주인공의 말과 생각이 표현되는 원과 같은 작고 둥근 구름을 '일 푸모il fumo(역주 – 이태리어로 '담배 연기'라는 뜻)'라고 부른다. 담배를 피우는 데 소요되는 시간 동안에 흡연가는 자신이 제일 바라는 소망을 작은 영화배우와 같은 역할로 상상 속에서 실현할 수 있다.

공상의 조건(담배 연기)은 잊히고 있는 것처럼 보인다. 그리고 담배 연기는 전쟁의 잔인함을 가려주고, 고통은 안개로 덮어주고, 부정적인 경험의 거울을 연기로 뒤덮어버리고, 심지어 전쟁의 약탈과 불행을 지워 없애주는 힘을 대표하는 은유법이 되어가고 있다. 흡연은 기억력 상실을 촉진시키는데, 그 기억력 상실은 또한 군인의 단골 성인, 그러니까 기도하는 사람이 자신의 '성스런 위로자'라고 부르는 그것인 셈이다. 한 담배 역사가는 기억력 상실이라는 주제를 다루고 있다. 지루함과 고통, 추위, 더위 그리고 군대의 비참한 규율, 삶과 죽음의 불공평에 맞서기 위해 담배를 피운다는 것이다.

군인은 사랑과 자유를 잊기 위해, 또한 깨끗한 생활과 군모를 벗은 채 홀로 걷고 싶은 마음을 없애기 위해 담배를 피우는 것이다.

일반 대중을 다른 사람들이 피우는 담배 연기로부터 보호하는 정당성에 근거하여, 사회가 담배에 반대하는 법률들을 강력하게 통과시키고 있는 순간에는 담배가 한때 지니고 있던 가치를 상기하기가 어렵다. 비행기 안에서 사람들로 하여금 담배를 피울 권리, 그것도 자기 자리에서 피우는데도 그런 권리를 박탈하는 것은(비행기는 그 정도의 통풍 장치는 다 되어 있는데 불구하고) 일반 사회가 위험의 순간에 기도와 같은 위로와 절대적인 체념을 발견하기 위해 고안한 가장 강력한 장치를 유보시키는 셈이다. 전시에는 사람들이 작고 아담한 둥근 원통 모양의 종이와 그 속에 들어 있는 연초를 그들의 손가락과 입술 사이에서 염주나 혹은 다른 성스런 위로물처럼 감사와 애정으로 쥐게 된다. 그러니까 담배는 작은 악마이자 신과의 중재자이며, 가장 친한 친구이자, 위대한 영웅적 행위의 순간과 공허하고 찌뿌둥한 권태의 순간에 자아의 외로움과 벗 삼아 이야기하는 동료인 셈이다.

담배는 군인이 놓인 상태의 잔혹함을 순간적으로 감춤으로써 그에게 행복감을 준다. 사실 담배는 감각을 마취하는 효과보다는, 오히려 현실로부터 격리된 어떤 지적 태도를 허락한다. 즉, 담배는 야누스처럼 향수를 불러일으키거나, 꿈같은 기대를 가지며 사색하는 그런 지적 태도를 가능하게 만드는 효과를 지니고 있는 것이다. 그러나 담배는 치료법과는 다르다. 담배가 비록 건강에는 나쁘지만 대신 영혼의 병을 치유한다고 말해도 무리는 없다. 사실 담배는 군인들에게 다른 방식으로, 즉, 더욱더 혼란을 주고 평화로울 때에는 보다 덜 명백한 방식으로 봉사한다. 바그람Wagram 전투에서 용맹하게 전사했던 나폴레옹 집권기의 영웅 라살 장군의 이 수수께끼 같은 주장을 생각해보라.

"기마병은 담배를 피워야만 한다. 담배를 안 피우는 기마병은 진정한 의미의 군인이 아니라고 할 수 있다."

이 말은 무슨 의미일까? 흡연과 진정한 군인 사이에 연관이 있다는 라살 장군의 주장은 누구도 논박하지 않는다. 그것은 그의 힘과 자연의 힘, 서로 싸움을 붙이는 데 익숙한 한 사나이의 생생한 영상을 보여주는 말보로나 카멜 담배 광고 카피의 하나처럼 명백하게 주장되고 있는 것이다.

현대사에서 때때로 흡연을 거부하는 것은 반미反美적인 것이나, 누군가는 신화라고도 부르는, 개척지의 파토스Pathos(역주 – 수사학에서 정념, 열정, 충동 등을 나타내는 말)와 연관된 영웅적인 신념의 거부처럼 간주되었다. 여기서 '영웅적'이라 함은 (엄밀하게 말해서 헤겔적인 의미로) 죽음에 직면해서도 용기를 보여주고, 죽음을 똑바로 쳐다보는 것을 뜻한다. 우리가 담배를 피울 때, 우리는 단순히 위로의 한 조각만을 빠는 것이 아니다. 담배 연기는 결코 어머니의 젖만은 아니기 때문이다. 담배는 대체적으로 쓰며, 어지러운 구토 증세를 야기하며, 한 모금씩 빨 때마다 죽어가는 느낌을 들게 한다. 그러나 담배에게 영웅성이 있다고 말할 수 있는 것은 바로 담배 속에 들어있는 독, 그것도 매우 강한 독 때문이다. 따라서 성인 한 사람을 살해하기 위해서는 헤로인이나 코카인보다 더 적은 극소량의 니코틴만 있으면 되는 것이다. 매번 빨아대는 담배 연기 속에는 적은 양의 죽음이 들어 있으며 이것이 바로 진정한 군인들로 하여금의 참된 사기가 하늘을 찌르게끔 만드는 것이다.

『오늘의 불』에서 르클레르는 다음과 같이 썼다.

"담배는 나의 욕망을 채워주고, 그것이 생명이 다할 때까지 유지시켜주는 대상물이다."

담배는 욕망을 유지시킬 뿐 아니라 그것을 죽이기도 하는 도구다. 담배는 결국 공상에 구멍을 내 터뜨리기 위해 그것을 부풀린다. 그것은 꿈의 소원 성취라는 순간을 즐기고, 그것을 중단하며, 또한 구멍을 내듯이 그것을 비벼 끈다. 그런 점에서 볼 때 담배는 헤로인과 같은 다른 약물들과는 다르다. 왜냐하면 다른 약물들은 심지어 죽음 직전에 이르기까지, 마취성이라는 논리적 결론으로써 획득하는 쾌락의 무한한 연장을 취하기 때문이다. 우리는 담배를 피울 때 현실을 잠시 잊고 소망을 순간적으로 즐기다가, 곧 그것마저 잊힐 것이라는 지식 또는 욕망을 가지고 피우게 된다. 현실을 잊어버리는 것, 그것을 또다시 잊어버리는 것, 즉 담배를 다 피우고 나서 공상이 아닌 현실로 되돌아오는 것은 담배의 독이 우리 몸 안으로 비집고 들어온 후, 다시 세상 속으로 날카롭게 회귀

했다는 것을 의미한다. 이런 부정적인 여행의 거리는 매우 짧기 때문에 더욱더 강렬하게 느껴지는 것이다. 그것은 담배에 기운을 돋우는 성질을 부여하며, 우리가 현실 밖의 순간적인 시각으로부터 급작스럽게 되돌아오는 현실감을 고조시킨다.

도덕주의자들은 사회가 흡연에 대해 가장 엄격한 억압을 가할 때, 여성들이 왜 전보다 더 많이 담배를 피우는지 이해하지 못한다. 그것은 바로 오늘날 여성들이 비록 한동안은 투쟁을 늦추었으나, 과거의 엄격함을 다시금 바라는 남성우월주의적 체제와 더욱 격렬히 싸우고 있는 군인들이기 때문이다. 말보로 담배 광고에는 여성이 등장하지 않는다. 그 이유는 이 광고에 여성이 등장하지 않아도 여성들은 모든 곳에서 담배를 피우고 있기 때문이다. 그 정도로 여성 흡연 인구는 엄청나다. 오늘날 반 흡연 법안 제정은 늘 그래왔듯이 여성 해방을 위한 투쟁에 방해가 된다. 여성들이 사회에서 흡연할 권리를 갖게 되는 정도는 그들이 획득한 보편적 평등의 지표이자, 시민 사회 내에서 그들이 차지하고 있는 전임 회원으로서의 시금석이다. 반 흡연 법안은 여성 해방 전쟁이 여전히 치열하게 벌어지는 숨은 전장 중 하나다.

"(전장에서) 담배가 배급될 때, 그것은 곧 공격의 시간이 가까워졌다는 신호였다."

『서부 전선 이상 없다』에서 레마르크는 이처럼 말했다. 담배는 군인들을 무감각하게 만들 뿐 아니라 그들의 신경을 무디게 할 뿐만 아니라 강철처럼 만들고, 포위되었다는 불안감을 극복하게 만든다. 심리적으로 담배는 불안을 통제하는 빼어난 도구다. 하지만 공포를 경감시켜주는 역할은 심리적일 뿐 그렇게 명백한 것은 아니다. 하이데거에게 있어서는 공포가 아니라 불안이 '세계 내 존재'의 근본 성질이다. 손으로 붙들 수

담배는 숭고하다

있을 만큼 분명하고 확고한 것으로부터 달아나려는 공포와 달리, 불안은 '여기' 또는 '저기'가 확실하지 않은 것을 걱정하는 것이다. "불안은 걱정되는 것에 직면해서도 그것이 무엇인지를 알지 못하는 것이다"라고 하이데거는 말한다.

불안을 느껴 담배를 집을 때, 니코틴은 언제나 두 개의 뚜렷한 심리 효과를 낳는다. 이 효과들은 조정하는 역할을 한다. 담배가 혈관 속으로 들어가는 순간, 니코틴은 갑자기 맥박과 동맥의 압력을 극적으로 상승시키며, 담배가 공격하기로 되어 있는 긴장된 불쾌감의 신경을 역으로 더 거슬리게 하기도 한다. 실제로 담배를 한 모금 깊게 빨면 불안과 관련된 심리 증상이 더 악화된다. 그러나 그런 악화의 장점은 그런 심리 효과를 특정의 확고한 원인, 즉 내가 지금 피우고 있는 이 담배에 묶는다는 점이다. 이전에는 불안이 불확실한 위험의 막연한 기대에 의해 야기되었던 반면, 지금은 담배에 의해 조장되고 있다. 그리고 이 불안감은 시간을 엄수하여 어김없이 날카롭게 찾아온다. 막연한 불안을 고통스러울 정도로 명확한 원인으로 대치하는 것은 불안이라는 병을 제거하기 위한 첫 단계인 것이다.

충동을 묶어버리는 부정적 경험의 힘, 다시 말해 작은 죽음이라고 할 수 있는 고통이 충동을 묶어버리는 그러한 능력은 프로이트의 에세이 『쾌락 원칙을 넘어서』에도 분명하게 나타난다. 그가 '죽음의 본능'이라고 부르는 것은 쾌락 원칙의 기저에 깔려 있는 것인데, 간헐적이고도 난폭하게 변조되어 버릴 유기체의 방출을 반복적이고도 또 예측 가능한 양상으로 조직한다. 담배를 피워 일정량의 니코틴을 소화함으로써 그 유기체는 죽음을 앞당기며, 몸 내부적으로는 불안의 불쾌감을 참아낼 때보다 더 해롭다. 그러나 그것이 재촉하는 죽음은 그 자체의 죽음이다.

그것은 통제하지 못하는 과정 대신, 죽음을 향한 자기 길을 선택하는 것이다.

불안을 제압하기 위해 담배를 피우는 것은 '사는' 형태보다는 '죽는' 형태를 더 선호하는 것처럼 여겨질지도 모른다. 그런 점에서 그것은 영웅적인 행위이지 영양학적이라거나 치료법은 될 수 없다. 그러나 어떤 상황에서는 스스로에게 더 많은 불안감을 제공하는 것이 수동적으로 참아내는 것보다 선호할 만하다. 즉, 스스로 죽음을 선택하는 것이 스스로 통제할 수 없는 삶을 참는 것보다 더 바람직한 것이다. 전쟁보다 더 끔찍한 단 하나는 자유를 잃는 것이다.

그러나 니코틴의 심리적 효과는 두 단계로 이루어져 있다. 그것은 불안감을 증대시키는 대가로 혈압과 맥박을 상승시킬 뿐 아니라, 그 다음에는 그것들을 하강시켜 위로와 안도감을 준다. 좀 더 강력한 불쾌감의 대가로 불안을 증대시키는 대신 불안에 정확하고 확실한 원인을 제공함으로써, 그 불안을 극복한 유기체는 영웅성의 작은 대가를 보상으로 받게 된다. 독성에 따른 불안감의 갑작스런 폭발 다음에 안도의 순간이 뒤따르게 되는 것인데, 이때 그 유기체는 지금은 제거된 독성분이 처음에 야기했던 긴장을 풀게 되는 것이다. 혈관의 팽창과 심장 박동의 느슨함은 그 독성분을 제거하고, 그 증상과 전투한 뒤에 찾아오는 안도감을 만든다. 심리학적 견지에서 볼 때, 그 모순되는 효과들은 칸트의 숭고함처럼 서로를 역설적으로 강화하고 있다. 즉, 덜 편한 것이 더 편한 것의 조건이 되는 것이다. 그러한 메커니즘은 예를 들어 더 많은 양의 독과 싸우기 위해 작은 양의 독을 취하거나, 또는 더 강력한 전염병에 대한 예방책으로 강도가 약한 질병을 수용하는, 이른바 예방접종과는 전혀 다르다.

담배는 숭고하다

● 군인과 담배

담배는 불안의 형태를 변형시키고 완화하기 위한 조건으로 걱정을 상승시킴으로써 불안을 막는 데 도움이 된다. 그것은 비록 그 마지막 단계가 정상적인 상태보다는 더 긴장되며, 또 불쾌함이 오르는 상태를 통과하면서 도달한다. 마치 안심에서 나오는 쾌락이 육체의 긴장과 팽창 사이를 횡단하는 것과 같다.

흡연의 모순적인 심리 효과로 담배의 심리적 이용은 광범위하게 이루어지고 있다. 각각 다른 순간과 조건 아래에서 사람들은 자신의 집중력을 강화해주는 담배의 힘 때문에 그것을 피우기도 하고, 안도감과 위안을 제공하는 힘 때문에 피우기도 하며, 또한 공상을 하는 데에도 상당히 도움이 되고, 초월적인 견해를 낼 수 있도록 해주는 위력 때문에 피우기도 한다.

담배가 전쟁에서 사용되는 다양한 방법 중에서 몇 개를 예로 들기 위해, 저자는 몇몇 위대한 전쟁 소설에서 나타나는 모든 담배의 유형들, 그러니까 불이 붙거나, 꺼지거나, 버려지거나, 서로 나누거나, 비축되거나, 미움받거나, 사랑받는 모든 담배들을 예로서 언급했다. 여기서 담배는 고문과 외과 수술의 도구이자 우정과 사랑의 표시인데, 제1차 세계대전을 다룬 레마르크의 걸작 『서부 전선 이상 없다』를 필두로 하고 있다. 위에서 말한 몇몇 위대한 전쟁 소설의 목록에는 스페인 내전을 다룬 소설인 헤밍웨이Ernest Hemingway의 『누구를 위하여 종을 울리나』와 노먼 메일러Norman Mailer의 『벗은 자와 죽은 자』가 해당된다. 또한 한국 전쟁의 영웅담을 그린 윌리엄 스타이런William Styron의 『대장정大長程』과 올리버 스톤Oliver Stone의 영화 각본에 근거한 데일 다이Dale Dye의 베트남 전쟁 소설 『플래툰』 역시 이에 해당한다. 마지막으로 담배가 상상력에 기여한 역할을 더 첨언하면, 구시대의 냉전을 그린 작가 톰 클랜시Tom Clancy의 『크레

플린의 추기경』도 이에 속한다고 볼 수 있다.

『서부 전선 이상 없다』는 20세기 전쟁 소설에서 진부한 문구가 되어 버린 장면, 그러니까 평범한 민간인이 전장에서 막 돌아온 군인들의 눈을 통해 보이는 장면으로 시작한다. 이날 전투지에서 9킬로미터 떨어져 있는 후방의 군인들을 위해 봉사하는 뚱뚱한 요리사 한 명이 음식을 날라 오는데, 그는 자신이 들고 온 접시 속에 들어 있는 소시지와 빵을 모든 군인들에게 이전의 두 배씩 되는 양으로 세심하게 덜어 준다. 몇몇 군인들은 마치 저수지인 양 수통에 물을 가득 채울 수가 있었다. 그런데 그 결과는 끔찍했다. 독자들에게는 완벽하게 친숙해 보이는 것이 '군인-화자'의 견지에서 볼 때는 상상할 수 없는 가장 이국적인 것으로 보이기 때문이다. 몇몇 평범한 필요를 만족시키기 위해 일반적으로 취해지는 행동이 가장 사치스런 방탕이라는 비현실을 요구하는 것이다.

전쟁 소설 분야의 세심한 독자인 윌리엄 스타이런 역시 『대장정』의 서두를 군인들이 급식을 받기 위해 늘어선 이야기로 시작하고 있다. 소설의 첫 문구에서 스타이런은 실수로 잘못 발사한 대포알이 군용 식당 중앙에 떨어지는 바람에 죽거나 부상을 입게 된 군인들을 묘사하고 있다. 후방의 병사들이 순서가 바뀌어 최전선으로 진격하게 되는 순간이 전쟁 소설에서는 환각 증세의 주파수가 진동하는 순간이다. 아마도 그것은 전쟁소설의 근본적인 서술 법칙인 전투 장면과 발포로부터 멀리 떨어져 있는 삶, 긴장과 안도, 공포와 불안의 순간을 응축한다. 전투가 한창인 순간, 군인의 공포는 적을 향하게 된다. 아니, 오히려 공포를 명령하는 것이 적이며, 또한 교전에서 불안을 극복할 목적으로 그 불안에 초점을 맞추는 대상을 스스로에게 부여하는 것이 적이라 볼 수 있다. 전선에서 모든 군인들의 반응과 행동은 적개심을 품은 힘에 의해 자신을 향한 위협에 용감히 맞서게 되고, 정면으로 도전할 필요에 의해 촉진된다. 배식을 위해 늘어선 줄의 의식儀式이 발생하는 후방에서는 공포가 누그러들지만 불안감은 되돌아온다(한국 전쟁 중반, 스타이런의 후방은 노스캐롤라이나 신병 훈련소였다). 고조된 불안은 군인이 먹고 마시면서 처음으로 좀 더 평화로운 상황에 적응하기 시작할 때, 그리고 그로 인해 전시에 전쟁터에 가 있지 않은 다른 사람들처럼 살 수 있을지도 모른다는 생각을 할 때, 군인들을 압도하는 광기로 표현된다. 그 광기는 죽음을 향한, 우리들의 영원한 무의식적 인식의 광적인 거부다. 죽음은 우리가 죽기로 기대한 장소로부터 멀리 떨어져서는 거의 불가능한 것처럼 보인다. 스타이런은 군인들이 있는 군용 식당 한복판에 대포알을 잔인하게 쏘고 있다. 허기로 인해 정신없이 식사를 하고 있는 이들의 광적인 순간을, 가장 예측할 수 없는 것, 그러니까 죽음의 급작스런 침입을 통해 중단시키는 것이다. 한국인이 살기 위해 두려움을 멈추는 순간 그는 죽음의 도구에 의해 죽음을 당한다. 그를 보호해왔던 공포의 대상인 죽음의 도구에 의해 말이다. 삶으로 다시 돌아가는 것은 마지막 출구를 위한 역설적인 호기이다. 클랜시의 『페트리어트 게임』의 첫 장면에서 영원한 영웅 라이언은 런던에서의 공휴일에 우연하게도 테러리스트의 공격을 당해 거의 죽다가 살아난다.

그러나 『서부 전선 이상없다』의 화자인 폴에게 있어서 그날 제공된 두 배나 되는 음식양은 중요한 것이 아니다.

"그러나 가장 중요한 것은 전보다 두 배로 제공되는 담배의 배급이었다. 일인당 열 개의 시가와 스무 개의 담배, 그리고 씹는 담배 두 갑. 이곳은 그런대로 괜찮았다. 나는 카친스키의 담배와 내 씹는 담배를 맞바꾸었다. 그렇게 하다 보니 어느덧 내 담배는 마흔 개나 되었다. 이것은

담배는 숭고하다

돈으로 치면 선불을 받은 셈이었다.”

　정상적으로 담배는 그날그날 있을 때는 있는 대로, 아니면 군인들의 사기를 돋우는 담배의 영향력을 인정한 장교들의 일시적인 기분에 따라서 배급된다. 군인들이 담배를 피울 시간이 다가오기 전에 그것을 사전에 비축할 수 있다는 가능성은 환상적이고 사치스러운 감정을 유발하고, 자신의 삶을 통제하는 전제주의의 지배로부터 해방된다는 것을 뜻한다. 그것은 배당에 의한 적은 양이라는 일반적인 상태 대신, ‘풍족의 경제’라는 것을 잠시나마 형성하는 것이다. 그러나 배가倍加된 분배에 관해서 가장 중요한 것은 담배가 단순한 음식과는 달리 인간과 동물을 구분해주는 것이라는 점이다.

　우리가 주장한 바와 같이 인간은 담배를 피운다는 점에서 동물과 구별된다. 살아 있는 다른 피조물 중 그 어떤 것도 자진해서 담배 연기나 불붙은 다른 어떤 것을 자기 몸속으로 흡입하지는 않는다. 그리고 전쟁 시의 흡연은 자연적인 욕구를 충족시키는 것과는 무관한 현저한 가치를 얻는다. 사실 그것은 군인들에게 위험한 것으로 여겨지기도 한다. 왜냐하면 담뱃불 등으로 인해 적에게 자신의 자취를 드러내거나 목표물이 되기 때문이다. 레마르크의 『서부 전선 이상 없다』에 나오는 다음과 같은 문구는 그 좋은 예이다.

　“그는 어둠이 오기 전에 마지막 담배를 한 대 피우겠다고 마음먹었다. 그러나 결국 적에게 노출되어서는 안 된다는 절박감이 그로 하여금 담배 피우는 것을 불가능하게 만들었다.”

　담배는 정글 속에 있는 군인들에게는 육체적 만족이나 정신적 행복감을 제공할 뿐 아니라, 미각과 판단과 감식과 분별에 대해 문명의 본성과 심미적 쾌락의 맛을 제공한다. 『서부 전선 이상 없다』의 화자인 폴은 다음과 같이 반추한다.

> 그리고 우리 주위에 있는 초원에서는 풀들이 쑥쑥 자라 있었다. 늦여름
> 의 부드럽고도 따스한 공기 속에서 풀잎들은 고개를 숙인 채 자라고 있
> 었던 것이다. 우리는 편지와 신문을 읽었다. 그리고는 멋지게 담배를 피
> 워댔다……. 그러자 우리의 모든 감정들은 새롭고 강하게 분출되었다. 빨
> 간 양귀비와 좋은 음식, 담배, 그리고 여름날 부는 상쾌한 바람 탓이었다.

레마르크 소설의 주인공 폴에게 있어서 총탄에 맞는 것을 가까스로
피한 것은, 곧 그것을 맞은 것과 다름없다. '이후의 삶life after'은 곧 '내세
afterlife'와 다름없는 것이듯 말이다. 마치 자신이 죽어서 하늘나라에 간
것처럼 따스한 햇볕 아래 누워 다시 태어난 기분으로 담배를 '멋지게'
피워대는 그 군인은, 마치 위로 들림을 받아 성자들 사이에서 축복을 받
으며 모든 감각들이 새롭게 되는 영생과 같은 감정을 느끼게 된다. 다시
한번, 맛보고, 느끼고, 냄새를 맡을 수 있게 되자 그의 언어가 되살아난
다. 생존과 관계된 것 이외에도 다른 자극에 반응하는 그의 능력이 돌아
온 것이다. 다시 태어난 그는 이것과 저것을 분별하고 그 순간의 특성을
감지하며, 여름의 산들바람 속에서 사라지는 담배 연기와 같은, 잠시 후
면 사라질 아름다움을 발견한다.

역으로 전쟁 중 가장 최악의 순간은 종종 담배의 맛을 증오하는 등장
인물에 의해 나타난다. 극도로 지쳐 있는 스타이런의 등장인물을 예로
들어보자.

"피가 그의 눈 바로 뒤에서 그의 관자놀이를 향해 화를 내며 두드리고
있었다. 그는 너무나 목이 말라 수통의 물을 3분의 1이나 허겁지겁 마셨

다. 그는 담배에 불을 붙였다. 그러나 담배는 맛이 없었으며 금속의 쓴맛이 났다. 그래서 그는 담배를 버렸다. 그의 무릎과 허벅지는 후들거리면서 뻣뻣해지고 기운이 빠져버렸다."

그 군인은 담배 맛을 잃어버렸다. 군인의 자아규율이 지나친 과도함의 중압에 못 이겨 무너져 내릴 때, 스타이런이 종종 되돌아가는 지점에 있는 것이다. 따라서 아무것도 맛이 없으며 담배도 금속성의 맛으로 되돌아가 버린 것이다.

잔뜩 긴장한 채, 해안을 점령할 준비를 하며 보트에서 내리는 노먼 메일러의 다른 등장인물을 살펴보자.

"레드는 담배에 불을 붙이기 시작했다. 그것은 그들의 보트가 물 위에 내려진 이래 다섯 번째로 피우는 담배였다. 그러나 그것은 맛이 없었으며 불쾌하기까지 했다."

비슷한 구절이 또 있다.

"그는 담배에 불을 붙인 후 신중하게 담배 연기를 내뱉었다. 그의 폐는 아직도 행군했던 상태 그대로였다. 담배는 불쾌한 맛이 났다. 그러나 그는 계속해서 담배를 피웠다."

스타이런과 마찬가지로 메일러는 전쟁과 담배의 쾌락 사이의 상호 모순성을 이해하고 있다. 이 두 작가들은 또한 담배의 심리적 효과와 그것의 문화적 역할 사이의 특징을 이해하고 있다. 담배는 군인에게는 가장 중요한 것이라고 레마르크는 말한다.

『서부 전선 이상 없다』에서 폴과 그의 전우들은(그들 중 대부분이 같은 마을에 같은 학교 출신들이었는데) 그들에게 단지 쓸모없는 것들과 거짓말만을 가르쳐주었던 칸토레크 선생을 경멸하면서 떠올린다. 폴은 자신이 학교에서 배운 것 중 대부분을 잊어버렸다고 말한다.

"나는 그따위 것들 대부분 기억 못 해. 그런 것들은 기억할 만한 가치가 없다는 말이 맞는 것 같아. 하지만 학교에서는 그 어느 누구도 비가 오거나 바람 부는 날에는 담뱃불을 어떻게 붙여야 하는지에 대해서는 가르쳐주지 않았지."

군인에게 있어서 이런 지식은 전쟁에서 알아야 할 가치가 있는 유일한 교육의 가장 고상한 형태이다. 이 문화의 가장 고상한 형태는 폭풍우가 불어오는 쪽으로 몸을 웅크린 채 담배에 불을 붙이는 방법이다. 반대로, 담배에 불을 붙일 수 없는 것은 가장 잔인한 박탈의 경험이 된다.

군인이 가장 처참하게 낙담하는 순간은 비로 인해 젖은 담배가 해체되어, 그 속에 든 연초 부스러기들이 땅바닥에 떨어져 자기 군화 주위의 진흙탕과 섞여버리는 것이다.

"토글리오는 담배에 불을 붙이려 시도했다. 그러나 담배는 비로 인해 축축하게 젖어 있었고, 그가 방수용 주머니에서 성냥을 꺼내 불을 붙이기도 전에 분해되어 입에서 떨어져 나갔다. 그는 그것을 땅바닥에 던져버렸다. 그리고는 진흙과 뒤섞이는 모습을 지켜보았다. 그는 완전히 비에 젖었다. 비는 계속해서 퍼부어 내렸다. 그의 등 아래로 흘러내리는 모든 빗방울은 마치 끔찍하고도 혐오스런 차가운 괄태충과도 같았다."

노만 메일러는 이렇게 썼다.

담배는 군인을 끔찍하고 혐오스런 어떤 것으로부터 막아준다. 담배가 괄태충과 거머리 같은 벌레들을 죽여 없애는 것이다. 아마도 이것은 전쟁 소설에서 자주 등장하는 모티프, 즉 군인이 자기 피부에 붙어 있는 기생충을 죽이기 위해 불붙은 담배 끝을 이용하는 반복적인 장면을 설명한다.

"라흐는 테일러의 입술에 붙은 거머리를 발견하고는 빗물에 젖어 있

담배는 숭고하다

는 담뱃불을 이용해 부풀어 오른 그 물체를 떼어냈다."

다이는『플래툰』에서 기록하고 있다. 담배는 프로메테우스처럼 불붙은 끝을 입술을 향해 가지고 가서는, 거머리처럼 전쟁의 가장 비열한 것으로부터 군인이 안심하게 만들어주는 것이다.

여기에 메일러식 우화가 하나 있다. 여기에는 용감한 죽음의 전조인 검은색과 금색의 긴 촉수를 지닌 유충 하나가, 무례함에 대항하는 무기처럼 사용된 문명의 '불'을 대표하는 담배에 의해 그을려 죽는다.

> 와이먼이 그의 불붙은 담배를 유충의 등에 갖다 대자 그 유충은 똑바로 서 있으려고 필사적으로 바둥거렸다. 그것은 몸을 뒤틀고는 다시 납작하게 엎드렸다. 등은 L자 모양으로 오그리고 다리는 힘없이 허공에다 대고 허우적거리며 말이다. 그것은 마치 필사적으로 호흡을 하려는 듯이 보였다.

그 군인은 열대 정글의 혐오스런 배설물──유충을 알파벳 글자와 아마도 여성의 사랑의 표현('다리를 힘없이 허공에다 대고 허우적거리고' 있다는 점에서)으로 변형시키고 있다.

전쟁의 비인간성을 인간화시키는 담배의 힘은 소설에서는 한계가 있다. 그러나 그것은 종종 그 영향력을 확대해 전선을 가로질러 적의에 찬 서로에게서 적군과 아군이라는 인식을 흐리게 만들기도 한다. 전쟁으로 편이 나누어진 그 인위적인 상황에서, 적군을 측은해하기까지 한다. 다리를 파괴하는 임무를 받은 로버트 조던이 다리 위에 서 있는 보초병을 내려다보고 있는 헤밍웨이의『누구를 위하여 종은 울리나』의 한 장면을 떠올려보라.

보초병이 벽에 기댄 채 앉아 있었다······. 그는 졸린 듯 보였다. 로버트 조던이 그를 지켜보자 그는 하품을 했다. 그 후에 그는 담뱃잎 주머니와 종이 한 다발을 꺼내 담배를 말았다. 그는 라이터에 불을 켜려고 했다. 그러나 잘 되지를 않았던지 그는 라이터를 주머니 속에 다시 넣고는 화로가 있는 곳으로 다가갔다. 그리고는 화로 속에 있던 숯 한 덩어리를 꺼내 손 위에 올려놓고는 양손으로 번갈아 왔다 갔다 하며 입으로 후후 불면서 담뱃불을 붙였다. 그리고 다시 그 숯을 화로 속에 집어넣었다. 조던은 자이스Zeiss 배율 망원경을 통해 상자에 기대 담배를 피우는 보초병의 얼굴을 바라보았다······. '난 다시는 그를 보지 않을 거야'라고 그는 마음속으로 말했다.

담배를 말아 불을 붙이고 피우는 행위는 로버트 조던이 성능 좋은 독일 망원경을 통해 매우 가까이 당겨 관찰함으로써, 적군을 거의 자기 손님처럼 친근하게 느끼게 만든다. 보초병의 담배는 거울이다. 그를 죽이기로 결심한 이상 조던은 그를 다시는 보지 않을 것이다. 그것은 이 전쟁에서 서로 용납될 수 없는 차이점을 보지 않기 위한 것이 아니라, 친근하고 같은 동지로서의 기쁨, 그러니까 조던 자신이 그랬던 것처럼 담뱃불을 붙이고 이를 흡입하는 적군의 행동을 보지 않기 위해서다.

담배는 종종 민주적이고, 국제적이고, 세계적인 것으로 대표되며, 또한 전쟁이 세워놓은 장벽을 뛰어넘는다. 베트남 전쟁에서 한 소대원들이 베트콩 마을에 쳐들어갔을 때, 미국인들이라고 해서 다 노인, 여성, 어린이들을 대량 학살할 준비가 되어 있는 것은 아니었다. 그들은 학살보다는 담뱃불이 거절될 수 없는 보편적인 도덕 원칙에 더 가까웠다. 『플래툰』에서 다이는 다음과 같이 썼다.

담배는 숭고하다

"마침내 그 늙은 베트콩 마을 주민이 손으로 직접 말은 담배를 쥐고 있는, 마디가 굵은 손을 위로 들어올렸다. 그리고는 후추나무 열매즙으로 인해 붉게 물든 입술에 그것을 제대로 끼워 넣기 위해 재빨리 입 속에 집어넣었다. '저 친구 담뱃불을 원하는구먼. 저 친구에게 불 좀 주지 그래, 토니!' 호이트는 성냥을 켰다. 이미 엉망이 되어버린 그의 담배에는 불을 붙여줄 수가 없었다."

이방인은 마술과 같은 담배 연기의 원 속에 들어감으로써 친밀해진다. 조던이 자신과 자신의 임무를 상당한 불신의 눈으로 보는 빨치산들의 동굴에 도착했을 때, 그는 그들의 신뢰와 충성의 정도를 그가 피우는 담배 연기를 기꺼이 수용하는지 여부에 의해 결정한다.

안젤모는 그에게 동물 가죽으로 덮개를 한 의자를 가져왔다. 그리고 그는 탁자 옆에 앉았다. 파블로는 마치 자신이 다시 말하려는 것처럼 그를 쳐다보았다. 그리고는 담배가 있는 곳으로 손을 가져갔다. 조던은 담배를 다른 사람들에게 들이밀었다. 그리고 담배를 쳐다보지 않고 있었다. 그러나 그는 한 사람은 담배를 꺼냈고, 다른 두 사람은 담배에 손을 대지 않았다는 것을 알아차렸다.

"뭘 보지?" 상처가 난 사람이 물었다.
"당신을." 조던이 말했다.
"내 얼굴에 뭐라도 묻었소?"
"아니." 조던이 말했다.
"담배 하나 얻을 수 있겠소?"

조던이 빨치산들에게 건네는 담배는 러시아제인데 이것은 그 자체가 그의 정치적 신용도를 나타내는 것이다. 왜냐하면 그것은 파시스트들과의 싸움을 돕기 위해 스탈린이 보낸 러시아 장군의 배급 물자에서 나온 것이기 때문이다. 담배를 받아들이는 것은 곧 정규군에게 경례와 동일한 의식의 의미를 부여받는 것이다.

"곧 음식이 나올 거요." 그가 말했다.

"혹시 담배 가진 것 있소?" 조던은 주머니 속에서 담뱃갑을 찾은 후에 그가 골츠 중대 본부에서 얻은 러시아제 담뱃갑 하나를 꺼냈다. 엄지손가락으로 담뱃갑 끝을 빙 둘러 뜯고는 뚜껑을 연 후, 그것을 파블로에게 건네 주었다. 그러자 파블로는 여섯 개비를 꺼냈다. 파블로는 그의 커다란 손으로 그것을 쥐고는 그 중에 하나를 끄집어내어 불빛에 대고 보았다. 그가 얻은 이 러시아제 담배는 필터가 달려 있는 길고 가느다란 담배였다.

"필터만 길고 속의 내용물은 적군." 그가 말했다.

"나도 이런 것쯤은 알고 있지. 보기 드문 이름을 지닌 다른 담배도 역시 이런 식이라고."

"이 담배는 카쉬킨이라고 하지." 조던은 이렇게 말하고는 그 담배들을 집시와 안젤모에게 건넸다. 그들은 각자 한 개씩만 받았다.

"더 받지 그래?" 그가 이렇게 말하자 그들은 각자 한 개씩을 더 받았다. 그는 그들에게 각각 네 개씩을 더 주었다. 그러자 그들은 담배를 손에 쥔 채 고개를 끄덕였는데 그 모습은 마치 검을 뒤로 빼면서 감사의 경례를 하는 군인들의 모습 같았다. 검 대신에 담배 끝을 밑으로 깊숙이 향하고는 고개를 끄덕였던 것이다.

담배는 숭고하다

검을 가지고 하는 경례처럼 그 끝을 밑으로 깊숙이 향한 담배는 충성심을 나타내며 계층 구조를 인정하는 것이다. 담배를 수용하는 것은 일종의 경례와 같으며, 군대의 상관에게 존경심과 인정을 보여주는 것이다. 담배는 타인에게 좀 더 근본적인 굴복을 의미하기도 하는 것이다. 클랜시는『크렘린의 추기경』에서 다음과 같이 서술하고 있다.

> 그 심문자는 자신이 이겼다는 것을 알았다. 상대방의 눈을 보면 늘 알 수 있었던 것이다. 도전적인 사람들, 거친 사람들은 자신들의 눈을 바꾸지 않기 때문이다. 그들은 우리의 눈을 똑바로 응시하거나, 아니면 우리 뒤에 있는 벽의 한 지점에 자기 눈을 고정시킨다. 그 거친 사람들은 눈을 한 장소에 고정시킨 채, 그것으로부터 힘을 끌어오곤 한다. 그러나 이번에는 달랐다. 그의 눈은 방 주위를 둘러보며 깜박거렸다. 그는 자신에게 힘이 될 만한 것을 찾으려 했지만 아무것도 찾을 수가 없었던 것이다. 글쎄, 그는 이것이 쉬울 것이라고 기대하고 있었던 것일까? 아마도 이것은 또 다른 제스처에 불과할는지도 모르겠다.
> "담배 피우겠소?" 심문자는 담뱃갑을 주머니에서 꺼낸 후, 그것을 흔들면서 탁자 위에 아무렇게나 놓았다. 급사는 그것을 집어 들었다. 급사가 들어올린 그 담배의 하얀 종이는 곧 항복을 의미하는 깃발인 셈이었다.

담배가 보편적인 교환의 징표로서 하는 역할은 이미 강조했다.『서부전선 이상 없다』에서 담배는 종종 뇌물의 역할을 한다.

> 나는 그 키 작은 친구에게 담배를 건넴으로써 재빨리 끼어들기 시작했다. "하지만 당신은 그들에게 모르핀 주사를 줄 자격이 없는 것이 아닌가?"

(……)

나는 그의 손에 담배를 또다시 쥐어주었다.

"이봐! 이거면 괜찮을 거야."

그러자 그는 "좋소!"라고 말했다.

(……)

마침내 우리가 떠날 때 케트가 내게 말했다.

"구운 거위 어때?"

"좋지." 내가 대답했다. 그리고 우리는 탄환을 싣고 가는 트럭에 올라탔다. 그렇게 하기 위해 우리는 담배 두 개비를 제공해야만 했다.

그러나 뇌물보다 더한 이 담배는 무엇보다도 군인들을 서로 연결시켜주는 동지애의 언약이자 표시다. 그것은 전투 마지막 날의 땅거미처럼 마치 공포에다가 유익한 그림자를 던지고 관용을 불어넣어 주는 것이다. 그래서 담배는, 심지어 가장 인색한 사람들이라 할지라도 그들의 전우와 동지애를 나누도록 해주는 베일과 같은 것이다.

그날은 무더운 저녁이었고 땅거미는 얼굴을 가리는 베일과 같았다. 이 베일의 그림자 속에서 우리는 안도감을 느꼈다. 그것은 우리가 서로 좀더 가까이 뭉칠 수 있도록 해주었다. 그렇기 때문에 구두쇠인 트자덴이 내게 담배를 건네줄 수가 있었다. 그는 심지어 내가 불을 붙이는 것을 도와주기까지 했다.

(……)

우리는 마치 친형제와 같다고 느꼈기에 서로가 서로에게 가장 좋은 것들을 주었던 것이다. 식사가 끝난 후 나는 담배에 불을 붙였다. 그리고 캐트

담배는 숭고하다

에게 내가 가지고 있던 담배를 하나 건네주었다.

우리는 담배나 담뱃불을 제공하는 것을 거절할 수 없다. 비록 그것이 마지막일지라도 말이다. 군인이 전시의 물물 교환 경제에서 물건과 바꾸기 위해 남아 있는 마지막 10센트를 내놓았을 때 그에게 아무것도 남겨주지 않는 것보다는 거절하는 것이 오히려 더 나쁜 것이다. 다이의 『플래툰』의 한 장면이 그 좋은 예라고 볼 수 있다.

"이봐! 담배 하나 빌릴 수 있나?" 크리스는 그 군인의 핼쑥한 얼굴을 응시하고는 이렇게 비참한 상태에 있는 사내로부터 무엇을 빌려달라고 묻는다는 것에 대해 당혹감을 느꼈다…… 그 사내는 손가락 두 개를 그의 군복 상의 윗주머니에 찔러 넣어 C중대 배급 물품인 네 개비들이 윈스톤 담뱃갑 하나를 꺼냈다. 그 담뱃갑에는 오그라든 담배 한 개비가 들어 있었다. 크리스는 그 사내의 마지막 담배를 자기가 피우기는 것이 어렵게 느껴졌으나 결국은 피우기로 마음먹었다.

그것 외에 줄 것이 아무것도 없는, 비참한 상태에 있는 한 사내로부터 마지막 담배를 받아들이는 것은 곧 그가 아무것도 가지고 있지 않을 때 그의 자존심이 가장 필요로 하는 '선물'을 주는 셈이다. 담배를 거절하는 것은 곧 관대함의 결여, 불친절, 또는 의심을 의미한다. 즉, 그의 자유를 부인하고, 그의 선물을 욕되게 하는 의미를 갖는 것이다. 그것은 신뢰나 대화의 모든 가능성에 종지부를 찍는 행위다.

레마르크의 위대한 소설에서 가장 감동적인 장면 중의 하나는 맨 끝부분에서, 폴이 고국에 돌아가는 휴가 명령을 받는 순간이다. 지옥과 같은 전쟁에서 벗어나서 기뻐할 것으로 기대가 되지만, 사실 그는 전우들을 내버려둔다는 생각 때문에 우울하다. 많은 사람들이 이미 죽었다. 따라서 그는 그가 다시 전선으로 복귀하면 그 사이에 몇 명이나 살아남아 있을까 하는 생각을 하는 것이다.

물론 술값은 내가 지불해야만 해. 그리고 우리는 모두 축배를 들겠지. 하지만 난 우울하다. 6주 동안 나는 이곳에 없겠지. 어쩌면 당연하게도 난 감사해야 할는지 모른다. 하지만 내가 다시 이곳에 돌아오면 어떻게 되어 있을까? 그들이 예전과 같이 모두 이곳에 있을까? 하제와 케머리히도 이미 죽고 없다. 그 다음은 누구 차례지? 우리는 술을 마시고, 나는 그들의 얼굴을 쳐다보겠지. 하나씩 하나씩 말이야. 알버트는 내 곁에 앉아서 담배를 피울 테고, 우리는 이런 식으로 모두 모이겠지. …… 그리고 우리들의 머리 위에는 담배 연기 구름이 퍼져나가겠지. 담배가 없는 군인의 삶은 과연 무엇과 같을까?

엄청난 양의 담배 연기는 전투로 찌든 전우들 주위에서 둥근 원을 그리며 그들을 감싸 그들을 더욱더 가까이 모이게 만든다. 담배가 없는 군인의 삶은 과연 무엇과 같을까? 담배 연기는 유령들을 곤경에 처하게 한다. 아니 그보다는 오히려 인디언처럼 죽은 영혼들을 살아 있는 영혼들의 축소된 원 속으로 끌어넣어 과거를 현재와 연합시키고 영원한 현재의 유익한 환상을 아무런 손실 없이 창조한다. 낙심에 대한 일시적인 해독제인 담배는 유가족들에게는 가장 큰 보물이다.

그러나 또한 담배는 정신을 자극하고, 날카롭게 하며, 행동을 촉진시킨다. 전쟁 소설에서 종종 장교들이 계획을 세우거나 명령할 때 담배에 불을 붙이는 장면이 나온다. 결정은 집중의 순간과 반추적 초연함의 신호 직후에 내려진다. 군인들의 생명을 내걸기 전, 잠시 억제한 다음에 취해져야 하는 것이 '명령'이다. 『플래툰』의 한 구절을 보자.

> 울프 중령이 다음과 같이 말했다. "여기서는 공격받기가 매우 쉬워." 반스는 말없이 담뱃불을 붙였다. "측면은 어떤가요, 중령님? 우리는 측면 공격도 받기 쉬울 텐데요."

중령은 그 거친 노^련상사의 날카로운 질문에 당혹감을 느껴 마지못해 명령을 내리는데, 그것은 노상사로 하여금 중령의 담배에 말없이 불을 붙여주게끔 만들었다. 담배를 피우기 위해 잠시 멈춘 것은 그 장교가 이 상황에서 명령을 했다는 신호인 동시에, 그가 신경질적이거나 우유부단해서가 아니라 심사숙고 끝에 행동을 취한다는 신호인 것이다. 영화에서는 종종 배우가 담배에 불을 붙임으로써 깊은 생각을 하는 것처럼 묘사되지만 전쟁 소설은 그러한 관례 뒤편에 있는 현실을 묘사한다. 노먼 메일러가 그 예다.

> 커밍스는 한숨을 내쉬었다. 그리고 담배에 불을 붙였다. "우리는 이 일에 좀 더 철저하게 지혜를 모아야 해. 그러니까 허버트와 콘에게 오늘 아침 너하고 같이 이곳에 나오라고 이르도록! 알겠나?"

또 다른 예를 헤밍웨이에게서 들어보자.

> 장군은 담배에 불을 붙였다. 그리고는 손을 천천히 흔들어서 성냥불을

껐다. "로버트! 자네에게 한마디 하겠네만, 내 머릿속은 다른 관심들로 가득 차 있네."

　담배에 불을 붙이는 것은 결정의 시간, 즉, 충분히 생각을 했다고 결론을 내리는 데 필요한 시간의 척도다. 소설에서는 행동이 종종 중요한 순간에 일어나며, 또한 그것은 숙명적인 결론에 도달했다는 것을 알린다. 노먼 메일러는 다음과 같이 썼다.

　"운이 나쁘면 총알이 관통될지도 모른다. 하지만 정면 공격이 그다지 성공적일 것 같지는 않아 보였다. 사실 타이밍은 매우 적절했다. 그는 담배에 불을 붙였다. 확실히 그것은 사람의 마음을 사로잡아 끄는 힘이 있었다."

　여성의 경우 종종 그러하듯이, 담배는 군인들에게는 때때로 그들이 명령할 자격이 있는 사람들과 의견 충돌이 일어날 시 휘두를 수 있는 무기이다. 『플래툰』의 한 구절을 보자.

　"거친 노상사 반스는 오닐 지포가 붙여 주는 담뱃불을 받아서 자기 담배에 붙이고는 정신을 어지럽게 하는 담배 연기를 겁쟁이 중령 울프의 눈을 향해 불어버렸다. 반스의 표정은 찡그림과 조소의 중간 형태였다. 그는 말없이 담배를 한 모금 깊게 빨았다."

　그러나 또한 담배는 때때로 군인들이 느끼는 사랑의 표현이자 낭만적인 희생의 수단이다. 레마르크의 소설에서 우리의 친구들은(이 소설에서 등장하는 군인들은) 프랑스 여성들을 방문하기로 결정한다. 그들은 수로를 헤엄쳐서 가로지르기 위해 밤이 될 때까지 기다려야만 했다. 교량은 출입이 금지되었고, 보초병들이 진을 치고 있기 때문이다. 그러는 동안에 그들은 수통 속에 들어 있는 맥주를 마셨다.

담배는 숭고하다

"우리는 끊임없는 동요의 먹잇감이다. 왜냐하면 우리는 가만히 있을 수가 없기 때문이다……. 우리의 손은 불안하고 우리는 셀 수 없이 많은 담배에 불을 당기고 있다. 그러자 크로프가 이렇게 말한다. '아니, 우리 정말 담배를 하나도 남기지 않고 이렇게 줄기차게 피워댈 수밖에는 없는 거야?' 그제야 우리는 베레모 속에 그것들을 집어넣었다. 결국 우리는 담배를 몇 개비나마 프랑스 여성들을 위해 비축해놓은 셈이다."

위로, 불안으로부터의 도피, 즐거운 안도, 배고픔과 지루함의 제거, 결정의 조력자, 경계심의 자극제, 큐피드의 화살, 그리고 상급자에 대한 무기인 담배는 군인들이 필요로 하는 모든 것이다. 담배 없는 군인의 삶은 무엇과 같을까? 아마도 그 자신이 아닐 것이다. 소설에서는 담배가 종종 자아의 대리인이자 정신과 마음의 가시적 신호다. 담배 연기는 사고와 가장 근접하게 닮은 물질인 것이다. 즉, 불타는 담배 끝은 살고자 하고 극복하고자 하는 군인 의지의 강렬한 불을 의미한다. 그것이 꺼질 때 그도 죽는 것이다.『플래툰』에서 가장 소름끼치는 초현실적인 순간은 후퇴하는 과정에서 잠시 보이는 군인의 시체 장면이다.

"또 다른 한 명의 군인은 몸뚱이가 완전히 잘린 채 죽어 있었다. 그는 얼굴을 아래로 향한 채로 참호 속에서 죽어 있었다. 그의 얼굴은 마치 레몬과 같은 누런색이었으며 그의 붉은색 턱수염 사이에는 담배가 아직도 불이 붙은 채 있었다. 그것은 계속해서 타더니만 그의 입술 근처에서 곧 꺼져버렸다."

입술 사이에 낀 채 아직도 타고 있는 담배는 삶과 죽음이 전도되는 꿈의 초현실성을 지닌다. 즉, 죽은 것은 오로지 지금 이 순간만큼은 살아 있으며 살아 있는 것은 단지 죽은 것일 따름이다. 살아 있는 군인의 담배는 그의 손가락의 연장이자, (비록 진부하기는 하지만) 살고자 하는 행동의 무의미한 부속물이었다. 담배는 죽음 속에서 지금 바로 멈춰버린 호흡의 마지막 불타는 환유가 되며 죽음의 임박성과 그 생명의 현존을 사후적으로 의미한다. 군인의 몸이 시체가 되는 것은 그의 담배가 죽어버리는 순간이다. 담배가 꺼지기 전의 이 끔찍하고도 과도기적인 중간 시간에 죽은 군인의 입술 위에서 불타는 담배는 생명의 불타는 에너지로부터 죽음의 재로 통과하는 시간을 나타낸다.

흡연의 묘사를 지배하는 전쟁 소설의 관례에서 의미의 변화가 일어났다. 대략 1970년까지는 담배는 단순히 담배였고 담배의 주체와 사용은 보편적인 것으로 이해되었다. 베트남 전쟁의 경우, 전우가 건네준 담배를 받는 군인은 전쟁의 공포를 완화시킬 새로운 가능성에 의해 기습당하기 쉬웠다.

> 킹은 C중대 배급 성냥을 꺼내 손으로 만 담배로 보이는 것에 불을 갖다 댔다.
> 크로포드는 담배 연기를 내뱉고는 낄낄거렸다. 크리스는 그가 담배 연기를 빨아들이는 것을 지켜보았다. 그러나 그의 입에서는 아무것도 나오지 않았다.
> "이봐! 이따위 것을 자진해서 피웠나?"
> 크로포드는 고개를 흔들었다. 그리고는 또다시 담배 연기를 한 모금 깊이 빨아 넣었다. 킹은 그의 손에서 담배를 뺏은 후 크리스에게 고개를 돌렸다.
> 킹은 그가 크로포드와 나눠 피웠던 담배를 더 선호했다. 그것은 땀 냄새가 났으며 모양도 찌그러지고 별로 매력적이지 못했다.
> "어이, 이것 좀 피워봐! 몇 모금을 빨면 감각이 없어진다고."

이 말은 크리스의 의심을 확인시켜주었다. 그 담배 연기는 마리화나였던 것이다.

『플래툰』에서 주인공은 마리화나 몇 모금으로부터 시작하여 기관총열을 통해 피우는 대마초 흡입까지 경험하게 된다. 그 순간은 곧 '통과의식'이자 일종의 진급이며, 그가 비로소 군인이 되었다는 신호를 의미한다.

그것은 신뢰의 문제라고 크리스는 생각했다. 그들에게 동조를 하거나 아니면 반대를 하거나 둘 중 하나여야만 했다. 그는 조심스레 입술을 기관총의 차가운 주둥이에 갖다 댔다. 그리고는 주위 동료들이 보내는 갈채에 윙크를 해 보였다……. 크리스는 그의 겨드랑이로부터 머리 꼭대기까지 몸이 달아오르는 것을 느꼈다. 그는 두 눈을 감았다. 그러나 킹의 환호성은 겨우 알아들을 수 있었다.
"자, 이제 이해하겠나? 하룻밤 사이에 크리스 이 친구는 마리화나로부터 총열을 통해서 피우는 대마초까지 모두 경험하게 된 거라고. 이 친구는 이제야 진정한 군인이 된 거란 말일세."

"안으로 빨아대는 한 모금의 담배 연기는 그녀에게 호흡을 넘어선
또 다른 호흡을 상기시켜주는 공기인 것이다.
흡연은 우리로 하여금 우리의 따분하고 반복적이고 구속적이며
가치없는 자아로부터 탈출을 가능하게 해주며,
친밀한 내면성으로부터 벗어나 우리 자신이 아닌
그 무엇의 일부분으로 경험하도록 해준다."

제6장

시간의 공기

나는 일하기를 원치 않는다. 단지 담배만을 피우고 싶을 따름이다.
- **기욤 아폴리네르**

나는 왜 이 책에 있는 사진들을 볼 때 웃게 되는가? 이것들 중 몇몇은 아름답고 감동적이라고 본다. 하지만 이 모든 사진들은 매우 재미있다고 생각한다. 그런 나 자신에게 묻는다. 담배 피우는 사람들을 찍은 사진에는 익살스럽거나 재치 있는 그 어떤 것들이 내재하는가 하고 말이다. 요즈음은 별로 없다고 생각할는지도 모른다. 현재와 같은 갑작스런 공포의 풍토에서는 이 모든 것들은 흡연가의 순교당한 폐를 보여주는 엑스레이 사진처럼 그것의 잠재적인 네거티브에 의해 음영陰影으로 나타난다. 이 책에 나오는 사진 중 일부는 독자들로 하여금 웃음을 자아내도록 하기 위한 의도로 실었다. 예를 들면 이 책의 맨 처음에 나오는 장 콕토의 사진이 바로 그것이다. 그러나 이 모든 사진들 가운데서 어떤 유머를 발견하기 위해서는 매우 특별한 시각을 채택해야만 하는데, 어쩌면 그렇게 할지라도 그 유머를 제대로 즐길 수 없을는지도 모른다. 롤랑 바르트Roland Barthes는 사진으로부터 재미있고 익살스러운 사실들을 발견하지 못하고 있으며 그것을 별로 좋아하지도 않는다. 「불켜진 방La chambre claire」에서 그는 위대한 헝가리의 사진작가 안드레 케르테츠Andre Kertesz가 찍은, 거리를 향해 나 있는 도로 뒤에 두 개의 동상이 서 있는 장면의 사진을 경멸하고 있다.

"나는 케르테츠를 좋아한다. 그러나 음악이나 사진에서 등장하는 유머는 좋아하지 않는다."

바르트는 역으로 자신에게 상처를 주는, 즉 자신을 아프게 하는 사진을 좋아한다. 그가 좋아하는 사진에서 그는 항상 자신의 심금을 울리고 마음을 관통하고 신랄한 그 무엇을 느끼게 하는 점을 발견한다. 이것은 사진이 기록하고 있는 '복구 불가능한 순간의 지나감'에 대한 애도의 원천이 되는 것이다.

> 이러한 상처와 아픔을 나타내는 단어가 라틴어에 존재하는데 이러한 상처와 아픔은 날카로운 기구에 의해 만들어진다. 이 단어는 '구두점(.)'의 개념을 암시한다는 점에서 내게는 적절하다는 생각이 든다. 그리고 내가 말하고 있는 이런 사진들은 말하자면, 점으로 되어 있으며 때로는 예민한 점들로 얼룩져 있다고 보아도 과언이 아니다. 이러한 표시들, 이러한 상처들은 바로 점들이다. 나는 이런 요소를 푼크툼(punctum, 역주 – 라틴어에서 나온 단어로 '점', '반점'이라는 뜻임)이라고 부를 것이다. 왜냐하면 푼크툼은 곧 따끔하게 찌르는 것, 작은 구멍, 작은 점, 작은 상처, 그리고 주사위를 던지를 것을 포함하기 때문이다. 사진의 푼크툼은 그 속 안에서 나를 찌르는 (그래서 내 몸을 멍들게 해서는 결국 고통을 받게끔 만드는) 요소인 것이다.

이 책의 사진들 속에 등장하는 담배는 나를 날카롭게 찌른다. 그러나 그 아픔은 옆구리를 쿡 하고 찌르는 것과 같다. 나는 웃는다. 그리고 그 위치를 사전에 미리 알 수 없는 바르트의 푼크툼이 가진 불확실하고도 예측 불가능한 성질과는 달리, 그것은 내게 있어서는 희열을 야기하는 사진 속에서 항상 동일한 점이며 작고 흰 터널이다. 내가 보기에 가장 재치 있는 푼크툼은 항상 담배 끝에 놓여 있다. 사진에 의해서 기록이 잘 안되는 담뱃불이 타는 그 지점이 내게는 가장 재치 있는 푼크툼인 것이다.

불은 다른 실체들처럼 일반적으로는 보이지 않는다. 즉, 불의 에너지는 그것이 대기 중에서 이루어지는 운동의 효과에 의해 가시화된다. 불은 운동이다. 불을 동결시켜보라. 그러면 그것은 꺼지고 만다. 그 불은 바르트가 '포즈(자세)'라고 부르는 것의 부동성에 적합하지가 못하다. 그는 사진을 관찰하면서 다음과 같이 말하고 있다.

"나는 아무리 짧을지라도 눈앞에서 어떤 참된 사물이 부동성으로 있는 자기 자신을 발견하는 순간의 생각을 그 모습 속에 숙명론적으로 포함시킨다."

그러나 불은 정확하게 말해서 사물이 아니다. 불은 곧 그것의 운동성, 즉 에르곤^{ergon}이라는 에너지의 작용이자 시간이 지남에 따라 발생하는 운동력이기 때문이다. 불은 어떤 틀 속에서 얼어붙어 있는 시간의 정지된 환상을 창조하는 사진의 힘과 형상에 의해 포착되며, 2차원의 단일화 속에서 고정된 제한성을 띠고 묘사되는 정지된 순간의 유혹을 거부한다. 예술가들은 불을 그것의 상^{像}(예를 들어, '사랑'을 하트 모양의 상으로 나타내듯이)으로 묘사한다. 즉 그들은 전통적인 '기호'를 사용해서 불을 나타낼 수 있음에도 불구하고 그렇게 하지 않고 '상'으로 묘사하는 것이다.

스틸 카메라가 담배 끝에 있는 불타는 심장을 포착할 수 없는 것은 태양을 카메라로 포착할 수 없는 이치(왜냐하면 카메라 속에 들어 있는 필름을 버리게 되므로)와 같다. 필름의 감광유제感光乳劑는 그 자신의 화학적 변형, 다시 말해서 불타는 원천(담뱃불)으로부터 나오는 빛에 의해 은색 할로겐 염鹽이 검게 되어버리는 변화를 기록할 수가 없다. 담배 피우는 장면들을 사진으로 찍는 것은 일반적으로 불가능하다는 것은 사진들 속에 기록된 모든 담배들에 의해 다양하게 예시된다. 말하자면 담배를 피우는 행동을 찍은 모든 사진들은 담배 피우는 장면을 기록하고 있는 것이 아니라 담배 그 자체를 기록하고 있기 때문이다. 사진 속에 있는 하얀 관(담배)은 단지 끝에 불똥이 있는, 타는 연초를 피우는 행위의 환유법인 것이다. 시선은 어쩔 수 없이 흡연가가 품은 영혼의 대리인인 그 깜박대는 불끝으로 가게 되며 이것은 얼어붙은 틀 속에서 보이지가 않게 된다. 불타는 불똥은 사진 속에서는 꺼지게 된다. 마치 그것이 기록하는 순간처럼 말이다. 다시 말해서 사진을 통해서 담배 피우는 행위가 남에게 보여진다는 사실은 그 담뱃불을 비벼 꺼버리는 것과 같다고 볼 수 있다. 그러니까 사진은 많은 사람들이 믿고 있는 대로 살인자인 셈이다. 바르트는 많은 중국인들이 카메라의 악의 있는 눈을 두려워하기 때문에 자신들이 사진으로 찍히는 것을 거부한다고 말하고 있다. 사진가가 스파이 같은 눈으로 사진 찍히는 대상물의 개인적인 삶으로 침범해 들어가는 것의 영원한 지수指數는 바로 사진 속에 있는 죽은 담배이다. 즉 대상물(=사진 속 담배)이 외부의 시각에 의해 사진 속에서 얼어붙듯이 포착되면서 영혼의 상태로 고착시키는 과정에서 수행되는 폭력을 나타낸다.

화상과 카메라는 그 대상물의 진실을 벌거벗기는 주장에 반대하는 증인이 된다. 즉 그것은 대상물 앞에 있는 영혼의 삶을 묘사하는 체하는 카메라의 신화와도 같이, 막연한 가장에 대해 그 대상물이 가하는 재치 있는 보복인 것이다. 그것은 그 대상물의 묘사할 수 없는 내적 삶을 의미하며 그 대상물의 습관, 사고, 그리고 친근한 쾌락은 바로 그것이 담배를 찍은 사진이기 때문에 야기되는 것이다. 카메라의 힘은 죽은 담배를 '보는' 것을 묘사한다. 이는 사르트르가 말한 대로 단지 사실을 기록하고 초월은 기록하지 않는 카메라가 가진 능력의 한계이기도 하다. 사진은 '물체 그 자체en-soi', 즉 실존 가운데서 그 자신에게 나타내는 육체적인 자아상을 기록한다. 그러나 비유적인 것을 제외하고는 '대자(對自, pour-soi, 역주－'물체 그 자체'와 반대되는 뜻임), 즉 근본적으로 이런 얼어붙은 순간에 자아 그 자체 이외의 다른 것이 되는 능력을 대표하지는 못한다.

　내가 담배를 피우는 사람들을 찍은 사진이 재미있다고 느낀 유일한 사람은 아니다. 자크 앙리 라르티그는 1927년의 몇 달 동안 유명 또는 무명의 여성들이 담배를 피우는(아니면 카메라 앞에서 일부러 담배를 피우는 척만 하는) 사진 95장을 모아서 『여성과 담배』라는 소책자를 출판했다. 그와 동시대에 속하는 사람들은 그것을 여성적인 몸짓과 자세의 아름다움에 대한 찬가로 해석을 할 것이다. 그러나 대상물들에 대한 라르티그의 태도는 그 소책자의 짧은 머리말에서 인정하듯이 하찮은 것이었다. 그는 담배를 피우고 있는 여성의 사진을 보면 웃지 않을 수 없다고 쓰고 있다.

> 나는 담배를 피우고 있는 여성이 굉장히 재미있는 존재라는 생각이 들었다. 그녀의 입 속에 궐련을, 종이로 둘둘 말은 담배를 쑤셔 넣은 그 우스꽝스러움이 나를 의아하게 만들었던 것이다. 아니, 그보다는 오히려 그것이 나를 즐겁게 해주었다고 말해야 옳을 것이다. 그리고 나는 사진을 찍

을 때면 항상 머릿속에서 이런 생각을 해왔다. 나 자신을 즐겁게 해야겠다는 생각을 말이다. 나의 흥미는 항상 재미있는 어떤 것을 하는 것이었다. 그래서 『여성과 담배』를 출판하게 되었는지도 모르겠다.

라르티그는 담배를 피우는 여성들의 '우스꽝스러움'에 어리둥절했음을 인정하고는 있으나 그럼에도 불구하고 그는 즐거웠던 것이다. 이런 즐거움 중에서도 웃음을 유발하지 않는 까닭은 그 원천인 어떤 억압된 가능성의 회귀 때문임에 틀림없다. 억압된 가능성이란 분명 여성들의 흡연에 대한 남성들의 금기와 더불어, 수세기 동안 인정되지 못한 여성들의 억압된 자유이다. "여성들은 담배를 피워서는 안되므로 흡연을 하지 말 것!"이라는 논리는 히틀러의 "독일 여성들은 흡연을 하지 말라"라는 선포 속에 담긴 것처럼 모순적이고도 뭔가를 소망하는 듯한 주장이다. 담배를 피우는 것은 가시적인 성적 쾌락의 원천이자 여성의 애욕적인 성생활의 상징이다. 적어도 여성들이 담배를 피우는 모습에 성적인 자극이나 흥분을 느끼는 남성들에게는 그렇게 보이는 것이다.

흡연가는 입술이나 손가락 사이에 있는 불붙은 담배를 도전적이거나 적개심이 있는 몸짓으로 휘두름으로써 종종 사진 찍히는 것에 대한 거부감을 나타낸다. 사진 속에서는 담배가 종종 교태를 부리는 모습으로 카메라 눈에 대항하거나, 무기를 휘두르고 베일을 둘러쓰는 것처럼 사용이 되기도 하는데 어떤 경우에는 오히려 이러한 태도가 역으로 더 좋은 효과를 내기도 한다. 일반적으로 담배가 그것을 피우고 있는 대상물의 입에 가까우면 가까울수록 전달하는 제스처는 더욱더 공격적이다. 담배를 이빨 사이에 끼우고 있거나 쥐고 있는 여성들은 사진가에게 카메라 렌즈를 어디에다 고정시켜야 할지를 재치 있게 말해주고 있는 것이다. 다음에 나오는 메리 매카시는 위로 올린 그녀의 왼손에 쥔 담배로 많은 것을 이야기하고 있다. 그녀의 펜이 춤추는 것을 연장하고, 또한 손가락의 쾌락을 누리고, 포즈를 취하고, 그녀가 식사를 할 때 찾아드는 사람에게 손가락을 보여 그에게 인사를 하고 있는 것이다. 이 모습을 보고서 라르티그는 웃고 있는데 그의 웃음은 프로이트가 「재치와 무의식과의 관계」라는 글에서 재치가 생산되기 위한 일반 조건으로서 상술하고 있는 이중적 요구 조건을 정확하게 수행하고 있다. 규칙에 대한 공포와 쾌락에 대한 욕망 사이의 절충 형태인 '웃음'은 어떤 위험스런 정신적 만족(마치 공격적인 여성의 관능성처럼)이 노출되기는 하나, 사소하고 중립적인 형태의 모습으로 누그러질 때면 언제나 신비한 것이다. 마치 담배로 가득 채워진 돌돌 말린 담배 종이처럼 말이다.

라르티그의 신경질적일 정도로 현기증나는 반응은 물론 역사적인 유사물을 지니고 있다. 그 좋은 예가 영화 〈카사블랑카〉인데 이 영화에서는 여성들을 제외하고는 모든 사람들이 항상 담배를 피우고 있다. 여성들은 그 누구도 담배를 진짜로 피우는 것으로는 나오지 않는다. 이 영화의 첫 장면에서 릭의 아메리칸 카페의 피아니스트인 샘이 피아노를 치고 있다. 그 곁에 앉아 있는 한 익명의 여성이 절반 정도만 피운 불붙은 담배를 들고 있는 모습이 나온다. 그녀는 담배를 한 모금 빨려고 시도를 하나 곧 입술로부터 담배를 떼고는 마치 그것이 혼란스런 생각 때문에 갑자기 그렇게 한 것인 양, 아니면 샘의 피아노 선율에 순간적으로 매혹이 되었기 때문인 듯, 미소만을 짓는다. 사실 그녀는 아마도 이 영화 감독의 지시 때문에 그렇게 했을 것이다. 1942년 미국 헐리우드에서는 담배 피우는 여성을 화면에 등장조차 못하도록 했을 정도로 극심한 분위기가 형성되었는데, 이런 여성 흡연에 대한 금기의 위력은 우리로 하여

● 메리 매카시(Mary Therese McCarthy)
©Magnum Photos

금 라르티그의 『여성과 흡연』이 불러온 작은 스캔들의 위력을 잘 감지하도록 해준다.

그러나 시대는 변했다. 라르티그를 즐겁게 했던 것이 오늘날은 더 이상 즐겁고 재미있는 것이 못되는 것이다. 역으로 오늘날에는 〈카사블랑카〉가 스캔들이다. 왜냐하면 여기서는 남성들이 담배를 피우는 것 이외는 아무것도 하지 않는 반면에, 여성들이 흡연하는 장면은 허용이 안되기 때문이다. 그러한 전통은 그 영화를 '남근 숭배적인' 영화의 본보기로 만드는 남성 우월적 가정假定을 추구하고 있다.

이 책의 상당 부분에서 나는 담배의 남근 숭배적인(남성 우월적인) 성격을 언급하는 것을 신중하게 회피해왔다. 연구 대상의 모습이 남성의 성기와 유사할 때 남근 상징과 동일시하는 은유적 해석은, 기능이 더 복잡한 프로이트의 개념을 평가절하시키기 때문이다. 남근 방정식이 제아무리 담배의 의미를 축소시킬지라도 담배는 담배 그 이상이 되는 때가 있다는 것을 부정할 수는 없다. 예를 들어, 대부분의 비평가들은 〈카사블랑카〉의 주인공인 '릭Rick'의 역할을 맡은 험프리 보가트가 마치 '프릭(Prick, 역주 – 영어로 '남성의 성기'라는 뜻)'인 것처럼 연기를 하고 있는 데에 동의를 하고 있다. 영화의 첫 부분에서 그는 레지스탕스 회원 한 사람을 비시Vichy 경찰로부터 보호해주기를 거부하며 그를 사랑하고 그를 필요로 하는 여성들을 무차별한 잔인성으로 대한다. 그의 남근 숭배적인 성격은 그의 담배에 의해 상징화되는데 담배는 처음부터 그와 동일시되고 있다.

카메라가 연기로 가득 찬 릭의 카페를 통과하여 룰렛 탁자가 있는 그 바의 밀실 안으로 들어간 후 험프리 보가트는 카사블랑카에 첫 모습을 드러낸다. 우리가 그의 얼굴을 보기 전에 그의 손가락은 화면을 가로질러 유리로 된 재떨이가 있는 곳으로 가게 된다. 그의 손은 아주 그다운 특징으로 엄지손가락과 둘째 손가락 끝에 담배를 들고 있다. 담배를 쥐고 있는 그의 손은 아주 순간적으로 담뱃재를 재떨이에 톡 하고 떨어뜨려버린다. 담배로부터 자유로워진 험프리 보가트의 손은 웨이터로부터 메모 용지철 같은 것을 받아들고는 그것을 내려놓은 다음 펜을 쥔다. 그 위에는 릭의 아메리칸 카페가 지불해야 할 모로코 1,000프랑짜리 수표가 있었는데 그는 점선이 그어진 부분에 '승낙함. 릭'이라고 서명을 한다. 그런 후 그의 손은 그 메모 용지철을 돌려준다. 그리고 나서 한 손가락으로 체스판에서 떼어낸 흰색 비숍의 머리 부분을 건드린다. 이 영화에서는 자칭 '사색가'인 보가트(실제로 보가트는 게임광이었다고 한다)는 자기 자신과 체스를 두고 있는 것이다. 우리는 그가 이 카사블랑카 사회에서 영국 성공회적인 고귀한 위엄성을 지니고 있다고 추측할 수 있을까? 아니면 그가 감히 비숍을 건드렸다고 해서 그가 미쳤다고 추측할 수 있을까?(역주 – 비숍은 체스 말의 일종이지만 원래는 '주교'라는 뜻이기 때문에 저자는 이런 이중적인 의미를 사용하고 있다) 비숍 말의 끝을 건드리는 것은 미묘한 성적 신호이거나 아니면 보가트의 뭔가 찌르는 듯하고 지나치게 꼼꼼한 성격을 예시해주는 것일는지도 모른다. 그 다음에 그의 손은 아직도 재떨이에서 타고 있는 담배로 간다. 우리는 보가트가 마치 군인들이 담배를 엄지와 검지 두 손가락으로 집은 채 자신의 손바닥 안으로 가리는 형태로 담배를 쥐고는 그것을 입술에 갖다댈 때에야 비로소 보가트의 얼굴을 처음으로 보게 된다. 그는 한 모금 길게 빨아서는 담배 연기를 속으로 깊숙이 집어넣는다. 그리고는 니코틴이 주입될 때 생기는 흥분과 함께 동시에 일어나는 예민한 불쾌감을 참으려고 인상을 찡그린다. 그런 후 자기 스스로에 대해 승리를 거뒀다는 작은 포만감에 감싸이게 되자 그는 그 독성분을 코를 통해 위로 내뱉는다. 그러자 그가 내뱉은 담배 연기는 그의 머리 위로 퍼지더니 회색빛 후광으로 변해버렸다.

우리가 이 장소의 주인 역할을 하는 보가트를 보기 전에 그는 그 수표의 밑바닥에 '승낙함. 릭'이라는 서명을 하는 것으로 모습을 드러낸다. 이 영화의 원제목은 〈누구나 릭의 카페에 온다〉였으나 나중에 〈카사블랑카〉로 바꾸었다. 그러나 우리가 곧 보게 될 행동으로, 그 수행자에 관해 의심이 있는 경우에 보가트는 두 번째의 서명을 하는데 그것은 그의 서명과도 같은 담배를 피우는 장면이다. 〈카사블랑카〉는 영화 전체에 걸쳐 횃불이 계속해서 나오는데 어느 한 비평가는 그것을 모든 사람이 '기다리고, 기다리고, 기다리는' 전쟁으로 찢겨진 대륙의 가장 먼 끝에 있는 한 도시를 무대 배경으로 하는, 영화의 지배적이고도 명백한 주제 중 하나를 상기시키는 '도피 또는 제한'의 신호로서 읽고 있다. 그것은 또한 보가트를 조명해주고 그의 특징과 등장에 늘 따라붙으며 그가 혼자 있을 때는 빛의 후광으로 어루만져주는 스포트라이트다. 그가 이 영화에서 음영 처리가 되는 것을 보게 될 때 그는 그의 커다란 사무실 벽 금고로 가서는 자신의 것으로 보이는 듯한 돈을 꺼내는데 이것이 다음 장면의 주요 동기가 된다. 그의 입으로부터 툭 튀어나온 담배는 벽을 배경으로 해서 음영으로 처리되고 있다. 보가트의 천재적인 재질은 그가 항상 자신이 하고 있는 역할 밑에 있는 그 명배우(보가트 자신)의 독특한 개인적 특징을 끊임없이 보여주는 방법을 조화롭게 처리해나간다. 그가 피우는 담배는 릭 블라인의 담배일 뿐 아니라 험프리 보가트의 담배이기도 하다. 보가트는 〈카사블랑카〉에서 자신의 대사 중 대부분을 즉흥적으로 말한 것으로 알려지고 있다. 즉, 그가 서명을 한 번만 하지 않고 그 이상 하는 것은 릭이라는 등장인물을 개발하고 끊임없이 정련精鍊시켜 특유의 인물로 만들어내려는 의도가 있는 것이다. 등장인물도 그 자체의 삶을 가지고 있다. 이것은 〈다시 합시다, 샘Play It Again, Sam〉에서의 우디 앨런처럼 많은 사람들이 모델로서 취해온 것이며 여기에는 보가트도 해당이 된다.

'험프리 보가트 담배'라고 부르는 그 어떤 것이 있다고 가정하면서, 애니 르클레르는 그것에, 아마도 '페미니스트'적 이해라고 부르기에는 지나치게 성급할지도 모를 가치를 부여하고 있다. 그녀 자신을 닮은 한 여성이 담배를 피우는 일화를 소개하는 것을 제외하고서는 말이다.

> 나는 그 담배의 맛, 그러니까 그 거짓말의 야비하고 김빠진 맛을 기억하고 있다. 그것은 다름아닌 '험프리 보가트 담배'다. 그 담배는 경찰과 저널리스트와 악당의 담배, 즉 미리 예고되고 내막에 정통한 사람의 담배인 것이며 또한 남자건 여자건 간에 정치가, 과학자, 군인의 담배이고, 아울러 항상 군대, 식민지, 전제군주의 담배이다. 그것은 오랫동안 갈구하고, 갈망하고, 피워온 힘의 환상이기에 그것은 형태를 취하여 딱딱한 고체가 됨으로써 끝난다……
> 이제 나는 모든 담배가 동일한 재료로 만들어졌다고는 말하지 않는다. 그리고 모든 흡연가는 언젠가 이것들 중의 하나를 피웠다고도 말하지 않는다. 나는 단순히 지난번에 험프리 보가트의 담배가 한 여성의 손에 들려져 있는 것을 보았으며 그 여자는 나였을 수도 있을 것이고, 또한 그것이 나를 경악케 했다, 라고만 말하겠다. 수치심을 그 자만심으로 전환하고 의지가 약한 것을 정형외과 수술로 해결하는 것이 왜 필요했으며 왜 현재도 항상 필요한 것일까? 모든 것을 두려워하는 것이 왜 아무것도 두려워하지 않는 것 뒤에 숨어 있는 것일까?

담배는 숭고하다

험프리 보가트의 담배가 말하는 거짓말은 본질적으로는 르클레르가 모든 곳에서 '남근 지상주의'라고 부르는 것의 거짓말이며 그녀는 그 남성 지상주의의 과장된 가면들을 열거하고 있는데 그것들은 경찰, 군인, 정치가, 그리고 호전적인 사람들이다. 남근 지상주의는 힘의 환영幻影을 낳으며, 우쭐대는 자만심은 권위를 소유하고 있으며 그것을 사용하는 방법을 알고 있다는 그들의 주장이 방자한 성격을 가려주고 있다. '험프리 보가트' 담배는 이러한 가면들 중의 하나이며 두려움 없는 자만심으로서의 자세를 취하며 배역이라는 거짓말의 기저에 놓여 있는 결함을 가려준다. 르클레르는 건방지고 거친 남성의 포즈 밑에 깔린 거세 공포를 지적한다. 즉 보가트가 영화에서 전통적으로 남근 숭배적인 제스처로 담배를 피우는 모습을 보고 남성의 자아의식을 진단할 수 있다고 한다. 그 영화에서 오그린 입술로 담배를 피울 때 그 담배는 갈망해온 힘에 의해 기립起立적이고도 가시적으로 구체화된다. 또한 힘의 환영은 고체와 같이 구체적인 형태를 취하게 된다.

이러한 점에서 볼 때 험프리 보가트 담배에 대한 르클레르의 해석은 카사블랑카의 정통파 프로이트적 해석을 따르는 것처럼 보인다. 이 정통파 프로이트적 해석은 대담한 외양外樣의 기저에서 발기 불능, 도치倒置, 분노 등의 증후군을 발견하는 것이다. 현재 정신치료법 의사인 하비 그린버그 박사는 『정신의 영상』이라는 책을 썼다. 그는 통속적인 프로이트 학설이라는 날이 무딘 도구를 이용하여 미국 헐리우드 영화의 세심하게 치장된 표면에 메스를 가하고 있다. 그는 교화적인 외양을 발가벗겨 그것에 가려져 있던 억압된 오이디푸스적 가족의 낭만성을 폭로하는데, 그는 이 억압된 오이디푸스적 가족의 낭만성을 거세 폭력과 편집광적인 도착 증세의 모형으로 보았다. 그는 다음과 같이 쓰고 있다.

● 험프리 보가트(Humphrey Bogart)
©Magnum Photos

물론 이는 명백하게 나의 편견이겠지만 〈카사블랑카〉의 다른 건전한 해석은 오이디푸스적 주제를 설명하지 못하고 있다.

하비 그린버그 박사가 영화의 밑바닥에 깔린 성적인 주제를 드러내는 데 성공하는 것은 〈카사블랑카〉가 만들어졌던 1940년의 '지적 현대성(이것은 최근에 배포된 프로이트의 발견에 대한 미국적 자아—심리학적 해석을 포함하는데)'의 감각을 지닌 작가와 영화 제작자들에 의해 의식적으로 헐리우드 영화의 각본으로 만들어졌다는 점에도 기인하지만 그와 동시에 그의 편견에도 기인한다. 그가 검토하는 영화들은 그린버그 자신과 같은 정황들을 염두에 두고 만들어진 영화였을는지도 모르겠다.

그 영화는 그의 해석을 여러 장면에서 증명해주고 있는 것처럼 보인다. 그것을 그린버그의 그릇된 해석의 신호로 취급한다는 것은 관대하지 못한 처사일는지도 모른다. 카사블랑카의 주인공 릭을 마치 그 의사 그린버그의 진짜 환자 험프리 보가트(그의 고통받는 성충동이 그 분석가의 진짜 실험 대상인데)와 대치된 대리인의 것처럼 생각하는 것은 충분히 있을 수가 있는 일이다. 그는 지나치게 세심한 해석가라서 그런지 험프리 보가트가 그 영화에서 릭 블레인의 성격에 부합되는 것처럼 보이는 순간을 놓치지 않았던 것이다. 그리고 그는 오이디푸스적인 주제뿐 아니라 다른 주제들도 있다는 것을 명백하게 인식하고 있다. 그는 "카사블랑카는 애국주의적 환상과 성적인 환상이 은막 속에서 서로 분간할 수 없을 정도로 혼합되어 있다"라고 말하고 있는 것이다. 그 영화에 대한 그린버그의 해석에 대해서는 이의를 제기할 생각이 없다. 그가 정치적인 것과 성적인 것의 혼합이라고 부르는 것은 사실상 정확한 견해였다. 오히려 이 영화는 그가 보는 것보다 더 강력하게 연결시킨 것이라고 볼 수 있다. 정치적인 면과 성적인 면이 바로 이 영화를, 엄청난 예술 자원이 투쟁의 양 측면에 투자되고 있었던 때인 2차대전 동안에, 미국이 생산했던 정치적 선전물 중에서 가장 눈부시게 성공적인 작품 중의 하나로 만든 원인이다. 대부분의 선전과 마찬가지로 그것의 참된 목표는 국내의 정치적 견해를 가지고 영향력을 행사하기 위한 것이었으며, 정치적인 메시지를 통과시킬 목적으로 성적인 메시지를 사용한 주요 기호와 도구는 바로 영화에서 피워대는 수많은 담배들이다.

물론 그린버그 박사는 결코 담배에 대한 분석을 하지는 않는다. 그것은 그가 헐리우드의 등장인물의 무의식에 접근하여 말을 걸 자격이 있다는 그의 가정의 전제를 명확하게 하지 못하는 대가로 그가 지불하는 일부이다. 그러나 그가 예를 들어, "라슬로(레지스탕스의 지도자)를 향한 릭의 살인적인(무의식적인) 충동이 나치 대령 스트라세 개인에게서 수용 가능한 대치물을 찾는다"라고 쓸 때 그의 나머지 대가를 지불하고 있는 셈이다. 그린버그는 허구적인 릭에게 무의식의 도덕적 선택의 차원과 오이디푸스적 강박충동과 자서전적이고 동일시적인 투사를 닮은 수용가능한 것(나치를 사살하는 것)의 개념을 부여하고 있다. 그 의사는 자기도 모르는 사이에 하비 그린버그의 꿈을 펼쳐보이는 대가로 릭 블레인의 무의식을 발견할 수가 있는 것이다. 그린버그 자신의 동일시는 그를 험프리 보가트보다는 우디 앨런을 더 닮게 만들고 있는데, 우디 앨런이 〈다시 합시다, 샘〉에서 카사블랑카의 마지막 공항 장면을 오이디푸스적으로 재구성하는 것은 그 의사(그린버그)의 결론을 미리 앞질러 예상하는 것이라고 볼 수 있다. 그는 우디 앨런의 '흥미진진한 논평'을 인용하는 편집 후기란에서 이것을 절반 정도는 인정하고 있다. 우디 앨런은 험프리 보가트를 쓸모없는 주인공이자 섹스의 조언자라고 말함으로써 힘

담배는 숭고하다

없는 자아를 보증하고 있다. 카사블랑카의 주인공이 쓸모없는 인물이라고 주장한 우디 앨런과 그린버그의 견해가 무시하고 있는 것은 그 영화가 강력하게 표현하기를 추구하는 영웅적이고 역사적인 투쟁이다.

그러면 그가 왜 쓸모없는 사람인가? 대상물의 성격을 외양 속에서 발견하는 전통적인 주제 비평가들과는 달리 그린버그와 같은 정신분석가들은 좀 더 깊이 파고들어 한때 숨겨진 그것들의 의미를 오늘날 문제시하는 잠재적 내용들(예를 들어 동성연애, 거세, 근친상간적 살해)을 통해 제시한다. 손실, 배반, 그리고 영웅주의의 정치적 드라마를 용케 둘러대면서, 그린버그는 카사블랑카를 거세 공포와 오이디푸스적 실패, 그리고 사랑하는 여인에 의해 버림받는 것으로부터 야기되는 슬픔을 실행하는 것으로써 해석하고 있다. 쓸모없는 사람이란 힘없이 축 늘어진 남근숭배적 자아다. 그 의사는 비교할 수 없을 정도로 유혹적인 거친 사나이의 형상 밑에는 험프리 보가트가 연기하는 그 '이상한' 등장 인물의 잠재적 동성연애가 있다고 설명한다.

> 릭이 '계속해서' 동성연애자였다는 개념은 정신나간 이야기다(그뿐 아니라 보가트를 신봉하는 사람들에게는 이단적인 발언이다). 그러나 그가 전투의 희생 속에서 변성할 우정을 위해 일사(잉그리드 버그만)를 거부하는 것은 확실히 여성에 대한 릭의 공포를 우리에게 알려준다. 따라서 그는 확실히 여성 혐오자였다는 것을 알 수 있다.

만약 블레인-보가트가 '동성연애자'라는 그런 정신나간 관념을 그린버그 자신이 확증하기 위해서라면 그는 정신병 환자 집단에 합류를 해야만 할 것이다. 그린버그는 릭의 일사-잉그리드에 대한 거부는 명백히 그의 오이디푸스적 공포와 증오를 우리에게 알려주는 것이라고 말하고 있는데, 그녀가 떠나는 것이 곧 거부(성적인 거부는 물론이고) 때문인가 하는 것은 이 영화에서는 결코 명백하지가 않다. 아울러 '전투의 희생 속에서 번성할 우정을 위해' 일사를 버리는 릭의 결정이 어떻게 여성에 대한 공포와 이에 따른 당연한 결론인 여성 혐오증을 소유하고 있는 것과 서로 양립할 수 있는 것인가에 대해서도 역시 명백하게 설명되지 못하고 있다. 그 의사는 우정과 전투의 희생에 어떤 가치를 부여하고 있는 것일까? 블레인-보가트는 일사-잉그리드를 '칭송되는 것'의 이름으로 버리고 있는 것일까? 아니면 '공포의 대상이 되는 것'의 이름으로 그녀를 버리고 있는 것일까? 우리는 여기서 숭고를 다루고 있는 것일까? 아니면 억압을 다루고 있는 것일까? 그리고 그는 고상한 인물일까? 아니면 쓸모없는 인물일까?

이 영화에서 릭은 계속해서 "나는 다른 여자들에게는 눈을 돌리지 않을 거야"라고 반복적으로 말했음에도 불구하고 이 영화의 끝부분에서 자신보다 더 훌륭한 대의를 위해 그 여성을 거부한다. 「미켈란젤로의 모세The Moses of Michelangelo」라는 글에서 프로이트가 '문화 영웅'이라고 부르는 것처럼 그는 사랑을 희생하고 더욱더 고상한 인간성의 실현을 위해 여성을 포기한다. 즉, 잔인한 점령에 항거하는 레지스탕스의 투쟁을 위해 자신의 거세를 택한다. 사랑과 희생의 결합은 이 영화에서 피워대는 그 수많은 담배에 의해 나타나고 있다.

담배는 카사블랑카의 모든 곳에서 나온다. 그것은 소우주라고 할 수 있을 릭의 카페에서 나타나는 지배적이고도 가시적인 형상이다. 릭의 카페가 소우주라고 말할 수 있는 이유는 그곳이 바로 전쟁이 벌어지고 있는 도시의 정치적인 중추신경계이자 망명자, 스파이, 죄수, 풍운아로

바글대며 매춘과 부패로 충만하고 영원한 낙심의 광경에 의해 야기된 냉소주의로 채색되어 있기 때문이다. 카메라의 시선은 험프리 보가트의 등장인물(=릭)에 있는 것이 아니라 그가 소유하고 운영하는 장소(릭의 카페)에 있는 것이다. 이 영화에서 자주 보이는 두드러진 표지가 하나 있는데 그것은 바로 지붕 위에 있는 '릭의 아메리칸 카페'라는 글자의 간판이다.

보가트가 이 영화에 등장하기 전 카메라는 릭의 카페 정면을 향해 나아간다. 밤에는 외부에서 보면 그 표지판은 그 장소, 즉 릭의 카메라 위를 두둥실 떠내려가는 듯해 보인다. 불빛으로 된 그 이름은 소용돌이 모양의 네온등에 의해 둘러싸여져 있다. 이는 마치 머리 위에 둥근 원이 그려져 있는 만화책에서 그러는 것처럼 그 장소가 말을 하려는 것처럼 보인다. 그 카페는 밤이 되면 쾌락과 도피를 추구하는 카사블랑카라는 세계의 사회 구성원들이 찾아드는 일종의 매춘굴과도 같다. 페라리는 매춘굴이나 영화관과 마찬가지로 암시장의 우두머리격인 릭의 카페에 모인 사람들에게 '주요한 상품'이 된다. 이 매춘굴의 중심부에는 샘의 피아노가 있는데 그 피아노의 음악이 멋지게 연주될 때는 그 장소, 즉 안팎으로 한창 진행 중인 전쟁의 중요한 역사 속에 있는 장소의 기억을 지켜주는 감시인과도 같다.

길고도 말없이 지속되는 카메라의 시선은 마치 우리가 돈을 지불하는 손님인 양, 우리를 카페로 인도해서는 문 앞에 서 있는 안내원을 지나 기다란 바를 거친 다음 룰렛 바퀴가 있는 내부 밀실을 통과하여, 이 카페의 주인인 보가트가 뭔가를 생각하면서 담배를 피우며 앉아 있는 높이 솟아 있는 탁자(그 앞에는 장기판과 재떨이와 달력이 놓여 있는데)로 오게 된다. 이 일련의 카메라 진행의 첫 부분에, 그러니까 영화의 처음 부분에

옷을 잘 차려 입은 두 커플이 카메라를 기준으로 했을 때 오른쪽 문을 통해서 들어온다. 즉 그들은 릭의 아메리칸 카페라는 표지판을 통과하여 들어오고 있는 셈인데 카메라는 이를 위에서 내려다보는 팬 촬영법(역주-'팬 촬영법'이란 화면에 파노라마적인 효과를 내기 위해 카메라를 상하좌우로 움직이며 찍는 촬영법이다)으로 찍고 있다. 한 여성을 에스코트하면서 두 명의 미국 장교가 안으로 들어가자 그 다음에 두 명의 아랍 남자들이 뒤를 잇는데 그들은 동반하는 여성이 없다. 그런 후에 카메라가 앞으로 이동을 하기 시작할 때 우리는 문을 통해 들어가는 한 우아한 여성의 등을 보게 되며, 그 여성의 뒤를 이어 레지스탕스의 영웅인 레슬로가 이 영화 속에서 내내 입고 있는 화려한 흰옷과 유사한 옷을 입은 한 남자가 들어간다.

카메라가 문을 통과할 때 터키모를 쓴 문지기는 고개를 약간 끄덕이며 인사를 한다. 카메라는 지나가는 웨이터의 팔에 의해 잠시 차단된다. 잠시 후 그 웨이터가 자리를 슬쩍 비키자 우리는 탁자에 옆모습을 보인 채 앉아서 담배를 입술에 물고는 한 모금을 빨아 넘기는 사람을 본다. 그리고 카메라가 그 모습을 뒤따라갈 때 담배 연기를 재빨리 내뱉는다. 카메라가 다른 각도를 향해, 즉 담배 연기로 자욱한 카페 안을 지나 밴드의 뒤편을 거쳐 드럼 치는 사람의 오른손을 향해 돌려지자 화면은 그들을 순간적으로 놓치게 된다. 그 커플이 사라지자 작고 둥근 쟁반 위에 두 잔의 샴페인을 들고 가는 웨이터가 화면의 오른쪽에서 등장을 한다. 그가 그 앞에 있는 접시를 한 손으로 가리키며 보였다 안 보였다 하며 안으로 들어갈 때, 카메라는 그를 낚아채서는 그를 따라 방을 가로질러 들어간다. 그가 샴페인을 주문한 아름다운 커플 뒤로 다가갈 때 그는 화면의 시야로부터 차단이 되는데, 그 커플은 담배 연기가 자아낸 안개를

담배는 숭고하다

배경으로 그늘진 옆모습의 자세로 앉아 있다. 이때 갑자기 불이 번쩍하며 잘생긴 군인 하나가 자신의 담배에 불을 붙이고는 이와 동시에 그의 멋진 갈색머리 동료가 몸을 돌리는 모습을 보며 자신도 같이 몸을 돌린다. 그 순간 웨이터는 약간 기울어진 자세로 샴페인 잔이 놓여 있는 쟁반을 위로 든 채 그들 사이에 서게 된다. 그 군인은 담배 연기를 내뱉는다. 그리고는 그들이 잔을 받아들기 전에 잠시 동안 카메라는 화면을 완벽하고도 작은 회색빛 담배 연기 구름이 잠시 맴도는 샴페인을 집중적으로 포착한다. 어두운 그늘이 진 아름다운 옆모습들로 틀을 이루고 밑에서부터 카메라의 초점을 맞추자 담배 연기가 맴도는 포도주 잔은 카페의 모든 불빛을 한몸에 받는데 이것은 이 영화에서는 이루 말할 수 없을 정도로 아름다운 신의 현현과도 같은 순간이다. 모든 사람들은 그러한 현현의 순간, 즉 틀 속에서 얼어붙어 있으나 시간의 황홀한 정지를 나타내는 투사자에 의해 움직이는 그러한 순간을 경험하기 위해 릭의 카페에 오는 것이다. 움베르토 에코에게 있어서 그 바는 복합적인 원형의 장면을 연상시킨다. 즉 외국 군대, 그랜드 호텔, 미시시피 강의 보트, 뉴올리언스의 매춘굴, 마카오의 도박장, 밀수꾼의 천국인 싱가포르, 사막의 끝에 있는 마지막 전초선과 같은 것을 말이다.

그러나 릭의 카페는 또한 전쟁으로 도피한 사람들이 비행기를 타고 모로코의 카사블랑카를 떠나 미국에서 누릴 자유를 향한 첫 단계인 리스본으로 가기 위한 비자를 얻기 위해 오지 않을 수 없는 장소이다. 그 바는 서비스를 제공하는 이 도시의 유일한 대사관인 셈이다. 그곳이 늘 사람들로 북적대며 부산을 떨 정도로 번창하는 성공의 원인은 릭이 치밀한 계산을 하여 운영하는 기업 그 자체에도 있지만, 그의 정치적 중립성과 도덕적 양면성에서도 기인을 한다. 그는 비시 정부의 대표자들과 손쉽게 동지애를 발휘하고 그들에게 그의 장소를 빌려주어 때때로 그들의 잔인성을 행사하도록 해주며 그들의 나치 감시자들로부터 위장된 독립의 위선에 즐거운 무관심을 유지하는 한편, 그들에게 뇌물도 준다. 대부분의 면에서 볼 때 카사블랑카에서 릭의 정치 활동은 1941년 북아프리카의 미국 영사관과 구분할 수 없을 정도다. 즉, 비시 프랑스와 나치 독일, 그리고 자유 프랑스 인들을 싸움붙이는 정치적 투쟁에 대한 그의 씁쓸한 중립성은 루즈벨트 정부의 입장을 거울처럼 그대로 반영하고 있는 것이다. 마치 프랭클린 루즈벨트가 샤를 드골(그는 런던에서부터 투쟁을 이끌고 있었는데)의 건방진 고집을 경멸하면서 그것은 곧 쿠데타를 하려는 그의 나폴레옹적 야심을 의미한다고 오해까지 했던 것처럼, 그 유사성은 릭이 레지스탕스 운동의 지도자를 향해 적개심을 보이는 사실까지도 포함한다.

우리는 루즈벨트가 느끼는 초조함의 면모를 드골의 잘난 체하는 건방짐으로써 감지할 수 있으며 그것의 어조를 릭이 이 영화에서 레지스탕스의 지도자인 라슬로로부터 얻는 반응으로 측정할 수가 있다. 릭은 다음과 같이 묻고 있다.

"당신은 가끔 이럴 가치가 있다고 생각하시오? 내 말은, 당신이 투쟁을 하고 있는 그 목적 말이오."

이에 대해 라슬로—드골은 세계의 운명을 royal 'we'(역주 - royal 'we'는 영문학에서 자주 사용하는 용어인데 여기서의 we는 '우리'가 아닌 '나'를 의미한다. 그 기원은 로마시대 때 여러 사람들이 정치를 하는, 이른바 과두 정치 또는 삼두 정치 때부터 거슬러 올라가며 영국의 대문호 셰익스피어의 '안토니오와 클레오파트라'의 경우에도 royal we가 많이 사용되고 있다. 예를 들어 'we declare you are to die'라고 하는 문장이 있을 때 이 문장의 we가 royal we라면 '우리는 그대에게 사형

담배는 숭고하다

을 선포하노라'가 아니라 '짐은 그대에게 사형을 선포하노라'가 되는 것이다. 따라서 라슬로가 '우리가 적들과의 싸움을 멈춘다면……'이라고 한 말은 결국 '내가 적들과의 싸움을 멈춘다면……'의 뜻이 된다. 참고로 영문학에서는 royal we 말고도 신문 사설의 경우에 자주 등장하는 we를 editorial we라고도 한다)의 냄새가 나는 지속적인 호흡과 연관지으면서 "만약 우리가 호흡을 멈춘다면 우리는 죽을 것이오. 만약 우리가 적들과의 싸움을 멈춘다면 전 세계가 죽는단 말이오"라고 대답한다. 릭이 안달하는 것은 그가 그 위대한 사람(라슬로)의 아내인 잉그리드-일사에게 "당신 남편이 위대한 사람이라는 것을 내가 또 다시 들어야만 하오?"라고 항의를 할 때 비로소 용서받을 만하게 된다. 이 영화에서 라슬로는 실제의 드골처럼 굉장한 위엄과 평온함으로 끊임없이 줄담배를 피운다. 다시 말해서 그는 화면에 등장할 때마다 담배 연기(이것은 바로 정치적 투쟁의 공기라고 볼 수 있는데)로 호흡을 하고 있다.

릭의 아메리칸 카페는 1942년 카사블랑카에 있던 미국 영사관의 연기 자욱한 대치물로서 간주되는데, 그 '아메리칸' 카페의 정치는 영국과 캐나다 정부가 그러했던 것처럼 겉으로는 중립적이다. 미국 외교관들을 추방하고, 로레인의 십자가 군기 아래서 투쟁하는 세력들에게 지지를 보낼 것을 부추기는 비시 프랑스 정부의 목소리가 점차 증가함에도 불구하고 비시에 대한 미국의 지지는 변함이 없다. 카사블랑카의 첫 장면에서 비시 경찰은 자유 프랑스인 문장叙章을 새긴 서류를 쥐고 있는 한 남자를 총으로 쏘아 사살한다. 그리고 그 카페에서 한 사람이 반지를 파는 척하며 라슬로와 일사에게 접근한다. 그는 레지스탕스의 비밀 첩보원인 버거인데, 그의 지도자를 위해서는 어떠한 희생이라도 할 각오가 되어 있는 사람이다.

버거. "당신들은 미국으로 가려는 부부 같아 보이는군요. 이 반지는 저기 있는 시장에 가면 볼 수가 있죠. 난 이 반지를 상당히 싼 가격으로 팔지 않을 수 없는 입장이랍니다. 이 반지는 그야말로 독특한 반지죠(그는 반지를 열어 그곳에 들어 있는 로레인의 십자가를 보여준다).

라슬로. "좋아. 몹시 흥미롭군요."

보가트를 비시에 대한 절충적인 중립성으로부터 끄집어내어 드골과의 연합으로 이끌어주는 이 영화의 플롯은 헐리우드의 많은 제작자들(특히 유태인 제작자들)이 유보된 미국의 승인을 보고 싶어하는 욕망을 나타낸다. 릭이 이 영화 끝부분에서 점령되지 않은 카사블랑카에 있는 그의 카페를 버리게 되는 장면이 그것을 설명하는 것으로 보일는지도 모른다. 이 영화의 마지막 장면에서 현지 경찰의 총수격이었던 루이 르노 소령은 '애국주의자'가 되며 레지스탕스에 합류하여 비시라는 물병에 화를 내며 그것을 쓰레기통 속에 버리게 된다. 전에는 냉소주의자였던 그와 릭은 마지막에서는 카사블랑카를 함께 떠나 1940년에 드골을 응원했던 서아프리카 식민지 국가인 브라쟈빌(이곳은 그가 자유의 프랑스인들을 향해 첫 연설을 했던 곳이었는데)에서 자유 프랑스 세력과 합류하기로 결심한다. 릭은 이 영화의 끝부분에서 마치 그가 프랑스의 부르봉 왕가, 즉 마치 루이 왕의 화신을 돈호법頓呼法으로 부르는 것처럼 "루이! 이것은 마치 아름다운 우정의 시작처럼 보이는군!"이라고 말한다.

동맹의 꿈처럼 뿌연 마지막 장에서 미국인이자 동시에 이제는 투쟁하는 프랑스인인 릭은 이 영화의 첫 장면과 마지막 장면, 그리고 중간의 극적인 순간에 흘러나오는 〈라 마르세예즈La Marseillaise〉라는 노래의 박자에 맞춰 안개낀 공항 속으로 사라진다. 이 영화의 극적 순간은 바에서

담배는 숭고하다

사람들이 부르는 〈라 마르세예즈〉가 나치 독일군들이 부르는 노래를 점진적으로 들리지 않게끔 만들 때, 레지스탕스가 나치를 상징적으로 이기게 되는 듯한 장면이다. 그린버그 박사는 카사블랑카에 관한 그의 장_후의 부제를 '만약 그것이 그토록 지나치게 감성적이라면 왜 내가 울고 있을까?'라고 붙이고 있다(그러나 이것은 약간 이상해 보인다. 왜냐하면 지나치게 감성적인 영화나 애국가는 항상 우리를 울게 만들기 때문이다). 이 영화가 가진 감정 호소의 힘은 심지어 미국인들에게서도 전제 폭군적인 압제에 대한 집단적인 승리를 일깨워준다. 그러한 꿈들은 〈라 마르세예즈〉의 선율이 점진적으로 분출하면서 수사학적인 숭고한 명령법 속에 구체화하는 위대한 프랑스 국가의 힘과 밀접한 연관이 있다. 이 영화는 지구본이 신세계에서 구세계로 한 바퀴 돌아가고, 라디오 스피커에서 방송이 흘러나올 때 미국의 꿈을 첫 장면에서 불러오고 있다. 하워드 코치는 『카사블랑카』에서 다음과 같이 썼다.

> 2차 세계대전의 도래와 더불어 감옥에 갇혀 있던 유럽의 많은 눈들은 희망을 가지고, 또는 필사적으로 미국인들의 자유를 향해 돌아가게 된다. 리스본은 위대한 출발 지점이 되었다. 그러나 모두가 다 리스본에 곧바로 도착할 수 있었던 것은 아니었다. 구불구불한 우회의 망명로가 갑자기 우후죽순으로 생겨났다. 파리를 거쳐 마르세이유로, 그리고 지중해를 가로질러 오란으로, 그리고 기차나 자동차로, 항구를 거쳐 아프리카 연안을 가로질러 프랑스령 모로코의 카사블랑카로 물밀 듯 몰려왔던 것이다. 이곳에서 운이 좋은 사람들은 돈이나 권력, 또는 행운으로 인해 출국 비자를 받고는 서둘러 리스본으로 갔으며 그곳에서 신세계인 미국으로 향했던 것이다. 그러나 다른 사람들은 카사블랑카에서 기다려야만 했다. 계

속해서 기다리고, 기다리고, 기다리며 말이다.

미국의 대외정책에 대한 이 영화의 순수한 적개심은 반미주의의 제안에 의해 정화되고 있다. 그러한 점이 간과되었을 경우에 대비하여 릭의 카페에서 일하는 귀엽게 생긴 칼은 나이가 든 유태인 부부로 보이는 한 쌍에게 그들의 긴박한 출국을 축하하기 위해 가장 좋은 코냑을 가지고 온다. 그들은 잔을 높이 치켜들고는 축배를 한다. "미국을 위하여! 미국을 위하여! 미국을 위하여!" 정치적인 우화는 보가트—블레인이 폭음을 하며 주먹으로 탁자를 쾅하고 치면서 샘에게로 몸을 돌릴 때가 가장 명백해진다.

> "만약 지금 카사블랑카가 1941년 12월이라면 뉴욕은 지금 몇시지?"
> "죄송하지만 제 시계는 고장이 났습니다."
> "내 장담하건대, 지금쯤이면 뉴욕은 잠을 자고 있을 시간이야. 아니, 전 미국이 다 잠을 자고 있을 시간이지."

비시와의 협력에 대한 자국 정책의 냉소주의에 미국이 관심 하나 두지 않고 잠만 자고 있다면, 이 영화는 그것의 진정한 이익으로 간주되는 것에 경각심을 일깨워 주려는 의도가 있는 것이다. 선전 작품이자 정치적 메시지의 감정적인 실행으로서 그것은 루즈벨트의 외교를 변화시키는 데 괄목할 만하게, 그리고 거의 즉각적으로 성공을 거두고 있는 것이다.

1943년 신년 전야에 프랭클린 루즈벨트는 최근에 상영된 〈카사블랑카〉를 자신의 손님들을 위해 틀어주었다. 이때는 비시 프랑스에 대한 그의 정부 정책이 그들과 싸우는 나라에게는 날마다 더욱더 참을 수 없는 것이 되어가고 있는 때였다. 드골이 부재중일 때 그에게 사형 선고를 내린 비시 정부는 미국에 의해 승인되었을 뿐 아니라 보호까지 되었다. 비시 프랑스의 미국대사인 전 해군제독 윌리엄 리히는 루즈벨트의 개인적인 친구였기 때문이다. 1943년 11월 이 영화를 본지 10일 뒤에 루즈벨트는 윈스턴 처칠과의 역사적 회동을 위해 카사블랑카로 날아갔다(루즈벨트는 재임 기간 중에 비행기로 여행을 한 최초의 미국 대통령이었다). 그 회담의 최우선 과제는 북아프리카에 있는 프랑스 대표자들에 대한 연합 외교를 펼치자는 것이었다. 12월에 암살되기까지 북아프리카에서 비시군의 사령관이었던 쟝 프랑코 달랑 장군은 연합군이 1942년에 북아프리카에 상륙할 때까지 나치스와 프랑스의 연합을 지지했다. 그는 그 이후로 비시 군대에게 연합군의 편을 들라고 명령했다. 루즈벨트는 그의 암살을 극악무도한 살인이라고 규정짓고는 이를 비난했다. 달랑은 육군 대장인 페탕의 친한 친구 앙리 오노레 기로 장군에 의해 프랑스령 아프리카의 최고사령관으로 승진되었다. 처칠의 도움을 받으며 런던에서 머물고 있던 드골은 처칠과 함께 카사블랑카를 방문하여 마지못해 기로와 악수하는 사진을 찍는 데 동의했다. 6개월 이내에 드골은 자유 프랑스 군대에 대한 기로의 영향력을 제거시키는 데 성공했다. 카사블랑카에서 처칠의 독촉으로 루즈벨트는 비시에 대한 승인과 기로에 대한 지지를 버리기로 동의하고 드골의 자유 프랑스를 지지하는 정책으로 전환했다. 이것은 프랑스 국가 위원회에 대해 미국이 전폭적인 지지를 보내는 그해의 8월에 절정을 이루게 된다. 그 결정은 나치즘에 대한 투쟁에 있어서 루즈벨트와 드골을 외적인 동맹 관계로 만들어주는 계기가 된다.

카사블랑카의 마지막 부분에서 릭과 루이의 아름다운 우정의 시작은 그린버그에 의해 '동성연애적' 선택으로서 해석되고 있다(역주-여기서 저자는 릭의 스펠링을 Rick으로 쓰지 않고 (f)Ri(n)ck(lin)로 쓰고 있다. 이는 릭과 프랭클린이 서로 비슷함을 보여 주고자 한 것이다). 그러나 프랑스 형제들과 미국 형제들 사이의 유대를 강화시켜줄 것을 요구하는 필요성은 이 플롯의 심리학적 논리에는 본질적이지 못하다. 그보다는 오히려 이제 막 시작하려 하는 충성심을 위한 격렬한 투쟁 속에 그 의미를 감추기 위해 그런 논리를 사용하는 것이다. 이 영화는 그 자체가 주연급 영화배우였던 셈이다. 다시 말해 이 영화는 자유 프랑스인을 위해 기여한 로비 공작을 통해 루즈벨트의 대외 정책과 프랑스와 미국 사이의 관계의 역사 과정에서 실제로 차이를 만들어 냈을지도 모를 주연급 영화배우 그 자체였다는 말이다. 카사블랑카로 날아가기 10일 전에 루즈벨트가 신년 전야에 백악관에서 이제 막 개봉된 영화를 보여 주는 것은, 이 영화에서 보가트—블레인이 그의 도덕성 중립성을 저버리고 클럽에 있는 밴드에게 고개를 끄덕이며, 나치 국가를 부르는 독일 군인들의 목소리를 압도할 수 있도록 〈라 마르세예즈〉를 연주하라는 신호를 보내는 순간과 일치한다. 루즈벨트는 아마도 백악관의 어두운 영사실에서 울면서, 카사블랑카에서의 회담이 자유의 프랑스인을 위한 방향으로 선회할 결정을 그 자리에서 내려버렸는지 모른다. 험프리 보가트는 릭의 아메리칸 카페의 주인 역을 하면서 자신이 루즈벨트 역을 하고 있다는 것을 알고 있었음에 틀림없다. 루즈벨트는 카사블랑카에서 자신이 험프리 보가트의 역을 실행으로 옮기고 있다는 생각을 즐겼을까?

그린버그 박사는 〈카사블랑카〉에 나오는 담배에 관해서는 아무것도 말하지 않고 있다. 만약 그가 말했다면 그는 아마도 그것을 '남근숭배적'이라고 간주하는 것에 만족했을는지도 모른다. 그러나 그는 담배에 관해서는 생략하고 있다. 이는 아마도 담배가 그의 오이디푸스적인 해석에 가할 저항을 느끼고 있었기 때문일 것이다. 다시 말해서 이는 그로 하여금 남근에 대한 그의 개념을 수정하게끔 만들기 때문인 것이다. 이 영화는 그에게 완벽하게 정치적인 또 다른 메시지를 놓치도록 하여 이러한 해석의 만족을 주는 반면에, 오히려 자신이 이 영화에서 내포하고 있는 무의식의 메시지를 발견했다고 믿고 있다. 그러나 그는 분명 이 영화에 의해서 봉이 되고 있다. 그의 주장은 틀렸기 때문이다. 담배가 성적인 자극제라는 표현이 1942년에는 일반적인 진부한 표현이 되었기에 그것은 심지어 헐리우드에서도 좀더 다른 미묘한 주제들을 감추기 위해 사용된다는 것은 간파하지 못했다. 마지막 부분에서 보가트는 마치 그린버그의 가족 로맨스에 접근하는 것처럼 다음과 같이 말하고 있다.

"세 명의 작은 사람들의 문제는 이 미친 세상에 있는 산더미와 같은 완두콩의 숫자에 비할 바가 못된다."

영화 〈카사블랑카〉에 등장하는 담배는 공포에 질린 사람들이 자신들의 의심과 겁과 망설임과 무기력함을 숨기는 가면일는지도 모른다. 즉 담배는 공포를 공격적인 자세 뒤에 숨겨주는 역할을 하며, 이 공격적인 자세는 공포에 대한 경멸감과 상대방의 연약함을 표현하는 것이다. 엄지와 검지 손가락 사이에 들려져 있는 험프리 보가트 담배는 그 거친 사내(릭)로 하여금 담배를 피우면서 그의 손마디를 보여주도록 만든다. 두 사람은 그것이 성적인 것이나 정치적인 것이나 간에 관계없이 경쟁이나 라이벌 관계에 처하게 될 때면 언제나 그들은 주먹을 쥔 자신의 손등을 상대방에게 보이는 것에 신중하게 된다. 그러한 행동은 라르티그의 책에서 여성들이 종종 앞으로 죽 뻗은 두 손가락 사이에 담배를 끼우고 나머지 손가락들은 보이지 않게 안으로 구부려 넣은 채 담배를 피우는 방법과는 대조적이다. 여성의 손은 절반쯤은 유혹적이라고 볼 수 있는데 담배를 쥐고 있는 여성의 손은 담배 연기가 그녀의 윤곽을 부드럽게 만들어줄 때 마치 베일로 가려지는 듯하다.

피터 로어는 카사블랑카의 중요한 희생자 중 하나이다. 그는 담배를 그의 몸에 가깝게 쥐고는 재빠르고 짧게 줄담배로 몰아서 빨아댄다. 그리고는 담배가 마치 자신의 거세된 남근의 가시적 상징인 양, 자신의 손가락 사이에 끼고는 빙글빙글 돌린다. 만약 불붙은 담배로 상대방을 가리키거나 상대방이 있는 방향으로 담배 연기를 내뿜는 행위가 종종 공격적인 행동이자 다른 주관성의 불유쾌한 침입에 대한 반응이라면 담배를 자신의 손바닥 안쪽으로 향하게 하는 것은 담배가 자신의 몸으로부터 멀면 멀수록 그 자세는 더욱더 신뢰적이고 평화적이다.

르노 소령 역을 하는 클로드 레인스 역시 그 영화에서 계속해서 담배를 피운다. 보가트와 그의 친밀한 관계는 그의 흡연이 라이벌이자 친구이며 정치적 동지의 흡연을 거울과 같이 반사하고 있는 방법 속에서 투영된다. 즉 우리가 그린버그 박사의 '캠프camp' 해석(역주 – 캠프란 동성 연애자의 과장되게 여성적인 몸짓이나 그런 짓을 하는 사람을 말한다)을 믿는다면 그는 보가트의 동성 연애의 선택 대상인 것이다. 르노 소령은 그의 불가능한 위치 때문에 또 가중되는 모순적 통제에 사로잡힌 채, 많은 상사들을 냉소적으로 대하고 있으며 나치에 의해서도 심정적으로 정치적으로 거부당했다. 카메라는 담배를 길고도 깊게 빨아들이는 그의 모습을 찍고 있는데, 거대한 구름과 같은 담배 연기를 대기 속에 천천히 불어넣는 모습은 곧 자신의 복잡하게 얽힌 사고를 명백하게 표현하고 있다. 담배 연기는 사고의 실체와 매우 흡사한 물질 중 하나이다. 레지스탕스의 지도자인 라슬로와 나치 사령관 스트라세 대령 두 사람 역시 끊임없이 담배를 피운다. 이 영화에서 담배는 숨겨져야만 하는 것을 나타내기 위해 사용되고 있다. 라슬로는 셀 수 없을 정도로 많은 담배를 특이할 정도로 길고 가는 손가락 사이에 끼우고, 납작한 손바닥은 마치 그의 얼굴 앞에 놓인 칸막이처럼 펼쳐 보이면서 피운다. 담배를 쥐고 있는 손은 그의 의도와 입술 위에 놓인 비밀을 이 세상으로부터 숨기는 역할을 할 뿐 아니라, 이 정치적인 영웅(라슬로)에 의해 향로香爐와 같은 위엄성을 지닌 채, 그리고 숭고한 가치와 완고한 원칙의 저장소와 같은 위엄성을 지닌 채 흔들어 보이고 있다. 그 나치 대령은 수다스러울 정도로 강박 충동적이다. 그는 자신의 담배를 꽁초 밑동 부분까지 빨아대며 그것을 불안하게 쥐고 있기 때문이다.

애니 르클레르는 험프리 보가트의 담배 속에 암암리에 내재되어 있는 남근지상주의를 진단한 후에 외관상으로는 약간 망설이며, 그 문제를 다시 한번 재고하는 자신의 판단에 대해 그 다음 장의 첫 부분에서 뉘앙스를 달리하여 쓰고 있다.

그것은 나로 하여금 아마도 내가 '험프리 보가트 담배'에 대해 잔인하지 않았나 하고 생각하게끔 만든다. 황폐한 모습을 지닌 이 작은 친구는 사실상 적어도 이를 가장하기 위해서라도 담배를 필요로 하고 있는 것이다. 본질적으로 나는 또한 그 견장과 옷깃을 위로 치켜올린 그 경찰 방수복과 남근지상주의의 모든 세세한, 날이 무딘 기구들을 이해할 수 있다고 생각한다. 그 위협은 엄청나다고 인정하는 정도로만 해 두자. 여성이건 남성이건 그 메커니즘의 조작자는 우선 두려워하는 사람이다. 그리고 거기에는 그럴 만한 충분한 이유가 있다. 과장하는 것은 악이 아니다. 오히려 우리가 농락당하는 것이 악인 것이다. 만일 그 어느 누구도 믿지 않는다면 우리는 그렇게 할 필요성을 느끼지 않기 때문이다……

그녀는 여기서 글을 중단한다. 그녀의 생각을 끝까지 추구하고 싶지도 않거니와 할 수도 없기 때문이다. 위의 글은 남성이든 여성이든 자신들에게 용기를 부여하고 정말로 위협적인 상황에 직면했을 때 느낄지도 모를 공포를 감추기 위해 그 남근 숭배적인 담배를 피운다는 의미를 내포하고 있는 듯하다. 담배는 자신에게 위협이 되는 상황에 직면했을 때 필요한, 침착하고도 겉으로 나타내지 않는 외관을 유지시켜주는 도구이다. 그러니까 담배는 힘을 가장한 것이면서 동시에 침착함을 유지토록 하는 힘을 부여하기 위한 메커니즘이라고 볼 수 있다. 르클레르의 망설임은 그녀가 전에는 명백하게 비난했던 것인 남근 지상주의적 가면의 무익성에 대한 그녀의 새로운 옹호와 연관이 있는 것이다. 견해를 재조정하면서 그녀는 그 남근 지상주의적 가면을 쓰는 것이 모든 상황에서 다 나쁜 것만은 아니라는 점을 인정한다. 때로는 진정한 위험에 직면할 때 거만하고 비정하고 아무것도 두려워하지 않게 보이는 것이 남성이든 여성이든 모두에게 필요하기 때문이다. 도덕적인 실수는 우리가 자신의 가면을 마치 자기 자신인 것처럼 간주할 때 일어나는 것이다.

담배에 관한 그녀의 책 뒷부분에서 르클레르는 그녀가 항상 잊었을지도 모르는 것, 즉 담배 연기에 관해 언급하고 있다. 그녀는 다음과 같이 쓰고 있다.

나는 우리 입을 통과하는 것이 단지 음식만이 아니라는 사실을 아마도 오래 전부터 잊어왔던 것 같다. 나는 공기도 잊고 있었다. 입 속으로 들어간 다음 부드러운 목구멍을 통과하는 공기 말이다. 그렇다. 그 공기 말이다. 호흡의 공기, 울고 슬퍼할 공기, 노래와 말의 공기.
공기… 이는 마치 그 단어 자체가 잊혀 있었던 것 같다. 이상하고도 작은 단어. 다른 언어로부터 철수를 한 후에 잠시 정지되어 있는 단어. 혀와 입천장 사이에서 스스로 문을 여는 신선한 단어. 공기는 너무나도 가볍고 대수롭지 않게 여겨지는 단어이기 때문에 그것이 언급되는 순간 이미 그것은 공기중에 있게 된다. 오리털처럼, 그리고 새처럼 부드러운 단어. 그것이 바로 공기다….

나 역시 이런 망각을 치유하기 위해, 그리고 내 자신에게 공기와 목구멍과 폐에 대해 다시 한 번 상기시키기 위해 담배를 피우지 않았던가? 그것이 내 몸을 통과하여 순회한 다음 교체되도록 하기 위해 담배를 피우지 않았던가 말이다. 항상 자기 자신인 채로 그대로 있는 것은 즐겁지가 못하다. 왜냐하면 항상 그대로 있다는 것은 곧 혼자 있고 고독하고 분리되어 있다는 것을 의미하기 때문이다. 나는 껍질을 열어 무겁고도 성가신 감정과 음식과 사고의 주머니를 찢어발기기 위해서 담배를 피웠음에 틀림없다. 이런 콘센트와 같은 자아, 쓰레기통, 그리고 천막으로부터 탈출을 시도하고 또다시 시도하기 위해서 말이다. 이런 숨막히는 반복의 뚜껑을 열기 위해, 그리고 내 마음대로 자유로이 호흡하기 위해서 나는 담배를 피웠음에 틀림없다.

애니 르클레르는 결국 '공기'를 잊지 못하고 기억하기 위해서 담배를 피우고 있는 셈이다. 그녀의 말대로 가볍고, 날개가 달린, 오리털처럼, 새처럼 부드러운, 그리고 언급하는 순간 공기 속으로 사라져버리는 '공기'라는 단어 그 자체를 잊지 않기 위해서 말이다. 그리고 그녀는 자신의 목구멍과 폐에 공기를 잊지 않기 위해서, 그리고 안팎으로 순환하는 그 어떤 것에 의해 관통되기 위해 담배를 피우고 있다. 안으로 빨아대는 한 모금의 담배 연기는 그녀에게 호흡을 넘어선 또 다른 호흡을 상기시켜주는 공기인 것이다. 흡연은 우리로 하여금 우리의 따분하고 반복적이고 구속적이며 가치없는 자아로부터 탈출을 가능하게 해주며, 친밀한 내면성으로부터 벗어나 우리 자신이 아닌 그 무엇의 일부분으로 경험하도록 해준다. '담배 공기air of smoke'라고도 할 수 있는 담배 연기는 우리에게 우리는 공기를 피우고 있는 것이며, 항상 우리 자신의 내부에서 벗어나 '공기' 속에 있다는 것을 상기시켜 준다. 공기는 단지 우리의 주변이나 우리 속에 있는 것이 아니라 우리의 모든 호흡에 동반되는 시공에 해당하는 단어이다. 우리가 공기 중에 있듯이 우리는 시간 속에 있다. 그러므로 '시간의 공기L'air du temps'는 '확 풍기는 향수'처럼 순간의 양면적인 성질, 즉 시간과 공간에 있어서의 한순간의 특별한 어조나 색조 등을 의미하는 것이다. 우리가 매번 쉬는 호흡과 우리가 매번 피우는 담배 연기는 시간의 공기, 즉 시간이 경과하는 양식이나 양상인 것이다.

카사블랑카에서 피우고 있는 담배는 그 영화의 가장 기억할 만한 노래인 〈시간이 흘러감에 따라As Time Goes By〉의 시각적인 구체화이다. 그 도시(카사블랑카)는 이 비참한 중간 시간에 임시 망명지인 이곳을 떠나기 위한 비자를 받기 위해 기다리고, 기다리고, 또 기다리는 장소다. 경과하고 있는 시간은 이중적인 의미를 지니는데 이것은 이 영화의 주제곡 첫 절과 마지막 절에 나타난다.

당신은 이것을 기억해야만 하오,
키스는 단지 키스이며
한숨은 단지 한숨이라는 것을.
근본적인 것들이 적용이 된다오,
시간이 흘러감에 따라.

담배는 숭고하다

그리고 두 연인이 구애를 할 때

아직도 그들을 '나는 당신을 사랑하오'라고 말하지.

당신은 이것을 믿어도 좋소,

미래가 그 무엇을 가져다 주든지간에 말이오,

시간이 흘러감에 따라.

......

그것은 아직도 동일한 옛날 이야기이자,

사랑과 영광을 위한 투쟁이며

실행하느냐 아니면 죽느냐에 관한 것이라오.

이 세상은 항상 연인들을 환영할 것이오,

시간이 흘러감에 따라.

　

이 노래는 릭과 일사의 감상적인 이야기를 언급하고 있는 것처럼 들릴는지도 모른다. 즉, 독일군들이 파리로 진격해 들어온 날에 그들이 서로 사랑에 빠지는 것, 다시 말해서 시간이 적절치 못한 것을 언급하고 있는 것처럼 들릴지도 모른다. 왜냐하면 잉그리드—일사가 릭과 함께 파리를 떠나는 것에 실패할 때 가르 드 리용에 있는 시계는 5시 5분 전을 가리키고 있는데 그 시간 이후의 시간은 잃어버린 시간이기 때문이다. 그리고 카사블랑카에서 그들의 재회 이후의 시간은 이미 지나가 버린 시간이 되어버린다.

잉그리드 버그만이 '보이Boy'라고 부르고 있는 샘은 릭의 카페에서 피아노를 연주한다. 그리고 릭의 가장 충성스런 심복이 되어 그의 보스(릭)

를 마치 어머니와 같이 보살펴주고 보호해준다. 우리가 그를 처음으로
릭의 카페에서 보게 될 때 그는 다음과 같은 노래를 부르고 있다.

> 내 머리는 곱슬이고 내 치아는 진주와 같아요.
> 그리고 나는 항상 미소를 머금고 있기 때문에
> 나는 가장 최근에 돌아가는 사태를 알 수가 있죠.

그는 이 영화의 감상적이고도 심미적인 중심지인 릭의 카페의 정신과
도 같으며 그의 음악은 이 영화의 도덕적 분위기를 측정토록 해주며 이
영화 플롯의 전개에 대한 주석과도 같은 역할을 해준다. 보가트가 통과
객의 잃어버린 편지를 샘의 피아노 속에 숨길 때 샘은 〈누가 문제가 있
는 거지?〉라는 곡을 연주한다. 그리고 일사가 다른 남자의 팔에 의지한
채 릭의 카페에 처음으로 들어올 때 그는 〈사랑을 팝니다〉라는 곡을 연
주한다. 그는 과거를 감시하는 감시인이며 시간의 역전逆轉이라는 비밀을
쥐고 있는 사람이다. 잉그리드—일사가 피아노 옆에 앉자 샘이 말한다.
"전 당신을 다시는 못 볼 줄 알았습니다, 미스 일사! 강가에 물이 많이
불어 올랐거든요."
그러자 그녀는 그에게 흘러간 곡 중의 하나를 연주해달라고 요청한
다. 그는 그녀를 우선 〈아발론〉이라는 곡으로 달래려고 한다. 그러나 그
것은 그녀가 듣고 싶어하는 곡이 아니었기에, 그녀는 "〈시간이 흘러감에
따라〉를 연주해줘요"라고 부탁한다.
그러나 샘의 시계는 멈춰 있었다. 즉, 카사블랑카의 다른 모든 사람들
처럼 그는 기다리고, 기다리고, 또 기다리며 있는 것이다. 시간이 흘러감
에 따라, 그러니까 미국이 비시 프랑스에 대한 관대한 중립성에서 벗어

날 때, 시간은 사라져간다. 애국주의자들이란 바로 미국과 자유 프랑스 세력 사이의 새로운 동맹을 초조하게 기다리는 사람들이다.

이 책은 최근 미국에서 일어나 전 세계로 퍼지고 있는 담배 반대 운동──건강이라는 개념에 호소하면서 담배에 대한 도덕적 비판으로까지 번지고 있는──에 제안하려 한다. 담배에 대한 반대의 역사로 볼 때, 이러한 비판론의 급증은 아마도 억압의 주기적 순환의 한 과정이자 과거로의 회귀를 의미한다. 시계추는 회피할 수 없이, 특히 정치·경제적 위기로 야기된 사회적 긴장 상태 아래에서 다른 방향으로 움직일 것이라는 사실을 보증한다. 추의 이동은 이미 시작되었는지 모른다. 이러한 신경증적 과민 반응의 급증은 콕토가 말했던 대로 이 세계를 정복한 담배의 신비, 다시 말해 담배의 사회적·문화적 유익함을 상기시키는 목소리를 죽이는 데 성공했다. 콕토가 말했던 세계는 결국 거의 1세기가 지난 뒤, 모든 성인의 3분의 1이 매일 수십억 개비의 담배를 피워오고 있는 세계를 말한다.

1631년 파리 의회는 죄수들의 건강에 관한 의사들의 보고에 당혹해하면서 감옥에서의 흡연을 금지하는 법안을 통과시켰다. 1659년에는 콜마 Colmar 시의원들이 부르주아 계층의 흡연을 금지하고, 시민들로 하여금 시민의 미덕이라는 이름으로 이를 어기는 자를 비난하게끔 선동했다. 여기서 우리는 단지 죄수 계층 사이에서 흡연하고자 하는 그들의 노력이 성공했다는 것을 추측할 수 있을 뿐이다. 그러나 그들의 주장 중 설득력 있는 증거는 1665년에 왕 앞에서 상연된 〈돈 후안〉의 첫 대사에서 몰리에르가 스가나렐에게 담배에 대한 예찬의 노래를 읊도록 하는 장면에서 찾아볼 수 있다. 그는 다음과 같이 말한다.

"담배 없는 삶은 살 가치가 없다."

흡연에 대한 금지는 종종 억압된 것이 다시 회귀할 때 매우 격렬하고 과장되게 회귀한다. 건강에 이롭지 못한 것이 악마처럼 여겨질 때면 그것은 언제나 원래의 사악함과 조명되어서는 안 되는 것의 불같은 유혹으로 인하여 더욱 저항할 수 없게 된다. 검열이란 어쩔 수 없이 금하고자 하는 행동을 부추기며 또한 불법적인 것이기 때문에, 그것을 좀 더 위험할 정도로 강박적이고 충동적으로 만들 뿐이다. 자위행위를 생각해 보면 되겠다.

『성의 역사』에서 미셸 푸코는 쾌락을 통제하기 위해 반포된 두 가지 종류의 역사적 법칙을 구분하고 있다. 하나는 중세 시대의 그것처럼 쾌락을 통제하는 행동을 효과적으로 저지시킨 간음에 대한 '금지'이며, 또 다른 하나는 19세기의 교육자, 의사, 성직자, 그리고 가족 도덕주의자들에 의해 반포된 자위행위에 대한 반대 규제나 규칙처럼 오히려 '장려'가 되어 버린 것이다. 자위행위를 반대하는 규제가 오히려 '장려'가 된 것은 그것을 사악한 것으로 선포했음에도 불구하고 조금도 줄어들지 않았기 때문이다. 자위행위처럼 악습이라고 불리는 것은 모든 사회 구석구석에 퍼져왔다. 즉, 수년 동안 정부와 성직자들은 전쟁을 벌여왔다. 그리고 그 문제는 지금이 예전보다 훨씬 더 심각할는지도 모른다. 담배는 나쁘다고 하기에 충분하다. 그러나 담배가 악마처럼 여겨질 필요는 없다. 자위행위의 경우가 그렇듯이 만약 악마에게 약간의 동정심을 보인다면 진실뿐 아니라 대중의 건강도 별 문제는 없을 것이다.

흡연과 관련된 검열에 대해 말하는 것은 이 책에 예시하려고 노력해 온 것, 즉 흡연은 육체적 행위일 뿐 아니라 말은 없으나 웅변적인 표현 형태인 논술적 행위라는 것을 전제로 한다. 흡연은 암호화되고 수사학적으로 복잡하고 서술적으로 조화를 이룬 이야기이며, 그것은 또한 흡연의 문학적·철학적·문화적 역사 속에서 원문 상호 간에 뒤얽혀 있는 광대한 전통을 지니고 있다. 그러나 현재 풍토 속에서 흡연의 논술적인 역할은 외설의 한 형태가 되어 버렸다. 마치 외설이 대중 건강의 문제가 되어버렸듯이 말이다. 물론 검열관들은 항상 자신들이 국가의 도덕적·물리적 복리를 위해 일하며, 또한 국민들을 금지된 상징적 행동으로 인해 야기되는 해로부터 보호하기를 원한다고 주장한다. 흡연은 말이라는 것을 수반하지 않기 때문에 망설이는 검열관에 의해 억압될 가능성이 농후한 표현 양식이다. 지난 몇십 년 동안 증가한 흡연에 대한 공격은 미국을 삼키려 위협하는 검열 제일주의의 전조로 간주될 수 있다. 프랑스 카니발 축제에서 금지된 집시춤처럼 흡연은 초조한 공포, 그리고 지나치게 억압적인 충동을 자극하는 행위가 되어 버렸다.

담배는 하루에 서른 번씩 소비되는 다른 많은 것들처럼 건강에는 해롭다. 아니 아마도 그것은 다른 모든 것들보다 더 심각하다. 그러나 역사적으로 볼 때 금연을 위해서 고안된 법칙들은 사실상 그것들이 의도하는 것과 반대되는 것을 야기할는지도 모른다. 또한 이러한 역설은 그것들의 기저에 깔린 동기와 태도에 대한 의심을 낳을 수 있다.

이 책은 담배가 지난 20년 동안에 획득해온 악마적 속성이, 다른 시기에는 흡연에 부여되었던 신성한 속성과 반대되는 부정적인 속성을 지니고 있다는 것을 보여주려는 목적이 있다. 악마(담배)는 오래된 신이며, 그것에 대한 숭배가 억압되어 왔음에도 그 힘은 여전히 숭배자를 매혹시키며 억압과 정반대의 신호를 드러낸다. 한때는 악마의 숭배를 억압함으로써 축복받았던 것이 지금은 무시무시하고 극악무도할 정도로 유혹적인 것으로 보이는 것이다. 악마와 전투를 하는 마녀 사냥꾼들은 모든 곳에서 악을 발견한다. 왜냐하면 악이란 거부된 충동에 자신들이 부여하는 얼굴이기 때문이다. 거룩하지 못한 행실을 억압하기 위해 종종 거룩하지 못한 조치들이 요구되며, 반 흡연 운동은 종교 전쟁처럼 잔인한 광신적 열정과 독선적인 경멸에 전력을 다한다. 흡연은 공공건물에서 금지되며 그 대신 흡연을 위한 몇몇 공간이 부여될 수 있다. 광적인 박해는 일반적으로 그것이 추방하고자 하는 숭배를 강화하게 되어, 결국 박해당하는 자들의 왜곡된 교리를 자기들끼리 몰래 나눌 수 있는 비밀 의식이나 지하 운동을 야기한다.

이 책은 담배가 지니고 있는 악마의 가면 뒤에 있는 신을 드러내고자 하는, 즉 재再신비화의 목적을 지니고 있다. 이것은 곧 우리를 계속해서 소유하려고 하는 담배의 힘을 노출시키고자 하는 의도인 것이다.

만약 사회가 계속해서 흡연을 비난한다면 그것은 담배의 사용을 단지 조장할 뿐인 검열 때문만은 아닐 것이다. 사회가 그 잔인한 가면 뒤에 있는 신성성의 영기靈氣를 포착한 뒤에야 비로소 사회는 그것의 오래된 매력의 본성을 이해할 수가 있고 또한 이 시대를 위해 새로운 신들을 발명하기 시작할 것이다.

이 책의 앞장에서 우리는 흡연에 부여된 많은 유익과 쾌락, 지혜와 아름다움을 검토해왔다. 그리고 우리는 그것이 문학과 철학에서 세계를 상징적으로 소유하는 집요한 야망의 본보기로서 어떻게 나타났는지를 보았다. 그것은 심미적 만족과 흥미를 돋우는 다양한 예술적·종교적 경험에 속하는 반사적 의식 상태를 야기한다. 담배는 정상적으로 볼 때 성적·정치적 자유의 강력한 물결과 연결되어 있다. 담배는 남녀 모든 세대에게 고통의 순간에 불안을 조정하고 완화시키는 완벽한 도구이자 다양한 기도로서의 역할을 해왔다. 또한 많은 사람들의 손에 들려져 있는 담배는 사회적 상호 작용을 위한 미묘하고도 효과적인 도구, 즉 다른 주관성의 침입을 막는 무기이면서 동시에 그런 침입을 유혹적으로 야기하는 일종의 마술 지팡이인 것이다.

그리고 담배의 복합적인 유익과 부정할 수 없는 미적 속성에도 불구하고 오늘날 담배의 가치는 오로지 그것의 좋지 못한 효과에만 연관되어 판단된다. 담배는 당신의 건강에 해롭다고 말하는 것이 바로 그것이다. 그러나 우리는 다음과 같이 묻지 않을 수 없다. 즉, 이 경우에 있어서 선한 것과 아름다운 것의 유일한 가치판단 기준인 건강에 부여된 가치는 무엇인가 하고 말이다.

스베보에 따르면 좋은 건강이란 근본적으로 문명의 진보와는 맞지 않는다. 문명은 그 본성에 의해 나약함을 증대시키기 때문이다. 삶 그 자체는 점진적인 질병이며, 우리는 죽은 다음에야 비로소 이 질병으로부터 해방되는 것이다. 만약 건강이 질병으로부터 벗어나는 자유라고 한다면, 그것은 단지 우리가 죽음으로써 비로소 획득할 수 있는 것이다.

그러니까 산다는 것은 결국 스스로 독을 선택하는 것을 의미한다. 스베보 소설의 주인공인 제노는 그의 인생 막바지가 되어서야, 언젠가는 마침내 건강하게 될 것이라는 외고집적 환상을 포기하는 순간, 비로소 평생 동안의 흡연 습관을 버리게 된다.

'건강주의'는 순수한 것처럼 보이기도 하고 불길한 것처럼 보이기도 하는 이중적 의미 때문에 미국의 지배적인 이데올로기의 일부분이 되어 왔으며, 이것은 잔인한 산업화의 약탈을 감추고 경제적으로 주요 부분의 이익을 조장하는 역할을 해왔다. 또한 건강주의는 좀 더 정확한 우리의 생물학적 견해와 삶과 생존 사이의 관계에 대한 견해를 왜곡하고 불투명하게 만들어왔으며 그것의 가시적 위선을 조장해왔다.

1990년에 펜실베니아 대학에서 개최된 개막식에서 루이스 설리번 보건후생부 장관은 흡연과의 전쟁 재개를 선포하면서, 1965년에 교황 바오로 6세가 유엔에서 했던 연설의 수사법을 빌어 다음과 같이 말했다.

> 이것을 우리의 가난하고 힘없는 시민의 건강과 복지를 희생하고, 오로지 돈만을 벌려고 하는 담배 상인들에 대한 전면적인 저항의 시초로 만듭시다. 그리고 건강을 이윤과 맞바꾸려는 행동은 중지되어야만 합니다. 지금 이것만으로도 충분하다는 말입니다. 더 이상은 결코 안 됩니다. (1990년 11월 7일자《뉴욕타임스》)

바로 그날 백악관 참모장이 대통령의 '깨끗한 공기 흡입권' 법안에 수정을 가하려는 의회 제안들을 제지하기 위해 상원의 다수당 지도자와 협상을 하고 있다는 기사를《뉴욕타임스》지가 실었다. 이윤과 건강을 맞바꾸고 있는 백악관은, 1970년에 통과된 제1차 '깨끗한 공기 흡입권' 법안 속에 처음에 포함되었다가 삭제된 조항을 부활시키라는 환경 운동 진영의 강력한 요구에 완강히 저항했다. 초기 법안에는 자동차 배기가

스 방출에 대한 의무적인 통제를 1993년에 1차로, 그 다음에는 2003년에 2차로 통제하도록 하는 내용이 포함되어 있었다. 그러나 미 행정부는 새로운 법안에서는 그것을 삭제하려고 했다. 미 행정부는 또한 유독성 화학품의 방출에 대한 통제를 가하고, 지구 온실 효과의 주범인 배기가스의 이산화탄소 양을 줄이기 위해 자동차의 연료 효율성을 개량하자는 조항에도 반대했다. 그리고 미 행정부는 산성비의 주범인 아황산가스와 이산화질소의 방출을 줄이자는 노력에도 완강히 반대하는 입장을 취했다. 이런 예를 볼 때, 미 행정부는 "우리의 가난하고 힘없는 시민의 건강과 복지를 희생하고" 오로지 돈만을 벌고 있는 상인들을 진정으로 비난하지 않았다는 것을 알 수 있다. 아니, 그보다 오히려 미 행정부는 환경주의자들이 일반적 복리를 위해 벌이는 작지만 귀중한 관심으로 상업적인 이익을 추구하고 있었다고 보아야 할 것이다.

미 행정부가 위선적이며, 대기오염 주범자들의 이익을 조장해 주면서 다른 한편으로는 담배를 싸잡아 비난하고 있다고 가정하는 것은 어쩌면 지나치게 냉소적일는지도 모르겠다. 미국 역사상 첫 흑인 보건후생부 장관인 설리번 박사가 담배를 비난하고 레이놀즈를 질타하는 이런 연설을 하게 된 동기는 정책 입안 회의 과정에서 있었던 것이 아니라 회의를 마치고 비행기를 타고 돌아오는 과정에서, 그러니까 그가 로마에서 워싱턴으로 돌아오는 긴 여정의 과정에서 생겨난 것 같다. 비행기 1등석 좌석에 푹 주저앉은 보건후생부 장관은 자기 자신보다 못한 '가난하고 힘없는 시민들'을 위한 유익한 생각을 했음에 틀림없다. 아마도 흡연은 아직도 대서양 횡단노선 비행기 안에서 허용이 된다는 것을 자신의 직업관과 관련된 불편한 심경으로 주목하면서 말이다. 우리는 그가 비행기 안에서, 흑인 인구를 대상으로 한 '업타운Uptown' 담배의 판매 증대를 노리고자 하는 레이놀즈의 계획에 관한 신문 기사를 읽었을 때, 분노하는 모습을 다음과 같은 그의 연설 어조로 미루어보아 감히 상상할 수 있을 것 같다.

> 우리의 시민들이 건강 증진이라는 메시지를 갈급하게 필요로 하고 있는 이때에 '업타운'이라는 메시지는 질병과 고통과 죽음만을 더욱더 가중시킬 뿐입니다. (1990년 1월 19일자 《뉴욕타임스》)

그는 순간적으로 이것을 자신의 보건후생부 장관으로서의 첫 번째 중요한 문제로 만들 결심을 하게 된 것이 분명하다.

가난한 소수 시민들의 곤경에 대해서는 염려하지 않는 것으로 유명한 미 행정부 내에서 '건강 증진의 메시지'를 외치고 돌아다니는 설리번 장관의 메시지는 '업타운'이 주장하는 것의 부정적인 (또는 긍정적인) 메아리에 불과하다. 그는 건강 그 자체가 광고된 상품이 되어버렸으며, 담배의 판매 증진은 경쟁의 승패 여부와 매우 긴밀하게 밀착되어 있다는 것을 명백하게 간과하고 있고, 흡연과 관련된 질병의 희생자들에 대한 자신의 동정심 속에 아이러니가 들어 있다는 것을 깨닫지 못하고 있다. 아울러 도시의 정신적 비참함이 급격하게 증대된 때에 제어되지 않은 산업화의 매연으로 인한 질병과 죽음은 설리번의 우선순위 목록에서 높은 위치를 차지하고 있지 못하다. 저소득층 지역의 문제들에 대해 열정적으로 접근하지 않는 것으로 비난을 받아온 미 행정부 내에서 보건후생부 장관은 가난한 자들의 전통적인 사치(즉 담배를 피우는 것)에 대한 시민들의 분노를 촉구하고 있는 것이다. 복권과 마찬가지로 이 세상의 가장 누추한 거리에서 파는 '총독Viceroy', '오래된 황금Old Gold', '엘리트Elites',

'상류 사회High Society'(역주 – 담배 상표들)일지라도 이것을 가난한 사람들이 살 때에는 그들로 하여금 그것을 산다는 꿈에 부풀게 해주는 것이다.

설리번 박사는 담배 상인들에 대한 날카로운 공격의 의미를 아마도 정확하게 인식하지 못했음에 틀림없다. 이는 미국 무역대표부의 최근 행동에 따른 미 행정부의 좋지 못한 압력에 맞서는 데에서 드러난다.

한동안 미 행정부는 만약 태국이 담배 수입과 담배 광고에 대해 금지 조치를 실행한다면 태국에 대해 보복을 가하겠다고 위협해왔다. 이에 대한 질문을 받은 보건후생부 장관은 태국 국민들에게 흡연을 조장하는 것은 문제가 있다고 인정했다.

> 나는 이것이 문제가 있는 영역 중 하나라는 것을 압니다. 건강과 관련한 미국의 최고 책임자로서 나의 임무와 책임은 바로…… 설리번 박사는 말을 잠시 멈췄다. 그리고는 그러나 수출에 관한 한 이것은 다른 사람들의 책임 영역에 속한다고 봅니다라고 미국 무역대표부 직위에 있는 사람들을 암시하는 말을 했다.
> 그러나 이것에 만족하지 못한 듯 설리번 박사는 다음과 같이 말했다.
> 이와 관련하여 나는 우리가 이곳 미국의 심각한 문제들에 초점을 맞추었으면 합니다. (1990년 3월 19일자 《뉴욕타임스》)

보건후생부의 책임과 무역대표부의 책임을 구분하려고 하는 설리번 박사의 희망은 그로 하여금 정책의 모순을 애국주의에 호소해 해결할 문제로 간주하게끔 만든다. 다시 말해, 미국은 자국산 담배의 해외 수출을 증진하여 제3세계를 독살시켜도 좋을지 모른다. '우리의' 즉, 자국의 가난하고 힘없는 시민들의 건강과 복리에 해를 끼치는 것만 지지하지

담배는 숭고하다

않는다면 말이다.

미국 정부가 한편으로는 적극적으로 투쟁하는 것(흡연 금지)을, 다른 한 편으로는 조장하는 역설은 단지 외형적인 것이다. 그것은 좀 더 깊은 일관성을 숨기고 있다.

《뉴욕타임스》의 사설은 그런 논리가 우선 보기에는 모순적인 것처럼 보인다는 것을 예로 들고 있다. 심지어 그 신문의 논설위원마저도 딜레마에 빠지게 되는 그런 모순 말이다. '담배 수출'이라는 제목의 사설은 미국산 담배의 수출에 대한 장벽을 철폐시키려고 하는 미국의 노력에 대해 당시의 공중위생국 장관 쿠프가 다음과 같은 격노한 반응을 보였던 것을 인용한다.

> 나는 우리가 미국 시민으로서 질병과 불구의 죽음을 계속해서 수출할 수는 없다고 생각합니다. (1989년 8월 8일자 《인터내셔널 헤럴드 트리뷴》지의 내용을 《뉴욕타임스》가 재인용함)

사실 미국은 질병과 불구와 죽음을 계속해서 수출하고 있다고 《뉴욕타임스》는 인정하고 있다. 담배는 전 세계 국가들이 지난 300년 동안 그러했던 것처럼 구입하기를 갈망하는 몇 안 되는 미국 생산품 중 하나다. 미국은 1993년 37억 달러 상당의 담배를 외국에 수출했는데, 그 액수는 미국의 무역수지 적자를 줄이는 데 중요한 요소가 되었던 것이다. 《뉴욕타임스》는 예전에 다음과 같은 기사를 썼었다.

> 옥수수로부터 스테레오 부품, 반도체에 이르기까지 미국산 상품이 아시아에서 점유권을 잃어가고 있는 지난 10년 동안 담배는 보기 드문 성공

을 거두었다. 아시아 지역에 대한 미국의 담배 수출은 작년 한 해에 76퍼센트의 성장률을 올렸다. (1988년 7월 10일자 《뉴욕타임스》)

새로 등장한 가장 큰 시장인 아시아 국가들은 미국산 담배의 열렬한 소비자들로 자기 나라의 담배보다 미국산 담배를 더 선호한다. 또한 만약 그 나라 정부들이 미국산 담배의 수입과 광고를 자유롭게 허용한다면 미국산 담배를 피우는 사람들의 숫자는 틀림없이 엄청나게 증가할 것이다.

《뉴욕타임스》는 마약이나 아편과는 달리 아직까지 불법을 간주되고 있지 않은 담배가 확실히 미국 정부를 무역수지 불균형으로부터 만회할 수 있게끔 해주는 일익을 담당하고 있다고 말하고 있다. 그럼에도 불구하고 그 신문의 논설위원은 다음과 같이 의아해하고 있다.

그러나 미국산 담배로부터 야기될 위험성에 대해 그것의 수출국인 미국이 도덕적 책임을 느끼고 있는가? …… 이러한 모순의 가장 좋은 해결책은 아시아 국가의 담배 시장들을 미국의 정부에도 아울러 개방하는 것이다. 미국 무역대표부가 시장 개방을 추진하는 곳이면 어디든지 보건후생부 장관도 그 뒤를 따라가서 흡연에 대한 자신의 연차 보고서를 발행하여, 미국 정부뿐 아니라 아시아 국가들의 정부마저도 비난해야만 하는 것이다. (1989년 8월 8일자 《인터내셔널 헤럴드 트리뷴》지의 내용을 《뉴욕타임스》가 재인용함.)

이러한 주장의 논리는 그보다 이른 1978년, 지미 카터와 보건후생부 장관 조셉 칼리파노가 역사상 가장 큰 경비가 소요되는 5000만 달러 규모의 반 흡연 캠페인을 시작한 바로 그날, 노스캐롤라이나 농부들에게 눈물을 글썽이며 담배 재배 보조금을 지원해주겠다고 약속한 연설에 등장한다. 그러나 그 역설은 명백하다. 이미 우리는 흡연의 숭고함이 그것의 위험성에 대한 인식과 연결되어 있다는 것을 보아왔기 때문이다. 정부가 담배의 위험성을 강력하게 비난하면 할수록 정부는 국민들로 하여금 더욱더 계속해서 흡연을 하도록 선동하거나 아니면 계속해서 반 흡연 캠페인을 벌이게 되거나 둘 중 하나인 것이다.

《뉴욕타임스》는 정부 전략의 무의식적 냉소주의를 거의 이해하고 있는 듯하나, 그 사설은 당연하게도 숭고의 범주와 담배를 판매할 때 흡연의 위험성에 대한 경고를 첨가할 필요성에 대해 분석하거나 이해하는 데에는 실패했다. 숭고함과 관련이 있는 부정적인 심미적 쾌락은 논리적으로 그것의 효과를 획득하는 위협의 피할 수 없는 순간을 요구한다. 심연深淵이 여행자의 발밑에서 점점 더 생생하게 열리게 되면 삶과 죽음을 가지고 노는 데 대한 그의 만족은 점점 더 민감해진다. 그런 논리로 볼 때 미국산 담배의 모든 담뱃갑에 인쇄한 보건후생부 장관의 경고는 실제로는 담배의 매력을 광고하는 것이자, 담배 애용을 조장하는 셈이다.

그런 전략은 스스로 번식하는 한 가지 제한을 갖고 있다. 즉, 흡연가들은 위험에 대해 되풀이되는 호소에 재빨리 익숙해지며 오히려 담배를 더 피우게 되는 것이다. 그것은 미국 무역대표부가 아시아인들로 하여금 미국산 담배를 피울 권리를 갖도록 계속해서 압력을 가하는 반면, 담뱃갑의 경고문을 확대하고 그 어조를 강화하려는 법안은 미결인 상태로 남아 있는 이유를 설명한다.

유럽 경제 공동체 위원회는 최근에 12개 회원국 시민들의 흡연 행동을 조사했는데 그 결과 보고서는 가장 높은 여성 흡연율을 지닌 국가는 덴마크이며, 가장 낮은 여성 흡연율을 지닌 국가는 포르투갈이라고 밝혔다. 그 통계는 오차가 없는데 덴마크 다음에는 네덜란드와 영국순이었고, 역으로 하면 포르투갈 다음으로는 그리스가 두 번째로 가장 낮은 여성 흡연율을 지닌 국가로 드러났다. 여기에 질문이 하나 생긴다. 만약 당신의 딸이 독립적이고 자유롭게 되기를 바란다면 당신은 과연 어느 국가에서 당신의 딸을 키울 것인가? 역설적으로 여성 흡연율이 가장 높은 곳은 담배가 가장 비싼 곳이다. 덴마크에서는 여성 중 45퍼센트가 흡연을 하고 네덜란드는 여성 중 37퍼센트가 흡연을 하며, 영국은 32퍼센트가 흡연을 한다. 경제적 요소와 관련해서 볼 때 사회문화적 변수가 압도적이다. "담배는 여성과 남성의 평등의 상징인가?"라고 유럽 공동체의 전문가들은 묻고 있다. 우리는 이 책의 맨 끝에서 그 문제를 수사학적으로 취급할 것이다.

그 위원회의 조사 결과 중 또 다른 재미있는 사실은 흡연이 청년층과 청소년층 사이에 만연되어 있다는 점이다. 그리스에서는 15세에서 24세 사이의 인구 중 59퍼센트가 흡연을 하고 있으며 스페인과 프랑스의 흡연 인구 중 젊은 층의 흡연 인구는 51퍼센트를 차지하고 있다. 심지어 '비흡연 국민'이라는 기록을 유지하고 있는 포르투갈 사람들도 미성년 계층의 흡연이 51퍼센트나 증가한 것으로 보고됐다. 마지막으로 의사와 교사들, 즉, 사회에 좋은 본을 보이고 있는 것으로 예상되는 사람들을 대상으로 실시한 여론조사는 전반적으로 스페인, 이탈리아, 포르투갈 의사들이 자기 환자에게 담배를 끊으라고 말할 자격이 없는, 가장 '도덕적'으로 결여된 사람들에 속하는 것으로 밝히고 있다. 그들의 흡연율은 일반 국민들의 흡연 정도를 심각할 정도로 넘어서고 있다. 담배를 피우는 의사가 과연 저명한 의사일 수가 있을까? 담뱃갑에 표기되어 있는 보건 후생부 장관의 귀 따가운 경고문의 어조는, 담배를 피우는 의사는 자신의 직업 서약에 위배되는 행위를 한 것처럼 보이게 한다. 질병과 불구와 죽음을 제거하는 것이 아니라 오히려 이들을 조장하는 사람이라는 결론을 내리게끔 한다. 쿠프 박사의 어조는 다른 나라의 의사들은 대중 건강의 요구 조건을 결정하는 데 있어서 미국과는 다른 판단 기준을 지닐지도 모를 가능성을 모호하게 하려는 의도가 있는지 모른다. 즉, 미국에서 만연되어 있는 비만은 다른 많은 나라들에서는 흡연의 정당한 권리처럼 당연시되지 않기 때문이다.

'슬로우 푸드Slow food'는 프랑스, 이탈리아, 독일, 브라질, 베네수엘라, 스위스, 미국 캘리포니아, 그리고 심지어 일본에까지도 지지자들이 있는 운동이다. 슬로우 푸드의 목적은 현재 우리들의 것보다 더 건강하고 복잡하고 시간과 정성을 많이 요구하는 전통 음식을 지닌 문화에 스며든 패스트푸드의 침공에 대해 교육과 실례를 가지고 투쟁하는 것이다. 슬로우 푸드의 초창기 지지자들 중의 한 사람은 유명한 프랑스의 역사학자인 자크 르 고프Jacques Le Goff인데 그는 다음과 같이 말했다.

> 패스트푸드는 지중해 국가들의 전통적인 문화와 대치되는 절대적인 악이다. 나로서는 그 음식이 성공을 거둔 것이 이해가 가질 않는다. (1989년 11월 18일자《라 레푸블리카》)

르 고프의 발언은 우리로 하여금 미국산 담배의 수출에 대한 쿠프 미 보건후생부 장관의 발언 같은 반응들이 문화적으로 결정되는 한도를 깨 닫게끔 한다. 미국인인 쿠프 박사로서는 맥도날드 햄버거에서 절대적인 악을 발견하는 문화가 있으리라고는 생각할 수 없듯이, 르 고프(그의 모국인 프랑스는 수세기 동안 미국산 담배를 대량으로 수입해왔다) 역시 말보로 담배가 악마의 작품이라는 상상을 하지 못할 것이다.

11개 국가에서 비율상으로 흡연을 적게 하는 편에 속하는 계층은 의사들이나 일반 대중들보다는 교육계에 있는 사람들이다. 따라서 교사들은 의사보다 더 나은 본보기를 보여 주기는 하나, 교사의 흡연 혐오는 오히려 학생들로 하여금 담배를 더욱 많이 피우도록 장려하는 효과를 갖는다. 단지 21퍼센트의 교사들만이 담배를 피우는 포르투갈의 청소년층 흡연 인구가 급증하고 있는 것이 그 예이다. 이 사실은 교육과 도덕적 교정 사이의 역관계를 예시해준다. 라틴어의 'Caveat magister', 즉, 가장 좋은 예는 곧 가장 나쁜 예라는 말이 적용 가능한 것이다. 심지어 의사들과 흡연율을 비교해볼 때 교사들의 낮은 흡연율은 그들이 점진적으로 취해온 고위 성직자와 같은 역할을 뜻한다. 또한 그것은 역으로 미국의 학교와 대학들이 건강의 고려라는 미명 아래 학교 구내에서의 모든 흡연을 서둘러 금지한 사실을 설명한다.

만약 담배가 우리들에게 좋은 것이 아니었다면 많은 선량한 사람들은 그들 인생의 상당 부분을 끊임없이, 그리고 종종 강박 충동적으로 흡연하는 데 소비하지는 않았을 것이다. 어떤 사람들은 지나친 흡연으로 인해 이른 나이에 사망한 많은 위대한 남녀를 생각한다. 그러나 그들이 얻었던 지혜, 쾌락, 영감과 위대성 상당 부분이 그들이 버릴 수 없었던 흡연 습관과 무관하다고 여기는 것은 부당한 생각이다. 다른 것들에 대해서도 마찬가지로 말할 수 있다. 미국의 '건강주의'는 장수를 인생의 가장 멋지고 중요한 가치 척도로 만드는 것을 추구해왔다. 그러니까 생존자가 된다는 것은 곧 도덕적인 구별성을 획득하는 셈인 것이다. 그러나 다른 견해, 즉 아마도 '멋쟁이'의 견해로는 '생존하는 것'과 구별되게 '산다는 것'의 가치는, 삶을 단축시키고 죽음을 앞당기는 경향이 있는 위험과 희생으로부터 획득한다는 것이다. 그런 견해에서 볼 때 인생이란 스스로 저지르는 자살에 의해서 판단이 되는 것이다.

거대한 청교도적 억압은 '약물Drug'이라는 단어의 속성을 포착하여 조정하고 그것의 폭을 좁혀서 한정시키고, 그것의 함의를 많은 다양한 물체에까지 광범위하게 팽창시키면서 시작했다. 약물의 강박 충동적 사용은 문명의 시초부터 그 특징이었기 때문에 제거될 수도 없고 제거되어서도 안 된다고 생각하는 것도 일리가 있다. 보편적인 역사든, 개인적인 역사든 간에 모든 역사는 약물이 자유롭게 입수 가능할 때, 그 사용이 '과도함'과 '절제'라는 순환 법칙에 순응한다는 것을 보여준다. 약물은 문명, 아니 아마도 생존을 위해 필요할는지 모른다. 그러나 대부분은 사회적 위기의 순간이나 인생의 시련기에 특히 더 필요할는지 모른다. 그리고 검열관(약물을 제거하려는 사람들이나 정부)들은 희미하게나마 그것을 이해하고 있음직하다. 만약 그들의 이해관계가 그들이 혐오하는 척하는 것을 몰래 조장시키려는 데 있지 않다면, 그들의 목적은 감시 세력을 증강하고 연대를 강화하며 일반적인 치안 유지 원칙을 증대하려는 것이다.

그러나 담배를 피우는 이유는 항상 생사가 달린 그런 것만은 아니다. 그럼에도 불구하고 모든 담배는 비밀스런 이유, 즉 그 자체의 특별한 이론적 근거를 지니고 있다고 애니 르클레르는 말하고 있다. 그녀는 우리가 하루를 시작하거나 하루를 끝내기 위해, 그리고 할 말을 찾는다거나 용변을 보기 위해, 그리고 휴식을 취하거나 집중을 하거나 뭔가를 생각할 필요가 있기 때문에 담배에 불을 붙인다고 말한다.

"담배가 수북하게 쌓이면 쌓일수록 그것을 피우게 된 각각 다른 이유들도 그것과 더불어 쌓여 있게 되는 것이다."

　결국 우리의 모든 이유들 중에서 오직 재와 꽁초만이 남게 된다. 여기서 재는 그 이유들처럼 순간적으로 형성되었다가는 모든 것이 사라지고 난 뒤에 남게 되는 동기의 가장 작은 흔적이고, 꽁초는 버릴 수밖에 없는, 아니 보다 정확히 말해서 버려지기 위해서 존재하는 담배의 찌꺼기다. 담배꽁초를 버리는 것은 담배가 현실 원칙을 세우고 회복시키는 미묘한 기분을 터뜨리는 것과 같다. 이것은 다시 말해서 담배가 야기한 작은 꿈을 뿌리째 뽑아서 버리는 것과 같은 것이다. 담배꽁초는 담배가 열어놓은 괄호문을 닫아주는 흡연의 종말이자 마지막 구두점을 의미한다. 너무 작아서 피울 수가 없게 된 담배꽁초는 예를 들어 '고아orphelin'라고 불린다. 그리고 그런 대로 피울 수가 있는 담배꽁초는 '좋음boni'이라고 불리는데 여기서 'boni'는 응당 치러야 할 것에 덧붙여지는 프리미엄이나 배당금을 의미하는 보너스의 복수형이 아니라, '좋은 것'을 의미하는 'aliquid boni'라는 라틴어에서 따온 단어이다.

　담배꽁초가 흡연의 종말이 아니라 또 다른 흡연의 시작일 때 그 이득은 무한하다. 즉, 공짜로 얻어먹는 점심처럼 뭔가를 거저 얻은 셈이기 때문이다. 그런대로 피울 수가 있는 좋은 담배꽁초는 흡연의 꿈이 잔류물 하나 남김없이 계속해서 소진될 수 있다는 환상을 준다. 그러나 그 환상은 역으로, 피우게 되는 모든 담배꽁초는 반드시 버려져야만 하는 더 작은 꽁초를 남길 수밖에 없다는 잔인한 사실을 감추고 있다. 그러니까 결국 그 꿈은 뿌리째 뽑히게 되는 것이다.

미국 코넬 대학교 불문과 교수인 리처드 클라인Richard Klein 의 『담배는 숭고하다Cigarettes are Sublime 』는 담배의 미美, 그것도 어둡고 부정적인 담배의 미를 찬양하는 담배에 관한 최초의 종합적 비평서로 평가할 수 있다. 클라인의 『담배는 숭고하다』를 담배에 관한 '최초의 종합적' 비평서로 간주하는 까닭은 담배에 관한 기존의 다른 책들은 담배의 기원 내지는 역사, 그리고 담배가 인체에 미치는 영향 정도만을 단순히 분석하고 있을 뿐, 이처럼 문학과 철학, 그리고 정신분석학 등의 광범위한 학문과 지식을 접목시켜서 시도한 예는 일찍이 없었기 때문이다. 그런 의미에서 본다면 독자들은 장르를 딱 꼬집어 말하기 어려운 이 책을 저자 자신의 말대로 문학 비평서로 보아도 좋겠고, 철학적 논고論考로 보아도 좋겠고, 또한 담배(또는 흡연)라고 불리는 우리네 인간 사회의 하나의 특이한 문화에 대한 역사적·심리적 고찰이라고 보아도 무방하겠다.

리처드 클라인의 『담배는 숭고하다』는 제목부터가 철학적이다. 왜냐하면 '숭고'라는 단어 자체도 철학적 정의를 요하는 것일뿐더러, 그는 '숭고'라는 이 단어를 독일 철학자 임마누엘 칸트의 『판단력 비판』의 「숭고의 장章」에서 인용을 하고 있기 때문이다.

요즈음 거의 대부분의 사회에서 일반적으로 악마시되고 있으며, 점차 그것의 '포기'라는 메커니즘인 '금연'의 무드가 전 세계적으로 확산이 되어가고 있는 오늘날 같은 시점에서 담배가 숭고하다고 말할 수 있을까? 만약 숭고하다면 과연 그 '숭고'란 무엇인가? 아니 그 '숭고'를 해부하기 이전에 그 해부의 대상인 '담배'란 과연 무엇인가?

담배를 끊고자 하는 절박한 요구에서부터 출발한 이 『담배는 숭고하다』는 저자가 장 폴 사르트르의 『존재와 무』, 그리고 프랑스 상징주의 학파 시인들의 시, 그리고 에리히 마리아 레마르크, 노먼 메일러, 어니스트 헤밍웨이 등의 전쟁 소설들을 고찰한 후에 아리스토텔레스적인 질문, 즉, "……란 무엇인가?"라는 철학 질문으로 "담배는 무엇인가?"라고 독자들에게 물음으로써 담배의 본질에 대해 생각하게 만들고 있다.

이 책의 주제는 물론 담배에 관한 것이라는 데에는 이론의 여지가 없지만 그것을 분석하기 위해 저자는 '역설paradox'이라는 수사학적 방법론을 채택하고 있다. 즉, 저자는 '철저한 역설'로 괄호문을 열고 '철저한 역설'로 괄호문을 닫고 있다.

그는 이탈로 스베보의 『제노의 고백』에 나오는 주인공 제노의 역설적인 경험담으로 자신의 '역설 만들기' 과정을 진행하고 있다. 제노라는 사람은 평생 동안 담배를 끊겠다는 '날마다 새로운' 결심을 한다. 그에게 있어서는 '마지막 담배'가 항상 마지막 담배가 되지를 못하여 현재 피우고 있는 담배만이, 단지 그 순간만큼만은 그것이 마지막 담배가 된다. 왜냐하면 그에게 있어서는 담배가 마지막이 될 때 가장 강렬한 맛이

나는 것으로 느껴지기 때문이다. 따라서 그에게 있어서는 담배가 브루스 보헬이 말한 대로 하루에도 수천 번 이상이나 말로만 끊는, 즉, 끊겠다는 결심은 변함이 없으나 결코 지켜지지 않는 그런 마지막 담배가 되는 것이다. 결국 담배를 끊고자 하는 그의 결심은 그 자체가 하나의 삶의 양식이 되며, 제노는 제노Zeno가 아닌 제로Zero, 즉 영零이나 무無, 또는 '아무도no one'가 되어버리고 만다.

아울러 저자는 사람들이 담배를 피우는 이유도 역설법으로 설명을 하고 있다. 흔히 우리네 상식으로는 일반적으로 담배 속에 내재된 니코틴이라는 물질로 인해 우리가 '중독'이 되기 때문에 담배를 피운다고 단순하게 말할는지 모른다. 하지만 그는 우리들이 맛도 쓸쓸하고 결국에는 질병과 고통과 죽음만 가져다줄지도 모를 담배라는 물질을 그토록 열렬히, 그리고 굶주린 듯이 피워대는 이유가 바로 담배가 인체에 미치는 유해성'에도 불구하고in spite of'가 아니라, 그것이 인체에 미치는 유해성 '때문에because of'라는 역설적인 주장을 한다. 다시 말해서 담배는 우리들의 건강에 해롭다는 바로 그 이유 때문에 담배를 피운다는 것이다. 또한 그에 따르면 담배는 아름답기는 하되, 부정적으로 아름답다고 한다. 왜냐하면 담배는 부정적인 경험, 충격, 봉쇄, 죽음과 협박의 순간순간의 형태를 통한 심리적 만족을 느끼고자 하는 인간의 욕망을 충족시켜주는 어두운 미美(이는 뇌의 기저에서부터 느껴지는 초조함을 수반하는 '숭고'라는 형태를 띠고 있는데)를 지니고 있기 때문이라는 것이다.

그리고 다른 역설로는 담배 재배상들에게 보조금과 장려금을 주어 담배 생산을 장려하면서, 또 다른 한편으로는 엄청난 예산을 들여 반 흡연 캠페인을 벌이고, 또한 제3세계를 비롯한 전 세계에 자국산 담배의 수입을 강요하고 있는 미국을 예로 들고 있다. 즉, 전前 미국 보건후생부 장관의 말대로 '질병과 불구와 죽음을 가져다주는 물질'을 수입토록 강압적으로 조장하면서도, 《뉴욕타임스》의 어느 사설 내용처럼 이에 대한 양심의 가책은 전혀 느끼지 않는 미국 정부의 정책은 하나의 커다란 역설이자 웃지 못할 아이러니라고 비꼬고 있다. 16세기에 콜럼버스의 미 대륙 발견 이후로 이 세상에 담배라는 것을 제일 처음으로 전해준 미국이 아이러니컬하게도 이 세상에서 이를 금지시킨 첫 번째 나라라는 것 역시 역설이라고 말하고 있다.

그리고 저자는 만약 예를 들어서 담배가 건강에 정말로 좋다고 한다면 담배를 피울 사람은 거의 없을 것이라는 역설적인 가정을 제시한다. 왜냐하면 담배가 건강에 유익하다면 담배는 자신이 이 글을 통해서 추구하고자 하는 주제인 '숭고'와는 거리가 멀기 때문이다.

저자는 담배가 '궐련cigarette'이라는 단어 그 자체가 우리에게 보여주듯이 'cigarette'의 '―ette'는 '작다'라는 여성적인 의미의 접미사이므로 담배를 '여성적'이라고 본다. 따라서 담배가 마치 남성들만의 전유물인 것처럼 생각을 하여, 여성의 흡연에 대해서는 금기시하거나 부정적인 용인容認의 범주에 집어넣는 태도는 옳지 못하다고 보고 있다.

담배는 시간을 죽인다. 다시 말해서 담배는 시계가 기록하고 있는 시간, 즉, 단순한 '지금들'의 연속일 뿐만 아니라 동시에 죽음 앞에 놓여 있는 '초秒들'의 수를 감소시키고 죽여버리는 것이다.

이 책에서 저자가 말하고 있는 담배는 16세기에 콜럼버스가 미 대륙을 발견한 이후로 전 세계에 전해진 잎담배tobacco가 아니라 오늘날과 같이 우리들이 흔히 보는 종이에 말린 담배cigarette이다. 즉, 1825년에서 1830년 무렵 브라질을 통해서 스페인에, 그리고 스페인을 통해서 전 세계에 전해진 담배cigarette를 그 주 대상으로 언급하고 있다.

담배는 숭고하다

연초를 감싸고 있는 부드럽고 하얀, 그리고 감초 색조가 나고 그 위에 아름다운 글자로 장식이 되어 있는 담배 종이. 그것을 태우기 위해 붙여지는 불. 그리고 담배를 한 모금 빤 후에 내뿜을 때 무無로 사라짐과 동시에 둥근 원을 그리며 마치 인간처럼 우리에게 뭔가 말을 하는 듯한 담배 연기. 그리고 또한 순간적으로 형성되었다가는 모든 것이 사라지고 난 뒤에 남게 되는 작은 흔적이자, 그것에 대한 추억을 보호해주는 사물의 미라와 같은 담뱃재. 그리고 심지어 다 타고 난 후에 재떨이에 아무렇게나 비벼 꺼진 채 방치되어 있는 꽁초. 하지만 담배를 열어놓는 괄호문을 닫아주는 흡연의 종말이자 마지막 구두점인 담배꽁초……. 그는 담배꽁초는 반드시 버려져야만 한다는 잔인한 사실이, 운명을 감추고 있는 '존재'라는 양식을 지닌 '무'라고 감히 선언한다.

그는 각각의 모든 담배들이 피워지게 된 작은 동기이자 이유를 분석하며, 담배의 모든 형태에 대해서도 이처럼 아름다움과 숭고함과 가치와 의미를 부여하고, 그것을 자신의 해박한 지식으로 다소 난해하게 보여주고 있다. 아울러 그는 담배를 권하는 행위가 심지어 살인강도마저도 인간화시키고 문명화된 교환이라는 개념을 가르쳐주는 역할을 한다고 말한다. 그러한 행동에 대해 상대방으로부터 유언有言, 또는 무언無言의 반응이 나오도록 함으로써 그를 사회적인 맥락 속에 놓이게끔 해주고, 그의 야만스런 가면 뒤에 놓여 있는 사랑의 비범한 역사적 근원을 발견하도록 해주는 역할을 지니고 있다고 예리하게 간파한다.

리처드 클라인의 『담배는 숭고하다』에서 지적하고 있는 담배에 관한 가장 극적이고도 처참한 장면 중의 하나는, 비에 젖은 담배가 해체되어 그 속에 들어 있는 연초가 땅바닥에 떨어진 후 자신의 군화의 주위에 있는 진흙과 섞여버리는 것을 낙담한 모습으로 바라보는 군인의 모습이

다. 그는 미국 작가 노먼 메일러의 작품 『벗은 자와 죽은 자』에서 그러한
장면을 다음과 같이 묘사하고 있다.

> 토글리오는 담배에 불을 붙이려 하고 있었다. 그러나 담배는 비로 인해
> 축축하게 젖어 있었으며 그가 방수용 주머니에서 성냥을 꺼내 불을 붙이
> 기도 전에 분해가 된 채 입에서 떨어져 나갔다. 그는 그것을 땅바닥에 던
> 져 버렸다. 그리고는 진흙과 뒤섞이는 모습을 지켜 보았다. 그는 완전히
> 비에 젖어 있었다. 비는 이에 아랑곳 않고 계속해서 퍼부어 내렸다. 그의
> 등 아래로 흘러내리는 모든 빗방울은 마치 끔찍하고도 혐오스런 차가운
> 괄태충과 같았다…….

"담배란 무엇인가?"라는 아리스토텔레스적인 질문으로부터 시작한
『담배는 숭고하다』는 담배가 결국 역설적으로 숭고한 존재이며 아울러
결코 악마시 되어서는 안 된다고 결론짓고 있다. 왜냐하면 담배는 인간
을 동물과 구별 짓는 특별한 것 중의 하나인 동시에, 세계의 8분의 1이
라는 엄청난 인류의 사랑을 받아온, 즉, 장 콕토의 말대로 힘 있는 마력
을 가지고, 그것이 보급된 이후 전 세계를 유혹하고 지배해온 일종의 삶
의 형태이기 때문이다. 따라서 이 세상의 가장 가난한 사람이 이 세상의
가장 천한 거리에서 돈을 지불하고 사는 담배라 할지라도, 그것이 그들
에게 보상해주고 제공하는 위로와 불안으로부터의 도피와 즐거운 안도
감과 배고픔, 지루함, 초조함의 제거로 부풀게 될 그들의 꿈과 희망을 그
어느 누구도 비난해서는 안 된다는 것이다.
  저자는 '담배=질병 and 죽음'이라는 전통적인 수학적 공식을 배격하
고 오히려 우리가 건강에 관해 이야기를 많이 들으면 들을수록, 그리고

이에 대한 지출을 많이 하면 할수록 우리 사회가 더욱더 병들어가는 것이며, 점점 더 연약과 고통과 모든 종류의 불구로 향하는 경향이 있다고 신랄하게 질타하고 있다. 따라서 궁극적으로는 건강이란 없으며, 있는 것이라고는 오로지 질병과 기생충이라고 하는 깨달음이 아닐까 라고 도리어 우리에게 반문하고 있다.

리처드 클라인의 『담배는 숭고하다』는, 다루고 있는 주제가 작가 자신의 말대로 오로지 바보 천치나 아니면 학자, 이 둘만이 담배에 관한 논문이나 책을 쓸 것이라는 말에서 암시하듯이 우리가 흔하게 접할 수 있는 그런 책이 아니다. 이 책은 귀중하고도 이색적인 비평서라고 할 수 있으며, 불문과 교수인 저자의 언어에 대한 고찰과 해박한 지식으로 인하여 다소 난해한 철학적 논고라고도 할 수 있다. 아울러 담배를 단순하게 약물이나 '중독'이라는 용어로 해석하려 드는 기존의 우리네 고정관념과 가치관에 신선한 충격을 던져주는 것이라 아니할 수 없다.

역자 허창수

담배는 숭고하다

초판 1쇄 발행 2015년 3월 13일

지은이 —— 리처드 클라인
옮긴이 —— 허창수

펴낸이 —— 최용범
펴낸곳 —— 페이퍼로드
출판등록 —— 제10-2427호(2002년 8월 7일)
　　　　　　서울시 마포구 연남로3길 72(연남동 563-10번지 2층)

편　집 —— 김정주, 김대한
마케팅 —— 윤성환
경영지원 —— 강은선

이메일 —— book@paperroad.net
홈페이지 —— www.paperroad.net
커뮤니티 —— blog.naver.com/paperroad
Tel (02)326-0328, 6387-2341 | Fax (02)335-0334

ISBN 979-11-86256-02-2 03100

기업의 미래
GE에서 찾다

기업의 미래
GE에서 찾다

나카다 아쓰시 지음
신희원 옮김

디지털 트랜스포메이션을 향한 거대한 도전

페이퍼로드
paperroad

CONTENTS

프롤로그

잭 웰치여 안녕, 과거와 정반대의 길을 걷다 · **9**

1
125년 역사를 자랑하는
스타트업 GE · 25

리먼사태가 GE를 덮치다 · **29**   디지털파괴가 새로운 위협요소로 · **33**   구글과 IBM이 공격하다 · **34**   물건을 팔지 말고 서비스를 팔아라 · **38**   알고보면 세 번째 IT 시장 진출 · **41**

2
GE디지털은
이렇게 생겨났다 · 45

2011년 / 실리콘밸리의 빈틈을 파고들다 · **48**   2012년 / 1%의 힘에 초점을 · **53**   2013년 / 프레딕스 탄생 · **59**   2014년 / 산업 플랫폼을 목표로 · **62**   2015년 / GE디지털 독립 · **67**   2016년 / 플랫폼 사업자가 되다 · **69**   2017년 / 실리콘밸리의 중심지인 샌프란시스코로 · **74**

3

산업기기의
에어비앤비, 우버로
다시 태어나다 · 77

디지털 트윈으로 고장을 예측하다 · 81   아마존과 구글에서 배운 개발 방법 · 83   물리모델과 데이터모델은 함께 사용할 때 가치 있다 · 86   모든 사물을 잇는 디지털의 실 · 88   하드웨어와 소프트웨어를 넘나드는 전문지식이 GE의 강점 · 90   서비스는 월 정액제 또는 성과보수로 제공 · 94   디지털 매출의 반은 전력 분야로부터 · 96   제트엔진은 고장 예측에서 연비 개선으로 · 98   화물열차뿐만 아니라 항만시설의 최적화까지 · 99   조명사업이 에너지 절약과 안전서비스사업으로 탈바꿈 · 101

4

아이디어는
디자인사고로 기른다 · 103

B2C 방법론으로 서비스 개발 · 107   실리콘밸리에서 태어난 디자인사고 · 110   디자이너 주도로 고객의 가려운 곳을 발견한다 · 112   해결책은 스토리보드에 그린다 · 115   소프트웨어 개발자와 엔지니어가 2인 1조로 작업 · 116   애플리케이션은 몇 주 간격으로 개선 · 119   인사와 회계에도 패스트웍스를 · 121   실리콘밸리에는 알려지지 않은 규율이 있다 · 122   디자이너의 중요성이 일본과는 하늘과 땅 차이 · 126   데이터 과학자가 진짜 과학자 · 129   실리콘밸리의 사무실이 멋진 이유 · 133

5

구글 판박이
프레딕스 · 135

산업기기에 특화된 플랫폼 · 139 미들웨어는 95%가 오픈소스 · 141 구글은 세계 최고의 소프트웨어 제조업체 · 146 구글을 따라한 오픈소스가 등장 · 150 디지털 트윈용 애플리케이션을 제공 · 155 제일 중요한 것은 그래프 데이터베이스 · 158 디지털 스레드를 실현하는 애플리케이션도 개발 · 160 애플리케이션은 마이크로서비스로 실장 · 161 클라우드로 제공되는 마이크로서비스 · 164 엣지 디바이스도 마련 · 166 산업기기를 점검하는 초소형 로봇도 개발 중 · 169 프레딕스가 만들어낸 새로운 고객층 · 171

6

디지털이 그리는
미래의 제조현장 · 175

10년 가동한 엔진을 되살려내다 · 178 스톱워치여 안녕 · 181 '포카요키'를 디지털로 · 183 제트엔진 부품을 인쇄하다 · 187 3D프린터를 쓰는 것뿐만 아니라 직접 판매 · 189

7
실패해도 괜찮은
기업으로 · 191

린 스타트업이 사훈으로 · **195** 연 1회 인사평가를 없애다 · **198** 스마트
폰 앱으로 '좋아요', '별로예요' · **200**

마치며 · 205
참고문헌 · 219

잭 웰치여 안녕,
과거와 정반대의 길을 걷다

2015년 4월, 세계 최대의 산업기기 제조업체인 미국의 제너럴 일렉트릭(이하 GE)은 거액의 순손실을 재무제표에 반영했다. 그 액수는 무려 160억 달러로, 당시 환율로 환산하면 약 14조 7천억 원에 이른다. 이웃나라 일본에서 연일 떠들썩하게 보도된 도시바의 2017년 3월 말 결산 순손실이 10조 1천억 원이라는 점을 고려하면, GE가 반영한 손실이 얼마나 큰 액수인지 알 수 있다.

2015년 1분기(1~3월) 결산에서 GE가 기록한 순손실은 금융사업에서 철수하면서 발생했다. 20세기 최고의 CEO(최고경영책임자)로 칭송받던 잭 웰치가 만들어낸 거대복합기업Conglomerate이자, 1990년대부터 2000년대 중반까지 전 세계 시가총액 1, 2위를 다투던 GE의 좌절을 상징하는 사건이었다.

GE는 1878년, 발명왕 토머스 에디슨이 세운 에디슨전기조명회사Edison Electric Light Company를 전신으로 1892년에 설립된 오랜 역사를 자랑하는 전자기기 제조업체다. 오랫동안 산업기기와 가전을 중심으로 사업을 펼쳐왔으나, 1981년에 잭 웰치가 CEO로 취임하면서 GE의 모습이 완전히 바뀌었다. 웰치의 지휘 아래 대담한 '탈제조업'전략을 추진했다. 소형가전과 반도체, 이동통신기기사업 등의 제조업 부문을 매각하는 한편, 금융회사와 TV방송국, 의료기기회사 등을 적극적으로 인수했다.

웰치가 전략을 전환함으로써 GE는 큰 성공을 거두었다. 웰치가 CEO로 취임하기 이전인 1980년에 GE의 매출은 268억 달러에 불과했지만 그로부터 20년이 지난 2000년에는 1,298억 달러로 약 5배나 증가했고, 순이익은 127억 달러까지 늘었다. 매출액의 40% 이상을 금융과 TV방송 등의 비제조업 부문이 차지하여, GE의 주력사업이 더는 산업기기와 가전이라고 할 수 없게 되었다. 1980년 당시 140억 달러에 불과했던 시가총액은 2000년 8월에 6,010억 달러로 20년 사이에 43배까지 늘며, GE는 세계 최고의 기업으로 이름을 떨쳤다.

2001년에 CEO로 취임한 제프 이멜트 회장 겸 CEO도 당초는 웰치의 노선을 따랐다. 금융사업을 확대함과 동시에 영화사 유니버설을 인수하는 등 엔터테인먼트사업도 확장했다. GE가 사상 최고의 이익을 기록한 2007년 12월 말 결산에서는 매출이 1,727억 달러, 순이익은 222억 달러에 달하며 웰치가 세운 거대복합기업

전략이 21세기에 들어서도 여전히 적중한 것처럼 보였다.

그중에서도 GE를 지탱하던 금융사업이 성공의 핵심이었다. 고객이 GE의 가전제품이나 산업기기를 구입하는 자금을 대출해주거나 리스하는 판매금융에서 시작해서 1990년대에는 신용카드 등의 소비자금융과 부동산금융으로 진출했다. 세계 최대의 제조업체로 쌓은 높은 신용도를 발판 삼아 단기금융시장에 기업어음CP, Commercial paper을 발행해 자금을 조달하여 고객에게 대출했다.

그러나 순풍에 돛을 단 배처럼 나아가던 GE의 금융사업에 리먼사태라는 위기가 닥쳤다. 2008년 9월에 리먼브라더스가 파산하며 세계적인 금융위기가 발생하자, 단기금융시장의 유동성이 고갈되었다. GE는 기업어음을 차환하는 데 어려움을 겪기도 했다.

GE는 저명한 투자가인 워런 버핏의 30억 달러 우선주 인수와 120억 달러의 공모 증자, 미국연방예금보험공사로부터 1,260억 달러의 회사채 보증을 받음으로써 가까스로 위기를 넘겼다. 하지만 주식 시장에서 GE의 평가는 곤두박질친다. 리먼사태 이전인 2008년 1월에 36달러였던 주가가 2009년 3월에는 5분의 1 수준인 7달러까지 폭락했다.

게다가 리먼사태로 인해 GE는 소비자금융과 부동산금융에서 발생한 대량의 부실채권을 떠안게 되었다. 금융 부문의 부실채권을 청산한 결과가 바로 2015년에 반영한 160억 달러의 순손실이다.

탈제조업에서 다시 제조업으로

잭 웰치가 탈제조업의 길을 택한 건 일본 제조업체 때문이었다. 1970년대 중반, 웰치는 GE와 업무제휴를 맺은 일본 요코가와전기의 조립라인을 견학했을 때, 일본의 효율적인 생산체제에 감탄을 넘어 두려움을 느꼈다. 제조업 분야에서는 일본 기업과 싸워나가기란 불가능하다고 판단하여 '일본 기업의 공세에서 벗어날 수 있는 사업'에 진출하기로 결심한다. 금융과 TV방송사업이었다.

금융사업에 진출하기 위해 GE는 전 세계의 증권회사와 리스회사, 소비자금융회사 등을 인수하기 시작했다. TV방송사업을 위해서 1985년 당시 미국 3대 TV방송국 중 하나인 NBC를 소유한 가전 제조업체 RCA를 63억 달러에 인수했다. 이에 그치지 않았다. GE는 2004년에 프랑스의 미디어회사 비방디로부터 영화사 유니버설을 인수하여 자회사 NBC유니버설을 설립하고 영화사업에도 진출했다.

그러나 2008년, 리먼사태로 금융업이 큰 타격을 입자 이멜트는 웰치의 전략을 원점에서 다시 검토한다. 리먼사태가 촉발한 위기를 계기로 GE는 대전환을 맞았다.

1980년대 이후 웰치의 전략이 회사를 위기에 빠뜨렸다는 사실을 인정하고, 이멜트는 사업구조와 업무추진 방식, 사내 문화를 비롯해 인사제도에 이르기까지 GE의 모든 것을 과거와 전혀 다른 방식으로 바꾸었다. 웰치시대의 탈제조업 전략은 완전히 폐지되었다.

금융사업의 각 부문을 서서히 매각하여 2015년 4월에는 '2018년까지 대부분의 금융사업에서 철수한다'고 발표했다. 방송, 영화 사업의 철수는 2009년 12월에 발표하여 2013년에는 NBC유니버설의 모든 주식을 케이블방송회사인 미국의 컴캐스트에 매각했다. 냉장고 등의 가전사업도 2016년에 중국의 가전 제조업체 하이얼에 매각했다. 그리고 이멜트는 GE를 전통적인 핵심사업인 산업기기 중심의 제조업으로 되돌리는 전략을 세운다.

전략은 이미 열매를 맺기 시작했다. 2016년 12월 말 결산에서 GE는 매출액 1,236억 9,300만 달러(약 138조 3,506억 원) 중 약 91%를 산업기기의 매출이 차지하는 수준으로 변화했고, 순이익은 81억 7,600만 달러(약 9조 1,448억 원)를 기록했다. 매출과 순이익은 리먼사태 이전을 밑도는 수준이지만 다른 전자기기 업체의 실적을 압도한다.

경쟁사인 독일 지멘스의 2016년 9월 말 결산 실적은 매출 706억 유로(약 89조 6754억 원)와 순이익 56억 유로(약 7조 1130억 원)로, GE가 매출 면에서는 1.6배, 순이익에서는 1.4배의 규모를 자랑한다. 또 일본 히타치의 2017년 3월 말 결산 실적은 매출 9조 1,622억 엔(약 93조 6715억 원)과 순이익 3,380억 엔(약 3조 4556억 원)을 기록했는데, 히타치와 비교하면 GE의 매출은 1.5배, 순이익은 2.8배의 규모다.

디지털 제조업으로

GE의 변화는 단순한 과거로의 회귀가 아니다.

1990년대부터 2000년대에 걸쳐서 GE가 금융사업에서 성공과 좌절을 겪는 사이에 산업계는 크게 변해 있었다. 미국의 유명 벤처 투자가 마크 앤드리슨이 '소프트웨어가 세상을 삼키고 있다'고 말한 것처럼 여러 사업이 디지털의 힘으로 변화하기 시작했다.

한발 앞서 디지털화가 시작된 미디어의 세계에서는 디지털광고를 하는 미국의 구글, 페이스북과 같은 신생 기업이 패권을 잡는 한편, 지면광고에 의존한 신문사와 출판사 등은 큰 타격을 입었다. 신생 기업인 구글은 연간 793억 8,300억 달러의 광고매출을, 페이스북은 연간 268억 8,500만 달러의 광고매출을 올렸으니 그 영향력은 실로 거대하다(모두 2016년 12월 말 기준).

소매업의 세계에서도 아마존닷컴이 몸집을 불리는 사이에 미국에서는 시어즈나 J.C.페니와 같은 전통적인 백화점이 파산위기에 처했다. 아마존의 매출액은 2016년 12월 말 결산에서 1,359억 8,700만 달러(약 152조 1,014억 원)를 기록했다.

그리고 오늘날 디지털파괴Digital disruption, 디지털 기술에 의한 파괴적인 창조와 혁신 - 옮긴이 주의 물결이 다른 영역의 산업으로 파급되고 있다. IT의 세계에서는 클라우드가 보급되어 아마존닷컴과 세일즈포스닷컴의 클라우드 매출이 100억 달러를 돌파하는 반면, IBM과 휴렛팩커드와 같은 컴퓨터 제조업체는 10년 이상 계속해서 매출액이 대폭 줄고 있다. 2010년대에 접어들자 교통업에서는 우버테크놀로지, 숙박업에서는 에어비앤비와 같은 공유 경제Sharing Economy, 한 번 생산된 제품을 여럿이 공유해 쓰는 협업소비를 기본으로 한 경제 - 옮긴이 주와 온디맨드 경제On-Demand Economy, 플랫폼과 기술력을 가진 회사가 수요자의 요구에 즉각 대응하여 제품 및 서비스를 제공하는 경제 - 옮긴이 주를 내세우는 신생 기업이 나타나며 업계의 지형을 바꾸기 시작했다.

GE의 회장 겸 CEO 제프 이멜트는 이러한 시대의 변화에 민감하게 반응하여 GE를 디지털 제조업 기업으로 탈바꿈하는 전략을 세운다. 일단 디지털 관련 투자를 대폭 늘렸다. 이러한 움직임은 직원 30만 명의 거대 기업임에도 무척 빨랐다.

2011년 GE는 소프트웨어 개발 기술력을 높이기 위해 실리콘밸리와 가까운 캘리포니아 주 샌라몬에 소프트웨어 개발거점을 세웠다. 2017년까지 2천 명에 이르는 실리콘밸리의 인재를 영입하여 빅 데이터 분석과 인공지능에 필수적인 소프트웨어의 사내 개발을 추진해왔다.

특히 주목한 분야가 산업기기와 관련된 소프트웨어 및 디지털 서비스 판매다. 산업기기에 부착된 센서를 통해 수집한 빅 데이터를 분석함으로써 기기의 생산성과 효율성을 높이는 소프트웨어 등을 고객에게 제공한다. 이멜트는 이러한 시스템을 '산업인터넷Industrial Internet'이라고 부르며 2011년부터 적극적으로 전략을 펼치기 시작했다.

실리콘밸리에 세운 소프트웨어 개발거점은 2015년에 'GE디지털'이라는 사업 부분으로 간판을 바꿔 달았다. 동시에 이멜트는 GE가 2020년까지 소프트웨어와 디지털서비스로 이루어진 디지털 매출을 150억 달러까지 끌어올려 소프트웨어 기업으로 세계 10위권에 진입하겠다는 야심 찬 계획을 내놓았다.

3D프린터 기술에도 거액을 투자했다. 3D프린터는 소프트웨어로 만든 3차원 데이터를 바탕으로 수지나 금속가루를 얇은 층으로 반복해서 쌓아 입체로 된 물건을 만드는 기술이다. 이 기술을 도입해서 형상이 복잡하거나 개수가 적은 부품의 제조비용을 큰 폭으로 낮추겠다는 것이다. GE는 제트엔진의 부품 제조에 3D프린터를 적용하는 것 외에 3D프린터 제조업체 인수에도 나섰다.

웰치가 CEO였던 시절, GE의 자금은 금융회사 등의 인수에 투자되고 R&D(연구개발)에 투자되는 비용은 줄어들었다. 그러나 최근 들어서 R&D 투자가 매년 증가하는 추세다. 이멜트가 CEO로 취임하기 전해인 2000년의 연구개발비는 22억 달러였으나 2016년에는 두 배 이상인 55억 달러까지 늘어났다.

M&A와 구조조정을 통한 성장에서 자력성장으로

이멜트는 매출액과 이익을 증가시키기 위한 전략을 크게 바꾸었다. 웰치시대의 성장전략은 M&A(인수합병)와 구조조정이 바탕을 이루었다. 사업을 확대하기 위해서 빠르게 회사를 인수했다. 예를 들어 웰치는 1997년에 산업기기의 유지보수 서비스사업을 확대할 계획을 발표한 후 4년 동안 의료기기 분야에서 40개, 발전기 분야에서 31개, 항공기 분야에서 17개에 이르는 서비스회사를 인수했다.

M&A로 매출을 늘린 후에는 구조조정을 통해 이익을 늘렸다. 웰치는 '1 더하기 1은 1'이라는 유명한 말을 남겼다. 인수한 기업과 GE에 중복된 업무가 있으면 한 자리를 2명의 직원이 차지하게 되는데, 이때 웰치는 1명만 남기고 다른 1명은 해고한다는 방침을 세웠다.

웰치는 비용절감뿐만 아니라 이익증대를 목적으로 하는 인원감축을 미국에서도 처음으로 실시한 경영자였다. 1980년대까지는 미국에서도 대기업이라면 정년까지 일하는 것이 당연했고, 해고 등의 구조조정은 실적부진에 빠진 기업이 어쩔 수 없이 실시하는 최후의 수단으로 여겼다.

그러나 1981년에 CEO로 취임한 웰치는 실적이 나쁘지 않을 때도 인원감축을 단행했다. 웰치는 취임 후 5년 동안 11만 8천 명에 이르는 인원을 감축했다. 1980년, 당시 GE의 직원 수가 40만 4천여 명이었던 점을 고려하면 네 명 중 한 명은 회사를 떠난 셈이다.

이렇듯 잔혹한 인원감축을 두고 미국의 미디어는 웰치를 '중성자폭탄 잭Neutron Jack'이라고 불렀다. 중성자폭탄은 건물 등의 구조물은 파괴하지 않고 안에 있는 사람만 살상하는 무기다. 구조조정으로 직원을 자른 웰치를 무기에 빗댄 것이다.

현재도 GE는 M&A를 계속하고 있지만 성장전략의 원칙은 GE 가 개발한 새로운 제품과 서비스를 통한 '자력성장'으로, 웰치의 전략과는 성격이 다르다.

2011년부터 주력하고 있는 산업인터넷 소프트웨어인 프레딕스 Predix도 M&A에 의존하지 않고 실리콘밸리의 소프트웨어 개발거 점에서 직접 개발했다.

대기업에서 스타트업으로

'디지털 제조업'으로 변화하기 위해 GE는 실리콘밸리의 스타 트업 기업을 철저히 모방하는 길을 선택했다. 리먼사태에도 아랑 곳하지 않고 세계적인 불황 속에서도 성장을 거듭하며 다양한 산 업계에서 디지털파괴를 이룩한 것은 구글과 페이스북을 비롯한 실리콘밸리의 스타트업 기업이었기 때문이다. 따라서 GE는 IBM 이나 오라클과 같은 전통적인 IT업체를 따라하는 것이 아니라 스 타트업 기업을 이상적인 모델로 삼고 실리콘밸리의 문화와 방법 론을 전면적으로 도입하기 시작했다.

예를 들어 2012년에는 실리콘밸리의 스타트업 기업이라면 빠 짐없이 실천하는 제품 및 서비스 개발 방법론인 '린 스타트업Lean Startup'을 GE에 도입했다. 린 스타트업을 고안한 『린 스타트업』 (2012)의 저자인 에릭 리스와 컨설팅 계약을 맺기도 했다. 그리고

GE판 린 스타트업 방법론인 '패스트웍스FastWorks'를 만들어 전 세계 30만 명에 이르는 직원에게 실천하게 했다.

GE는 도요타의 '도요타 생산방식'을 본떠 만든 품질향상 활동인 식스 시그마Six Sigma를 생산현장뿐만 아니라 사무직에도 적용한 것으로 잘 알려져 있다. 하지만 현재 GE에서는 식스 시그마보다 패스트웍스, 다시 말해 린 스타트업을 더 중시한다.

디지털 제조업을 실현하기 위해 필요한 소프트웨어 개발에서도 기존의 IT업체 방식이 아니라 실리콘밸리의 스타트업 기업이 실천하는 방식을 철저히 따랐다. 실리콘밸리의 스타트업 기업과 똑같이 최신 OSSOpen Source Software, 오픈소스 소프트웨어를 사용하여 애자일개발Agile software development, 소프트웨어 개발 과정에서 지속적으로 발생하는 변경에 유연하고 기민하게 대응하여 생산성과 품질향상을 목표로 하는 협력적 소프트웨어 개발 방법론으로 제4장에서 자세한 설명이 등장한다 - 옮긴이 주과 데브옵스DevOps, 소프트웨어의 개발(Development)과 운영(Operations)의 합성어로서, 소프트웨어 개발자와 IT 전문가 간의 소통, 협업 및 통합을 강조하는 개발환경이나 문화 - 옮긴이 주와 같은 최신 개발 및 운용 방법론을 도입했다.

이처럼 실리콘밸리의 스타트업 문화를 존중하는 GE의 태도는 웰치시대와는 정반대다. 웰치는 '안티 실리콘밸리'로 잘 알려진 인물이다. 자서전『잭 웰치 끝없는 도전과 용기』(2001)에서는 실리콘밸리의 문화를 아래와 같이 평가하기도 했다.

"문화적 차이 때문에 전략적으로 매우 높은 가치를 지닌 실리콘밸리의 하이테크 기업들을 인수하지 않았다. 90년대 후반에 실리콘밸리에서 생겨난 일확천금의 문화가 기존의 기업 문화를 오염시키는 것을 바라지 않았기 때문이다.”

그러나 오늘날의 GE는 실리콘밸리의 문화에 완전히 물들었다.

치열한 사내 경쟁에서 팀워크를 중시하는 문화로

인사제도도 크게 바뀌었다.

GE에는 웰치시대에 만들어진 활력곡선Vitality curve과 나인블록9 Block이라는 고유한 인사제도가 있었다. 활력곡선이란, 매년 GE 전체에서 매니저가 부하직원을 평가하여 상위 20%를 핵심정예인 A로, 70%를 중간층인 B로, 하위 10%를 C로 등급을 매기고 C 평가를 받은 직원은 회사를 그만두게 하거나 다른 부서로 전환배치하는 제도를 말한다.

나인블록은 이를 더욱 철저히 한 제도로, 직원을 성과Performance와 가치관Value이라는 2개 축으로 평가해 9가지 패턴으로 분류했다.

제도가 무엇이든 GE의 직원은 항상 타인과의 비교를 통해 평가되었다. C 평가를 받은 직원은 다음해에는 더 이상 회사에 남아 있지 않으므로 전년도에 A나 B 평가를 받은 직원 중에서 C 평가를 받는 직원이 나온다. GE에서 살아남으려면 항상 다른 직원과 경쟁해서 더 높은 평가를 받아야 했다. 따라서 동료와 협력하거나 조언을 건네기보다 어떻게 하면 자신이 더 높은 평가를 받을 수 있을지에만 혈안이 되었다. 회사는 치열한 경쟁으로 인해 경직된 분위기가 형성되었다.

이러한 인사제도도 2016년을 끝으로 폐지되었다. 연 1회의 정기 인사평가를 폐지하고 PDPerformance Development라 불리는 새로운 인사제도를 도입했다. 상사는 1년에 한 번만 부하를 평가하는 것이 아니라 부하가 업무를 할 때마다 '계속Continue', '재고Consider'와 같은 피드백을 보낸다. 상사의 업무는 부하를 평가하고 분류하는 일에서 부하를 이끌고 지도하는 일로 바뀌었다.

연봉 인상과 승진 등은 평소의 피드백 내용을 참고하여 결정한다. 그러나 어떤 평가가 내려졌는지 직원에게 더 이상 알리지 않는다. 또 피드백의 기준도 다른 직원에게 얼마나 도움을 주었는지 등, 팀워크를 중시한다. 직원끼리 치열하게 경쟁하던 GE가 팀워크를 중시하는 회사로 바뀌고 있다.

디지털전환의 모범 답안

웰치시대의 거대복합기업 노선을 뒤로하고 실리콘밸리의 스타트업 기업을 철저하게 분석하여 '디지털 제조업'으로 변화하려는 GE에도 여전히 변하지 않는 부분이 있다. 그것은 타인에게 배우고 변화를 두려워하지 않는 자세다.

웰치가 1980년대에 탈제조업으로 크게 방향을 바꾼 것은 당시 세계의 제조업을 석권한 일본의 제조업체를 위협적인 존재로 느졌기 때문이다. 이들과 정면으로 대결하기는 어렵다고 판단하여 금융업과 방송업 등 일본 제조업이 진출하기 힘든 영역에 활로를 개척하려고 했던 것이다. 그런 한편 GE는 일본 제조업체의 방법론에서 많은 것을 배웠다. 도요타의 도요타 생산방식과 린 생산방식, 일본 제조업체의 생산방식을 참고로 하여 모토로라가 만들어낸 식스 시그마를 전사에 도입했다. 뉴욕에 있는 GE의 연수원인 일명 크로톤빌Crotonville을 전면적으로 정비하여 1천 시간이 넘는 리더십 연수를 마쳐야만 경영진으로 승진할 수 있는 배움의 문화를 심은 것도 웰치였다.

필자는 2017년 2월, 철도사업을 담당하는 GE운송이 미국 펜실베이니아 주 그로브시티에 세운 철도 기관차용 디젤엔진 공장을 방문한 일이 있다. GE가 추진하는 제조라인의 디지털화 시스템인 '생각하는 공장Brilliant Factory'을 취재하기 위해서였다. 그때 제조과정의 혁신을 담당하는 공장장 제프 스미스의 말을 듣고 놀라움을 감출 수 없었다.

"우리 공장에서는 작업자가 실수하지 않기 위한 방법으로 '포카요키'를 중시한다. 볼트를 조이는 작업의 포카요키를 확실히 하기 위해서 우리 공장에서는 올바른 작업 순서를 항상 화면에 표시하여 작업 결과를 실시간으로 기록한 후, 그것이 올바른지 검증하는 전용 공구를 도입했다."

스미스의 말에 당황한 필자는 함께 간 《닛케이비즈니스》지의 모노즈쿠리 담당 기자에게 포카요키가 무엇이냐고 물었다.

포카요키란 도요타 생산방식의 용어 '포카요케'를 가리키는 말이었다. 생각지도 못한 실수(포카, ポカ)를 방지하는(요케, ヨケ) 시스템이나 장치를 도요타 생산방식에서는 포카요케라고 부른다. GE가 아주 충실하게 도요타 생산방식을 실천하고 있다는 점, 그것을 더 확실히 하기 위해서 새로운 디지털 기술을 적극적으로 도입하는 자세에 깊은 감명을 받았다.

스미스는 제조라인에서 일하는 부하는 고객이라는 생각을 가지고 제조라인의 디지털화는 '고객 만족도를 어떻게 하면 올릴 수 있을지'의 관점에서 생각한다고 덧붙였다. 고객의 관점에서 제품과 서비스를 개발하는 린 스타트업이 제조현장까지 뿌리내렸다는 증거라 할 수 있다.

이 책에서는 변화를 마다하지 않는 GE에서 현재 일어나고 있는 '디지털전환Digital Transformation'의 참모습을 그렸다.

필자는 2015년 4월부터 닛케이BP의 실리콘밸리 지국장으로 근무하며 실리콘밸리의 스타트업 기업을 주로 취재했다. GE의 디지털전환은 2013년쯤부터 화제가 되었는데, 실리콘밸리를 관찰해온 필자가 새롭게 GE를 보며 놀란 점은 그들이 실리콘밸리 스타트업의 업무방식을 철저히 따랐다는 점이다.

일본 기업에서도 최근 '디지털 기업으로 변해야 한다', '디지털화에 도전해야 한다'는 위기감이 높아지고 있다. 그러나 한편으로 실리콘밸리의 스타트업을 배우자는 움직임은 찾아보기 힘들다. 여러 산업에서 디지털전환을 주도하는 존재는 실리콘밸리의 스타트업 기업이라는 사실을 알면서도 그들은 특별한 존재로 치부하기 때문이다.

이에 비해 GE는 우직하게 실리콘밸리의 스타트업 기업이 실천하는 업무방식을 완전 복제했다. 변화를 두려워하지 않는 GE의 담대한 태도에 감탄하지 않을 수 없다.

4차 산업혁명이라는 위기에 봉착한 제조업 기업들이 GE와 같이 진정으로 디지털전환을 이룩하려면 무엇을 해야 할까. 이 책이 해답을 찾는 데 작은 도움이 되기를 바란다.

DIGITAL TRANSFORMATION

125년 역사를 자랑하는
스타트업 GE

\\\

"많은 제조업 기업이 20년 전 '디지털 근육'의 아웃소싱을 추진했지만, 그것이 오늘날 그들을 패자로 만든 선택이었음을 깨달았다. 앞으로 GE의 모든 신입사원은 코딩(프로그래밍)을 배우게 될 것이다. 모든 직원이 소프트웨어를 개발하는 것을 기대하지 않지만 디지털의 미래에 있는 '가능성의 예술'은 반드시 이해해야 한다."

GE의 제프 이멜트 회장 겸 CEO는 2017년 2월에 발표한 주주 서한에서 이렇게 선언했다. 이멜트가 말하는 '디지털 근육Digital muscle'이란 비즈니스의 디지털화를 추진하는 실행력이라는 의미다. 더 구체적으로 말하자면 비즈니스 혁신에 필요한 소프트웨어를 스스로 개발하는 '소프트웨어 개발능력'이다.

'가능성의 예술'이란, 도이치제국의 철혈재상 비스마르크의 '정치란 가능성의 예술이다'라는 말에서 유래했다. 이멜트의 의도는 '디지털을 통해 무엇이 가능하고 무엇이 불가능한지 전 직원이 이해해야 한다. 그러기 위해서 코딩을 배워라'는 것이다.

이멜트의 이러한 생각은 지금까지 제조업에서 통용되는 상식과는 정반대다. 1980년대 이후, 전 세계의 대기업이 소프트웨어 개발을 아웃소싱에 맡겼다. 소프트웨어를 사내에서 개발하지 않고 비용을 절감하기 위해 외부의 기업, 때로는 인도나 중국 등의 업체에 위탁했다. 일본에서는 지금도 여전히 소프트웨어 개발을 아웃소싱으로 진행하고 있으며, 2017년 3월에는 일본 미쓰비시중공업이 정보시스템 자회사를 NTT데이터에 매각한다고 발표했다.

GE도 한때는 열성적으로 아웃소싱을 추진했다. GE의 사내 정보시스템 부문을 이끄는 CIO(최고정보책임자)인 짐 파울러는 2016년 11월 GE가 개최한 이벤트에서 이전에는 정보시스템 개발이나 운용의 74%를 외부 사업자에게 아웃소싱했다고 밝혔다. 그뿐 아니라 GE는 1990년대에 타사로부터 정보시스템 관련 업무를 위탁받는 아웃소싱사업 부분을 만들어 직접 사업을 추진하기도 했다.

그러나 현재 GE의 이멜트 CEO는 소프트웨어 개발의 아웃소싱을 전면적으로 금지한다. 이에 그치지 않고 앞으로는 영업과 재무, 현업부서 등 영역에 상관없이 GE의 전 사원이 프로그래밍이란 무엇인지 이해하고 디지털화를 실현하는 기술을 이해해야 한다고 주장한다. GE는 프로그래밍 개발 방식을 아웃소싱에서 인소싱Insourcing, 기업이나 조직의 서비스와 기능을 조직 안에서 총괄적으로 제공하고 조달하는 방식 - 옮긴이 주으로 완전히 뒤바꾸었다.

이 변화는 세계 최대의 산업기기 제조업체인 GE가 빠른 속도로 '소프트웨어 기업'으로 다시 태어나고 있음을 의미한다. 이멜트는 GE의 본업인 제조업을 GE 스스로 '디지털 제조업'으로 변화시키지 않으면 미래는 없다는 강한 위기감을 느낀 것이다.

이멜트는 2015년 9월, GE가 2020년까지 소프트웨어사업의 매출액을 150억 달러로 늘려, 소프트웨어 기업으로서 세계 10위권에 진입한다는 목표를 발표하여 전 세계를 놀라게 했다. GE의 소프트웨어사업 매출액은 2015년 12월 말 기준으로 31억 달러에 불과했기에 5년 안에 5배로 늘리겠다는 것은 대단히 야심 찬 계획이다. 그러나 이 목표도 '제조업을 디지털화한다'는 GE의 큰 그림 중 일부분에 지나지 않는다.

어떻게 이멜트 CEO는 이처럼 원대한 계획을 그리게 되었을까.

리먼사태가 GE를 덮치다

GE가 제조업의 디지털화에 나선 계기는 프롤로그에서도 소개했듯이 2008년의 리먼사태였다.

당시 GE는 이익의 40% 이상을 금융사업에 의존하고 있었으며, 이전부터 있었던 산업기기나 가전제품의 리스뿐 아니라 소비자금융과 부동산금융에도 문어발식으로 사업 분야를 확장했다. 그러나 리먼사태가 직격탄을 날리자 GE는 자금조달에 어려움을 겪는 위기에 내몰렸을 뿐 아니라 거액의 부실채권을 떠안게 된다.

아픈 경험을 발판 삼아 GE는 제조업으로 돌아가는 쪽으로 크게 방향을 튼다. 웰치시대에 인수하거나 확대한 사업 부문은 차츰 매각했는데, TV방송과 영화를 담당하는 NBC유니버설은 2009년에, 금융사업은 2015년에, 가전사업은 2016년에 매각을 발표했다.

한편 제조업 분야에서는 거액을 들여 인수를 추진했다. 2014년 4월에는 프랑스의 산업기기 제조업체인 알스톰의 에너지 부문을 한화로 13조 원이 넘는 97억 유로라는 거액에 인수한다고 발표했다. 그 후로도 2015년에 가스터빈용 날개의 가공 기술을 보유한 미국의 메텀을 인수했으며, 2016년 5월에는 한국 두산건설의 배열회수보일러HRSG사업을 2억 5천만 달러에 인수했다. 2016년 11월에는 석유회사에 서비스를 제공하는 미국 베이커휴즈의 주식 62.5%를 74억 달러에 인수하여 GE의 자회사로 만들었다.

현재 GE는 발전소용 가스터빈이나 증기터빈사업을 하는 GE파워, 풍력발전기사업을 하는 GE리뉴어블에너지, 석유와 가스생산설비사업의 GE오일앤가스, 제트엔진 등의 GE항공, MRI 등 의료기기사업을 맡는 GE헬스케어, 기관차용 디젤엔진 등의 GE운송, 배전망사업과 업무용 조명사업을 담당하는 GE조명까지 산업기기사업을 담당하는 7개 사업 부문과 2018년까지 완전 매각할 예정인 금융 부문의 GE캐피탈로 이루어져 있다.

10년 전만 해도 GE는 설립 이래 산업기기를 주축으로 하며 금융과 방송 등 비제조업 부문의 매출액이 전체의 40%를 차지하는 거대복합기업이었다(그림 1). 그러나 10년 후인 2016년에는 매출액 1,236억 9,300만 달러 중 91%를 B2B^{Business to Business, 기업 간 거래}
산업기기가 차지하게 되었다.

제조업으로 돌아가기 시작할 무렵, GE의 제조현장은 큰 타격을 입은 상태였다. 특히 생산성과 매출의 정체가 두드러졌다.

이멜트는 '1991년부터 2010년까지 공업생산성은 연평균 4%씩 향상되었지만 그 후로는 연평균 1%를 기록하며 성장이 둔화됐다'고 설명했다. 여기서 말하는 공업이란 소비자를 대상으로 하는 B2C가 아니라 B2B 분야의 제조업을 의미한다.

생산성뿐만 아니라 더욱 중요한 매출도 답보상태에 빠졌다. 리먼사태는 GE의 금융사업뿐만 아니라 제조업에도 큰 타격을 입혔다. 리먼사태 직전인 2008년 12월 말 결산에서 948억 달러를 기록했던 GE의 제조 부문 매출액은 리먼사태가 일어난 후인 2010년 12월 말 결산 때 840억 달러까지 줄어들었다.

B2B 분야의 제조업이 정체되는 사이에 미국의 애플과 구글 등 소비자인터넷^{Consumer Internet} 사업에서 급성장한 실리콘밸리의 기업은 당시 리먼사태에 꿈쩍도 하지 않고 지속 성장했다.

한 예로 리먼사태가 일어나기 전인 2007년에 아이폰을 출시한 애플의 매출액은 2008년에 374억 달러, 2009년에 429억 달러, 2010년에 652억 달러로 세계적인 불황의 영향을 받지 않고 계속 늘어났다. 애플의 매출액은 2016년에는 2,156억 달러까지 증가했다. 8년 만에 무려 5배로 늘어난 셈이다.

그림 1. GE 매출액의 구성

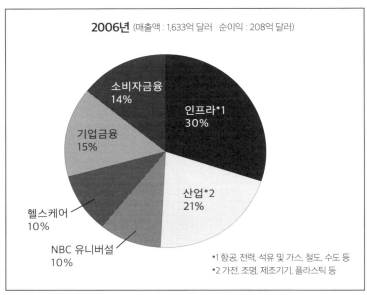

2006년 (매출액 : 1,633억 달러 순이익 : 208억 달러)

소비자금융
14%

인프라*1
30%

기업금융
15%

산업*2
21%

헬스케어
10%

NBC 유니버설
10%

*1 항공, 전력, 석유 및 가스, 철도, 수도 등
*2 가전, 조명, 제조기기, 플라스틱 등

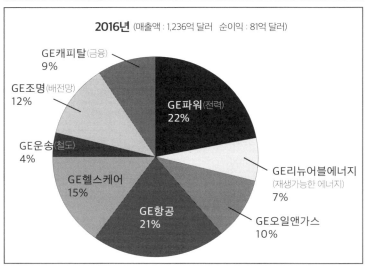

2016년 (매출액 : 1,236억 달러 순이익 : 81억 달러)

GE캐피탈(금융)
9%

GE조명(배전망)
12%

GE운송(철도)
4%

GE파워(전력)
22%

GE헬스케어
15%

GE리뉴어블에너지
(재생가능한 에너지)
7%

GE항공
21%

GE오일앤가스
10%

디지털파괴가 새로운 위협요소로

GE가 디지털화를 결심했을 때는 전 세계 모든 산업의 구성이 뒤바뀌기 시작한 때이기도 했다. 디지털에 강점을 보이는 신생 기업이 기존의 대기업을 무너뜨리는 '디지털파괴Digital disruption'가 각 업계로 퍼져나갔다.

TV방송국과 신문사, 출판사와 같은 미디어와 광고업은 구글이나 페이스북, 온라인 비디오 사업자인 넷플릭스 등에게 파괴되고 백화점 등의 소매업은 아마존닷컴에 파괴되기 시작했다.

당시 GE 산하의 TV방송과 영화 부문을 맡고 있던 NBC유니버설은 미디어 분야에서 일어난 디지털파괴를 최전선에서 경험했다. 얼마 전까지만 해도 상대도 되지 않았던 넷플릭스와 훌루 등의 온라인 비디오회사가 불과 몇 년 사이에 TV방송국과 영화사에게 위협적인 존재로 성장하는 모습을 똑똑히 지켜보았기 때문이다.

"넷플릭스나 훌루가 2007년에 스트리밍을 통한 비디오서비스를 시작했을 때, NBC의 디지털전략을 담당하고 있던 우리는 아날로그 달러(달러 단위로 돈을 버는 기존의 TV방송사업)를 포기하고 디지털 페니(센트 단위로밖에 돈을 벌지 못하는 당시의 온라인 비디오사업)를 추구하는 것은 어리석은 행동이라며 웃어넘겼다. 하지만 그 후 어떻게 되었는지는 잘 알려진 대로다. 넷플릭스와 훌루는 순식간에 '디지털 달러'를 벌어들이게 되었다."

현재 GE의 부회장으로 2005년부터 2008년까지 NBC유니버설의 디지털 담당 사장이었던 베스 콤스탁은 2016년 11월에 GE가 개최한 이벤트에서 이렇게 회상했다.

또 이때는 미디어와 광고업, 소매업에 큰 변화를 일으킨 구글과 아마존이 다른 산업 영역에 진출하기 시작한 때이기도 하다. 아마존은 2006년에 정보시스템에 필요한 서버나 스토리지와 같은 컴퓨터 자원을 대여하는 클라우드컴퓨팅서비스인 AWSAmazon Web Services를 시작했다. 구글 등도 잇따라 시장에 진입하면서 가격경쟁이 일어나고 품질도 향상되었다. 이렇게 클라우드서비스는 IBM이나 휴렛팩커드, 선마이크로시스템즈, EMC, 델(모두 당시 회사명)과 같은 서버와 스토리지 제조업체의 사업에 큰 타격을 입혔다.

구글과 IBM이 공격하다

나아가 구글은 GE의 핵심사업인 인프라와 전력, 의료와 같은 산업 영역에도 진출하기 시작했다. 2010년 10월, 구글은 일본의 마루베니상사와 공동으로 미국 동부 해안에 해상 풍력발전소를 잇는 해저 송전망을 추진한다고 발표했다. 같은 달, 구글은 자율주행차를 개발하고 있음을 발표했다. 이 소식에 전 세계가 발칵 뒤집혔다.

GE에게 또 하나 견제해야 할 대상이 생겼는데, 바로 IBM이다. IBM은 2008년 11월에 '똑똑한 지구Smarter Planet'라는 계획을 발표했다. 전력망이나 수도망, 교통망 등에서 사용하는 다양한 산업기기와 병원에서 사용하는 의료기기 등에 센서를 부착하여, 각종 기기로부터 수집한 빅 데이터를 분석함으로써 전력망과 수도망, 교통망 등의 효율을 개선하거나 의료 수준을 향상한다는 계획이다. 빅 데이터의 힘으로 더욱 똑똑한 지구를 만들어나가는 것이 IBM이 말하는 '똑똑한 지구'의 기본 개념이다.

그리고 IBM은 향후 전력회사와 대중교통기관, 정부기관, 의료기관 등에 '똑똑한 지구'를 실현하는 소프트웨어와 서비스를 판매한다는 방침을 세웠다.

GE에게 문제가 된 점은 IBM이 똑똑한 지구라는 계획을 판매하려는 전력회사와 대중교통기관, 의료기관 등이 GE가 판매하는 산업기기의 주요 고객이라는 사실이었다. IBM이 센서를 부착하겠다고 주장하는 산업기기 중에는 GE가 고객사에 판매한 기기가 다수 포함된다. 즉, GE의 산업기기를 통해 IBM이 고객으로부터 수입을 얻는다면 은혜를 원수로 앙갚음당하는 꼴이다.

향후 실리콘밸리의 스타트업 기업을 비롯하여 디지털 기술력을 자랑하는 신생 기업이 GE와 GE의 고객에게 디지털파괴를 일으킬 가능성이 매우 커졌다. 이때 GE 스스로 신생 기업의 디지털파괴에 맞서 싸우고, 동시에 GE의 고객을 파괴로부터 지켜야 한다. 즉, 고객이 의지하는 대상이 GE가 아닌 IBM과 같은 IT업체가 되는 사태만큼은 무슨 수를 써서라도 막아야 했다.

이처럼 새로운 위협에 대항하기 위해 GE의 이멜트 CEO는 제조업을 '디지털 제조업'으로 진화시키는 전략을 세우고, 이를 실현하기 위해 'GE를 실리콘밸리화'하기로 결심한다. 실리콘밸리의 스타트업 기업을 철저하게 모방하여 신생 기업이 갖춘 디지털의 힘을 GE도 갖춤으로써 나아갈 길을 찾고자 했다. 2011년의 일이다.

GE는 우선 소프트웨어 개발능력을 강화하는 데 착수했다. 2011년에 샌프란시스코 근교 샌라몬에 소프트웨어 개발거점을 새로 지었다. 실리콘밸리 기업에서 근무하는 소프트웨어 개발자와 데이터 과학자를 2015년까지 1,500명이나 영입했다.

GE는 실리콘밸리 밖에서도 디지털 인재를 채용했는데, 2012년부터 2015년 사이에 외부에서 5,500명의 디지털 전문가를 채용했다. 동시에 기존 직원에게 디지털 교육을 실시하고 인원도 재배치했다. 2016년 6월 시점에서 전 직원 30만 7천 명 중 2만 8천 명이 디지털과 관련된 직원으로 채워졌다. 디지털 전문가는 지금도 계속해서 채용하고 있으며 2016년 한 해에만 전사에서 2천 명이나 되는 디지털 전문가를 외부에서 채용했다.

사내 문화도 전면적으로 쇄신했다. 이멜트는 2012년에 디지털 제조업을 실현하기 위해서는 문화의 쇄신이 가장 중요하다는 사실을 깨달았기 때문이다. 이멜트는 2016년도 주주 서한에서도 '실리콘밸리의 스타트업, 벤처기업이 지닌 마음가짐을 130세에 가까운 GE에 옮겨 심겠다'고 말했다. 즉 2017년에 설립 125주년을 맞이한 GE가 스스로 '스타트업'으로 다시 태어나겠다는 말이었다.

실리콘밸리 문화를 사내에 옮겨 심기 위해 GE는 실리콘밸리의 기업이 모두 실천하는 린 스타트업과 디자인사고 등의 방법론을 30만 명이 넘는 전 직원에게 전파했다. 임원도 예외가 아니다. 반대로 교육은 우선 임원에게 실시한 후 일반 직원으로 넓혀나갔다.

전력회사에 발전기 보수서비스 등을 제공하는 GE파워서비스의 폴 맥켈히니 CEO는 '업무추진 방식도 사내 용어도 5년 만에 모두 바뀌었다'고 말했다. 실리콘밸리의 문화와 방법론을 익히기 위하여 직원뿐만 아니라 사업 부문의 CEO인 맥켈히니 자신도 실리콘밸리에서 4주간 머물며 심도 있는 연수를 받았다. GE의 실리콘밸리 거점과 애자일개발 등을 컨설팅하는 기업으로 GE도 출자한 피보탈소프트웨어를 견학하는가 하면 실리콘밸리의 스타트업을 방문하기도 했다.

피보탈에서는 실리콘밸리의 스타트업에 소속된 엔지니어와 나란히 앉아 린 스타트업과 애자일개발 연수를 받았다. 'GE에서 발전기 엔지니어로 25년간 일했지만 새로운 기술, 새로운 용어, 새로운 사업모델을 배우고 실천하니 다시 젊어지는 기분이 들었다'고 GE파워서비스의 CEO 폴 맥켈히니는 웃으며 회상했다.

물건을 팔지 말고 서비스를 팔아라

GE의 디지털 제조업 전략에는 크게 세 가지가 있다.

첫 번째 전략은 GE의 제조라인을 디지털화하여 제조업체로서 생산성을 높이는 것이다. GE가 전 세계에 보유한 150개 이상의 제조거점에서 산업인터넷이라 불리는 시스템과 적층가공이라 불리는 시스템을 도입했다.

산업인터넷Industrial Internet이란 산업기기에 센서를 부착하여 가동상황을 모니터링하고, 그 데이터를 인터넷으로 수집하여 축적된 데이터를 분석함으로써 산업기기의 가동 중에 발생하는 낭비와 문제점을 발견하여 생산성을 높이는 제조방식을 말한다.

산업인터넷을 실현하는 데 필요한 소프트웨어는 GE가 사내에서 개발했다. 이 소프트웨어가 제5장에서 자세히 살펴볼 프레딕스다.

적층가공Additive Manufacturing이란 제조거점의 생산라인에 3D프린터를 도입하여 기존에 금형 등을 이용하던 부품을 3D프린터로 제조하는 새로운 가공방식이다.

3D프린터는 소프트웨어로 작성한 3차원 데이터를 바탕으로 수지나 금속가루를 얇은 층으로 반복해서 쌓아 입체로 된 물건을 만든다. GE는 3D프린터를 도입하여 제트엔진 등의 부품을 경량화하거나 용접에 드는 노동력을 절감할 수 있다고 발표했다.

두 번째 전략은 제조업을 디지털서비스로 전환하는 데 있다. 산업기기를 판매하는 사업모델을 산업기기와 소프트웨어를 결합한 서비스 형태로 판매하는 사업모델로 전환한다. GE의 이멜트 CEO 는 IT업계의 'SaaSSoftware as a Service, 서비스로서의 소프트웨어'에 빗대어 제조업의 모든 사업을 'As a service model'로 바꾸겠다고 발표했다.

GE가 제공하는 것은, 고객이 구입한 산업기기에서 얻은 성과를 최대화하는 소프트웨어와 서비스다. GE 사내에서 실시하는 것과 동일한 산업인터넷시스템을 고객의 현장에서도 구현해낸다. 산업인터넷에 필요한 소프트웨어 등은 GE가 고객에게 제공한다.

가령 항공기 엔진이라면 지금까지는 고장난 부분을 수리하는 것이 GE가 고객사에 제공하는 서비스였다. 한편 디지털화된 서비스에서는 센서 데이터를 통해 항공기의 비행패턴을 분석하여 항공회사에 '연비효율을 개선하는 비행계획'을 제안한다.

발전기의 보수서비스도 변한다. 항공기 엔진과 마찬가지로 수리 자체가 가치를 갖는 것이 아니다. 고장이 예상되는 부분을 데이터로 예측해서 미리 수리함으로써 계획외정지를 막는다. 이를 통해 '발전소의 가동률 향상'이라는 가치를 고객에게 제공한다.

GE는 2020년까지 '소프트웨어사업의 매출액을 150억 달러로 늘린다'는 계획을 발표했는데, 여기서 말하는 소프트웨어 매출액이란 위와 같은 소프트웨어 판매가 중심이 될 전망이다.

세 번째 전략은 GE가 디지털 제조업을 위하여 개발한 여러 기술을 지금까지 GE와 거래가 없었던 새로운 고객에게 판매하는 것이다. 산업인터넷을 실현하는 소프트웨어인 프레딕스를 플랫폼으로 공개하여 누구나 이용할 수 있게 했다. 또 적층가공하는 3D프린터도 판매할 계획이다.

이러한 디지털 제조업의 성과는 이미 나타나기 시작했다.

GE는 2017년 2월에 발표한 연차보고서에서 처음으로 디지털 수입을 밝혔다. 여기서 말하는 디지털 수입이란, GE가 사내에서 개발한 소프트웨어와 그 소프트웨어에 부속된 하드웨어, 고객이 가진 산업기기의 생산효율을 개선하기 위한 소프트웨어 솔루션의 판매액을 말한다.

연차보고서에 따르면 2016년 12월 말 결산한 디지털 수입은 36억 달러로, 지난해 같은 기간보다 16%, 액수로는 5억 달러 증가했다.* 같은 해의 수주액은 40억 달러로 지난해 같은 기간보다 22%, 액수로는 7억 달러 증가했다. 이 매출액을 2020년까지 150억 달러로 늘릴 계획이다.

미국의 《소프트웨어 매거진》지에 따르면 2016년에 소프트웨어 매출액이 150억 달러를 돌파한 기업은 IBM, 마이크로소프트, 오

---

* GE가 말하는 '디지털 수입'의 정의란, 'GE 사내에서 개발한 소프트웨어(프레딕스 등)와 프레딕스에 포함된 하드웨어, 고객의 자산 퍼포먼스를 개선하기 위한 소프트웨어 솔루션 판매액'을 말한다. GE는 2016년까지 자사의 디지털 수입의 정의에 '소프트웨어를 통해 업그레이드된 제품 매출액'을 포함했으나, 2017년 2월에 발표한 기준부터 이를 제외했다. 따라서 GE가 발표한 디지털 수입의 금액은 2017년을 경계로 크게 달라졌다. 2016년까지 GE는 자사의 디지털 수입(주문 기준)이 2014년에는 40억 달러, 2015년에는 50억 달러, 2016년에는 60억 달러에 이를 것이라고 설명했다. 이 숫자와 대조해 보면 '소프트웨어를 통해 업그레이드된 제품 매출액'이 2016년에는 약 20억 달러였다는 사실을 추측할 수 있다.

라클, 액센츄어, SAP, 휴렛팩커드, 애플, 인도 타타컨설시티 등 9개 회사로 모두 IT 전문업체가 차지했다. IT 전문업체가 아닌 GE가 소프트웨어에 도전장을 내민 것이다.

소프트웨어사업에 대한 GE의 포부는 야심 차다. GE는 산업인 터넷의 시장 규모가 2020년에는 2,250억 달러까지 커질 것으로 전망한다. 오라클과 SAP 등이 경쟁하는 업무 소프트웨어의 산업 규모는 2015년에 2천억 달러 정도로 추산되며, 이에 맞먹는 시장이 2020년까지 신규로 탄생할 것이라는 견해다.

GE가 소프트웨어사업의 매출액을 2020년에 150억 달러까지 늘릴 수 있다고 기대하는 이유는 시장 규모 자체가 성장할 것으로 내다보기 때문이다.

알고 보면 세 번째 IT 시장 진출

GE의 역사를 살펴보면 GE의 IT 시장 진출은 사실 이번이 세 번째임을 알 수 있다. GE는 과거에 두 차례 IT 시장에 진출한 바 있으나 모두 철수로 막을 내렸다.

GE의 첫 번째 IT 시장 진출은 컴퓨터산업이 생기기 시작한 1960년대의 일이다. GE는 메인 프레임이라 불리는 대형 컴퓨터를 개발하여 컴퓨터업계의 1등 기업인 IBM에 도전장을 던졌다. 그러나 당시 압도적인 시장 1위였던 IBM과의 기술 개발 경쟁에 뒤처지고 말았다. GE는 1970년에 메인 프레임 사업을 미국의 하니웰에 매각하고 사업에서 철수했다.

GE의 두 번째 IT 시장 진출은 1990년대의 일이다. 제1장 첫머리에서도 설명했듯이 당시는 기업의 정보시스템 부문이 담당하는 시스템 개발과 유지보수, 운영 등을 외부 사업자에게 맡기는 IT 아웃소싱이 유행할 때였다.

GE는 1996년에 IT 아웃소싱사업에 진출했다. 미국의 아메리데이터테크놀로지 등 20개 이상의 IT 아웃소싱회사를 인수하여 GE 캐피탈IT솔루션GE ITS을 설립했다. GE의 금융 부문인 GE캐피탈은 당시 컴퓨터리스업계의 대형업체였는데, IT 아웃소싱서비스를 리스사업에 포함시켜 판매하면 효율적일 것이라고 기대했다. GE ITS의 매출액은 1998년에 90억 달러에 이르렀다.

그러나 2001년의 IT버블붕괴가 사업에 직격탄을 날렸다. 2000년대에 들어서자 매출액이 계속 줄어드는 IT 아웃소싱사업을 포기하고 2004년 사업을 투자펀드에 매각했다.

GE가 현재 추진하는 세 번째 IT 시장 진출은 과거 두 차례와는 전혀 다른 점이 있다. 바로 GE의 본업인 제조업의 디지털화가 중심이라는 점이다. 과거의 IT 시장 진출은 GE에게는 낯선 업종에 도전하는 것이었지만, 이번에는 본업인 제조업을 확장하는 일환으로 IT 시장에 진출한다. 소프트웨어 판매는 어디까지나 디지털 제조업에 부수되는 일에 지나지 않는다.

GE의 디지털 제조업을 추진하는 주축은 2015년에 설립한 새로운 사업 부문인 GE디지털이다. 2011년에 실리콘밸리에 만든 소프트웨어 개발거점을 사업 부문으로 승격한 것이다. 실리콘밸리의 GE디지털 본사에는 현지에서 채용한 소프트웨어 개발자와 디자이너, 데이터 과학자가 2천 명 근무하고 있다. 이들은 산업인터넷 플랫폼인 프레딕스의 개발과 산업기기의 생산성을 높이는 디지털서비스에 필요한 애플리케이션 개발을 맡고 있다.

제조업을 디지털화하는 데 필요한 소프트웨어 개발을 안정된 궤도에 올리고 GE디지털이라는 사업 부문을 만들기까지 GE가 걸어온 길은 결코 순탄하지 않았다. GE디지털이 걸어온 역사는 앞으로 디지털화를 추진할 기업에게 큰 참고가 될 것이다. 다음 장에서는 제조업을 디지털화한 GE의 역사를 살펴본다.

DIGITAL TRANSFORMATION

GE디지털은
이렇게 생겨났다

\\

"채용 책임자로 실리콘밸리에 온 지 두 달이 지나도록 엔지니어를 단 한 명도 채용하지 못했을 때는 회사에 더 이상 내 자리는 없다고 생각했다."

채용 책임자였던 제니퍼 왈도는 2011년 GE가 실리콘밸리에 소프트웨어 개발거점을 마련한 직후의 무거운 부담감을 이렇게 회상했다.

그러나 왈도의 위기감은 기우에 지나지 않았다. 2017년 현재, GE의 실리콘밸리 거점에는 실리콘밸리 내에서 채용한 소프트웨어 개발자와 데이터 과학자, 디자이너 등이 2천 명이나 근무한다. 이 실리콘밸리 거점은 2015년에 새로운 사업 부문인 GE디지털의 본사로 거듭나며 GE 전체의 디지털화를 이끌게 되었다. GE디지털은 각 사업 부분의 소프트웨어 개발부서와 GE 내부의 IT부서도 흡수하여 지금은 2만 8천 명의 직원을 거느리고 있다. 2016년에는 36억 달러의 디지털 매출을 기록하는 등 사업도 순조롭다.

그러나 왈도가 돌이켜보듯 그 과정은 결코 순탄하지 않았다. 직원을 뽑기도 어려운 상황에서 GE는 어떻게 디지털화를 향한 도전을 계속했을까. 알려지지 않은 역사를 살펴보자.

2011년 / 실리콘밸리의 빈틈을 파고들다

GE가 실리콘밸리에 소프트웨어 연구개발 부문인 '소프트웨어센터 오브 엑설런스(이하, 소프트웨어센터)'를 개설하기로 결심한 것은 2011년의 일이다. 이 소프트웨어센터가 훗날의 GE디지털이다.

그전까지 GE에도 IT 엔지니어는 많았다. 각 사업 부분의 소프트웨어 개발부서에는 5천 명 이상의 소프트웨어 개발자가 소속되어 있었다. 그러나 이들이 GE에서 개발한 것은 산업기기에 탑재된 내장 소프트웨어나 산업기기에 부가되어 판매하는 소프트웨어였다. 각 사업 부분이 독자적으로 판단해서 각자 소프트웨어를 개발하는 형태로, 현재 GE가 추구하는 디지털 제조업의 소프트웨어와는 전혀 달랐다. 그밖에 1만 명 이상의 IT 엔지니어가 소속된 정보시스템 부문도 있었지만 엔지니어가 담당하는 일은 회계나 생산관리, 인사와 같은 경영지원업무를 위한 정보시스템이었다. 이것 또한 제프 이멜트 CEO가 바라던 것처럼 제조업의 생산성을 개선하거나 제조업을 디지털화하는 소프트웨어는 아니었다. 다시 말해 당시 GE에는 전사에 일관된 디지털전략이 없었다고 말할 수 있다.

이러한 상황에서 벗어나 GE 전사의 디지털전략을 만들기 위해 마련한 것이 실리콘밸리에 있는 소프트웨어센터다. 실리콘밸리에서 인재를 스카우트하여 실리콘밸리 고유의 문화를 바탕으로 새로운 디지털전략을 짜고자 했다.

우선 소프트웨어센터를 이끌 리더를 채용하는 일에서 시작했다. GE가 고심 끝에 선택한 인물은 빌 루였다. 당시 실리콘밸리의 IT 벤더인 미국의 시스코시스템즈의 부사장으로 IT업계에서 25년이 넘는 경력을 가진 인물이다. 빌 루는 GE로 온 후 디지털 제조업 전략을 추진하는 데 중추적인 역할을 맡았다.

빌 루는 2011년은 GE의 디지털사업을 진단하고 전략을 수립한 해였다고 말했다. 어떻게 하면 GE가 디지털 제조업으로 다시 태어날 수 있을까. 외부의 시각을 가진 빌 루가 GE의 각 사업 부분과 의견을 조율하여 디지털화를 향한 로드맵을 그렸다.

그리하여 가장 먼저 착수한 일이 산업기기의 보수나 정비와 같은 서비스사업을 소프트웨어와 데이터 분석의 힘으로 개선하는 전략을 세우는 것이었다. 제1호 전략으로 서비스를 선택한 것은 당연한 수순이었다. 왜냐하면 당시 산업기기를 담당하는 산업 인프라스트럭처사업 부분 매출의 70%를 보수와 정비 등의 서비스가 차지했기 때문이다. IBM이 내세우는 똑똑한 지구와 실제 시장에서 맞붙는 사업도 이러한 서비스사업이었다.

제품의 수명과 주기를 고려해도 타당한 결단으로 볼 수 있다.

GE가 판매하는 산업기기는 전력회사에 판매하는 발전용 가스터빈과 증기터빈, 항공회사에 판매하는 제트엔진, 철도회사에 판매하는 기관차용 디젤엔진 등으로 한 번 제조하면 수십 년, 제품에 따라서는 50년 가까이 가동하는 제품이다. 가스터빈 등은 개발에 몇 년이나 걸리므로 수명주기의 관점에서 보아도 제품의 수명이 매우 길다. 새로운 산업기기를 개발했다고 하더라도 제품수명이 길어서 교체하기도 생각만큼 쉽지 않다. 이에 비해 서비스는 기계를 새로 개발하는 것보다 쉽고, 새로운 상품을 출시한 이후에도 내용을 바꿀 수 있기 때문이다.

GE는 2011년 11월, 산업인터넷이라는 개념을 새롭게 선보이며 소프트웨어 기능을 강화하겠다고 발표했다. 센서를 부착한 산업기기를 인터넷에 접속시켜 센서 데이터를 활용한 데이터 분석을 용이하게 하고, 산업기기의 가동 데이터를 분석하여 생산성과 가동률을 개선하는 것이 산업인터넷의 개념이다(상세한 내용은 제3장에서 설명한다). 이 무렵 GE는 2012년 실리콘밸리에 소프트웨어센터를 세운다는 소식과 함께 2013년까지 3년간 실리콘밸리에서 이루어지는 소프트웨어 개발에 10억 달러를 투자한다고 발표했다.

'10억 달러 투자'는 뜻밖에도 그 후 제조업체가 실리콘밸리에 거점을 만들 때 외치는 일종의 구호가 되었다. 일본의 도요타자동차가 2015년 11월, 실리콘밸리에 인공지능 개발거점을 개설한다고 발표했을 때도 '5년간 10억 달러'를 투자하겠다고 선언했다. 또 미국의 포드 모터가 2017년 2월에 샌프란시스코의 자율주행 인공지능 벤처기업을 인수하여 관련 연구를 가속화한다고 발표했을 때도 '5년간 10억 달러'를 투자하겠다고 말했다. 2011년 당시 '3년간 10억 달러'를 실리콘밸리 거점에 투자한다고 선언한 GE는 도요타와 포드의 선구자가 되었다.

출퇴근에 지친 엔지니어를 노리다

소프트웨어센터의 입지를 선정하는 데는 실리콘밸리에서 잔뼈가 굵은 빌 루의 깊은 통찰력이 한몫했다. GE가 선택한 지역은 샌프란시스코에서 동쪽으로 50km 정도 떨어진 샌라몬이라는 곳이다. 실리콘밸리란 본래 샌프란시스코에서 남쪽으로 50~80km 정도 떨어진 일대를 가리킨다.

북쪽에서부터 순서대로 페이스북 본사가 있는 멘로파크, 휴렛팩커드엔터프라이즈HPE가 있는 팔로알토, 구글이 있는 마운틴뷰, 인텔이 있는 서니베일, 애플이 있는 쿠퍼티노, 어도비시스템즈와 시스코가 있는 새너제이 등이 이른바 실리콘밸리다. 샌프란시스코 만의 남쪽 일대이므로 사우스 베이라고 불리기도 한다. 그러나 GE의 소프트웨어센터는 샌프란시스코 만의 동쪽인 이스트 베이에 있다. 최근에는 테크놀로지 기업이 샌프란시스코나 이스트 베이에도 늘어나, 샌프란시스코 주변 지역을 모두 실리콘밸리로 부르는 경우도 많다.

GE가 이스트 베이를 선택한 것은 실리콘밸리의 중심지인 사우스 베이에서 일하는 데 지친 엔지니어를 빼내오기 위함이었다. 실리콘밸리에서 일하는 엔지니어의 고민은 무엇보다도 '비싼 주거비'와 '긴 출퇴근 시간'이었다.

실리콘밸리에서는 최근 부동산 가격과 집세가 급격히 오르고 있다. 사우스 베이에서 방 두 개의 가족용 아파트 월세는 3~4천 달러(약 340~450만 원) 정도는 각오해야 한다. 실리콘밸리의 소프트웨어회사에 다니는 엔지니어의 평균 연봉이 15만 달러(약 1억 7천만 원)로 높지만 그래도 집세의 부담은 크다고 할 수 있다.

이 때문에 실리콘밸리에서 일하는 엔지니어는 젊을 때는 회사와 가까운 사우스 베이나 여가를 즐길 수 있는 샌프란시스코에 살다가 자녀가 자라면 더 넓은 집을 찾아 이스트 베이로 이사하는 경우가 많다.

문제는 출퇴근 시간이다. 실리콘밸리에서는 경기가 좋아지면서 매년 고속도로의 정체가 더욱 심해지고 있다. 이스트 베이에서 사우스 베이로 출퇴근하려면 편도로 1시간 30분, 왕복으로는 3시간 넘게 운전을 해야 한다.

엔지니어로서 실리콘밸리에서 하는 일이 매력적인 것과는 별개로 자녀는 좋은 환경에서 키우고 싶기 마련이다. 그렇다고 해서 출퇴근 시간이 길어지면 몸이 힘들다. 출퇴근에 지친 엔지니어를 데려오기 위해 GE는 사무실 위치로 이스트 베이를 선택했다. GE

에서 일하는 한 엔지니어는 '이스트 베이에 있는 프리몬트 집에서 전 직장이 있는 팔로알토까지 가는 데만 1시간 30분이 걸렸는데, 샌라몬에 있는 GE로 이직한 후에는 30분도 걸리지 않는다'고 기뻐하며 말했다.

구글과 페이스북 같은 실리콘밸리의 대기업과 아직 상장되지 않은 스타트업은 높은 연봉이나 상장되면 가치가 껑충 뛰는 주식을 제공함으로써 우수한 엔지니어를 끌어모은다. 제조업인 GE가 이에 맞서기란 쉽지 않다. 따라서 먼저 회사의 위치선정에 심혈을 기울였다.

2012년 / 1%의 힘에 초점을

GE가 실제로 샌라몬에 소프트웨어센터를 연 것은 2012년 여름의 일이다. 사무실을 만들 때는 실리콘밸리의 스타트업 기업을 철저히 모방했다. 이 사무실 환경에 대해서는 제4장에서 자세하게 설명한다.

사무실이 갖추어짐으로써 GE는 본격적으로 디지털화에 나섰다. 소프트웨어센터의 리더를 맡은 빌 루는 2012년을 '집중focus과 부화incubation의 해'로 표현했다. 30만 명이 일하는 GE에서 갑자기 전사 규모로 디지털화에 나서기란 간단한 일이 아니다. 따라서 디지털화를 추진하는 시범 프로젝트를 몇 개 선정하여 일단 성공사례를 만든 후, 박차를 가하고자 했다.

CEO인 이멜트는 2010년 시점에서 각 사업 부분에 소프트웨어를 활용한 새로운 서비스를 개발하도록 지시했다. 소프트웨어센터는 몇 개의 시범 프로젝트를 골라 소프트웨어센터 소속의 엔지니어와 데이터 과학자를 투입하기로 했다.

그러나 GE에는 시범 프로젝트에 투입할 인재가 없었다. 채용하려고 해도 제2장 첫머리에서 말한 것처럼 엔지니어와 데이터 과학자를 데려오는 데 어려움을 겪었다.

왈도가 외부 헤드헌터에게 의뢰하여 GE가 인재를 채용하지 못하는 이유를 조사한 결과, '실리콘밸리에서 일하는 소프트웨어 개발자 10명 중 9명은 GE가 소프트웨어를 개발하고 있다는 사실을 모르고 있었다. 그뿐 아니라 GE라는 회사 자체에 관심이 없었다'는 사실이 가장 큰 문제임을 알게 되었다.

문제를 해결하기 위해 GE는 여러 가지 방법을 동원했다. 외부의 인재채용회사를 이용하는 방침을 바꾸어, 실리콘밸리에서 정평이 난 리크루터를 GE에 입사시켜 자체적으로 직원을 채용하는 방법을 사용하기로 했다.

"급여 등의 대우 면에서 소프트웨어회사와 경쟁하기란 쉽지 않다. 우리가 인재를 끌어올 수 있는 무기가 있다면 'GE에 오면 산업계의 디지털혁명에 참가할 수 있다'는 비전뿐이었다. 외부의 인재채용회사를 이용하면 이러한 비전을 제대로 전달할 수 없다고 판단했기 때문에 자체적으로 인재를 채용하려고 노력했다."

왈도는 그렇게 말했다.

물론 대우 면에서도 신경을 썼다. 예를 들어 GE는 당시만 해도 직책이 없는 사원급 소프트웨어 개발자에게 보너스를 지급하지 않았다. 이를 바꿔 모든 직급의 소프트웨어 개발자에게 보너스를 지급하는 등 처우 문제도 개선했다. 이런 변화를 통해 드디어 엔지니어와 데이터 과학자의 채용이 물살을 타기 시작했다.

소프트웨어센터의 첫 성과는 2012년 12월에 샌프란시스코에서 개최한 컨퍼런스 '마인드+머신Minds+Machines'에서 발표됐다. '마인드+머신'은 산업인터넷의 개념을 GE의 고객사에 설명하는 이벤트로 2012년부터 매년 개최하고 있다.

이때 CEO인 이멜트가 청중에 호소한 내용은 '1%의 힘Power of 1%'이었다. 전력업계와 석유 및 가스업계, 항공업계, 철도업계, 의료업계 등 GE의 산업기기를 이용하는 업계에서는 효율이 단 1%만 개선되어도 막대한 이익이 생긴다. GE의 계산에 따르면 항공업계에서 연료비를 1%만 개선하면 업계 전체에서 15년간 총 300억 달러의 이익개선이 예상된다고 한다. 전력업계에서 연료비를 1% 개선하면 이익은 15년간 660억 달러나 늘어난다.

이러한 '1%의 힘'을 만들어내기 위해서는 산업기기의 운영을 센서 데이터를 바탕으로 개선해나갈 필요가 있다. 이멜트는 이를 실현하는 도구가 '산업인터넷'이라고 주장했다. GE는 고객에게 산업인터넷에 필요한 서비스와 소프트웨어를 판매한다. '마인드+머신'에서 GE는 항공기의 연료효율을 개선하는 비행패턴 등을 제안하는 서비스 등, 9종류의 디지털서비스와 소프트웨어를 발표했다.

GE, 린 스타트업과 만나다

2012년은 GE가 추진하는 디지털전환에서 또 하나의 큰 갈림길을 맞은 해였다. 사내 문화도 '실리콘밸리화'했던 것이다. 계기는 GE의 CMO(최고마케팅책임자)였던 베스 콤스탁의 부하가 에릭 리스가 쓴『린 스타트업』이라는 서적을 읽은 데서 비롯되었다.

린 스타트업의 자세한 내용은 제4장에서 설명했지만, 간단하게 말하자면 실리콘밸리의 기업가인 리스가 자신과 동료의 경험을 체계화해서 만든 '실리콘밸리의 스타트업이 제품 개발을 성공시키는 방법론'이다.

실리콘밸리의 스타트업은 미완성 상태라도 좋으니 일단 빨리 제품을 만들어 시장에 선보인 후, 제품을 사용한 고객으로부터 피드백을 받아 제품을 개선하고 문제가 있으면 재빠르게 방침을 전환Pivot한다. 이 방법을 반복함으로써 뛰어난 제품을 계속 만들어냈다. 리스는 이러한 '만들기 → 측정 → 학습'의 과정을 빠르게 반복하는 방법론을 린 스타트업이라고 이름 붙이고, 2011년에『린 스타트업』이라는 책으로 엮어냈다.

리스는 자신의 저서에서 실리콘밸리의 스타트업은 발상과 번뜩

이는 아이디어가 뛰어난 것은 아니라고 잘라 말한다. 고객으로부터 받은 피드백이야말로 성공의 밑바탕이며, 실리콘밸리의 스타트업에서는 실패를 장려하며 실패로부터 배우는 데 가치를 둔다고 주장했다. 한편, 당시 GE는 정반대의 방법을 택했다. 사업은 5년 주기로 계획을 수립해서 추진해나가고, 실패는 어떠한 상황에서도 용납되지 않았다. 그러나 앞으로 다가올 시대의 성공법칙은 린 스타트업임을 실리콘밸리가 이루어낸 성과가 말하고 있었다.

린 스타트업에 감명을 받은 베스 콤스탁의 부하는 이 책을 콤스탁에게 권했다. 콤스탁 역시 이 책에 감명을 받아 CEO인 이멜트에게 추천했다. 이멜트도 린 스타트업을 높이 평가하여 에릭 리스에게 직접 배우기로 결심한다. 2012년 여름의 일이었다.

일단 이멜트는 뉴욕 시 교외에 있는 GE의 연수원인 통칭 '크로톤빌'에 경영진 200명을 모아 자신과 함께 리스의 강연을 듣게 했다. 이 강의를 들은 GE의 인사 부문 최고담당자인 수잔 피터스는 '그 자리에 함께 한 경영진 모두, GE가 이대로 변화하지 않는다면 무너질 것이라고 생각했다'고 말했다. 압도적인 속도로 제품을 개선해나가는 스타트업과 경쟁하게 된다면 비대하고 둔한 당시의 GE로는 도저히 상대할 수 없다는 사실을 깨달았기 때문이다.

이멜트는 그 자리에서 에릭 리스와 컨설팅계약을 맺고, GE에 린 스타트업의 경영방법론을 도입하기로 결정했다. 그리고 2012년 11월에 GE판 린 스타트업인 '패스트웍스FastWorks'를 마련하여

회사 전체에서 선정한 100개의 시범 프로젝트로 실천해 보기로 한다. 그중에는 새로운 의료기기와 가스터빈을 개발하는 프로젝트도 포함되어 있었다.

에릭 리스는 그 후 1년 동안 1천 명의 경영진에게 패스트웍스를 가르치는 한편, 패스트웍스를 다른 GE 직원에게 가르치는 사내 트레이너 80명을 길러냈다.

GE의 실리콘밸리화는 이렇게 전사 규모로 시작되었다. 30만 명의 거대 기업이 일제히 문화를 바꾸는 것도 이례적이었지만 출발점이 경영진이었다는 점도 눈여겨볼 만하다. 이처럼 내부적인 변화를 택한 배경에는 GE의 전통적인 기업 문화가 있다.

"다른 제조업 대기업보다 앞서 디지털전환에 매진할 수 있었던 요인으로 GE에는 오래 전부터 배움을 중시하는 문화가 있다는 점을 꼽는다. GE는 배움의 회사Learning company다. 외부에서 온 나로서는 크게 놀랄 수밖에 없었다."

빌 루는 당시를 이렇게 돌이켜보았다.

GE에서 경영진으로 승진하기 위해서는 크로톤빌 등의 사내 교육시설에서 1천 시간이 넘는 경영자 연수를 받아야 한다. 또 이멜트를 비롯한 경영진은 근무시간의 30%를 부하 교육에 사용하도록 의무화되어있다. 실리콘밸리에서 온 빌 루는 이런 배움의 전통이야말로 디지털전환의 큰 원동력이 되었다고 진단했다.

2013년 / 프레딕스 탄생

빌 루는 2013년을 '부화incubation에서 실행execution으로 나아간 해'라고 평가했다. 2012년 말에 발표한 산업인터넷 관련 서비스와 소프트웨어를 본격적으로 판매하기 시작했을 뿐만 아니라, 서비스와 제품의 종류가 늘어났기 때문이다.

GE는 2013년 6월에 사물인터넷을 실현하는 서비스와 소프트웨어 브랜드를 '프레딕티비티Predictivity'라고 이름 붙였다. 이 말에는 '예측성'이라는 의미가 담겨있다. 산업기기의 효율을 높이기 위해서는 고장 등 이상 발생을 데이터에서 예측해 미연에 방지하는 것이 중요하다. 데이터를 바탕으로 예측한다는 의미에서 이렇게 이름 붙였다.

빅 데이터에 OSS로 도전장을 내밀다

GE소프트웨어센터는 2013년부터 산업인터넷에 필요한 기반 소프트웨어, 컴퓨터업계 용어로 말하면 '미들웨어Middleware, 컴퓨터의 운영시스템과 각 업무처리용 애플리케이션 소프트웨어의 사이에 있는 소프트웨어를 가리킨다 - 옮긴이 주'를 정비하는 데 힘을 쏟기 시작했다. 센서 데이터를 바탕으로 산업기기의 이상 등을 예측해 보니, 회계시스템이나 생산관리시스템과 같은 기존의 정보시스템을 취급할 때와는 비교할 수 없는 수준의 빅 데이터를 처리해야 했기 때문에 미들웨어를 통해 정리할 필요성을 깨달았다.

예를 들어 비행기에 부착된 센서는 한 번의 비행에 14GB나 되는 데이터를 수집한다. 대기업 항공사는 수백 대나 되는 비행기를 보유하고 있고, 비행기마다 연간 1~2천 번 비행한다. 5백 대의 비행기가 각각 연간 2천 번 비행할 경우, 총 횟수는 100만 번에 달한다. 수집된 데이터의 양은 14GB의 100만 배로 14,000TB 가까이 된다. 이 정도 크기의 데이터를 분석하는 데는 기존의 미들웨어, 다시 말해 '관계형 데이터베이스RDB: Relational Data Base, 모든 데이터를 테이블이라는 표 형식으로 나타내는 데이터관리 방법의 데이터베이스 – 옮긴이 주'나 'DWHData warehouse, 시계열로 정리된 대량의 종합업무 데이터, 또는 관리시스템 – 옮긴이 주'로는 처리하기 벅차다. 이때 GE는 OSSopen source software, 소스코드를 공개해 누구나 무료로 이용하고 학습, 변경, 배포할 권리를 부여한 소프트웨어 – 옮긴이 주의 미들웨어로, 빅 데이터 처리에 특화된 하둡Hadoop에 주목했다.

하둡은 구글이 검색 엔진용으로 개발한 빅 데이터 처리 기술을 참고로 또 다른 회사가 만든 OSS다(자세한 내용은 제5장에서 소개한다). 수백, 수천 대의 PC서버를 이어서 PBPB, 1000TB가 넘는 빅 데이터를 처리한다. 지금껏 주류였던 관계형 데이터베이스나 DWH는 보통 고가의 거대 서버를 사용한다. 그러나 하둡은 저렴한 PC 서버를 대량으로 이어서 사용하므로 비용을 절약하면서 빅 데이터를 처리할 수 있다.

GE는 2013년 6월에 산업인터넷을 구현하는 소프트웨어 기반 기술로 하둡을 채택한다고 발표했다. 그리고 OSS인 하둡의 지원서비스 등을 담당하는 실리콘밸리의 소프트웨어회사 피보탈소프트웨어와 업무를 제휴했다. 2013년 8월에 GE는 피보탈에 10%를 출자한다. 피보탈은 2012년에 스토리지 대기업인 미국의 EMC(2015년에 델이 인수)가 인수한 기업이다.

이 투자는 GE에 빅 데이터 소프트웨어 이상의 것을 안겨주었다. 그중 하나가 애자일개발이다. 애자일개발에 대해서는 제4장에서 자세히 설명하겠지만, 간단히 요약하면 소프트웨어를 일단 빨리 시장에 내보내서 소프트웨어를 사용한 고객으로부터 받은 피드백을 바탕으로 개선해나가는 개발 방법을 일컫는다. 실리콘밸리의 소프트웨어회사에서는 1990년대 이후부터 주류로 자리 잡았고, 린 스타트업에도 큰 영향을 끼쳤다. 피보탈은 1990년대 말부터 애자일개발에 관한 컨설팅서비스를 제공했다. GE가 애자일개발을 도입하는 데 피보탈은 든든한 지원군이 되었다.

그 후 GE는 2013년 10월의 '마인드+머신' 컨퍼런스에서 새로운 플랫폼으로 '프레딕스Predix'를 발표했다. 빌 루는 이 플랫폼을 '다양한 소프트웨어에 공통된 기능을 분리하여 복수의 소프트웨어 간에 다시 이용할 수 있도록 독립시킨 소프트웨어'라고 표현했다. 구체적으로는 센서 데이터를 수집하는 기능과 데이터를 분석하는 기능, 스마트폰과 태블릿, 웹 브라우저 등에서 이용하는 UIuser interface 기능 등이다.

애플리케이션에 공통된 기능을 각 사업 부분에서 만들어내는 것이 아니라 전사 조직인 소프트웨어센터가 개발하는 목적은 개발효율의 개선과 비용절감, 소프트웨어 품질을 향상시키는 데 있다. 프레딕스는 당초 GE의 사내용 플랫폼으로 탄생한 것이다(프레딕스에 대해서는 제5장에서 자세히 설명한다).

2014년 ╱ 산업 플랫폼을 목표로

이어서 2014년에는 GE의 전략에 더 큰 변화가 있었다.

3년 동안 다양한 디지털서비스를 개발하면서 GE는 매우 중요한 사실을 깨닫는다. GE의 서비스를 디지털화하기 위해 개발한 소프트웨어가 GE 이외의 기업에게도 가치가 있다는 점이었다.

2013년에 개발한 플랫폼인 프레딕스는 개발효율의 개선과 비용절감 등 당초의 목적대로 사내에서 성과를 올리기 시작했다. 또 당시 산업인터넷이라는 콘셉트도 GE 사내를 넘어 널리 퍼지기 시작했다. 4차 산업혁명과 산업 IoT^{Internet of Things}라는 말이 뜨거운 감자로 떠오르며 제조업에서 너나 할 것 없이 산업기기에 관한 빅데이터 분석에 투자하기 시작했다. 이러한 기업에 프레딕스와 같은 플랫폼을 제공하면 그 자체가 새로운 사업이 될 수 있다고 판단했다. 빌 루는 2014년을 가리켜 '외부전략external strategy을 정비하기 시작한 해'였다고 말한다.

당시 프레딕스는 GE가 사내에서 사용하기 위해서 개발한 소프트웨어로 외부 기업이 이용하는 상황을 고려하지 않았다. 따라서 빌 루는 프레딕스의 소프트웨어 설계 자체를 새롭게 바꾸어 산업 인터넷을 실현하기 위한 공개 플랫폼으로 정비하기로 했다.

2014년 5월에 GE는 캐나다의 정보보안업체인 월드테크Wurldtech를 인수한다. 이 인수 역시 플랫폼 강화의 일환이었다.

월드텍은 인터넷에 연결된 산업기기를 네트워크 공격으로부터 방어하는 IoT 정보보안제품을 판매한다. 이로써 GE는 IT 기업의 기능도 갖게 되었다.

프로덕트 매니저를 채용하다

산업인터넷을 실현한다는 미션을 달성하기 위해서 이전까지 GE에 없던 새로운 유형의 직원도 채용했다. 바로 소프트웨어 프로덕트 매니저다.

프로덕트 매니저란 실리콘밸리의 소프트웨어회사라면 어느 회사든 존재하는 직종인데, 소프트웨어제품의 기능을 결정하고 프로그램 개발을 진두지휘하며 완성된 제품을 상품의 형태로 시장에 내놓기까지 모든 과정을 책임진다. 실리콘밸리에 있는 소프트웨어회사의 강점은 시장에 아직 존재하지 않지만 고객에게 도움이 되는 소프트웨어제품을 만들어내는 데 있다. 어떤 기능을 만들어내면 진정으로 고객을 만족시킬 수 있을지를 생각하는 것이 프

로덕트 매니저의 일이다. 필요하다고 판단한 기능이 정말 실현가
능한지 아닌지를 가려내는 것도 프로덕트 매니저가 해야 할 일이
다. 프로그램 개발이 기술적으로, 공학적으로, 예산 범위에서 정말
로 가능한가를 가려낼 필요가 있다.

프로덕트 매니저라는 직종은 일본의 IT 기업, 특히 SISystem
Integrator로 불리는 기업에는 일단 존재하지 않는다. 왜냐하면 일
본의 SI산업은 고객사의 요청에 따라 소프트웨어를 개발하는 위탁
개발 중심이기 때문이다.

위탁개발은 소프트웨어에 필요한 기능과 사양을 사용자인 고
객사가 결정한다. 이것을 요건정의라고 부른다. SI는 고객사로부
터 받은 요건정의에 따라 소프트웨어를 만들 뿐이다. 그 때문에
일본의 SI에는 소프트웨어 개발이라는 '프로젝트'를 관리하는 '프
로젝트 매니저'는 있지만 소프트웨어에 요구되는 기능과 사양을
스스로 정하는 프로덕트 매니저는 존재하지 않는다.

흥미롭게도 'GE에도 역시 프로덕트 매니저는 없었다'고 소프
트웨어센터의 인사 책임자였던 왈도는 말한다. GE에 소프트웨어
제품이 없었던 것은 아니다. 제2장 앞머리에서도 말했듯이 GE의
각 사업 부분에는 5천 명이나 되는 소프트웨어 개발자가 몸담고
있었고, 사업 부분마다 다양한 소프트웨어를 개발해서 판매했다.

그러나 GE가 기존에 개발한 소프트웨어는 앞서 살펴보았듯이
산업기기에 내장된 소프트웨어나 산업기기의 부속 소프트웨어,

고객의 요구에 따라 개발하는 소프트웨어가 중심이었다. 이러한 소프트웨어의 기능과 사양은 산업기기인 하드웨어를 개발하는 부서나 산업기기를 구입하는 고객이 결정한다. GE 사내의 소프트웨어 개발부서는 타 부서와 고객의 요건정의에 따라 소프트웨어를 개발할 뿐이었다. 일본의 SI와 마찬가지로 '프로젝트 매니저'는 있어도 '프로덕트 매니저'는 없었다.

그러나 GE가 앞으로 추진하는 방향은 산업인터넷이라는 새로운 콘셉트를 실현하는 데 필요한 소프트웨어의 개발이다. 어떤 기능이 필요할지는 소프트웨어 개발부서가 스스로 정해야 한다. 이 일을 해낼 인재가 GE 내부에는 존재하지 않았기에 실리콘밸리에서 잔뼈가 굵은 프로덕트 매니저를 채용하기 시작했다.

CDO의 탄생

GE가 채용한 프로덕트 매니저 중 한 명이 2014년 2월에 GE로 옮긴 가네쉬 벨이다. 벨은 오랫동안 CRM(고객관계관리) 소프트웨어회사에서 경험을 쌓은 베테랑 프로덕트 매니저다.

인도에서 태어난 벨은 1995년에 미국에서 대학원을 졸업한 후, CRM 소프트웨어 스타트업 기업에 입사했다. 그때부터 줄곧 CRM 소프트웨어 개발과 관련된 일을 해왔다. 벨이 처음 입사한 스타트업인 유센트릭YOUcentric은 2001년에 당시 세계 3위의 업무 소프트웨어회사였던 미국의 JD에드워즈에 인수되었다. 2003년에는 JD에드워즈가 당시 세계 2위의 업무소프트웨어회사였던 미국의 피플소프트에 인수되었다. 피플소프트도 2004년 말에 오라클에 적대적 인수합병을 당하는데, 이에 회의감을 느낀 벨은 세계 1위의 업무용 소프트웨어회사인 SAP으로 회사를 옮긴다. 벨은 '세계 1위부터 3위까지의 업무용 소프트웨어회사를 모두 경험한 프로덕트 매니저'라는 인상적인 커리어를 쌓았다.

이러한 벨을 위해 GE가 준비한 것은 발전기사업 부분인 GE파워의 CDO(최고디지털책임자)라는 자리였다. CDO란 고객에게 제공하는 디지털서비스의 개발 책임자를 말한다. 그 무렵에도 존재했던 CIO(최고정보책임자)는 사내 정보시스템의 책임자라는 위치였다. 새롭게 개발하는 디지털서비스의 책임자 자리에 실리콘밸리에서 경험을 쌓은 프로덕트 매니저를 둔 것이다. GE는 이때부터 모든 사업 부분에 CDO를 임명했다.

2014년은 디지털화를 GE 내부의 제조거점으로 확대시켜 나간 해이기도 하다. '생각하는 공장Brilliant Factory'이라는 콘셉트를 내세우며 사내에서 사용하는 여러 가지 제조기계에 센서를 추가하여 데이터를 바탕으로 생산효율을 개선하는 활동에 나섰다. 생각하는 공장에 관해서는 제6장에서 자세히 설명한다.

2015년 / GE디지털 독립

빌 루는 2015년을 '외부전략을 본격적으로 시작한 해'라고 설명한다. 두 가지 큰 변화가 있었다. 첫 번째는 새로운 사업 부분으로 'GE디지털'을 설립하여 디지털서비스와 플랫폼을 판매하는 체계를 갖추었다는 점이다.

실리콘밸리의 소프트웨어센터와 각 사업 부분에 속한 소프트웨어 개발부서, 각 사업 부분의 사내 IT부서를 통합해서 GE디지털을 만들었다. GE는 2011년 이후, 실리콘밸리 밖에서도 5천 명의 소프트웨어 개발자를 채용하여 각 사업 부분의 소프트웨어 개발능력을 강화했다. 소프트웨어센터에서 일하는 소프트웨어 개발자, 각 사업 부분에 속한 소프트웨어 개발자, 그리고 각 사업 부분 내의 사내 정보시스템 IT 엔지니어가 한 데 모였기 때문에 GE디지털은 2만 8천 명의 직원을 거느리는 큰 부대가 되었다.

소프트웨어센터는 GE디지털의 본사로 거듭났다. 실리콘밸리에서 채용된 인재가 일하는 본사의 역할은 각 사업 부분의 소프트웨어 개발을 돕고, 플랫폼인 프레딕스를 개발하는 것이다.

GE디지털에서 일하는 소프트웨어 개발자는 GE디지털과 각 사업 부분 양쪽에 소속을 둔다. 고객에게 산업인터넷서비스를 제공하는 주체는 각 사업 부분이지만 개발 주체는 GE디지털로 일원화시킴으로써 디지털화전략을 전사가 통일할 수 있게 했다. 디지털화전략을 통일하기 위해 각 부문의 CDO는 각 사업 부분의 CEO

뿐만 아니라 GE디지털의 CEO로 취임한 빌 루에게도 보고하도록 체제를 정비했다. 빌 루는 GE본사의 CDO도 겸직하게 되었다.

타사가 만든 산업기기에도 사용 가능

두 번째 움직임은 프레딕스의 쇄신이다. GE는 2015년 9월에 샌프란시스코에서 예년과 같이 '마인드+머신' 컨퍼런스를 개최하여 2014년부터 개발한 프레딕스의 기능을 발표했는데 2016년 2월부터 프레딕스를 클라우드서비스, 즉 PaaSPlatform as a Service로 제공한다고 발표했다.

한층 더 새로워진 프레딕스의 가장 큰 특징은 '마이크로서비스'라는 매우 선진적인 아키텍처를 전면적으로 채택한 데 있다. 자세한 내용은 제5장에서 설명하겠지만, GE가 투자한 피보탈의 PaaS 소프트웨어 등이 이에 기여했다.

프레딕스의 또 다른 특징은 GE가 아닌 타사가 만든 산업기기에서도 이용할 수 있게 했다는 점이다. 프레딕스의 적용범위를 확대한 목적에 대해 빌 루는 '타사가 만든 산업기기에 대응함으로써 여러 제조사의 산업기기가 뒤섞여 있는 고객사의 발전소와 제조 현장 전체의 생산성 개선에 이바지할 수 있게 되었다'고 밝혔다.

프레딕스가 정비되기 전에는 각 사업 부분에서 산업인터넷에 필요한 애플리케이션 소프트웨어를 독자적으로 개발했다. 그러나 이제 각 애플리케이션에 필요한 공통기능은 GE디지털이 개발하고, 각 사업 부분은 그것을 이용하는 체제가 갖추어졌다.

GE디지털은 한발 더 나아가 산업인터넷에 필요한 애플리케이션 소프트웨어도 각 사업 부분 간에 공통화해서 GE디지털이 개발한다는 방침을 세웠다. '프레딕스 애플리케이션'의 자세한 내용도 제5장에서 설명했다.

그밖에 사내 문화의 혁신에도 속도가 붙었다. 2015년에 GE는 독자적 린 스타트업 방법론인 패스트웍스를 적용하여 인사제도를 새로 만들어 바꾸기 시작했다. 이때 핵심은 두 가지다. 첫 번째는 지금까지의 인사평가 그 자체를 폐지했다는 것이고, 다른 하나는 린 스타트업을 추진하기 위하여 실패에 관대한 문화를 인사제도에 포함시켰다는 점이다. 자세한 내용은 제7장에서 해설한다.

2016년 / 플랫폼 사업자가 되다

2016년 1월에 GE는 코네티컷 주 페어필드에 있던 본사를 2018년까지 매사추세츠 주 보스턴으로 이전한다고 발표했다. 매사추세츠공과대학MIT과 하버드대학에 가까운 보스턴은 미국 서부의 실리콘밸리와 더불어 기술 인재가 풍부하고 스타트업의 문화가 깊게 뿌리내린 지역이다. 본사에서 일하는 직원은 800명 정도로, 그중 600명을 GE디지털의 직원이 차지한다. GE의 사내 문화 혁신은 본사를 이전하기에 이르렀다.

2016년 2월에는 드디어 프레딕스의 클라우드서비스인 PaaS가 출시되었다. 이 PaaS는 GE의 산업기기를 구입한 고객뿐 아니라 모든 기업이 이용할 수 있는 공개된 서비스다. 프레딕스는 산업기기를 구입하면 따라오는 덤이 아니라 그 자체로 판매하는 플랫폼으로 발전했다.

GE디지털은 2016년 7월, 미국 라스베이거스에서 소프트웨어 개발자 회의인 프레딕스 트랜스폼Predix Transform을 개최했다. 이 행사는 외부의 소프트웨어 개발자에게 프레딕스의 로드맵과 기술의 세부내용을 설명하는 행사다. 첫해인 2016년에는 전 세계에서 1,700명의 소프트웨어 개발자가 모였다.

프레딕스 트랜스폼은 구글의 '구글 아이오Google I/O'와 마이크로소프트의 '빌드Build', 아마존닷컴의 'AWS 리인벤트re:Invent'와 같은 행사에 해당한다. OS와 클라우드서비스 등 소프트웨어 개발자가 이용하는 플랫폼을 제공하는 IT 기업, 다시 말해 '플랫폼 사업자Flatformer'는 일반적으로 1년에 한 번 개발자를 대상으로 설명회를 개최한다. 프레딕스를 제공하는 GE도 플랫폼 사업자로서 개발자 회의를 개최하게 되었다.

GE가 플랫폼 사업자로 변신한 과정이 대단히 재미있다. 왜냐하면 GE가 걸어온 길은 전자상거래 사업자였던 아마존이 클라우드서비스인 AWSAmazon Web Service를 통해 IT업계에서 플랫폼 사업자로 발전한 과정과 매우 비슷하기 때문이다.

AWS도 당초에는 아마존의 사내 소프트웨어 개발자의 생산성을 높이기 위해 만든 내부용 IT 인프라스트럭처였다. 그 가치를 깨달은 아마존이 AWS를 외부에 제공하기 시작한 결과 IT업계의 판도를 바꿔놓았다. 스타트업이 인터넷서비스의 인프라로 AWS를 이용하기 시작했을 뿐 아니라, 일반 기업의 IT부서에서도 모두 사내 정보시스템을 운용하는 데 AWS를 도입했기 때문이다. GE는 AWS가 IT 인프라스트럭처의 세계에서 일군 성과를 산업인터넷의 세계에서 재현하고자 한다.

GE는 AWS의 성공패턴을 철저히 학습했다. AWS가 성공한 이유의 하나로 아마존이 AWS 생태계Eco system를 잘 형성했다는 점을 꼽는다. AWS로 이용할 수 있는 상업용 소프트웨어의 종류를 늘리거나 정보시스템을 개발하는 SI의 숫자를 늘리는 등, AWS를 둘러싼 기업 생태계를 튼튼하게 함으로써 기업의 편의를 향상시킨 덕분에 그 이용이 늘어났다.

GE도 플랫폼 사업자로서 프레딕스 생태계를 확대하는 일에 나섰다. GE가 2017년 2월에 공개한 연차보고서에 따르면 프레딕스의 연계파트너는 이미 400사에 이른다. 프레딕스와 연계된 소프트웨어를 개발하거나 프레딕스를 사용한 솔루션을 개발하여 고객사에 제공하는 일이 파트너사의 역할이다.

프레딕스의 파트너에는 마이크로소프트와 인텔, 시스코시스템즈와 같은 IT업계의 대기업을 비롯하여 인도의 타타컨설턴시와 프랑스의 캡제미니, 일본의 NEC와 소프트뱅크 같은 SI도 이름을 올렸다. 타타는 프레딕스를 이용하여 50종류의 애플리케이션을 개발했다. 캡제미니는 프레딕스를 사용할 수 있는 인정기술자를 200명이나 배출했다. 파트너 기업의 협력을 받아 프레딕스 관련 서비스가 충실해질수록 고객사의 프레딕스 도입이 원활해진다.

소프트웨어회사의 인수를 가속화

2016년에는 소프트웨어회사를 인수하는 데도 속도를 냈다. 소프트웨어회사를 인수하는 데는 두 가지 목적이 있다.

첫 번째는 이미 고객기반이 있는 소프트웨어회사를 인수함으로써 프레딕스의 사업 성장에 가속도를 내는 것이다. 프레딕스의 경쟁 소프트웨어를 판매하던 미국의 메리디움Meridium을 2016년 9월에 4억 9,500만 달러에 인수한 일이나 하드웨어의 보수, 점검작업을 지원하는 필드서비스 관리 SaaS를 제공하는 미국의 서비스맥스ServiceMax를 2016년 11월 9억 1,500만 달러에 인수한 것이 바로 이 사실을 증명한다. 고객기반을 노린 소프트웨어회사의 인수는 IT업계에서 정석으로 불린다.

소프트웨어회사를 인수하는 두 번째 목적은 프레딕스의 기능 강화와 데이터 과학자의 인재 확보다. 2016년 11월에는 기계학습 스타트업인 캐나다의 비트스튜시스템즈Bit Stew Systems와 미국의 와이즈아이오Wise.io라는 두 회사를 인수했다. 비트스튜시스템즈는 여러 가지 산업기기에서 발생하는 데이터를 분석하기 쉬운 형식으로 수집하고 정리하여 가시화하는 툴을 판매하는 기업이었다. 인수의 목적은 이러한 기능을 프레딕스에 추가하는 것이다.

와이즈아이오 인수 목적은 기계학습의 기능을 프레딕스에 추가할 뿐만 아니라 기계학습에 정통한 데이터 과학자 인재를 통째로 GE에 데려오는 데 있었다. 와이즈아이오는 기업이 데이터 과학자 없이도 기계학습을 할 수 있게 하는 클라우드서비스를 제공하는 스타트업이었다.

데이터 중에서 지식과 규칙을 자동적으로 만들어내는 '기계학습Machine Learning, 인공지능의 연구 분야 중 하나로, 인간의 학습능력과 같은 기능을 컴퓨터에서 처리하는 기술과 기법 - 옮긴이 주'과 그 진화판인 '딥러닝Deep Learning, 심층학습이라고도 하며 다층의 뉴럴 네트워크를 통한 기계학습기법을 말함 - 옮긴이 주'은 인공지능에 필수적인 기술로 그 중요성이 높아지고 있다. GE도 센서 데이터를 바탕으로 산업기기의 고장을 예측하기 위해 기계학습을 적극적으로 활용한다(자세한 내용은 제3장에서 소개한다).

현재 실리콘밸리에서는 기계학습 전문가의 연봉이 치솟고 있다. 구글이나 페이스북과 같은 대기업은 20만 달러든 30만 달러든 부르는 대로 연봉을 맞춰주며 인재를 긁어모으고 있다. 기계학습 분야의 스타트업이 인재 획득을 목적으로 인수되는 경우도 늘고 있다. 이러한 인수를 실리콘밸리에서는 인수Acquiring와 인재 채용Hiring을 합성하여 인재인수Acqui-hiring라고 부르기도 한다. GE도 이 인재인수에 나선 셈이다.

이멜트는 2016년도 연차보고서의 주주 서한에서 'GE가 2016년 한 해에만 40억 달러를 분석 소프트웨어와 기계학습 분야에 투자했다'고 밝혔다. 이 40억 달러 중에는 이러한 기업을 인수하는 대가도 포함되어 있다. 순수한 디지털 투자는 14억 달러다. 이 내역은 GE 내부에서 추진하는 제조거점의 디지털화, 즉 생각하는 공장을 만드는 투자에 4억 달러, 각 사업 부분의 애플리케이션 개발에 3억 5천만 달러, 프레딕스와 같은 각 사업 부분 공통의 소프트웨어 개발과 정보보안 등에 소요된 6억 5천만 달러로 나뉜다.

산업기기의 연구개발까지 포함한 GE 전체의 기술투자가 연간 100억 달러인 점을 고려하면, 그중 15%가 디지털에 투자되는 수준까지 올랐다.

2017년 / 실리콘밸리의 중심지인 샌프란시스코로

2017년에 GE디지털은 샌라몬과 더불어 샌프란시스코에도 새로운 거점을 마련할 예정이다. 목적은 데이터 과학자 확보다.

10년 전까지는 실리콘밸리의 중심지라고 하면 사우스 베이를 가리켰지만 최근에는 샌프란시스코로 이동하고 있다. 테크놀로지 스타트업 기업이 샌프란시스코에 늘어나고 있다. 세간의 화제가 된 차량공유서비스 우버테크놀로지와 숙박공유서비스 에어비앤비, 금융 분야의 스타트업인 미국의 스퀘어 등도 샌프란시스코에 거점을 두고 있다. 이런 스타트업에서 일하는 최고의 데이터 과학자를 확보하기 위해서 GE디지털도 샌프란시스코에 진출한다.

GE디지털의 실리콘밸리 본사에서 일하는 직원은 2017년에는 2천 명을 넘을 전망이다. 2016년에는 애플에서 아이폰 등의 음성인식서비스 'Siri'의 개발팀을 이끈 대런 하스를 영입하는 데 성공하는 등, 예전과 비교하면 인재 확보도 순조롭게 진행되고 있다. Siri는 원래 같은 이름의 스타트업인 미국의 시리가 개발한 음성인식 기술로, 2010년에 애플이 시리를 인수했다. 하스는 이 시리의 창립멤버 중 한 명이다. 시리에서 일하던 직원 중 하나인 스티브 도로라도 애플에서 GE로 옮겼다.

그러나 구글과 페이스북에 비교하면 GE는 아직 대우 면에서 큰 차이가 있다. 구인알선사이트인 그래스도어의 조사에 따르면 GE의 실리콘밸리 거점에서 일하는 경력직 소프트웨어 엔지니어의 연봉은 13만 달러 정도로, IBM이나 SAP의 실리콘밸리 거점과 비슷한 수준이라고 한다. 한편, 구글과 페이스북에서는 이들의 급여가 20만 달러를 크게 웃돈다.

현재 GE디지털의 인사책임자를 맡고 있는 왈도의 고뇌는 앞으로도 이어질 전망이다.

DIGITAL TRANSFORMATION

산업기기의
에어비앤비, 우버로
다시 태어나다

GE디지털의 빌 루 CEO는 'GE가 추구하는 바는 에어비앤비나 우버와 같다'고 말한다. 이 말에 담긴 뜻은 이미 보유한 자산에서 얻을 수 있는 수입을 최대화한다는 점이다.

에어비앤비는 샌프란시스코에서 생긴 숙박공유서비스로, 일반인이 자신의 빈 방을 다른 사람에게 빌려줌으로써 방이라는 자산에서 얻을 수 있는 수입을 최대화한다. 우버테크놀로지도 에어비앤비와 마찬가지로 샌프란시스코에 본사를 두고 있으며, 일반인이 자신의 승용차에 다른 사람을 태워 자동차라는 자산으로부터 얻을 수 있는 수입을 최대화한다. 일반인이 서비스를 제공하는 '공유 경제'나 '온디맨드 이코노미'의 대표적인 예로, 추정 기업가치는 에어비앤비가 310억 달러(약 35조 원)를 넘고 우버가 680억 달러(약 78조 원)에 이른다.

에어비앤비와 우버는 수요와 공급을 연결하는 단순한 시장을 제공하는 데 그치지 않는다. 두 회사 모두 사업의 핵심은 에어비앤비가 방을 빌려주는 호스트에게, 우버는 승객을 태우는 운전사에게 수입을 최대화하는 '수요예측 도구'를 제공하는 데 있다.

에어비앤비의 수요예측 도구를 '스마트 프라이싱Smart Pricing'이라고 한다. 도시의 숙박 수요는 관광시즌인지 아닌지와 같은 계절 요인과 스포츠 경기나 콘서트와 같은 이벤트의 유무에 따라 달라진다. 수요가 많을 때는 숙박요금을 올리고, 반대로 수요가 적을 때는 내리면 방을 빌려주는 호스트가 얻을 수 있는 수입을 최대화할 수 있다. 호스트가 스마트 프라이싱에서 숙박요금의 상한선과 하한선, 받고 싶은 손님 수라는 3가지 정보를 시스템에 입력하기만 하면 알고리즘이 과거의 숙박예약동향 등을 바탕으로 수요를 예측해서 최적의 가격을 산출해낸다.

우버도 서비스의 이용동향을 지역별, 시간대별로 분석하여 정밀하게 수요를 예측한다. 우버는 이 수요예측을 바탕으로 승차요금을 조정하여 미리 운전사에게 'X시 이후에는 A지역의 승차요금이 1.5배로 오릅니다', 'Y시 이후에는 B지역의 승차요금이 2배로 오릅니다'와 같이 알려준다. 더 많은 수입을 얻고자 하는 운전사는 수요가 많을 것으로 예상되는 지역이나 시간대에 많이 모여들기 때문에 우버도 매출을 최대화할 수 있는 셈이다. 이러한 고도의 데이터 분석이 에어비앤비와 우버와 같은 서비스의 핵심 포인트라 할 수 있다.

GE도 에어비앤비와 우버와 같은 일을 한다. GE가 가진 자산은 고객사의 관리하에 가동되는 산업기기다. 산업기기에 부착된 센서 데이터를 산업인터넷으로 수집해서 그 데이터를 분석함으로써 산업기기의 가동률과 연료효율을 최대화하는 서비스를 고객에게 제공한다. 이러한 서비스를 실현하는 플랫폼이 프레딕스Predix다.

GE는 어떤 과정을 통해 산업기기에서 얻을 수 있는 수입을 최대화할까. 방법과 실제 성과를 하나하나 살펴보자.

디지털 트윈으로 고장을 예측하다

산업기기의 생산성을 최대로 하려면 어떻게 해야 할까. 그 방법 중 하나가 산업기기의 고장을 예측하여 기기의 갑작스러운 정지, 이른바 계획외정지를 사전에 막는 것이다. 미리 계획하여 산업기기를 정지시키는 계획정지라면 대체품을 준비하거나 조업을 조정함으로써 기기가 멈추었을 때 발생하는 악영향을 최소한으로 낮출 수 있다.

그러나 고장 등으로 인한 계획외정지는 상당한 골칫덩이다. 예를 들어 발전소의 발전용 터빈이 계획외정지하면 정전이 발생할 우려가 있고, 제트엔진이나 기관차의 디젤엔진에 계획외정지가 발생하면 고장이나 운행정지와 같은 더 큰 문제로 번진다. 해저 원유설비라면 계획외정지가 유전 화재 등을 일으킬 우려마저 있다. 계획외정지를 사전에 방지하는 일은 가동률 향상이나 원가절감뿐만 아니라 안전대책 면에서도 필수불가결하다.

이에 고장 등을 예측하기 위해서 GE가 고안한 기본적인 방법이 디지털 트윈Digital Twin이다. 디지털 트윈이란 산업기기의 '디지털판 쌍둥이twin'라는 의미다. 프레딕스상에 산업기기의 디지털판을 만들어, 실제 기기에서 수집한 센서 데이터를 수시로 반영한다. 이 디지털 트윈을 통해 앞으로 발생할 기기 고장을 예측한다. 디지털 트윈은 물리모델과 데이터모델이라는 2가지 모델(이때 모델이란 산업기기 등의 움직임을 수식화한 것)로 구성되어 있다.

물리모델은 산업기기를 설계할 때 만든 3차원 CAD 데이터를 다른 용도로 이용한 것이다. 컴퓨터상에서 물리모델을 사용하여 산업기기의 상태를 시뮬레이션하고, 특정 환경 아래서 기기에 고장이 발생할지를 예측한다. GE가 뉴욕 주에 둔 연구개발시설인 글로벌리서치센터GRC에서 소프트웨어 개발을 지휘하는 콜린 패리스는, '기존에는 산업기기를 개발하는 데만 CAD모델을 활용했지만, 산업기기를 사용하면서 데이터 분석에도 활용한다는 점이 디지털 트윈의 독특한 점이다'라고 말한다.

데이터모델은 산업기기에 내장된 각종 센서에서 수집한 과거의 데이터를 바탕으로 기계학습하여 만든 모델이다. 이러한 물리모델과 데이터모델에 산업기기의 센서로 얻은 최신 데이터를 입력하면 기기의 고장발생률과 같은 미래의 움직임을 예측할 수 있다.

디젤기관차 등을 제조하는 사업 부분인 GE운송이 화물열차의 고장을 예측하기 위해 만든 디지털 트윈을 사례로 실제 고장 예측을 어떻게 하는지 구체적으로 살펴보자.

GE디지털의 데이터 과학자인 린시아 랴오가 개발한 것은 화물열차에 부착한 센서 데이터를 통해 기관차나 화물의 고장을 예측하는 디지털 트윈이다. 랴오는 우선 화물열차의 진동 센서가 감지한 특정한 파형패턴을 차축이 어긋났을 때나 엔진의 상태가 불량할 때의 진동 특징 등으로 정의했다. 다음으로 실제 가동 데이터를 바탕으로 특정한 파형패턴이 어떤 시점에 몇 번 발생하면 열차가 고장나는지, 법칙성을 기계학습을 통해 도출했다.

기계학습Machine learning이란 데이터 속에서 지식이나 규칙을 자동적으로 발견하는 기술을 말한다. 이때 발견한 규칙이 바로 데이터를 바탕으로 산업기기의 움직임을 수식으로 나타낸 데이터모델, 다시 말해 열차의 디지털 트윈이다. 이렇게 만든 디지털 트윈에 가동 중인 화물열차의 진동 센서에서 수집한 데이터를 입력하면 열차의 고장을 예측할 수 있다.

아마존과 구글에서 배운 개발 방법

디지털 트윈의 핵심은 가동 중인 산업기기 한 대마다 모델, 즉 디지털 트윈을 만들어서 각각 시뮬레이션이나 데이터를 바탕으로 예측하는 데 있다. 같은 종류의 엔진이라 하더라도 모두 따로 제작한다. 수고로움도 시스템 부하도 커지는데, 왜 GE는 굳이 따로 모델을 만들까.

GE디지털의 CTO(최고기술책임자)인 하렐 코데쉬는 아마존닷컴이나 구글이 소비자에게 제공하는 서비스를 모방했기 때문이라고 밝혔다.

"아마존닷컴과 구글은 소비자의 콘텐츠 열람이나 상품구매와 같은 행동이력 데이터를 기계학습함으로써 소비자 한 사람 한 사람의 기호를 예측하는 사이코그래픽모델(심리모델)을 만든다. 이 모델을 이용하여 각각의 소비자에게 최적의 광고나 콘텐츠, 상품 등을 골라 추천한다. 이러한 사이코그래픽모델을 산업기기에 적용한 버전이 디지털 트윈이다."

아마존닷컴과 구글이 등장하기 전에는 소비자의 기호를 예측할 때 정밀도가 떨어지는 데모그래픽(인구통계학)모델을 사용했다. 기업이 소비자에 대해서 수집할 수 있는 정보는 주소와 연령, 성별 등에 국한되어 있었기 때문에 이러한 속성을 바탕으로 하는 통계적인 평균치를 바탕으로 소비자의 기호를 추측하고자 했다. 예를 들어 '서울에 사는 40대 남성'이라면 '평균연봉은 XXXX만원'이며 '출퇴근 시간은 평균 X분'과 같은 정보를 통계로부터 알 수 있다. 이러한 평균치를 바탕으로 소비자의 범위를 좁혀서 개인에게 이메일을 일제히 보내는 마케팅을 실시했다.

이에 비해 아마존닷컴과 구글의 사이코그래픽모델을 바탕으로 하는 기호예측에서는 데모그래픽모델과는 반대로 소비자의 주소와 연령, 성별과 같은 속성 정보를 수집할 필요가 없다. 소비자의 구매행동과 콘텐츠의 열람과 같은 행동 데이터만으로 소비자 개개인의 기호를 예측할 수 있기 때문이다. 이를 통해 예측의 정밀도는 큰 폭으로 향상되었다.

일찍이 GE도 데모그래픽모델과 유사한 예측 방법을 사용했다. 예를 들어 제트엔진 분야에서는 과거의 가동 데이터를 토대로 비행시간과 고장률의 관계를 조사한 후, '이 제트엔진은 이미 X시간 가동했으므로 고장률이 높아졌다'고 판단하여 정비한다.

이 사례에 디지털 트윈의 방법을 적용하면, 과거의 가동 데이터를 바탕으로 각각의 제트엔진의 고장을 예측할 수 있다. 제트엔진에 부착된 엔진 날개의 물리상태를 계측하는 센서나 엔진의 가동상태를 계측하는 센서, 온도 센서, 분진 센서 등을 통해 각 제트엔진의 현재 상태를 계측하여 엔진의 경년열화Aged deterioration, 시간의 흐름에 따라 제품의 품질과 성능이 떨어지는 현상 - 옮긴이 주도 디지털 트윈에 반영할 수 있기 때문이다.

"공기 중에 분진 등이 많은 중국 상공을 비행한 제트엔진과 분진이 적은 미국 상공을 비행한 제트엔진은 같은 시간을 비행했다 하더라도 고장의 위험이 완전히 다르다. 제트엔진 한 대에 하나씩 디지털 트윈을 만듦으로써 예측의 정밀도를 더욱 높일 수 있게 되었다."

GRC의 패리스는 그렇게 설명했다.

물리모델과 데이터모델은 함께 사용할 때 가치 있다

산업기기의 경년열화는 디지털 트윈의 물리모델과 데이터모델을 함께 사용할 때 비로소 예측할 수 있다. CAD 데이터에 기초한 물리모델은 기본적으로 산업기기를 제조한 시점의 상태를 재현한 것이다. 실제 현장에서 산업기기를 가동하면 현장의 환경에 따라서 다양한 경년변화가 일어난다. 데이터모델을 활용하면 이러한 물리모델의 경년변화도 재현할 수 있다.

앞서 살펴본 제트엔진의 예라면, 분진이 많은 상공을 비행한 엔진의 열화상태를 데이터에 기초하여 모델화한다. 그리고 비행 후에는 실제 분진 데이터 등도 모델에 입력하여 엔진의 열화를 물리모델에 반영해나가는 식이다.

데이터모델과 물리모델을 함께 사용하는 이점은 이뿐만이 아니다. 물리모델에서 고장을 예측하기 위해 시뮬레이션할 때는 가동 중인 산업기기의 센서 데이터를 사용한다. 그러나 현장이 여럿으로 나뉘어 있어 센서가 정확하게 데이터를 수집하지 못하거나 센서 데이터를 네트워크 경유로 수집하지 못하는 사태가 발생할 수 있다. 이럴 때도 데이터모델을 사용하면 누락된 데이터를 보정할 수 있다. GRC의 패리스는 '센서 데이터 보완은 고장 원인을 규명할 때도 도움이 된다'고 설명한다.

또 아마존닷컴과 구글의 소비자 기호예측모델과 GE의 디지털 트윈의 가장 큰 차이점은, 아마존과 구글은 데이터모델로만 이루어져 있다는 점이다. GE가 물리모델과 데이터모델을 함께 사용하는 방법을 택한 이유는 산업기기의 경우, 데이터모델만으로는 고장을 예측하기 힘들기 때문이다.

GRC의 패리스는 이렇게 설명한다.

"구글은 하루에 수천만 건이 넘는 디지털광고를 표시하고, 아마존닷컴은 1년 동안 수십억 건이 넘는 상품을 판매한다. 구글과 아마존닷컴에는 소비자 행동에 관한 방대한 데이터가 축적되므로 데이터모델만으로도 소비자의 기호를 정확하게 예측할 수 있다. 하지만 GE가 취급하는 제트엔진의 경우, 1년 동안 100만 번 비행했다 하더라도 고장은 불과 28번밖에 발생하지 않는다. 고장의 발생빈도가 대단히 낮기 때문에 그 구조를 데이터만으로 해석할 수 없다. 이 때문에 물리모델을 통한 시뮬레이션이 필수적이다."

아마존닷컴이나 구글과의 차이점은 이뿐만이 아니다.

"제트엔진을 수리하는 데는 한 번에 20~30만 달러의 비용이 발생한다. 고장 예측이 틀려서 불필요한 수리를 하게 되면 그것만으로도 거액의 손실이 발생한다. 산업기기의 고장 예측에는 아마존닷컴이 책과 비디오 등을 추천하는 것과는 비교할 수 없을 정도로 높은 정밀도가 요구된다."

GE디지털의 CTO인 코데쉬는 이렇게 강조했다.

GE는 실제 디지털 트윈에서 기계학습 알고리즘을 이것저것 바꾸어 한 산업기기에 약 1천 종류의 예측모델을 만든다. 대량의 예측모델을 함께 활용함으로써 오검출을 줄이려는 목적이다.

디지털 트윈에는 고장 예측 이외의 용도도 있다. 산업기기의 생산성을 높이는 데도 사용된다. 예를 들어 풍력발전용 터빈 등을 만드는 사업 부분인 GE리뉴어블에너지에서는 풍력발전소의 발전량을 최대화하기 위하여 디지털 트윈을 활용한다. 우선 풍력발전용 날개와 터빈의 CAD 데이터로 각 풍력발전설비의 물리모델을 만든다. 동시에 풍력발전소 주변의 실제 풍향 데이터 등을 기계학습하여 주변 환경에 관한 데이터모델을 만든다. 데이터모델로 예측한 풍향 등의 데이터를 물리모델에 입력하여 어느 방향으로 날개를 향하게 하면 발전량을 최대치로 끌어올릴 수 있을지 시뮬레이션해 둔다. 실제 환경에서 풍향을 계측한 후 시뮬레이션 결과대로 날개 방향을 조정하면 발전량을 효율적으로 끌어올릴 수 있다.

모든 사물을 잇는 디지털의 실

산업기기의 생산성을 높이는 방법에는 디지털 트윈만 있는 것이 아니다. 또 다른 효과적인 방법으로 디지털 스레드가 있다. 디지털 스레드Digital Thread란 다양한 산업기기에서 발생하는 데이터를 연결하는 디지털의 실이라는 의미다. 개별 데이터를 잘 연계하여 산업기기가 가동되는 현장의 모든 과정을 파악하고, 특정 산업기기에서 발생한 장애가 다른 산업기기의 가동률에 영향을 미치지 않는지, 어떤 산업기기나 작업이 전체 공정에 병목현상을 일으키는지 발견할 수 있다.

GE파워의 CDO인 가네쉬 벨은 화력발전소를 예로 들어 디지털 스레드를 이렇게 설명했다.

"가스화력발전소 전체에서 보면 GE의 가스터빈은 극히 일부에 지나지 않는다. 연료로 사용하는 천연가스LNG를 저장하는 시설이나 천연가스를 압축하는 설비, 천연가스를 수송하는 설비, 발전한 전력의 송전설비와 같은 기타 설비와 가스터빈이 연결될 때 비로소 발전소는 제 기능을 발휘한다. 가스터빈의 고장만 예측해서는 발전소 전체의 계획외정지를 막을 수 없다. 따라서 발전소 내부를 도는 수송 및 배송열차 전체에 센서를 부착해서 데이터를 디지털 스레드로 연결함으로써 발전소 전체의 가동상황을 파악한다."

석유와 가스시설에 필요한 산업기기를 제조하는 GE오일앤가스의 마티아스 헤일먼 CDO는 석유정제시설 등을 예로 들어 디지털 스레드의 효과를 다음과 같이 설명했다.

"GE는 디지털 스레드를 도입하기 전부터 산업기기의 가동상황을 확인하는 여러 가지 소프트웨어를 판매하고 있었다. 산업기기의 진동이나 습도를 확인하는 소프트웨어나 파이프라인을 흐르는 석유의 상태를 확인하는 소프트웨어 등이다. 그러나 기존의 소프트웨어는 진동이 발생하면 진동만, 습도에 문제가 있으면 습도만 확인하는 단순한 개별 제품의 형태로 판매되었다. 디지털 스레드라는 개념을 통해 이런 개별 소프트웨어를 연계시켜서 시설 전체의 가동상황을 분석할 수 있게 되었다."

디지털 스레드에는 고장을 예측하는 것 외에도 큰 장점이 있다. 다양한 산업기기가 포함된 시설 전체의 작업흐름Work flow이 한눈에 들어오므로 어느 산업기기나 공정이 전체에서 병목현상을 유발하는지, 작업흐름을 어떻게 개선하면 시설 전체의 생산효율을 높이거나 원가를 절감할 수 있는지 분석할 수 있다. GE는 이것을 작업최적화Operations optimization라고 부른다. 고장 예측과 작업최적화는 GE가 고객에게 제공하는, 산업기기의 성과Outcome를 최대화하는 서비스의 두 축이다.

하드웨어와 소프트웨어를 넘나드는
전문지식이 GE의 강점

이와 같은 디지털서비스를 GE의 각 사업 부분과 함께 개발하는 조직이 GE디지털이다. GE디지털은 GE파워와 GE오일앤가스, GE항공, GE운송, GE헬스케어와 같은 각 사업 부분과 연계하여 각각의 산업 분야와 개별 고객을 위한 디지털서비스를 개발한다. 이러한 서비스를 개발하는 방법은 제4장에서 자세히 설명하겠지만, GE디지털의 데이터 과학자나 소프트웨어 개발자가 각 사업 부분에서 실제로 산업기기를 개발하는 하드웨어 엔지니어와 나란히 앉아 작업한다는 점이 가장 큰 특징이다. GE가 제공하는 디지털서비스 분야의 경쟁사인 IBM과 같은 IT 전문 기업과 비교하면 이 부분이 GE의 강점이라 할 수 있다.

제1장에서 소개한 것처럼 IBM도 2008년에 똑똑한 지구라는 콘셉트를 발표하며 전력회사나 철도회사, 병원 등의 의료기관을 대상으로 서비스를 제공하기 시작했다. 빅 데이터 분석을 통해 생산효율 등을 개선하는 서비스다. 오히려 GE는 IBM의 움직임에 자극을 받아 산업인터넷을 추진하기 시작했다. 'IBM은 똑똑한 지구에 막대한 마케팅 예산을 투자했고, 휴렛팩커드와 오라클도 이와 비슷한 콘셉트를 표방했다'고 GRC의 패리스는 돌이켜보았다. 패리스는 2014년에 GE로 이직하기 전까지 IBM에서 오랫동안 근무했으며, 당시에는 똑똑한 지구 프로젝트를 담당했다.

IBM의 똑똑한 지구와 GE의 산업인터넷, 양쪽을 잘 알고 있는 패리스는 'GE와 IBM의 가장 큰 차이점은, GE는 산업기기에 관련된 깊은 전문지식Domain knowledge을 가지고 있는데 반해, IBM은 그렇지 않다는 점'이라고 말한다. IBM의 경우, 산업기기에 관한 전문지식은 IBM이 아닌 고객이 갖고 있다. IBM은 고객으로부터 전문지식을 듣고, 빅 데이터를 분석해야 한다. 여기에 큰 함정이 있다고 패리스는 말한다.

"IBM에게 닥친 문제는 현장에 있는 산업기기에서 수집한 데이터가 매우 '엉망진창'이었다는 점이다. 산업기기에 본래 내장된 센서가 내보내는 데이터는 산업기기 제조업체가 임의로 정의한 형식format을 따르기 때문에 제3자가 해석하기란 매우 어려운 일이었다. 시스템에 축적된 데이터도 그 정의schema가 개발자나 개발시기에 따라 모두 제각각이어서 해석하는 데 시간과 노력이 들었다. 이 점에서 IBM이 수집한 데이터는 '엉망진창'이었다고 할 수 있다."

IBM은 '엉망진창'인 데이터를 이해하기 위해서 컨설턴트를 대량으로 투입하여 고객으로부터 데이터에 관한 정보를 듣는 수밖에 없었다. 그러나 '컨설턴트는 IT업계에서 가장 비용이 많이 드는 존재다. 컨설턴트를 대량으로 투입하면 비용이 껑충 뛰므로 IBM은 고전을 겪었다'고 패리스는 설명한다.

패리스의 주장은 실제로 필자가 2010년경 일본IBM의 고객사를 취재했을 때 들은 내용과 일치한다. 일본의 모 생명보험사가 일본IBM과 함께 보험금 사정업무시스템의 로그 데이터를 해석하는 프로젝트를 취재한 적이 있는데, 이 프로젝트는 직원의 업무를 지연시키는 병목을 찾아내서 해소하는 것이었다.

생명보험사에서는 보험금 사정업무를 전자화한 작업흐름시스템의 로그에 주목했다. 로그에는 직원이 진단서 등의 서류 파일을 열어보고, 닫고, 변경하고, 승인하는 작업을 몇 시 몇 분 몇 초에 실시했는지 분명하게 기록되어 있다. 이 로그를 해석하면 사정업무 전체에 걸리는 평균시간과 작업당 평균시간 등, 직원이 어떻게 일하는지를 파악할 수 있다고 기대했다. 이 아이디어는 일본IBM이 제안했다.

그러나 막상 아이디어를 현실로 옮기기는 쉽지 않았다. 실제로 로그에 기록된 것은 이벤트(작업)가 발생한 시각(타임스탬프)이나 담당자명, 이벤트 ID라고 불리는 숫자뿐이었다. 이벤트 ID란 원래 보험금 사정업무시스템의 개발자가 일련의 사정업무 중에 발생할 수 있는 사건(이벤트)마다 할당한 번호다. 이벤트 ID가 어떤 작업을 가리키는지 모르면 '누가, 무엇을 위해, 어떤 일을, 어느 정도의 시간을 들여서 했는지'도 알 수 없다. 이에 일본IBM의 연구자와 컨설턴트가 생명보험사의 담당자로부터 이야기를 듣고, 로그의 의미를 정리했다.

이 프로젝트에 참가한 일본IBM의 담당자는 '프로젝트의 작업 대부분은 사람이 직접 로그의 의미를 추출하는 데 소요되었다'고 말했다. 데이터 분석에 소요한 작업량(비용)보다도 사전준비의 작업량이 압도적으로 많았다는 말이다.

한편 GE의 경우는 사내에 산업기기를 개발한 엔지니어가 있고, 개발 테스트 당시의 데이터 등도 남아 있다. 산업기기에 탑재된 센서가 만들어내는 데이터의 의미는 개발한 엔지니어에게 물어보면 된다. 새로 센서를 탑재했다 하더라도 산업기기를 개발한 엔지니어가 요점을 잘 알고 있다.

또 디지털 트윈 등을 통해서 산업기기의 가동 데이터로부터 새로운 정보를 얻었을 때, 기기를 제조한 자사의 산업기기 개발부서에 쉽게 피드백을 보낼 수 있다. 개발부서는 피드백을 기초로 해서 산업기기의 설계를 개선할 수 있다. '이러한 피드백 고리를 실현할 수 있는 것이 GE의 강점'이라고 패리스는 단언한다.

서비스는 월 정액제 또는 성과보수로 제공

GE가 제공하는 산업기기의 생산성을 극대화하는 디지털서비스라는 사업모델은 매우 참신하다. 기존의 하드웨어 판매모델과도, 소프트웨어 라이선스를 판매하는 사업모델과도 차별화된다.

디지털서비스라는 사업모델은 크게 세 가지로 나뉜다. 정기구독형subscription, 성과보수형, 소프트웨어 판매형이다. GE는 소프트웨어를 온전히 구매하고자 하는 고객의 니즈를 만족시키기 위해서 기존처럼 소프트웨어 판매형으로 서비스를 제공한다. 그러나 주로 하는 것은 첫 번째인 정기구독형 서비스다.

이것은 디지털서비스를 월 또는 연간 정액의 이용요금으로 제공하는 사업모델이다. 정기구독형 서비스는 필요한 소프트웨어와 컴퓨터는 GE측이 준비하고, 고객사는 제공받은 제품을 이용만 하면 된다. 소프트웨어 라이선스를 구입하거나 업무시스템을 가동시키기 위한 컴퓨터 등을 따로 구입하지 않아도 된다.

정기구독형을 더욱 진화시킨 것이 성과보수형 비즈니스모델이다. 고객사가 GE의 산업기기를 사용하여 얻는 성과Outcome를 최대화하여, 원가절감이나 수익증대의 효과 중 일부를 GE가 성과보수로 받는다.

GE파워의 CDO인 가네쉬 벨은 성과보수형의 사업모델을 가리켜 'GE가 제공하는 서비스가 성과인 모델Outcome as Service'이라고 말한다. 정기구독형의 경우에는 회사가 올린 성과에 상관없이 고객사는 GE에 이용요금을 지불한다. 그러나 성과보수형에서는 실제 성과가 나지 않는 이상 고객사는 GE에 서비스 이용요금을 지불할 필요가 없다.

성과보수형의 가장 혁신적인 사례는 GE파워가 이탈리아의 전력회사 A2A 그룹의 키바쏘화력발전소에 제공하는 디지털서비스다. A2A 그룹은 이 발전소를 1952년에 가동하기 시작했다. 그러나 2012년, 가동한 지 60년이 경과하여 설비가 노후화된 발전소의 영업을 정지시켰다.

GE파워가 A2A에 제공한 것은 자신의 책임하에 이 발전소를 되살리는 서비스다. 노후화한 가스터빈을 GE가 만든 새 기종으로 변경할 뿐 아니라, 발전소 전체에 센서를 설치하여 디지털 트윈과 디지털 스레드를 통해 발전소의 효율을 높이고, 시장경쟁력을 다시 갖추어 재가동한다. A2A는 발전소에서 나온 매출 일부를 서비스의 성과보수로 지불한다.

키바쏘화력발전소에서 특히 GE가 주력하는 부분은 발전소 가

동을 일시정지한 상태에서 재가동하기까지의 시간을 단축하는 일
이다. 이탈리아는 최근 풍력발전소가 보급되며 석탄화력발전소는
'풍력발전의 발전량이 부족할 때 일시가동하는 도우미'로 자리매
김했다. 그러나 기존의 노후화된 발전설비로는 재가동까지 3시간
이상 걸리기 때문에 날씨 변화에 따라 곧바로 발전을 시작해야 하
는 수요를 충족할 수 없었다.

GE는 디지털 스레드를 통해 작업의 병목현상을 발견하여 재가
동까지 걸리는 시간을 2시간 이내로 단축했다. 또 디지털 트윈을
통하여 발전소의 가동률을 1.5포인트 개선했으며 발전소의 계획
외정지를 5% 감소시켰다.

디지털 매출의 반은 전력 분야로부터

CEO인 제프 이멜트의 말에 따르면 GE는 2016년 12월 시점에
서 산업기기 100만 대에 디지털 트윈을 탑재했다고 한다. 이 사례
를 사업 부분별로 나누어서 살펴보자.

현 시점에서 도입 사례가 가장 많은 곳은 발전기를 담당하는
GE파워다. 2016년 12월 결산에서 36억 달러를 기록한 디지털 매
출의 반을 GE파워가 차지한다. GE파워의 스티브 볼츠 CEO에 따
르면 발전소에서는 하루에 2TB나 되는 센서 데이터가 발생한다.
대량의 빅 데이터가 존재하는 발전소의 환경이 디지털서비스의

도입을 촉진시키고 있다.

가장 규모가 큰 도입 사례는 카타르의 천연가스 대기업인 라스가스다. 라스가스의 천연가스공장의 생산라인 길이는 1.5km에 이른다. GE와 라스가스가 2015년에 실시한 시범 프로젝트에서는 2,300대의 기기에 6만 5천 개나 되는 센서를 부착했다. 이 센서에서 얻은 데이터를 활용하여 천연가스공장 전체의 가동률 향상과 생산성 개선을 추진하기 시작했다.

미국 최대의 전력회사인 엑셀론도 GE의 고객 중 하나다. 엑셀론은 GE파워와 6년 계약을 맺고, 풍력발전소의 발전량 최적화를 실현하는 디지털서비스를 이용하고 있다. 벌써 풍력발전소의 발전량이 1~2% 정도 향상되는 성과를 올렸다. 또 엑셀론은 원자력발전소의 긴급 정지scrum를 미연에 방지하기 위하여 GE의 디지털 트윈을 활용하기 시작했다.

일본에서는 2016년 9월에 도쿄전력퓨엘&파워가 치바 현의 '홋쓰화력발전소 4호 계열'에 프레딕스를 도입한다고 발표했다. 또 마루베니도 2017년 4월에 치바 현 소데가우라 시에 있는 화력발전소에 프레딕스를 도입할 계획이라고 발표했다.

석유와 가스 관련 기기사업을 하는 GE오일앤가스의 사례도 규모가 크다. 영국의 석유업체 BP는 2016년 11월에 멕시코 만 해저유전의 효율과 신뢰성 개선, 안전성 향상을 목적으로 GE의 디지털서비스와 프레딕스를 도입한다고 발표했다. 미국 텍사스 주에

서 원유 파이프라인을 운영하는 미국의 컬럼비아파이프라인그룹
도 2016년 1월 전체 길이가 1만 5천 마일(약 2만 5천km)에 이르는
석유 파이프라인의 안전성 향상과 효율성 개선을 위해 프레딕스
를 도입한다고 발표했다.

제트엔진은 고장 예측에서 연비 개선으로

항공기의 제트엔진을 제조하는 GE항공의 디지털서비스는 다
른 사업 부분과는 사정이 조금 다르다. 그도 그럴 것이 항공기 엔
진의 세계에서는 '엔진의 가동시간에 따라 이용요금을 지불'하는
서비스 형태의 사업모델이 1990년대에 이미 정착했기 때문이다.
항공업계에서 '파워 바이 아워Power by the Hour'라고 불리는 사업
모델을 유행시킨 것은 GE의 라이벌 기업인 영국의 롤스로이스였
다. GE는 그 뒤를 따랐다.

이 사업모델의 열쇠는 엔진의 가동률에 있다. 왜냐하면 엔진의
가동시간이 짧아지면 엔진 제조업체의 수입이 줄어들기 때문이
다. 가동률을 높이기 위해서는 항공기 엔진의 가동상황을 감시하
여 고장을 사전에 예측할 필요가 있다. 이에 GE는 디지털서비스
를 본격적으로 시작하기 전부터 거의 모든 GE 항공기 엔진의 가
동상태를 감시하고 있었다. 감시대상은 2016년 6월 시점에서 3만
5천 대에 달했다.

그러나 기존에는 항공기의 센서 데이터를 고장 예측에만 활용했다. 2011년 이후에는 방침을 바꾸어 센서 데이터를 연료비용절감에도 활용하기 시작했다. 항공기마다 탑재된 수백 개의 센서에서 수집한 데이터를 분석해서 더욱 효율적인 운행 방법을 항공사에 제안한다. 제안 내용 중에는 주 날개에 붙어있는 플랩을 제어하는 방법이나 강하할 때의 속도 조정도 담고 있다.

2011년 GE와 계약한 이탈리아의 알리탈리아항공은 프레딕스를 도입하여 연간 1,500만 달러의 연료비용을 절감했다. GE의 연료효율 개선서비스는 미국의 아메리칸항공과 유나이티드항공, 델타항공, 일본의 전일본공수ANA 등 전 세계 100개 이상의 항공사가 이용하고 있다.

그밖에 태풍 등 재해가 일어났을 때의 자재와 객실 승무원, 조종사의 재배치에 관한 작업최적화서비스도 항공사에 제공한다.

화물열차뿐만 아니라 항만시설의 최적화까지

기관차의 디젤엔진 등을 제조하는 GE운송의 디지털서비스는 엔진과 열차 단위로 고장을 예측하는 일에서부터 철도망과 항만시설과 같은 물류 전체를 최적화하는 것으로 확대되었다. 항공망이 발달한 미국에서 철도는 여객이 아니라 주로 화물운송에 쓰인다.

GE운송의 디지털 솔루션 부문에서 CTO를 맡고 있는 웨즈 무카이는 '예전에는 디젤엔진의 가동상황에만 주목했지만 열차 운행의 지연을 단축하거나 연비를 개선하기 위해서는 철도망과 물류 전체를 최적화가 필요하다는 사실을 깨닫고 서비스 범위를 확대해 나갔다'고 설명한다.

GE운송은 현재 어떤 화물열차의 운행을 우선으로 하고 속도를 어떻게 설정하면 연비가 개선될지 등 최적의 열차운행계획을 세우는 소프트웨어를 개발하여 운행회사에 제공한다. 또 조차장에서의 작업을 최적화하는 소프트웨어 등도 개발하여 제공한다.

2017년 4월에는 항만시설도 디지털서비스를 이용할 수 있게 되었다. 미국 로스앤젤레스 시 항만국이 관리하는 컨테이너항 중 전미 최대 규모를 자랑하는 로스앤젤레스 항에서 컨테이너 터미널의 운용개선에 GE운송이 개발한 소프트웨어를 이용하기 시작했다. 우선은 화물 소유자와 항공사 등 복수의 이해관계자Stakeholder를 연계하여 컨테이너 터미널에서 화물의 드나듦을 한눈에 볼 수 있는 항만정보 포털을 만들 계획이다. 이전까지는 화물회사와 선사마다 각각 화물 데이터를 따로 취급했지만, GE의 디지털 스레드(디지털의 실)로 잇는 시스템을 만들어 모든 데이터를 가시화한다. 데이터를 모으는 시스템이 갖추어지면 컨테이너 수송의 최적화에도 나설 예정이다.

조명사업이 에너지 절약과 안전서비스사업으로 탈바꿈

비즈니스의 중심축을 디지털서비스로 옮기면서 사업 그 자체가 완전히 변화하는 경우도 있다. 업무용 LED조명 부문과 태양광발전 부문, 에너지 스토리지(축전설비) 부문, 전기자동차용 충전기 부문을 통합하여 2015년 10월에 출범한 커런트 by GE(이하, 커런트)라는 사업 부분이 그렇다. 커런트는 이미 하드웨어만 파는 것이 아니라 서비스를 판다.

커런트의 CTO인 데이브 바틀렛은 이렇게 설명한다.

"LED조명설비의 판매가 아니라 형광등이나 전구에서 LED조명으로 전환하는 데 따른 에너지절약효과를 서비스로 제공하는 것이 우리의 임무다."

업무용 LED조명을 월 또는 연간 정액요금을 받는 정기구독형으로 제공하거나, 절약한 전기요금에 따라 이용요금을 받는 사업모델을 만들었다. 당분간은 은행과 소매 체인점과 같은 굵직한 거래처를 대상으로 서비스를 제공해나갈 계획이다.

에너지 관련 이외의 서비스에도 나섰다. 예를 들어 커런트가 개발한 스마트 가로등에는 카메라와 마이크, 진동 센서, 대기오염 센서 등이 탑재되어 있다. 스마트 가로등을 설치하는 지방자치단체에 카메라와 마이크를 활용한 치안감시서비스와 자동차 운전자에게 도로의 빈 주차 공간을 실시간으로 제공하는 서비스 등을 제공하는 것이 목적이라고 바틀렛은 말한다.

커런트에는 GE캐피탈 출신의 직원도 합류하여, 다양한 설비를 서비스로 제공하는 사업모델을 만들어냈다. 지금까지는 업무용 LED조명의 사업 부분이 고객에게 설비를 판매하고, GE캐피탈은 고객에게 구입대금을 대출해주는 방식이었다.

소유에서 이용으로. IT업계의 클라우드 컴퓨팅과 비슷한 사업모델 전환이 조명과 에너지의 세계에서도 서서히 일어나고 있다. 커런트는 설비 판매가 아니라 설비가 포함된 디지털서비스 제공으로 특화했다는 점에서 GE의 미래를 상징하는 존재라고 말할 수 있다.

4

아이디어는
디자인사고로 기른다

\\

산업기기를 취급하는 방법이나 가동하는 환경은 고객에 따라 천
차만별이다. 때문에 GE는 판에 박힌 디지털서비스를 고객에게 제
공하지 않는다. 고객과 머리를 맞대고 디지털서비스에 관한 아이
디어를 내서 맞춤형 애플리케이션을 제공한다. 제4장에서는 GE가
어떻게 아이디어를 내는지, 그 과정을 상세하게 설명하려고 한다.

어느 회사든 마찬가지겠지만 GE도 우선 영업 담당자가 고객을
방문하는 데서 시작된다. 디지털서비스라고 해서 다른 점은 없다.
그러나 GE의 디지털서비스에서 재미있는 점은 CEO인 제프 이멜
트가 최고의 영업 담당자 역할을 한다는 점이다.

GE가 제공하는 디지털서비스란, 말하자면 고객사의 디지털전
환을 지원하는 일이다.

"GE가 2011년부터 추진해온 바와 같이, 대기업의 디지털전환
은 최고경영진의 강력한 의지 없이는 성공하기 어렵다."

GE디지털의 CCO(최고영업책임자)로 디지털서비스 영업을 총
괄하는 케이트 존슨은 이렇게 단언했다.

그 때문에 GE는 '디지털전환을 향한 최고경영진의 의지를 확인하기 전까지는 디지털서비스 관련 영업은 일절 하지 않는다'는 독특한 방침을 가지고 있다. 그러나 고객사에 디지털서비스를 판매하기 위해서는 '누군가'가 고객사의 최고경영진에게 디지털전환의 중요성을 알리고 '우리 회사도 디지털전환을 이룩해야겠다'고 결심하게끔 유도해야 한다. GE에서는 그 '누군가'가 CEO인 이멜트일 때가 많다.

이멜트는 GE의 CEO로 전 세계를 돌아다니며 각 나라의 전력회사와 에너지회사, 항공회사, 철도회사 등의 최고경영진과 자주 만난다. 그때마다 디지털전환의 중요성을 경영진에게 알린다. "이멜트에게 소개받은 고객사의 경영진만 해도 10명이 넘는다." 존슨은 이멜트의 활약에 대해 그렇게 말한다.

경영진이 흥미를 보였다면 그 다음은 GE디지털의 '솔루션 아키텍트Solution architect'라고 불리는 영업 담당자가 고객사의 여러 사람으로부터 이야기를 들으며 회사가 안고 있는 과제를 분석한다. GE가 제공하는 디지털서비스가 도움이 될지를 판단하기 위해서다. GE디지털은 2015년에 고객사로부터 이야기를 듣고 디지털 관련의 과제를 도출해내는 방법론인 아웃컴 매핑Outcome Mapping을 만들어냈다.

아웃컴 매핑에서 주목하는 핵심은 고객사 산업기기의 계획외 정지 발생률과 제조현장의 생산성, 산업기기의 자산회전율 등이다. 이러한 숫자에서 고객에게 필요한 디지털전환의 내용을 파악한 후, 디지털서비스를 개발하는 단계로 들어간다.

B2C 방법론으로 서비스 개발

고객사에 따른 디지털서비스를 개발할 때도 GE는 이전에 없던 새로운 방법을 사용한다. 웰치시대처럼 애플리케이션 개발을 외주에 맡기지 않고 사내에서 모두 만들어낸다. 이러한 새로운 방법론이 GE판 린 스타트업인 '패스트웍스'다.

패스트웍스FastWorks란 (1)고객이 안고 있는 문제를 발견하고, (2)문제해결에 필요한 가설을 세워, (3)MVPMinimum Viable Product, 실용상 최소한의 제품를 개발한 후, (4)고객의 테스트 결과를 학습하고, (5)테스트 결과를 보고 향후 방침을 결정하는 (1)부터 (5)까지의 과정을 몇 번이고 반복함으로써 뛰어난 제품과 서비스를 만들어내는 방법론이다(그림 2).

패스트웍스의 기본이 되는 '린 스타트업'은 실리콘밸리의 기업가인 에릭 리스가 만들었다. 리스는 아바타 채팅(3차원 컴퓨터 그래픽스로 만들어진 아바타를 사용해서 친구와 대화를 나누는 서비스) 스타트업인 IMVU를 창업해서 서비스 개발을 성공시킨 경험이 있다. 이 경험을 토대로 도요타자동차의 린 생산방식을 참고해서 린 스타트업을 만들어냈다. 즉, GE는 아바타 채팅과 같은 B2C(소비자

그림 2. 패스트웍스FastWorks의 개요

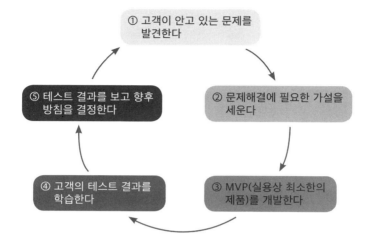

대상)서비스를 개발하는 방법론을 사용해서 산업기기의 생산성을 높이는 디지털서비스를 개발한다.

'B2C 기업의 방식 같은 것은 B2B(기업 대상)인 우리 회사에는 도움이 되지 않는다.', 'B2C와 B2B는 본질적으로 다르다.' 일본 대기업을 취재하다 보면 이러한 이야기를 자주 듣는다. 그러나 창립 125주년, 직원 수 30만 명, 매출액 139조 원을 자랑하는 거대 기업 GE는 그렇게 생각하지 않는다. B2C 기업에서 만든 방법론이라 하더라도 유용하다면 적극적으로 받아들인다. 배움에 관해서는 탐욕적인 자세를 보이는 GE의 태도가 놀라울 따름이다.

GE의 디지털 개발은 일본의 일반적인 시스템 개발과도 크게 다르다. 가장 다른 점은 GE가 자신의 책임과 권한 아래 애플리케이션을 개발한다는 점이다. 일본에서 일반 기업이 SI에 의뢰하여 정보시스템을 개발할 때, 애플리케이션에 필요한 기능은 고객사가 요건정의를 제시하고, SI는 그 요건정의에 따라 프로그래밍한다. SI는 고객사의 지시에 따를 뿐이다.

그러나 GE는 고객사에게 필요한 애플리케이션의 기능을 스스로 생각하고 자신의 책임하에 개발한 후 서비스로 제공한다. 고객에게 요건정의는 묻지 않는다. "왜냐하면 고객에게 어떠한 디지털 전환이 필요한지, 고객 자신도 모르기 때문이다." GE파워의 CDO인 가네쉬 벨은 이렇게 말한다.

GE의 패스트웍스는 우선 애플리케이션에 필요한 기능을 스스로 고안하여, 사용하는 데 최소한의 기능만 갖춘 애플리케이션인 MVP를 몇 주에 걸쳐 개발한 후, 고객에게 시험사용하게 한다. 고객이 MVP에 어떻게 반응하는지 관찰해서 개발한 기능이 고객에게 진정으로 필요한지, 사업에 도움이 되는지 판단한다. 기능이 유용하다고 판명되면 본 제품의 애플리케이션에 탑재하고, 그렇지 않으면 기능을 개선하거나 방향을 바꾼 후 다시 MVP를 만들어 고객에게 테스트한다. 린 스타트업에서는 이러한 방향전환을 피봇Pivot이라고 부른다. MVP 개발에 실패했다고 하더라도 빨리 피봇한다는 생각으로 임하면 안심하고 아이디어를 시험해 볼 수 있다. 가네쉬 벨은 '고객에게 무엇이 필요한지 물어보아도 모르기 때문에 일단 시제품의 기능을 고객이 시험하게 하여 반응을 살피는 수밖에 없다'고 말한다.

기능 테스트를 반복하는 방법은 언뜻 불필요한 듯 보이기도 한다. 그러나 제품과 서비스 개발에서 가장 불필요한 행동은 단정적으로 생각해서 고객에게 불필요한 완성품을 만들어내는 것이다.

린 스타트업의 '린Lean'이란, 린 생산방식과 마찬가지로 '군살(=불필요함)을 뺀 근육질'이라는 의미인데, 최대한 군살을 없애는 방법이 바로 린 스타트업이다. 단, 린 스타트업을 실천하기 위해서는 아이디어를 효율적으로 낼 필요가 있다. 이를 위해 GE는 디자인사고라는 방법으로 아이디어를 이끌어낸다.

실리콘밸리에서 태어난 디자인사고

디자인사고란 디자이너의 방법과 사고방식을 응용해서 혁신을 만들어내는 방법론이다. 고객을 심도 있게 관찰하여 고객이 처한 상황에 공감함으로써 필요한 아이디어를 생각해낸다. 실리콘밸리의 중심적인 존재인 미국의 스탠포드대학과, 이 대학과 밀접한 관계가 있는 디자인회사 아이디오IDEO 등이 만들고 체계화했다.

디자인사고로 만들어낸 아이디어는 곧바로 시제품으로 만들어 고객에게 테스트한 후, 반응을 보고 더 좋은 제품으로 개선해나간다. 린 스타트업과 똑같은 사고방식이다. 린 스타트업이 2000년대 후반에 생겨난 데 비해, 디자인사고가 스탠포드대학에서 만들어진 시기는 1960년대까지 거슬러 올라간다. 즉, 린 스타트업이 디자인사고로부터 영향을 받았다고 말할 수 있다.

디자인사고는 뛰어난 디자이너가 과거에 만들어온 방식을 참고해서 제품과 서비스의 아이디어를 설계(디자인)하는 방법을 세부적으로 정형화했다. 예를 들어 고객과 함께 하는 브레인스토밍 방식이나 고객에게 선보일 시제품(프로토타입)을 만드는 방법, 시제품을 사용한 고객에게 의견을 묻는 방법, 나아가 아이디어가 샘솟는 회의실과 사무실 꾸미는 법 등이 정해져 있다. GE는 디자인사고의 방법을 도입함으로써 고객 스스로 알아차리지 못한 니즈까지 이끌어내어 애플리케이션에 필요한 기능을 발견하려고 한다.

GE디지털은 실리콘밸리 본사에 GE와 고객이 디자인사고를 실천하는 전용시설을 마련할 정도로 힘을 쏟고 있다. 이 시설이 2014년 2월에 오픈한 디자인센터다. 디자인사고의 이론에 따라 설계된 회의실과 작업공간에서 GE의 직원과 고객사 직원이 1주일 동안 함께 지내며 애플리케이션에 필요한 아이디어를 고안해낸다. 이 센터는 2015년 한 해 동안 475사의 고객이 이용했다고 알려졌다.

디자이너 주도로 고객의 가려운 곳을 발견한다

디자인센터에 모이는 사람은 고객사의 담당자와 GE디지털의 프로덕트 매니저, 소프트웨어 개발자, 디자이너, 데이터 과학자, GE 각 사업 부분의 업무담당자와 산업기기의 엔지니어 등으로 구성된 10~15명의 팀이다. 이 팀이 디자인사고를 통해 고객사가 안고 있는 과제가 무엇인지 이끌어내고 해결책을 찾기 위해 머리를 맞댄다.

디자인사고에서는 사용자 관찰이 모든 것의 시작이다. 아이디어를 낸다는 것은 따지고 보면 문제의 발견이기 때문이다. 브레인스토밍 등을 통해 고객의 생각을 깊이 있게 관찰하여 진짜 문제가 무엇인지 발견한다. 이 과정에서 사회자facilitator를 맡는 사람은 GE디지털의 디자이너다.

"디자이너는 인간을 이해하고, 고민을 찾아내거나 문제점을 분명히 하고 올바른 해결책을 알고 있는 사람을 찾아내는 훈련을 받았기 때문이다."

20년 이상의 디자이너 경력을 지닌 GE디지털의 부사장인 데이비드 클로닌은 이렇게 말한다.

"디자인사고는 대학의 공학부가 연구하는 디자인(설계)과 미술대학이 연구하는 디자인(의장), 이 2가지를 융합해서 만들어졌다."

스탠포드대학 공학부 교수로, 1958년 입학 이래 스탠포드대학에서 오로지 디자인사고만 연구한 래리 라이퍼는 이렇게 설명한다. 미술대학에서 창의적인 디자인(의장)을 익힌 디자이너는 클라이언트가 막연하게 떠올리는 이미지를 정교한 질문으로 이끌어내어 구체화하는 기술이 뛰어나다. 이러한 디자이너의 기술로 고객사의 현장에서 산업기기를 이용하는 사람들이 안고 있는 고민과 문제점이 무엇인지 드러나게 한다.

디자인사고에서는 사람이 행동하는 원인이 되는 감정에도 주목한다. 이 과정을 공감이라고 부른다. 행동뿐만 아니라 왜 이러한 행동을 하는지, 그 사람의 마음에 가까이 다가가 진짜 문제점이 무엇인지 분명하게 한다.

"디자이너가 주목하는 것은 고객의 아픔Pain point이다. 왜 이것이 아픔인지 고객의 입장에서 공감하며 밝혀나간다"

클로닌은 그렇게 설명한다.

고객에게 질문하는 구체적인 기술로는 문화인류학과 사회학에서 쓰는 사회 및 집단의 관찰법인 에스노그라피Ethnography 등을 사용한다. 에스노그라피는 문화인류학의 세계에서 문명이 발달하지 않은 민족을 조사할 때 관찰하고 기록하는 방법을 말한다. 예를 들어 전화를 써본 적이 없는 사람에게 '전화를 써보고 싶어요?'라는 질문은 아무런 의미가 없다. 전화가 보급되지 않은 나라에 잠재적인 수요가 있는지 알아보고 싶다면 '평소에는 다른 마을 사람들과 어떻게 연락합니까?', '다른 마을 사람과 협력해서 무언가 작업을 한 적이 있습니까?', '다른 마을 사람들과 더 가까워진다면 좋은 일이 있을까요?'와 같이 바꿔 질문할 필요가 있다.

이와 마찬가지로 빅 데이터를 분석해본 적이 없는 고객에게 '빅 데이터 분석으로 업무를 어떻게 개선하고 싶습니까?', '인공지능을 어느 분야에 활용하고 싶습니까?'와 같은 질문은 의미가 없다. 무엇을 원하느냐고 묻지 않고 '하루 업무일과를 알려 주세요'와 같은 간단한 질문에서 시작해서 고객의 행동을 폭넓게 들은 후, 숨어있는 동기를 밝혀나가는 것이 에스노그라피 질문법이다.

패스트웍스의 바탕이 되는 린 스타트업은 도요타자동차의 린 생산방식을 참고했기 때문에 현지현물과 같은 사고방식도 중요시한다. 현지현물現地現物이란 실제로 현장에 발걸음을 옮겨 그곳에서 일어나는 사실을 바탕으로 사물을 판단하는 사고방식이다.

GE의 디자인센터에는 현지현물을 가상으로 실현하기 위해서 시야에 가득차도록 화면을 표시할 수 있는 270도 씨어터와 같은 설비가 갖추어져 있다. 산업용 기기가 가동되는 현장 사진을 회의실 전체에 띄워서 마치 현장에 있는 듯한 상황을 재현한다. 이를 통해 현장에서 일하는 사람이 어떻게 산업기기를 활용하고 무엇을 고민하는지 파악한다.

해결책은 스토리보드에 그린다

고객에게 산업기기에 관한 이야기뿐만 아니라 고객사가 하는 사업에 관련된 모든 고민과 숙제를 질문으로 알아낸다. 고객이 생각하지도 못했던 영역에서 GE의 소프트웨어와 데이터 분석 기술을 활용할 가능성이 있기 때문이다. 알아낸 문제 중에서 GE가 해결할 수 있는 것이 있으면 그 다음 단계로 해결책을 찾기 위한 아이디어를 생각한다.

해결책을 만들기 위한 아이디어는 디자이너가 중심이 되어 스토리보드(사용자가 제품이나 서비스를 이용하는 일련의 경험을 그림과 글로 기록한 것) 등에 정리한다. GE디지털의 디자이너인 클로닌은 '문제점과 해결책을 누가 봐도 이해할 수 있도록 스토리로 만드는 과정을 통해 문제점이 정말로 타당한지, 해결책이 실현가능한지 팀이 하나가 되어 검증할 수 있다'고 스토리보드의 이점을 말한다.

스토리보드는 일종의 시제품이다. 스토리를 통해서 고객이 해결책을 유사체험하기 때문이다. 때로는 드라마 형식의 영상을 만들어 스토리를 더욱 이해하기 쉬운 형태로 만들기도 한다. 클로닌은 '우리는 비디오도 시제품이라고 생각한다'고 말한다.

한발 더 나아가, 화면UI, User Interface만을 실현한 애플리케이션의 시제품을 디자이너가 그 자리에서 뚝딱 만들어내기도 한다. 화면을 보면서 애플리케이션을 어떻게 이용할지 운영계획 등을 이야기함으로써 애플리케이션이 정말로 업무에 도움이 될지 가려낸다.

이때 사용하는 화면 시제품을 개발하는 도구를 프로토타이핑 툴Prototyping tool이라고 부른다. 다양한 프로토타이핑 툴이 시장에서 판매 중이며 오픈소스 소프트웨어OSS로 공개된 것도 있다.

해결책을 만들기 위한 아이디어가 정리되면 GE디지털이 애플리케이션의 MVP, 즉 실용상 최소한의 제품을 개발한다. 린 스타트업에서 말하는 MVP는 린 생산방식의 '제조단위Batch size를 최소한으로 한다'를 따른 것이다. 린 생산방식에서는 한 번에 생산하는 단위를 가능한 작게 하는 편이 문제점을 조기에 발견할 수 있어서 품질이 개선될 뿐만 아니라 불필요한 작업을 없앨 수 있다고 주장한다.

소프트웨어 개발자와 엔지니어가 2인 1조로 작업

MVP의 소프트웨어 개발에는 애자일개발을 채택했다. 애자일agile은 '민첩한'이라는 의미를 나타내는 단어다. 2000년을 전후로 생겨난 소프트웨어 개발 방법으로, 개발할 때 세부계획을 세우지 않고 일단 작동하는 소프트웨어를 몇 주에서 한 달과 같은 단기간에 개발한다. 그 후 소프트웨어를 반복해서 검증함으로써 더욱 민첩하고 효율적으로 개발하는 방법이다.

애자일개발은 기업의 기간계시스템을 개발할 때 주로 사용하는 방법인 워터폴개발Waterfall과는 대조적이다. 워터폴개발이란 사전에 만든 상세한 계획에 따라 몇 년을 들여 소프트웨어를 개발하는 방법이다. 몇 년에 한 번만 버전업해도 되는 시스템이라면 괜찮지만, 고객의 니즈가 자주 바뀌는 경우에는 대처하기 어렵다. 이 때문에 현재 실리콘밸리에서는 워터폴개발이 아닌 애자일개발이 상식으로 통한다.

애자일개발은 소프트웨어 세계에서 린 스타트업을 실현하는 데 빼놓을 수 없는 방법론이다. MVP를 빠르게 개발하기 위해서는 워터폴개발과 같은 중후장대한 방법으로는 도저히 목표 기간 내에 마칠 수 없기 때문이다. 애자일개발은 2000년대 전후로 체계화되었으며, 린 스타트업보다 더 오래된 개념이다.

즉, 린 스타트업은 설계라는 디자인 시점에서 만들어진 디자인사고, 소프트웨어 개발의 관점에서 만들어진 애자일개발이라는 2가지 방법으로부터 영향을 받아 만들어진 제품과 서비스 개발 방법론이라고 정리할 수 있다.

디자인사고와 마찬가지로 애자일개발도 효율적인 소프트웨어를 개발하기 위한 다양한 방법이 정형화되었다. GE디지털이 실천하는 것 중 하나가 2인 1조로 하나의 프로그램을 개발하는 페어 프로그래밍Pair Programing이다. 컴퓨터 1대에 모니터와 마우스, 키보드를 2대씩 연결해서 2명이 한 화면을 공유하며 하나의 에디터나 통합개발환경IDE을 사용하여 프로그래밍하는 것이 일반적이다.

페어 프로그래밍의 목적은 2명의 소프트웨어 개발자가 밀접하게 의사소통하며 높은 품질을 자랑하는 프로그램을 개발하는 데 있다. GE디지털의 경우에는 소프트웨어 개발자뿐만 아니라 소프트웨어 개발자와 산업기기 엔지니어, 소프트웨어 개발자와 디자이너 등이 한 쌍을 이루어 프로그램을 개발하기도 한다. 산업기기 엔지니어가 보유한 깊은 제품 지식을 소프트웨어 개발자가 쉽게 이해하기 위해서다. 소프트웨어 개발자는 기능을 개발하면 그 자리에서 곧장 엔지니어의 의견을 들을 수 있고, UI의 좋고 나쁨을 디자이너와도 의논할 수 있다.

산업기기에 부착된 센서에서 수집한 데이터를 분석하는 애플리케이션을 개발할 때는 데이터 과학자와 산업기기 엔지니어가 한 쌍을 이룬다. 엔지니어가 가진 전문지식을 데이터 분석 프로그램에 반영한다.

"GE의 강점은 산업기기에 관한 깊은 전문지식을 보유한 엔지니어가 사내에 있기 때문에 이 지식을 애플리케이션에 반영할 수 있다는 점이다."

GE의 연구개발 부문인 GRC의 콜린 패리스는 이렇게 말한다.

"우리는 높은 기술력을 지닌 회사High Technology Company가 아니라 깊이 있는 기술력을 지닌 회사Deep Technology Company라 할 수 있다."

패리스는 당당하게 말한다.

애플리케이션은 몇 주 간격으로 개선

MVP 개발이 끝났다면 다음으로는 고객사에 보내 실제로 사용하게 한다. 그리고 MVP를 사용하며 느낀 문제점 등을 디자이너가 중심이 되어 고객으로부터 듣는다. 이때의 질문법도 디자인사고에서는 정형화되어 있다. GE디지털의 클로닌은 'GE파워의 고객 중 한 전력회사에서 MVP를 테스트할 때, 디자이너가 직접 발전소로 가서 의견을 들었다'고 말했다. 린 생산방식에서 말하는 현지현물을 디자이너가 실천하는 것이다.

MVP의 효과나 문제점 등을 발견하면, 그 내용을 반영하여 다음 MVP를 개발한다. 그리고 다시 MVP를 고객에게 테스트하게 해서 개선한다. 정식 버전의 애플리케이션을 완성한 후에도 실험을 바탕으로 개선을 거듭한다. 몇 주에서 수개월 단위로 고객사의 의견을 반영하여 애플리케이션을 업데이트해서 개선한다.

GE가 소프트웨어 개발을 사내에서 하려는 이유는 이처럼 린 스타트업을 확실하게 실천하기 위해서다. 소프트웨어 개발을 외부 업체에 맡긴다면 짧은 기간에 MVP를 개발하거나 자주 업데이트할 수 없다.

또 린 스타트업은 실험을 통해 얻는 배움을 가장 중요시한다. 소프트웨어 개발을 아웃소싱한다면 배움을 회사 내부에 축적할 수 없다. GE의 CIO(최고정보책임자)인 짐 파울러는 GE가 정보시스템 개발의 74%를 아웃소싱했던 과거의 일을 '지식자본

Knowledge Capital을 잃는 행위였다'고 평가했다. 지식자본을 잃지 않기 위한 방법은 '인소스(아웃소스와 반대로 소프트웨어 개발을 사내에서 추진하는 것)밖에 없다'는 것이다.

실험을 바탕으로 배움을 중시하는 린 스타트업에서는 배운 것이 있다면 실패에도 가치가 있다고 여긴다. 그리고 곧바로 만회할 수 있다면 실패를 주저하지 않는 것이 옳다고 생각한다.

이처럼 실패를 중시하는 린 스타트업 사고방식은 그전까지 GE가 가지고 있던 사고방식과는 정반대다. GE가 린 스타트업을 바탕으로 한 패스트웍스를 도입하기 시작한 것은 2012년의 일이다. GE의 발전설비 엔지니어로 20년 이상의 경력을 가진 GE파워서비스의 CEO 폴 맥켈히니는 '실패를 통해 배운다는 사고방식은 우리 GE 직원에게 큰 충격으로 다가왔다. 실패를 허용하는 일 자체가 GE의 디지털전환에서 모험이었다'고 돌이킨다. 맥켈히니는 실패를 용인하는 체제와 문화를 만드는 데는 다름 아닌 속도가 열쇠였다고 말한다.

"실패했을 때 빨리 만회하지 못하면 실패를 용납하기 어렵다. 그러나 GE는 디지털세계에서 살아남을 수 있을 정도로 속도가 빠르지 않았다. 우리의 사업을 새롭게 바라보고, 어떻게 하면 속도를 높일 수 있을지 생각했다. 무척 큰 도전이었다. 안타깝게도 우리 조직은 아직도 복잡하고 느리다. 따라서 우리는 지금도 조직을 단순화simplification하고 부하에게 권한을 위임하는 데 힘을 쏟는 한편, 실리콘밸리의 스타트업을 배움으로써 빠른 속도감을 몸에 익히려고 한다."

맥켈히니는 이렇게 말했다.

린 스타트업에서 말하는 '만들기 → 측정 → 학습'의 과정을 빠르게 반복해서 제품과 서비스를 개발해나가는 과정을 종합적으로 관리하는 사람이 프로덕트 매니저다. 제2장에서 언급했듯이 과거 GE에는 프로덕트 매니저에 해당하는 직원이 없었다. 이에 GE는 사내에서 프로덕트 매니저를 양성해내는 한편, 스타트업에서 풍부한 경험을 쌓은 프로덕트 매니저를 외부에서 채용하기도 했다.

인사와 회계에도 패스트윅스를

GE는 패스트윅스와 디자인사고를 소프트웨어 개발 외에 모든 종류의 제품과 서비스 개발에도 적용한다. 발전용 가스터빈에 항공기용 제트엔진, 의료기기에 이르기까지 예외는 없다.

제프 이멜트는 2017년 2월에 발표한 주주 서한에서 GE가 2016년에 출시한 발전용 가스터빈인 LM9000의 설계과정 등에 패스트윅스를 적용하여 제품 개발기간을 40% 단축하고, 개발원가를 30% 절감했다고 밝혔다.

게다가 GE는 패스트윅스를 업무과정을 개선하는 데도 활용했다. GE에서 신제품 개발을 맡는 직원은 전체의 극히 일부에 지나지 않았다. GE는 패스트웍스를 몇몇 직원만 사용하는 방법론으로 두지 않고, 모든 직원에게 필요한 방법론으로 승화시켰다.

업무과정 개선을 위한 방법론으로 GE는 '패스트웍스 에브리데이FastWorks Everyday'를 개발했다. 패스트웍스와 마찬가지로 단정해서 판단을 내리지 않고 디자인사고 등의 수단을 통해서 고객의 가려운 곳이 어딘지 알아낸다. 그리고 업무를 개선하기 위한 가설을 세워서 MVP를 만든 후 고객에게 실제로 사용하게 해서 검증을 받는다. 검증을 통해 배우는 과정을 거치며 불필요한 업무를 없애고 효율화를 꾀한다.

오늘날 GE에서는 제품 개발 담당자와 엔지니어뿐만 아니라 인사나 회계처럼 경영지원업무를 담당하는 직원까지 패스트웍스를 익히고 실천하기 시작했다. 인사 부문은 패스트웍스를 적용함으로써 정기 인사평가가 없는 인사제도까지 만들어냈다(자세한 내용은 제7장에서 설명한다). 린 스타트업을 비롯한 실리콘밸리의 업무 방식은 30만 명이 넘는 GE 직원 전체에 널리 퍼지고 있다.

실리콘밸리에는 알려지지 않은 규율이 있다

GE의 제품 및 서비스 개발 과정을 취재하며 GE가 실리콘밸리의 업무방식을 진지하게 배우고 충실히 실천한다는 점에 놀랐다.

애자일개발 등의 방법은 GE도 출자한 샌프란시스코의 애자일개발 컨설팅회사인 피보탈소프트웨어로부터 배웠다. 애자일개발을 배울 때는 우선 코치 역할을 맡는 피보탈소프트웨어의 개발자와 GE의 개발자가 한 팀을 이루어 페어 프로그래밍함으로써 이를 전수받는다. 다음으로 교육을 받은 개발자가 다른 GE의 개발자와 한 팀을 이루어 배운 내용을 전수한다. 이렇듯 사람을 통해 전수함으로써 GE디지털에 소속된 개발자에게 애자일개발을 퍼뜨렸다.

지금은 대상자를 더욱 확대해서 GE에 소속된 약 2만 명의 소프트웨어 개발자에게 애자일개발을 넓히고 있다.

"소프트웨어 개발자는 기본적으로 앉아서 공부하는 것을 싫어한다. 코치 자격으로 트레이닝을 진행하는 피보탈 직원과 함께 페어 프로그래밍을 해봄으로써 소프트웨어 개발자는 자연스럽게 애자일개발 방법을 몸에 익힐 수 있다."

GE디지털에서 프레딕스 엔지니어링 담당디렉터로 일한 히마무카마라는 이렇게 말했다.

왜 GE는 이렇게까지 충실하게 실리콘밸리의 방식을 실천할까.

"실리콘밸리의 밖에 있는 사람에게는 알려지지 않았지만, 그곳에는 소프트웨어 개발이나 제품 개발에 관한 규율discipline이 있다. 실리콘밸리의 스타트업에서 일하는 사람이라면 누구나 훈련을 통해 이 규율을 몸에 익히고 충실하게 실천한다."

GE에 애자일개발을 전수한 피보탈의 수석 부사장 에드워드 하이에트의 말이다. 이 규율을 GE에도 침투시키려는 것이다.

"실리콘밸리의 정신Mindset은 외부 사람에게는 '미치광이처럼 가자'로 알려져 있을지 몰라도 실제로는 '규율을 지키자'이다."

하이에트는 이렇게 덧붙였다. 하이에트는 규율의 중요성에 관해서도 이렇게 말했다.

"실리콘밸리는 장소와 일하는 사람이 특별한 것이 아니라 하는 행동이 특별할 뿐이다. 즉 규율만 지킨다면 다른 장소에서도 실리콘밸리와 같은 혁신을 일으킬 수 있다. GE도 그렇게 생각했기에 규율을 충실하게 지키려고 하는 것이며, 요즘은 자동차 대기업인 미국의 포드 모터도 실리콘밸리의 규율을 배우기 시작했다."

실리콘밸리의 규율이 바로 린 스타트업이자 디자인사고이며 애자일개발이다. 단순한 유행이 아니라 규율이라고 불리는 데는 실제로 실리콘밸리의 모든 곳에 널리 퍼져있기 때문이다.

이러한 규율 중에서도 실리콘밸리의 스타트업에게 가장 깊숙이 침투되어 있는 것이 지금까지 설명한 디자인사고다. 왜냐하면 실리콘밸리의 기업가를 배출한 스탠포드대학에서는 창업을 목표로 하는 대다수의 학생이 디자인사고를 익히기 때문이다.

스탠포드대학에는 디자인사고 연구교육기관인 d스쿨(정식 명칭은 Hasso Plattner Institute of Design)이 있는데, 창업을 목표로 하는 학생 대부분이 이곳에서 디자인사고를 배운다. 디자인을 전공하는 학생뿐만이 아니다. 컴퓨터과학이나 기계공학을 공부하는 공학도, 비즈니스스쿨의 학생, 장차 의사가 될 메디컬스쿨 학생, 미래에 법조인을 꿈꾸는 로스쿨 학생도 d스쿨에서 배우고 있다.

스탠포드대학 출신중 대표사례가 구글의 공동창업자인 래리 페이지와 세르게이 브린이다. d스쿨은 2004년 두 사람이 졸업한 후에 설립되었다. 하지만 페이지와 브린이 1998년 스탠포드대학원에서 검색 엔진인 구글을 만들었을 때 두 사람의 담당연구실 교수였던 테리 위노그래드가 바로 d스쿨의 설립자 중 한 사람이었다. 두 사람은 d스쿨이 생기기 전부터 디자인사고를 배운 셈이다.

실리콘밸리의 유명 벤처캐피털VC도 출자하는 스타트업에 대한 경영지원의 일환으로 기업가나 직원에게 디자인사고를 전수한다. 가장 적극적인 곳은 구글의 벤처캐피털 부문인 미국GV(옛 이름은 구글벤처즈)이다. GV는 구글의 전자우편서비스인 Gmail 등의 개발 경험을 바탕으로 정형화한 독자적인 디자인사고 기법 '디자인 스프린트'를, 출자한 200개 이상의 스타트업에 실천하게 한다.

유명 디자이너를 임원으로 파견해서 투자하는 스타트업에 디자인사고를 전수하는 VC도 있다. 미국의 KPCBKleiner Perkins Caufield & Byers나 코슬라벤처스Khosla Ventures, 트루벤처즈True Ventures, NEANew Enterprise Associates, 디자이너펀드 등이 그러하다. 디자인사고가 널리 퍼진 결과, 오늘날 실리콘밸리에서는 디자이너 스스로 스타트업을 창업하는 경우도 드물지 않다. 숙박서비스 에어비앤비는 공동창업자 세 명 중 두 명이 디자이너로 이루어져 있다.

이런 실상을 파악한 GE는 실리콘밸리의 규율을 사내에 전파하기 위해서, 여러 가지 사내 연수를 통해 린 스타트업의 GE버전인 패스트웍스와 디자인사고, 애자일개발을 직원에게 교육하고 있다. 패스트웍스는 우선 경영진들에게 이해시킨 후, 그 다음으로 일반 직원에게 확대시켰다.

GE디지털의 인사책임자인 제니퍼 왈도는 '실리콘밸리에서 채용한 소프트웨어 개발자는 패스트웍스 등의 사내 연수에서 제외될 때가 많다'고 밝혔다. 왜냐하면 실리콘밸리의 기업에서 경험을 쌓은 소프트웨어 개발자는 이미 규율을 체득했기 때문이다. 실리콘밸리에서 일하는 사람이라면 누구나 지키기에 규율이라 불린다.

디자이너의 중요성이 일본과는 하늘과 땅 차이

GE디지털에서는 디지털서비스를 개발할 때 프로덕트 매니저, 소프트웨어 개발자, 디자이너, 데이터 과학자가 한 팀을 이루는데, 이것도 실리콘밸리의 규율 중 하나다.

실리콘밸리에서는 이들이 모여 구성한 팀을 밸런스팀(균형이 잘 잡힌 팀)이라고 부른다. 이것은 린 스타트업을 실천하는 조직체계로, 특히 스타트업에서는 여러 사람이 수평적으로 함께 일하는 팀을 중시한다.

GE의 디자이너와 데이터 과학자가 하는 일은 실리콘밸리의 스타트업에서와 같다. 그러나 하는 일이 우리의 상식과 크게 다르므로 잠시 설명해 두고자 한다.

GE와 실리콘밸리에서 말하는 디자이너란, 애플리케이션의 화면(UI)과 같은 의장(영어로는 디자인)담당자에 그치지 않는다. 디자이너는 의장을 넘어 제품과 서비스 전반의 설계(이것도 영어로는 디자인)담당자이다. 디자인사고를 통해 고객의 니즈를 파악하여 제품과 서비스에 반영하기 위해 영업 담당자와 소프트웨어 개발자를 잇는 다리 역할을 한다.

디자이너의 업무가 의장으로 한정되어 있던 시절에는 애플리케이션 개발의 마지막 단계에만 관여했다. 가령 사내 애플리케이션을 개발한다면, 이것을 이용하는 사업 부분이 필요한 기능을 요건정의하여 소프트웨어 개발자가 그에 따라 프로그램을 개발한다. 그리고 마지막 단계에서 디자이너가 소프트웨어 개발자의 지시에 따라 UI를 디자인할 뿐이었다. 상용 애플리케이션이라고 하더라도 영업 담당자가 고객의 니즈를 가정하여 요건정의를 내리면 디자이너는 마지막 단계에만 참여할 뿐이었다.

그러나 디자인사고를 실천하는 오늘날의 GE와 실리콘밸리에서, 디자이너는 모든 단계에 관여한다. 애플리케이션을 이용하는 고객의 고민을 날카로운 질문으로 이끌어내고, 곧바로 시제품을 만들어 애플리케이션에 필요한 기능을 정리한다. 고객에게 시제품을 테스트하게 한 후에는 의견을 취합하여 소프트웨어 개발자에게 피드백을 보낸다.

GE디지털의 디자인 부문 최고담당자인 클로닌은 'GE에 있는 디자이너의 가장 큰 임무는 사회자'라고 단언한다. 사회자는 일반적으로 회의 진행자라고 생각하기 쉽지만, 영어식 표현Facilitator에는 조력자, 촉진자라는 뜻이 담겨있다. 제품과 서비스를 개발하는 중심인물이 GE와 실리콘밸리에서 말하는 디자이너라 할 수 있다.

일찍이 GE의 소프트웨어 개발부서에는 디자이너가 없었다. 그러나 2012년 이후, 실리콘밸리에서 디자이너를 적극적으로 채용한 결과, 현재 GE디지털에는 소프트웨어 개발자 10명당 디자이너 1명꼴로 디자이너의 수가 늘었다.

실리콘밸리 이외의 소프트웨어회사에서는 소프트웨어 개발자와 디자이너의 비율이 50:1만 되어도 높은 편에 속한다. 한편, 실리콘밸리의 유력 벤처캐피털인 KPCB가 2015년에 발표한 IT업계 디자인사고 보고서인 〈Design In Tech 2015〉에 따르면, 실리콘밸리의 스타트업에 있는 소프트웨어 개발자와 디자이너의 비율은 4:1에 이른다고 한다. GE디지털의 10:1이라는 비율은 실리콘밸리의 스타트업과 비교하면 아직 부족하지만, 실리콘밸리 외부의 기업과 비교하면 충분히 높은 수준에 올랐다고 볼 수 있다.

데이터 과학자가 진짜 과학자

　　GE와 실리콘밸리에서 말하는 데이터 과학자도 외부 사람들이 생각하는 것과 확연히 다르다. 일본에서는 IT부서에 소속된 단순한 데이터 분석 담당자까지도 데이터 과학자로 부르기도 한다. 그러나 실리콘밸리에서 데이터 과학자는 말 그대로 '과학자'로 대우한다. 대학원에서 박사학위를 취득한 연구자가 실리콘밸리의 스타트업으로 와서 데이터 과학자로서 사업에 직결된 데이터 분석 업무를 담당하는 경우가 매우 많기 때문이다.

　　실리콘밸리의 데이터 과학자는 과학자이므로 민간 기업으로 옮긴 이후에도 대학이나 연구기관에서 하던 학문적인 활동을 계속하려는 경향이 있다. 스타트업에서 일하기 시작한 후에도 업무를 통해 개발한 새로운 데이터 분석법 등을 논문으로 정리하여 학회 등에서 자신의 연구성과로 발표하는 모습을 드물지 않게 볼 수 있다.

　　실리콘밸리에서는 스타트업 공동 주최로 각 회사의 데이터 과학자가 모여 각자의 연구성과를 학회처럼 발표하는 대규모 심포지엄도 개최한다. 그중에서도 가장 인기가 높은 행사가 2012년부터 매년 가을에 열리는 '베이런BayLearn'이라는 딥러닝 심포지엄이다.

　　딥러닝Deep Learning은 최근 몇 년간 인공지능의 성능 향상에 가장 큰 기여를 한 기계학습기법으로 뇌의 구조를 모방한 '딥 뉴럴 네트워크Deep Neural Network, 인간의 뇌기능에서 볼 수 있는 몇 가지 특성을 기계상의 시뮬레이션을 통해 표현하기 위한 수학모델 - 옮긴이 주'를 사용한다. 딥러닝은 음성인식이나 화상인식, 기계번역 등의 영역에서 눈부신 성과를 올렸다. 빅 데이터 분석이 경쟁력의 원천인 구글과 페이스북, 애플, 중국의 바이두 등 거대 IT 기업과 벤처캐피털에서 거액의 자금을 모은 스타트업은 딥러닝 연구자를 학계로부터 닥치는 대로 쓸어 모으고 있다.

딥러닝 연구자는 자신의 연구성과를 논문 등으로 발표하는 동기부여가 특히 높다고 알려져 있다. 왜냐하면 딥러닝은 기술 진화 속도가 빠르므로 학회에 참석해 자신의 연구성과를 발표하고, 다른 연구자에게 피드백을 계속 받지 않으면 지식과 기술이 곧 뒤처지기 때문이다.

이 때문에 실리콘밸리에서 외부에 연구발표를 허가하지 않는 회사는 우수한 딥러닝 연구자를 모을 수 없는 실정이다. 비밀주의로 소문난 애플은 오랫동안 자사의 엔지니어가 외부에서 연구를 발표하는 것을 금지시켰다. 그러나 우수한 딥러닝 연구자를 고용하기 어렵다고 판단하여 2016년 말부터 외부 연구발표를 허가했을 정도다.

2016년 11월에 열린 베이런은 마이크로소프트의 자회사가 된 링크드인의 본사에서 개최되어 구글, 페이스북, 바이두, 링크드인과 같은 IT 기업의 엔지니어 겸 연구자가 연구성과를 발표했다. 연단에 올라 논문을 발표하는 시간 외에도 점심식사와 저녁 파티 시간대를 활용한 포스터발표도 이루어졌다. 연구성과를 정리한 큰 종이 앞에서 참석자에게 설명하는 시간으로, 분위기는 그야말로 학회 그 자체였다.

필자는 이때 제3장에서 소개한 GE디지털의 데이터 과학자 린시아 랴오를 만났다. 랴오는 산업기기에 부착된 센서 데이터에서 고장을 예측하는 모델 개발에 딥러닝을 적용하는 연구내용을 포스터로 발표했다.

중국 출신인 랴오는 중국 후베이 성에 있는 화중과기華中科技대학을 졸업한 후 미국 오하이오 주의 신시내티대학에서 공학 박사학위를 취득했다. 미국의 뉴저지 주에 있는 독일의 지멘스연구소와 실리콘밸리에서 가장 유명한 기업연구소인 제록스의 파로알토연구소PARC에서 헬스케어와 사물인터넷 분야의 데이터 과학자로 일했다. 그리고 2015년에 GE디지털로 회사를 옮겼다.

GE디지털에서는 우선 GE운송을 맡아 화물열차의 고장 예측 등의 업무를 담당했다. 그리고 지금은 전력 부문인 GE파워를 맡아 발전기 등에 관한 데이터 분석을 담당하고 있다. "데이터를 분석하는 방법론과 도구는 어느 업종이든 같기 때문에 담당 부문이 바뀌기도 한다"고 랴오는 말했다.

랴오가 베이런에서 포스터발표를 하게 된 계기는 동료의 제안 때문이었다.

"GE운송에서 화물열차의 고장을 예측하는 모델을 기존의 기계학습으로 개발하여 실제 시스템에 도입했다. 그 후 '이 예측모델

에 딥러닝을 채택하면 어떤 효과를 얻을 수 있을까?' 하는 생각이
들어 연구를 시작했다. 그 연구성과를 베이런과 같은 자리에서 발
표하면 다른 기업에서 일하는 데이터 과학자의 의견을 들을 수 있
을 거라고 동료가 조언해 주었다."

랴오는 학회에 참석하기로 마음먹은 이유를 이렇게 말했다.

실제로 베이런에서 포스터발표를 했더니 실리콘밸리의 IT 기
업뿐만 아니라, 독일의 보쉬처럼 제조업 분야에서 일하는 데이터
과학자와도 이야기를 나눌 기회가 생겼다고 한다.

"데이터 분석은 기술의 진보가 빠르기 때문에 반드시 다른 연
구자와 교류해야 한다. GE디지털의 실리콘밸리 본사에는 GE의
여러 사업 부분을 담당하는 데이터 과학자가 한곳에 모여 있기 때
문에 항상 다른 연구자와 의견을 교환할 수 있다. 내가 속한 팀에
는 사우스캘리포니아대학의 조교수였던 직원도 있어서 좋은 자극
을 받는다."

랴오는 GE디지털에서 일하는 의미를 이렇게 표현했다.

진정한 데이터 과학자를 모으는 것도 실리콘밸리의 규율 중
하나다. GE는 이 규율을 충실하게 실천하고 있다.

실리콘밸리의 사무실이 멋진 이유

실리콘밸리의 규율을 지키는 사례 중에는 극단적인 것도 있다. 바로 사무실이다. GE디지털의 본사 사무실은 실리콘밸리의 다른 스타트업처럼 아주 멋진데, 이 역시 디자인사고가 연관되어 있다.

GE디지털의 실리콘밸리 본사 사무실은 개방된 구조로 어느 곳에서든 층 전체를 한눈에 볼 수 있다. 이러한 환경에서 소프트웨어 개발자는 자유롭게 프로그래밍에 매진한다.

미국의 소프트웨어회사라고 하면 개발자가 작업에 집중할 수 있도록 책상 주변을 파티션으로 둘러싸 프라이버시가 보장되는 모습을 떠올리곤 한다. 미국의 마이크로소프트는 소프트웨어 개발자에게 개인 사무실을 준 것으로도 유명하다. 그러나 GE디지털의 사무실은 마이크로소프트와 정반대다. 파티션으로 둘러싸인 독서실 같은 공간은 찾아볼 수 없다.

사무실 곳곳에는 휴식하거나 담소를 나눌 수 있는 공간이 마련되어 있다. 편안한 소파가 놓여 있어서 둘러앉아 이야기를 나눌 수 있다. 이러한 휴식공간 한편에는 당구대와 같은 오락시설도 준비되어 있다.

사무실에는 부엌도 있다. 부엌에는 음료와 커피, 초콜릿이나 과자가 항상 채워져 있다. 모두 함께 식사할 수 있는 큰 식탁이 있는데, 아침에는 아침 식사용 머핀이, 점심에는 출장 뷔페가 배달된다.

사무실 벽으로 눈을 돌리면 전체가 화이트보드로 된 벽이 있다.

자세히 들여다보면 여러 가지 그림이 그려져 있거나 메모가 적힌 색색의 메모지가 붙어있다. 화이트보드는 이동 가능한 것도 있다.

이러한 사무실은 디자인사고의 '협력을 이끌어내는 사무실'에 따른 것이다. 디자인사고의 발상지인 스탠포드대학 d스쿨의 디렉터 스콧 둘레이와 스콧 위트호프트가 사무실 설계 가이드로『메이크 스페이스』라는 책을 펴냈을 정도로 체계화되어 있다.

오늘날 GE는 개발 방식에서 사무실에 이르기까지 철저하게 실리콘밸리 방식을 고수하고 있다.

5

구글 판박이
프레딕스

\\\

GE의 디지털전환의 핵심, 그것이 바로 프레딕스다. 이멜트 CEO
는 GE디지털이 개발한 프레딕스를 산업인터넷의 플랫폼이라고
말한다. 제3장에서 소개했듯이 산업기기의 고장을 예측하거나 생
산성을 높이는 GE 디지털서비스의 핵심은 플랫폼이다.

여기서 말하는 플랫폼이란 애플리케이션을 개발하거나 가동할
때 이용하는, 사전에 준비된 소프트웨어 부품이나 애플리케이션
의 가동환경을 가리킨다. GE의 글로벌리서치센터GRC에서 소프트
웨어 연구개발을 총괄하는 콜린 패리스는 프레딕스가 소프트웨어
개발자에게 가져다준 이점을 속도, 비용절감, 보안과 확장성의 3
가지로 정리했다.

첫 번째로 속도란, 애플리케이션을 개발하는 속도를 말한다. 소
프트웨어 개발자는 프레딕스가 제공하는 소프트웨어 부품을 이용
하면 모든 기능을 원점에서부터 개발하지 않아도 된다. 따라서 산
업기기의 생산성을 높이는 애플리케이션을 개발하는 기간은 그만
큼 단축된다. 속도는 제4장에서 소개한 린 스타트업을 실천하는

데 매우 중요하다. 린 스타트업에서는 MVP(실용상 최소한의 제품) 개발과 테스트 과정이 속도감 있게 진행되어 고객의 피드백을 최대한 빨리 제품에 반영시켜야 하기 때문이다.

또 소프트웨어 개발자는 프레딕스가 제공하는 애플리케이션의 가동환경을 이용하면 가동환경이 눈앞에서 재현되어 따로 준비할 필요가 없으므로 개발 속도가 빨라진다. 소프트웨어 개발기간이 짧아지면 당연히 개발비용도 낮출 수 있다. 이것이 프레딕스의 두 번째 이점, 비용절감이다.

세 번째 보안 및 확장성에 대해서는 조금 더 자세하게 설명해 두고자 한다. 프레딕스가 제공하는 소프트웨어 부품과 애플리케이션 가동환경상 보안 및 확장성은 프레딕스 전문개발팀이 각고의 노력 끝에 만든 것이다. 이 팀은 GE가 정보보안업체 등을 인수하여 영입한 전문가로 이루어져 있다. 애플리케이션 개발자는 이러한 기능을 함께 이용함으로써 보안과 확장성 문제에 대해서도 안심하고 사용할 수 있게 했다.

제2장에서도 언급했지만, GE디지털은 2014년 GE 사내의 소프트웨어 개발자가 이용할 목적으로 프레딕스를 개발했다. 그러나 프레딕스와 같은 플랫폼이 GE 이외의 기업이나 소프트웨어 개발자에게도 가치가 있다는 사실을 깨달았다. 때문에 GE디지털은 외부에 제공하는 사업으로 개발하기 위해 프레딕스를 전면적으로 재정비했다. 그리고 2016년 2월부터 클라우드서비스로 새로운 프

레딕스를 공개했다. IT업계에서는 프레딕스처럼 클라우드서비스로 제공되는 플랫폼을 PaaSPlatform as a Service라고 부른다. 당초 프레딕스는 GE의 산업기기에서만 사용할 수 있었으나, 새로운 버전은 GE 이외의 산업기기에서도 이용할 수 있다.

산업기기에 특화된 플랫폼

패리스가 말한 플랫폼의 세 가지 이점은 비단 프레딕스만 가지고 있는 것은 아니다. 다른 플랫폼도 대부분 비슷하다. IT업계에는 프레딕스가 등장하기 이전부터 수많은 플랫폼이 존재했다. 클라우드서비스로 제공되는 대표적인 플랫폼은 미국의 세일즈포스닷컴의 'Force닷컴'과 'Heroku', 구글의 'Google App Engine', IBM의 'Bluemix' 등이 있다. 또 서버와 스토리지 등의 컴퓨터 자원을 클라우드서비스로 제공하는 IaaSInfrastructure as a Service로 시작했던 아마존닷컴의 'AWSAmazon Web Service', 마이크로소프트의 'Microsoft Azure'도 플랫폼서비스를 제공한다.

거대 IT 기업이 이미 많은 플랫폼을 제공하는 상황에서 GE디지털은 왜 프레딕스 개발에 나섰을까. GE디지털의 CEO인 빌 루는 그 이유를 이렇게 얘기했다.

"우리가 개발하는 애플리케이션은 발전소나 정유소와 같은 산업현장에서 이용하는 것이다. 회계 등의 경영지원업무를 자동화하기 위해 개발된 기존의 기업 정보시스템과는 요구 성능이 확연히 다르다. 기존의 범용 플랫폼은 이러한 산업계의 수요를 따라갈 수 없었다. 따라서 우리는 산업계에 필요한 애플리케이션을 개발하는 데 도움이 되는 전용 플랫폼으로 프레딕스를 개발해야 한다고 생각했다."

ERPEnterprise Resource Planning, 전사통합시스템와 같은 기존의 기업 정보시스템에서 가장 중요한 기능은 자금과 인적 자원의 흐름을 정확하게 기록하는 일이다. 그 때문에 기존의 기업 정보시스템을 '기록을 위한 시스템System of Record, SoR'이라고 부르기도 한다. 그러나 GE가 개발한 것은 산업기기의 센서 데이터를 수집하고 분석함으로써 산업기기의 생산성을 높이는 시스템이다. 제3장에서 자세히 살펴본 것처럼 기존의 기업 정보시스템에는 없는 디지털 트윈이라는 새로운 시스템을 만들어내야 했다.

이러한 애플리케이션에서 가장 중요한 기능은 산업기기에서 발생하는 데이터의 수집과 분석이다. 빌 루는 이 기능을 위해 GE가 개발한 산업기기의 생산성향상시스템을 '자산(산업기기)을 위한 시스템System of Asset, SoA'이라고 부른다. GE디지털은 산업기기용 시스템을 구현하는 전용 플랫폼으로 프레딕스를 개발했다.

GE디지털의 CTO인 하렐 코데쉬는 프레딕스가 다른 클라우드와 가장 다른 점은 엣지 디바이스를 제공한다는 점이라고 콕 집어 말한다. 프레딕스는 클라우드서비스로 제공되는 PaaS이지만, 동시에 프레딕스의 일부로 사용자의 손 안에서 가동하는 컴퓨터와 소프트웨어도 함께 제공한다. GE는 사용자의 손으로 직접 가동하는 컴퓨터를 엣지 디바이스라고 부른다. 사용자에게 인터넷으로 연결된 클라우드의 반대편, 즉 인터넷의 '엣지(가장자리)'에서 가동한다는 의미다. 엣지 디바이스를 통해 서브셋이라 불리는 클라우드의 간이 기능을 이용할 수 있다.

"GE의 산업기기는 석유회사가 멕시코 만 위에 만든 해상 유전 등에서도 가동된다. 이러한 환경에서는 인터넷을 이용할 수 없고, 당연히 클라우드도 마찬가지다. 인터넷에 접속하기 힘든 환경에서도 프레딕스를 이용할 수 있도록 엣지 디바이스를 제공한다."

코데쉬의 설명은 그렇다. 클라우드와 엣지 디바이스로 구성되는 프레딕스의 알맹이를 하나하나 살펴보자.

미들웨어는 95%가 오픈소스

프레딕스는 최첨단 기술의 결정체다. OSS Open Source Software 와 마이크로서비스라 불리는 최신 시스템 설계기법으로 만들었다. 그리고 기존의 데이터베이스 소프트웨어와는 시스템이 전혀 다른 그래프 데이터베이스, 인공지능을 실현하는 기술로 주목받고 있는 기계학습 등, 최신 기술과 기법을 적극적으로 도입했다. 사실 이것은 실리콘밸리의 스타트업이라면 모두 활용하는 기술이다. 실리콘밸리의 스타트업에서 일하는 소프트웨어 개발자는 'GE 와 같은 역사 깊은 대기업이 만들었다고 해서 프레딕스를 보수적 인 시스템일 것이라고 편견을 가지고 바라보았다. 그러나 속을 자 세히 들여다보니 최신 기술로 가득 차 있어 놀랐다'고 말했다.

프레딕스는 클라우드와 엣지 디바이스로 구성되며, 클라우드 는 다시 3층 구조로 이루어져 있다(그림 3). 프레딕스에서 가장 중 요한 부분은 클라우드 부분이므로 우선 이곳부터 살펴보자.

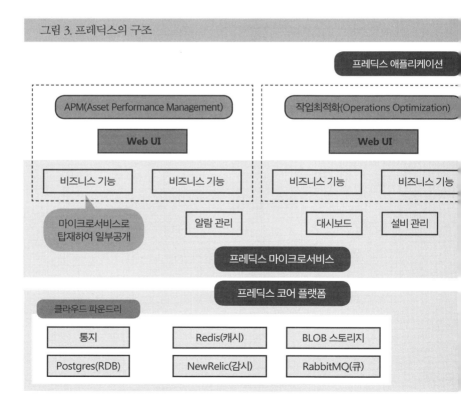

그림 3. 프레딕스의 구조

클라우드의 가장 아래에 있지만 애플리케이션 가동에 필요한 서버환경이나 미들웨어를 제공하는 '프레딕스 코어 플랫폼'이라는 층이 있다. 그 위가 애플리케이션 개발에 이용할 수 있는 소프트웨어 부품을 제공하는 '프레딕스 마이크로서비스'층이다.

가장 위에 GE디지털이 프레딕스를 활용해 개발한 업무 애플리케이션인 '프레딕스 애플리케이션'층이 있다. 자세한 내용은 천천히 설명하겠지만, 프레딕스 마이크로서비스층과 프레딕스 애플리

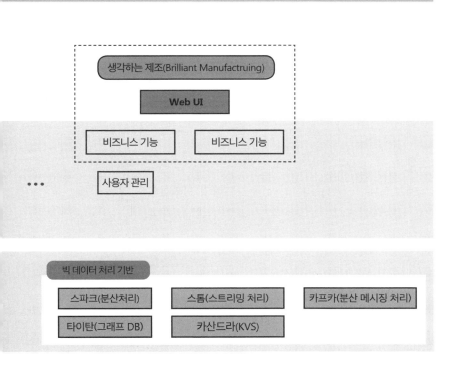

케이션층에는 중복된 부분이 많다. 프레딕스 애플리케이션이 갖춘 기능도 소프트웨어 부품으로 다른 애플리케이션에서 이용할 수 있도록 설계했기 때문이다.

프레딕스 코어 플랫폼은 애플리케이션을 가동하기 위해 필요한 서버환경과 스토리지, 그리고 미들웨어로 구성된다. 미들웨어란 애플리케이션의 데이터를 관리하는 데이터베이스와 애플리케이션을 연계시키는 메시징 소프트웨어, 애플리케이션의 가동을 감시하는 감시 소프트웨어 등을 말한다. 또 프레딕스 코어 플랫폼은 산업기기의 센서에서 모은 방대한 빅 데이터를 처리하기 위한 빅 데이터 처리 기반도 갖추고 있다. 여기서 말하는 빅 데이터 처리 기반이란 빅 데이터 처리에 특화된 미들웨어를 가리킨다.

GE디지털의 CTO인 코데쉬는 프레딕스의 특징을 미들웨어의 95%에 오픈소스를 채택했다는 점이라고 말한다. 빅 데이터 처리 기반으로 말하면 빅 데이터 처리 소프트웨어인 하둡Hadoop과 그 진화 버전으로 기계학습에 이용할 수 있는 스파크Spark, 스토리지 소프트웨어 카산드라Cassandra, 스트리밍 처리를 담당하는 스톰Storm과 분산 메시징 처리를 실행하는 카프카Kafka 등이 모두 오픈소스로 되어있다.

애플리케이션 가동환경에는 컨테이너형 가상 소프트웨어 오픈소스인 다커Docker가 사용되었다. 최근 실리콘밸리의 스타트업에서는 애플리케이션 가동환경으로 기존의 가상 머신이 아닌 더욱 가볍게 작동되는 컨테이너형 가상 소프트웨어를 이용하는 경우가 늘고 있는데, GE도 최신 경향을 따랐다. 컨테이너형 가상 소프트웨어상에서 가동되는 애플리케이션과 미들웨어를 관리하는 데는 오픈소스인 클라우드 파운드리Cloud Foundry를 이용한다. 클라우드 파운드리는 GE가 출자한 피보탈소프트웨어가 주도해 개발했다.

GE디지털에서 프레딕스의 엔지니어링 디렉터를 맡고 있는 히마 무카마라는 'GE는 일부러 오라클과 SAP과 같은 기존의 거대 IT 기업과 거리를 두고 있다'고 말했다. 프레딕스 코어 플랫폼의 95%가 오픈소스라는 점은, 일부는 상용 소프트웨어도 사용한다는 의미다. 하지만 무카마라는 '이때도 미국의 프로키시메트리와 같은 비교적 소규모 소프트웨어회사의 제품을 이용한다'고 말한다. 프로키시메트리의 소프트웨어는 엣지 디바이스를 집중관리하는 데 이용된다.

왜 GE는 이렇게까지 철저하게 오픈소스를 고집할까. GE디지털의 코데쉬는 '최신 기술을 활용하려면 오픈소스 이외에 다른 선택지는 없다'고 잘라 말한다. 이런 인식은 실리콘밸리에서 일반적으로 통용된다. 어떻게 이런 환경이 조성되었을까. 그 비밀을 푸는 열쇠는 구글이 쥐고 있다.

구글은 세계 최고의 소프트웨어 제조업체

IT업계 바깥의 사람에게는 잘 알려지지 않았지만 구글은 세계 최고의 소프트웨어 제조업체이다. 구글이 개발한 바둑 소프트웨어 알파고AlphaGo가 2016년 3월, 세계 최고의 바둑기사인 이세돌 9단을 누르고 승리를 거머쥔 사실은 세계를 경악하게 했는데, 구글이 최첨단을 달리는 기술은 비단 인공지능뿐만이 아니다.

구글은 이미 2000년대 중반부터 빅 데이터 처리 소프트웨어 분야에서 세계 최고의 수준에 올랐다. 1998년 '전 세계의 정보를 정리하여 전 세계 사람이 접속해서 사용할 수 있게 한다'는 이념으로 만들어진 구글은 거대한 웹 정보를 찾아주는 검색 엔진을 개발하면서 빅 데이터를 처리하는 난관에 세계 최초로 부딪혔다.

검색 엔진을 실제로 구현하기 위해서는 전 세계의 웹사이트에서 모은 데이터를 모두 확인해서 검색 인덱스를 만들어야 한다. 검색 인덱스란 단어와 그 단어가 포함된 웹사이트의 URL를 연결지은 목차를 말한다. 사용자가 입력한 검색 키워드에 맞는 결과를 표시하기 위해서는 검색 인덱스가 반드시 필요하다. 또 구글은 웹페이지끼리 서로 연결된 상황에서 웹페이지의 중요성을 산출하는 페이지 랭크라는 시스템을 도입했다.

구글이 탄생한 1990년대 말 하드디스크 한 대의 용량은 아무리 커도 수 기가바이트 정도였다. 웹사이트에서 모은 데이터가 기가바이트 단위에 그칠 때는 당시의 컴퓨터로도 검색 인덱스와 페이지 랭크를 만들 수 있었다. 그러나 그 1천 배, 즉 TB 단위로 접어들면 컴퓨터 1대로는 처리할 수 없다. 구글이 취급하는 데이터의 양은 순식간에 TB 단위로 증가했다.

TB 단위의 데이터를 컴퓨터로 처리하기 위해서는 수십, 수백 대의 컴퓨터를 연결시켜 1대의 컴퓨터로는 처리할 수 없는 데이터를 대량의 컴퓨터에 작게 나누어 저장하고, 각각의 컴퓨터에서 데이터를 처리하는 분산처리가 필요했다. 그러나 당시, 분산처리는 슈퍼컴퓨터에서만 실용화되어 있었다. 구글처럼 자금력이 부족한 스타트업이 고가의 슈퍼컴퓨터를 구입하기란 불가능했다. 그래서 구글은 값이 싼 PC서버를 사용해서 분산처리를 실현하는 소프트웨어를 스스로 개발하기 시작했다.

구글은 우선 수백 대가 넘는 PC서버로 빅 데이터를 저장하는 분산파일시스템 소프트웨어를 개발했다. 이름은 구글파일시스템 GFS이라 붙였다. 구글파일시스템은 거대한 용량의 데이터 파일을 64MB의 청크Chunk라는 이름의 덩어리로 쪼개어 각 청크를 최소 3개씩 복제한 후, 네트워크에 연결된 PC서버에 분할 배치한다. 데이터를 읽을 때는 각 PC서버에서 일제히 청크를 불러온다. 이렇게 하면 복수의 PC서버에서 동시에 데이터를 불러오므로 1대의 PC서버에 저장된 데이터를 불러오는 데 비해서 읽기 속도가 PC서버의 수만큼 더 빨라진다. 데이터를 저장하는 용량도 PC서버를 늘릴수록 커진다. 데이터를 3개로 복제하는 이유는 청크를 저장한

PC서버가 고장났을 때도 다른 PC서버에서 불러오기 위해서다.

그리고 구글은 구글파일시스템의 각 PC서버에 저장된 데이터를 서버상에서 처리하는 맵 리듀스MapReduce라는 시스템을 개발했다. 일반적인 컴퓨터 구조에서는 스토리지 장치에 저장한 데이터를 컴퓨터상에 불러온 후 거기서 처리하지만, 맵 리듀스는 저장된 구글파일시스템의 PC서버상에서 처리한다. 데이터를 스토리지 장치에서 컴퓨터로 불러올 필요가 없다. 또 맵 리듀스는 구글파일시스템의 PC서버 숫자를 늘리면 데이터의 처리능력을 더욱 향상시킬 수 있다.

PC서버를 늘리면 늘릴수록 데이터의 저장용량과 처리능력이 증강되는 것이 분산처리의 가장 큰 장점이다. 이러한 기법을 IT업계에서는 스케일 아웃Scale out이라고 부른다. 한편, 기존의 기업 정보시스템 분야에서는 거대한 컴퓨터나 스토리지 장치로 데이터의 저장용량과 처리능력을 높이는 것이 일반적이었다. 이러한 방법은 스케일 업Scale up이라고 불린다. 구글이 당시 처리해야 했던 빅데이터는 아무리 거대한 컴퓨터라도 1대로는 처리할 수 없었기 때문에 구글은 스케일 업이 아닌 스케일 아웃을 택했다.

또 일반 컴퓨터에 비해 10배의 처리능력을 보유한 슈퍼컴퓨터라고 하더라도 가격 차이는 10배에 그치지 않는다. 100배를 훌쩍 뛰어넘는다. 이처럼 스케일 업이라는 방법은 돈이 매우 많이 든다. 그러나 스케일 아웃은 저렴한 컴퓨터의 수를 늘리기만 하면 처리

능력을 확장할 수 있다. 스케일 아웃은 네트워크로 컴퓨터를 연결시키는 처리과정이 번거로워서 컴퓨터 대수를 10배로 한다고 해서 처리능력도 반드시 10배가 되는 것은 아니다. 하지만 컴퓨터의 숫자에 대체로 비례하여 능력이 향상된다. 스케일 아웃은 성능과 비용 모든 면에서 스케일 업을 압도한다.

스케일 아웃의 장점은 하나가 더 있다. 시스템 전체의 가용성(신뢰성)이 향상된다는 점이다. 구글파일시스템은 데이터를 복제한 후에 분산시키므로 구글파일시스템을 구성하는 서버 중 몇 대가 고장나더라도 계속 처리할 수 있다. 한편 스케일 업이라면 슈퍼컴퓨터 1대로 운용하므로 고장났을 때 시스템 전체가 정지할 우려가 있다. 거대한 슈퍼컴퓨터를 2대 마련하여 1대가 고장났을 때 다른 1대로 처리하는 방법도 있지만, 그 경우 비용이 2배로 든다.

구글은 전 세계에 데이터센터를 지어서 수백만 대에 이르는 PC 서버를 두고 스스로 개발한 분산소프트웨어를 가동시켜 빅 데이터를 처리한다. 구글은 이미 2004년 8월 시점에 월간 3,288TB(약 3PB)에 이르는 데이터를 맵 리듀스를 통해 처리했다. 맵 리듀스로 처리하는 데이터의 양은 2006년 5월에는 월간 5만 2,254TB(약 52PB), 2007년 9월에는 월간 40만 3,152TB(약 400PB), 2009년 7월에는 월간 54만 4,130TB(약 540PB), 그리고 2010년 5월에는 월간 94만 6,460TB(약 940PB)에 이르렀다. 2010년 시점에서 구글이 처리하는 데이터의 양은 월간 1천 PB, 즉 1EB를 넘었다. 이 정도로 빅 데이터를 처리할 수 있는 곳은 당시 구글 외에는 존재하지 않았다. 컴퓨터의 저장용량의 단위는 다음과 같다. bit(비트) < B(바이트) < KB(킬로바이트) < MB(메가바이트) < GB(기가바이트) < TB(테라바이트) < PB(페타바이트) < EB(엑사바이트) < ZB(제타바이트) < YB(요타바이트). 한 단위가 올라갈 때마다 1,024배(=2^{10})만큼 용량이 증가한다. - 옮긴이 주

게다가 구글은 2000년대 초반부터 데이터센터에서 사용하는 서버를 사내에서 개발하여 대만의 ODM(제조업자개발생산)사업자에게 생산을 맡겼다. 2009년경 미국 매체의 보도에 따르면 구글은 이때부터 이미 미국의 델과 휴렛팩커드에 이어 세계 제3위의 서버 제조업체로 올라섰다. 2007년에는 네트워크기기도 제작하기 시작하여 지금은 해저 케이블도 보유하고 있다. 오늘날 구글은 세계 최강의 컴퓨터 제조업체로도 세계를 호령하고 있다.

구글을 따라한 오픈소스가 등장

구글의 기술력에 가장 일찍 위기를 느낀 것은 디지털광고 시장에서 이들과 맞붙은 미국의 야후였다. 야후는 2000년부터 자사의 포털사이트 검색에 구글의 검색 엔진 기술을 이용하고 있었다. 그러나 구글이 자사의 검색 사이트에서도 디지털광고를 시작하자, 구글이 야후에게 가장 큰 경쟁자가 되고 말았다. 야후는 구글의 기술에 의존하는 현실에 위기감을 안고 2004년부터 검색 엔진을

스스로 개발하는 데 나섰다. 그러나 야후는 검색 엔진 개발에 난항을 겪는다. 구글과 같이 검색 인덱스를 작성하는 데 분산처리를 적용하고자 했지만, 소프트웨어 개발이 매우 어려웠다.

이 무렵 야후와 비슷한 고민을 하는 사람이 있었다. 오픈소스 검색 소프트웨어 '루신Lucene'을 개발한 더그 커팅이다. 커팅은 1990년대 말에 야후의 경쟁자였던 검색 사이트 익사이트의 개발 리더였다. 그러나 닷컴버블이 붕괴한 후 익사이트의 경영이 기울자 회사를 나와, 그 후로는 혼자서 루신을 개발했다. 커팅이 개발한 루신은 1대의 컴퓨터로 가동시키는 검색 엔진이었다. 커팅은 2005년경 분산처리에 맞는 새로운 검색 엔진 개발에 착수했다. 그러나 커팅의 도전도 여지없이 난항을 겪는다.

고민 끝에 커팅이 찾아낸 것은 구글이 2003년에 발표한 구글파일시스템 관련 논문과 2004년에 발표한 맵 리듀스의 논문이었다. 구글은 개발한 구글파일시스템과 맵 리듀스를 외부에 판매하거나 오픈소스로 공개하지 않았다. 그러나 개요를 컴퓨터과학 학회에서 논문으로 발표했다. 대학과 연구기관에 소속된 컴퓨터 과학자에게 자신들의 기술이 뛰어나다는 사실을 보이고 우수한 컴퓨터 과학자를 구글에 영입하기 위해서였다.

커팅은 구글의 논문을 단서로 구글파일시스템과 맵 리듀스의 복제 소프트웨어를 개발해서 오픈소스로 공개했다. 이것이 빅 데이터 처리 소프트웨어로 오늘날 유명해진 하둡Hadoop이다. 오픈소스로 공개된 하둡을 보고 야후는 커팅을 검색 엔진 개발 책임자로 영입하고 하둡도 사용하기 시작했다.

빅 데이터 취급으로 고민하던 다른 기업도 오픈소스로 공개된 하둡에 반응을 보였다. 대표적인 예가 페이스북과 트위터, 링크드인과 같이 당시 폭발적인 성장세를 자랑하던 실리콘밸리의 스타트업이다. 이러한 스타트업은 하둡을 이용할 뿐만 아니라 개발에도 적극적으로 참가했다. 페이스북과 트위터, 링크드인과 같은 스타트업에는 구글의 기술자가 많이 이직한 상태였다.

'전직 구글러'는 구글의 강점이 GFS와 맵 리듀스를 비롯한 독자 기술에 있다는 사실을 잘 알고 있었다. 그리고 당시 하둡에는 구글의 독자 기술에 비하면 부족한 부분이 많았다. 구글은 독자 기술을 공개하지 않았으므로 하둡에 부족한 기술은 누군가가 개발할 수밖에 없었다. 그래서 페이스북과 트위터는 하둡의 개발에 참여하기 시작했다. 야후가 하둡을 오픈소스로 계속 공개하는 것도 같은 이유다. 야후 단독으로는 기술적으로 저만치 앞선 구글을 쫓아가기란 어렵다. 그러나 오픈소스라면 같은 고민을 안고 있는 다른 회사의 힘을 빌릴 수 있을 것으로 기대한 것이다.

이렇듯 하둡을 매개로 구글의 경쟁자끼리 연대하는 '유지연합 뜻이 맞는 이들의 연합 - 옮긴이 주'이 탄생했다. 비슷한 유지연합은 다양한 영역에서 만들어졌다. 왜냐하면 구글은 구글파일시스템과 맵 리듀스뿐만 아니라 데이터베이스 소프트웨어와 스트리밍 처리 소프트웨어(데이터를 즉시 처리하는 소프트웨어) 등, 다양한 영역의 소프트웨어를 개발하기 때문이다. 구글이 앞서 나가는 영역마다 각각 유지연합의 손으로 오픈소스를 만들어냈다.

얼마 지나지 않아 유지연합에는 IBM과 마이크로소프트, 휴렛팩커드와 같은 거대 IT 기업이 참가하기 시작했다. 금융기관 등 일반 기업도 하둡을 사용하고 있었기 때문이다. 하둡은 일반 기업이 도입하기에는 까다로웠기 때문에 이들은 하둡을 지원하는 IT 기업으로부터 서비스를 제공받기 시작했다. 이런 지원서비스사업을 펼치기 위해 기존의 IT 기업도 하둡에 참가했던 것이다.

기존의 IT 기업이 개발한 빅 데이터 처리 소프트웨어보다 구글을 모방한 하둡이 우세하다는 이유도 있었다. 마이크로소프트는 2000년대 후반에 구글의 맵 리듀스에 맞서기 위해 드라이어드 Dryad라는 독자적인 빅 데이터 처리 소프트웨어를 개발했다. 그러나 2011년에 드라이어드의 개발을 중지하고 하둡을 지원하는 쪽으로 서비스의 방향을 바꾸었다.

하둡을 비롯한 오픈소스 지원을 주된 사업으로 하는 스타트업도 실리콘밸리에 하나둘씩 생겨났다. 하둡을 만든 커팅도 2009년에 하둡의 기업지원서비스를 제공하는 '클라우데라'라는 스타트업을 실리콘밸리에 세운다. 이 회사는 2017년 4월에 뉴욕증권거래소에 상장했으며, 현재 시가총액은 21억 달러에 이른다.

이렇듯 IT업계에는 구글이 소프트웨어 분야의 최첨단을 달리는 아이디어를 만들어내고, 구글과 경쟁하는 인터넷회사와 IT 기업, 그리고 오픈소스 지원으로 수입을 얻는 스타트업이 유지연합을 형성하여 구글의 아이디어를 모방한 오픈소스를 개발하는 구도가 형성되었다.

실리콘밸리 기업에서 이직한 직원이 많은 GE디지털은 프레딕스를 개발하는 데 '유지연합'이 개발한 오픈소스를 적극 도입하여 오라클과 SAP과 같은 기존의 IT 기업과 차별화하는 데 힘썼다.

GE디지털이 프레딕스에 채택한 하둡, 스파크, 스톰, 카프카, 클라우드 파운드리 등은 모두 구글의 독자적인 기술을 참고로 해서 개발한 오픈소스다. 특히 하둡, 스파크와 같이 빅 데이터 처리와 관련된 오픈소스는 구글이 개발한 소프트웨어처럼 스케일 아웃의 장점을 지녔다. 고가의 거대한 서버를 구입하지 않아도 저렴한 PC의 숫자를 늘림으로써 시스템 전체의 처리능력을 증강시키는 확장성을 갖췄다. 이와 동시에 PC서버가 고장났을 때도 시스템이 멈추지 않고 계속 가동되는 가용성(신뢰성) 역시 갖추고 있다.

GE디지털에서 프레딕스 개발을 맡은 마크 토마스 슈밋은 '기술 면에서 보면 프레딕스는 구글이나 페이스북과 매우 흡사하다'고 확신한다. 슈밋의 확신에는 이러한 배경이 숨어 있었던 것이다.

또 GE디지털의 무카마라는 '기업을 위한 지원서비스가 있는 오픈소스만 사용한다'고 말했다. 사용하는 오픈소스에서 문제가 발생하거나 오픈소스의 버그 수정이 필요한 경우에는 IT 기업이나 스타트업이 제공하는 지원서비스를 활용한다. GE의 본업은 제조업이지 오픈소스를 유지보수하는 일은 아니라는 생각에서다.

디지털 트윈용 애플리케이션을 제공

프레딕스의 중간층을 이루는 프레딕스 마이크로서비스의 층을 설명하기에 앞서 그림 3의 가장 위에 있는 프레딕스 애플리케이션층을 먼저 살펴보자.

GE디지털은 프레딕스의 개발과 프레딕스를 활용한 프레딕스 애플리케이션 개발도 함께 진행했다. 프레딕스 애플리케이션이란 제3장에서 설명한 바와 같이 산업기기에 부착된 센서 데이터를 산업인터넷으로 수집하여 분석함으로써 산업기기의 가동률과 연료효율을 극대화하는 데 활용하는 소프트웨어다.

제3장에서 자세히 살펴보았듯이 GE가 산업기기의 생산성을 높이기 위해서 가장 중시하는 아이디어가 디지털 트윈이다. '디지털판 쌍둥이'라는 의미로 산업기기의 디지털판을 만들어, 기기에서 수집한 센서 데이터를 바탕으로 실제 기기에서 일어나는 현상을 디지털판에서 재현한다. 이렇게 함으로써 기기의 고장을 예측하거나 최적의 가동패턴을 찾아낸다.

디지털 트윈을 실현하기 위한 프레딕스 애플리케이션이 2016년 3월에 완성한 APMAsset Performance Management이다. 산업기기에서 센서 데이터를 축적하거나, 디지털 트윈의 데이터모델을 만드는 일, 3차원 CAD 데이터를 바탕으로 한 디지털 트윈의 물리모델을 관리하거나, 산업기기에서 모든 데이터를 디지털 트윈에 입력하는 등, 여러 방면으로 예측하는 데 사용한다.

APM이 등장하기 전 각 사업 부분은 디지털 트윈을 구현하기 위해 이러한 소프트웨어를 각각 개발했다.

"APM이 등장함으로써 각 사업 부분은 이것을 확장Customize해서 각각의 산업기기나 고객에게 필요한 디지털 트윈을 만들 수 있게 되었다."

프레딕스의 개발 매니저인 델렉 포터는 이렇게 말했다. 다시 말해 각 사업 부분이 디지털 트윈을 위해 소프트웨어를 개발하는 수고로움을 대폭 덜게 된 것이다.

예를 들어 GE파워는 발전용 가스터빈과 증기터빈의 디지털 트윈을 구현하는 애플리케이션을 APM의 확장으로 개발했다. GE파워는 APM을 발전소용으로 확장한 애플리케이션을 '디지털 파워 플랜트'라는 이름으로 판매하고 있다.

APM에서는 디지털 트윈의 데이터모델을 구현하기 위해서 그래프 데이터베이스를 사용한다. 그래프 데이터베이스는 사물 간의 연결과 사물과 사건의 연결 등을 나타내는 그래프구조 데이터의 관리에 특화된 데이터베이스다. 그래프라고 하면 보통 막대그래프가 떠오르지만, 여기서는 '두 개 이상의 서로 다른 점의 연관성을 선으로 나타낸 것'을 말한다. 프레딕스는 오픈소스의 분산그래프 데이터베이스 소프트웨어로 타이탄Titan을 도입했다.

　GE가 그래프 데이터베이스를 사용하여 달성하려는 것은 구글의 검색 사이트에 탑재된 지식 그래프를 산업기기 버전으로 만드는 것이다. 구글의 지식 그래프Knowledge graph란, 구글의 검색 사이트에서 키워드를 검색했을 때, 검색 결과의 오른쪽에 표시되는 일련의 정보를 말한다. 예를 들어 '이순신'이라는 인명을 검색하면 화면 우측에 '출생: 1545년 4월 28일, 한성부', '사망 날짜/장소: 1598년 12월 16일, 남해도', '자녀: 이면, 이호, 이요', '부모: 이정, 변씨', '형제자매: 이우신, 이희신, 이요신'이 표시된다원문은 일본의 장수 '오다 노부나가'를 예로 들었다 - 옮긴이 주.

　구글은 '이순신'이라는 인물이 존재하고, 이순신과 '1545년 4월 28일'이라는 숫자와의 연관성은 생년월일이고, '한성부'라는 장소와의 연관성은 태어난 곳이며, '이면'이라는 인물과의 연관성은 자녀라는 사실을 이해하고 있다. 게다가 이순신과 다른 인물 및 장소 등과의 연관성, 즉 지식Knowledge의 연관성Graph을 그래프구조 데이터로 저장한다. 따라서 이순신이라는 키워드를 검색하면 곧바로 이러한 정보를 정리하여 화면에 띄울 수 있다. 구글은 지식 그래프를 만들기 위하여 수백억 건의 데이터와 데이터 사이의 연관성을 관리한다고 알려져 있다.

제일 중요한 것은 그래프 데이터베이스

GE는 구글의 지식 그래프를 산업기기의 세계에서도 실현하고자 한다. 디지털 트윈의 데이터모델을 실현하기 위해서는 구글의 지식 그래프와 같은 시스템이 필요하기 때문이다. 예를 들어 데이터모델을 사용하여 산업기기의 고장을 예측할 때는 특정 부품에서 발생한 사건이 다른 부품에 어떠한 영향을 미칠지를 파악한 후 그 사건과 관련된 모든 데이터를 즉시 수집해야 한다.

산업기기는 수백만 종류의 부품으로 구성되어 있고, 부품 간에는 계층구조나 망사형구조 등의 그래프구조로 연결되어 있다. 이러한 부품 간의 관계성 데이터를 그래프 데이터베이스로 관리하면 특정 부품과 연결된 모든 부품의 데이터를 수집하거나, 특정 부품과 관련 부품에서 발생한 모든 사건의 데이터를 수집하는 검색을 빠르게 처리할 수 있다.

GE디지털의 CTO인 코데쉬는 '프레딕스의 기초 데이터베이스는 그래프 데이터베이스다. 기존의 기업 정보시스템인 SoR에서는 관계형 데이터베이스Relational database를 사용하는 것이 일반적이지만 프레딕스가 추구하는 산업기기용 시스템인 SoA에는 그래프 데이터베이스가 필요했다'고 밝혔다.

관계형 데이터베이스는 금전의 출납기록과 같은 거래 처리에 적합한 데이터베이스다. 그러나 앞서 말한 '특정 부품과 연결된 모든 부품의 데이터 수집'과 같은 검색을 관계형 데이터베이스로 처리하면 그래프 데이터베이스에 비해 시간이 아주 오래 걸리는 경향이 있다. 관계형 데이터베이스는 데이터에 정규화라는 처리를 실시하여 데이터의 종류에 따라 각각의 테이블에 저장한다. 데이터 업데이트작업을 수월하게 하기 위해서다. 그러나 관계형 데이터베이스에 그래프구조로 된 데이터를 저장하여 검색 처리를 실행하려고 하면 여러 개의 테이블을 모두 검색해야 하므로 그래프 데이터베이스에 비해서 시간이 오래 걸린다.

그래프 데이터베이스에는 다른 사용법도 있다. 예를 들어 산업기기에 발생한 여러 가지 장애 데이터와 그 장애를 수리한 작업 데이터를 발생한 시간 순서인 시계열 데이터로 그래프 데이터베이스에 저장하는 것이다. 이렇게 하면 장애 간의 패턴, 즉 관계성이나 장애와 수리 작업 사이의 패턴 등을 분석할 수 있다. 이러한 데이터 분석은 새로운 장애가 발생했을 때, 유사한 장애가 과거에 있었는지 찾거나 장애를 해결하는 데 필요한 수리 작업의 순서를 정하는 데 유용하다.

"여러 현장의 산업기기 유지보수를 담당하는 현장 엔지니어는 산업기기에서 문제를 발견했을 때 그 상황을 가동센터의 담당자에게 전화 등으로 문의한다. 문의를 받은 가동센터의 담당자는 과거의 수리 이력 등을 조회하여 현장 엔지니어에게 작업 지시를 내린다. 한편, 장애 데이터와 수리 데이터를 그래프 데이터베이스로 축적하여 이것의 관계성을 분석할 수 있다면 이러한 문의를 할 필요가 사라진다. 현장 엔지니어는 애플리케이션 화면만 보면 무슨 일을 해야 할지 알 수 있기 때문이다."

GE디지털의 슈밋은 그래프 데이터베이스의 용도를 이렇게 설명했다.

디지털 스레드를 실현하는 애플리케이션도 개발

제3장에서 살펴보았듯이 GE는 디지털 트윈 외에도 디지털 스레드(디지털의 실)라는 기법을 만들어냈다. 프레딕스 애플리케이션에는 디지털 스레드를 실현하기 위한 프로그램도 있다. 산업기기와 그것이 가동되는 시설에서 일하는 사람들의 작업Operation을 최적화하는 작업최적화Operations optimization와 제조현장을 관리하는 생각하는 제조Brilliant manufacturing다.

디지털 스레드는 다양한 산업기기에서 발생하는 데이터를 연결 짓는 디지털의 실을 말한다. 데이터를 연관 지어서 산업기기가 가동되는 현장의 모든 공정을 관찰하고 특정 기기나 작업이 전체 공정에서 병목현상을 빚어내는지 찾아낸다. 이때 다양한 현장에서 활용한다고 가정하여 개발한 것이 작업최적화이고, 제조업 현장에서의 활용에 특화된 것이 생각하는 제조다. 둘 다 기능은 비슷하므로 제조업에서 사용되는 생각하는 제조를 예로 들어보자.

생각하는 제조가 대상으로 하는 제조업현장에는 이미 제조기계를 관리하는 시스템으로 '제조실행시스템MES, Manufacturing Execution System'을 도입한 경우가 많다. 제조실행시스템이란, 제품을 제조한 시각과 품질상태 등을 기록하는 시스템을 말한다. 생각하는 제조의 개발 책임자인 GE디지털의 융 프로인트는 '제조실행시스템이 기록한 데이터와 생산관리시스템이 관리하는 데이터, 제조기계에 부착된 센서가 수집한 데이터 등을 연계시켜 제조라인 전체의 가동상황 등을 파악한다'고 설명했다.

예를 들어 생각하는 제조에 탑재된 엔터프라이즈&플랜트 인사이트라는 기능을 사용하면 제조라인의 가동상황을 대시보드 기능으로 일원화해서 볼 수 있다. WIPWork In Process 관리라는 기능은 공장에 반입되었지만 아직 처리되지 않은 재공품의 상황을 한눈에 보여준다. 재공품이 쌓인 제조기계는 전체 공정에 병목현상이 있음을 나타내므로 대책을 마련할 필요가 있다.

애플리케이션은 마이크로서비스로 실장

이처럼 산업기기의 생산효율을 향상시키기 위한 애플리케이션을 GE는 일찍부터 각각의 사업 부분에서, 산업기기마다 만들고 있었다. 사업 부분에 따라 소프트웨어 개발 부문의 역량도 다르므로 품질도 천차만별이었다. 그러나 앞으로는 GE디지털이 여러 사업 부분에서 활용할 수 있는 기본적인 애플리케이션을 프레딕스 애플리케이션으로 개발하고, 각 사업 부분은 기본적인 애플리케이션에 독자적으로 기능을 확장하게 한다. 그럼으로써 각각의 산업기기와 고객의 니즈에 적합한 애플리케이션을 개발할 수 있도록 했다. 애플리케이션에 독자적으로 기능을 추가하는 것을 IT업계에서는 확장Customizing이라고 부른다.

APM과 작업최적화, 생각하는 제조는 이러한 기본적인 기능을 갖춘 애플리케이션이다. GE디지털은 사업 부분에 의한 프레딕스 애플리케이션의 확장을 용이하게 하기 위해서 프레딕스 애플리케이션 개발 시에 '마이크로서비스'라 불리는 설계를 채택했다. 여기에서 '서비스'란 애플리케이션이 갖춘 각 기능을 다른 소프트웨어에서도 이용할 수 있도록 한 것을 가리킨다.

우리가 보통 컴퓨터에서 사용하는 애플리케이션은 그 기능을 다른 소프트웨어에서 이용할 수 있도록 설계된 것이 아니다. 예를 들어 마이크로소프트의 워드를 사용할 때, 워드 화면에서 어도비 시스템즈의 포토샵 기능을 불러와 이미지를 편집할 수는 없다. 포토샵의 기능은 서비스로 공개되지 않았기 때문이다.

하지만 GE디지털이 개발한 프레딕스 애플리케이션은 각 애플리케이션의 기능이 서비스로 제공되어 외부의 프로그램에서 조작할 수 있는 API Application Programming Interface, 플랫폼이 갖춘 범용성 높은 기능을 외부에서 손쉽게 사용하도록 제공하는 시스템 - 옮긴이 주가 탑재되어 있다. 소프트웨어 개발자가 API를 불러오도록 프로그래밍하면 APM

등이 갖춘 기능을 외부의 소프트웨어에서도 이용할 수 있다. 소프트웨어 개발자는 이런 소프트웨어를 개발함으로써 프레딕스 애플리케이션을 확장하는 셈이다.

마이크로서비스라는 단어 중 '마이크로'의 의미도 살펴보자. 일반적인 애플리케이션은 하나의 프로그램에 여러 가지 기능이 탑재되어 있다. 이에 비해 프레딕스 애플리케이션의 소프트웨어에는 기능별로 작게 독립된 프로그램이 탑재되어 있다. 외부의 프로그램에 공개된 서비스가 마이크로 단위로 독립된 프로그램으로서 탑재되어 있다는 점 때문에 '마이크로서비스'라고 불린다.

프레딕스 애플리케이션이 마이크로서비스로 탑재된 이유는 각 기능, 즉 서비스의 독립성을 높이기 위함이다. 기능이 독립되어 있어서 기능마다 개별적으로 자유롭게 업데이트할 수 있다는 점이 이 설계의 장점이다. 작은 프로그램으로 분할되지 않은 소프트웨어를 '모놀리식Monolithic'이라고 한다. 모놀리식으로 설계할 경우, 기능 간에 밀접하게 결합되어 있어서 특정 기능에 변경을 가하면 다른 기능에 악영향을 미칠 가능성이 높다. 이 때문에 기능을 업데이트하기가 쉽지 않다.

제4장에서 소개한 것처럼 GE는 소프트웨어 개발 시 기능을 자주 업데이트하는 린 스타트업이라는 방법론을 적용한다. 마이크로서비스를 도입한 것은 린 스타트업을 수월하게 실천하기 위함이다. GE디지털은 마이크로서비스마다 개발팀을 따로 두고, 각 마

이크로서비스는 개발팀의 판단에 따라 몇 주에서 한 분기와 같은 짧은 주기로 기능이 업데이트된다. 이렇게 소프트웨어의 기능을 자주 업데이트하는 개발 스타일을 IT업계에서는 계속적 딜리버리 Continuous Delivery라고 일컫는다.

클라우드로 제공되는 마이크로서비스

이쯤에서 프레딕스의 클라우드서비스인 프레딕스 코어 플랫 폼층과 애플리케이션층의 중간에 있는 프레딕스 마이크로서비스 층의 이야기로 돌아가자. 프레딕스 마이크로서비스는 프레딕스가 플랫폼의 기능으로 제공하는 소프트웨어 부품으로, 그 내용물은 APM 등 프레딕스 애플리케이션의 각 기능을 전환한 것이다.

더욱 세분화하면 프레딕스 마이크로서비스에는 APM, 작업최 적화, 생각하는 제조라는 3개의 프레딕스 애플리케이션의 '공통기 능' 마이크로서비스 그룹과 각 애플리케이션용으로 따로 개발한 '업무기능' 마이크로서비스 그룹의 2종류가 존재한다.

공통기능으로는 알람관리와 대시보드, 사용자관리와 같은 마 이크로서비스가 있다. 업무기능에는 이상 검출, 기계학습, 데이터 관리와 같이 분야별로 다양한 마이크로서비스가 준비되어 있다. 이런 마이크로서비스는 GE디지털이 준비 중인 프레딕스 io라는 카탈로그 사이트에서 한눈에 볼 수 있다. 2017년 5월 현재, 베타버전과 출시예정을 포함하여 170종류가 넘는 마이크로서비스가 등록되어 있다.

디지털 트윈에 필수적인 기계학습 관련 마이크로서비스도 여럿 준비되어 있다. 예를 들어 이상 검출에 관한 마이크로서비스는 산업기기의 센서 데이터를 기계학습함으로써, 정상적으로 가동될 때의 데이터패턴과 이상이 발생했을 때의 데이터패턴을 구별한다. 그로써 산업기기에 이상이 발생하지 않았는지를 검출하고 기기의 고장 등을 예측한다. 프레딕스의 재밌는 점은 이상 검출용 마이크로서비스만 해도 여러 가지 종류가 구비되어 있다는 점이다. 산업기기의 종류와 용도, 공정에 따라서 다양한 종류의 이상 검출 수단이 필요하기 때문이다.

이러한 데이터 분석용 마이크로서비스만 해도 125종류에 이른다. 로지스틱 회귀, 랜덤 포레스트, 서포트 벡터 머신 등 기계학습 알고리즘별로 마이크로서비스가 준비되어 있다. 그리고 종류가 많지는 않지만 '5일 후의 전기요금을 예측하는 마이크로서비스'와 같이 발전설비와 관련된 애플리케이션에 특화된 마이크로서비스나, '교통량을 최적화하는 마이크로서비스', '보행자 교통을 최적화하는 마이크로서비스'처럼 스마트 시티를 구현하는 마이크로서비스도 있다.

제3장에서도 말한 것처럼 예측이 틀리면 큰 손실로 이어질 위험이 있으므로 디지털 트윈의 데이터모델을 개발할 때는 하나의

산업기기에 1천 종류에 가까운 예측모델을 함께 사용하기도 한다. 데이터 분석용 마이크로서비스의 종류가 많은 것은 이 때문이다.

프레딕스는 GE가 클라우드의 PaaS로 제공한 것이다. 또 고객사는 프레딕스의 소프트웨어를 아마존의 AWS나 마이크로소프트의 Microsoft Azure와 같은 퍼블릭 클라우드Public cloud, 인터넷을 경유하여 제공되며, 구입을 희망하는 모든 사용자가 이용할 수 있는 클라우드컴퓨팅서비스 - 옮긴이 주상에서 사용하거나 고객사의 사무실 또는 데이터센터에서 사용할 수 있다. IT업계에서는 클라우드의 반대개념으로 고객사의 데이터센터 등을 온프리미스On-premise, 서버와 소프트웨어 등의 정보시스템을 사용자가 관리하는 시설 내에 설치하고 운용하는 것 - 옮긴이 주라고 부른다.

"데이터를 보관하는 장소에 신경을 쓰는 기업은 적지 않다. 이런 고객의 니즈를 만족시키기 위해서 퍼블릭 클라우드나 온프리미스에서도 프레딕스를 이용할 수 있도록 만들었다."

GE디지털의 코데쉬는 이렇게 말한다.

엣지 디바이스도 마련

GE는 산업기기의 옆에 두는 엣지 디바이스에서 프레딕스의 클라우드가 갖춘 기능의 일부를 실행할 수 있도록 했다.

"업계에서는 클라우드를 이용할 수 없거나 시간이 오래 걸려 쓸 수 없는 등 다양한 환경이 있다. 이러한 환경에서도 사용할 수 있도록 엣지 디바이스를 준비했다."

코데쉬는 엣지 디바이스의 의의를 이렇게 설명했다.

산업기기의 경우, 엣지 디바이스를 사용하지 않을 수 없다는 이유도 있다. 산업기기는 수명이 길고 수십 년이나 가동되는 것도 적지 않다. 설계 당시 인터넷 접속을 고려하지 않은 낡은 산업기기를 프레딕스에 연결하기 위해서는 기기와 프레딕스를 이어서 데이터를 전송할 매개체가 반드시 필요하다.

GE는 엣지 디바이스를 4종류로 나눈다. 가장 단순한 엣지 디바이스는 산업기기의 주변에 배치한 센서를 묶는 센서 허브다. 센서 데이터를 클라우드에 순서대로 송신하는 역할을 한다.

다음으로 단순한 엣지 디바이스는 머신 컨트롤러와 모바일 디바이스라 불리는 것으로, 산업기기의 센서 데이터를 디바이스 안에 일시적으로 축적한 후, 데이터를 정리해 클라우드로 송신한다.

더욱 복잡한 프레딕스 머신이라는 디바이스는 휴렛팩커드엔터프라이즈와 델테크놀로지 등 GE의 파트너가 개발한 소형 서버로, 프레딕스 클라우드의 한정된 기능을 작동시킨다.

가장 큰 어플라이언스appliance는 온프리미스판의 프레딕스에 해당한다. 하드웨어는 실제 크기의 PC서버로, 프레딕스 클라우드와 거의 같은 기능을 고객사의 데이터센터(온프리미스)에서 가동할 수 있다.

GE디지털의 코데쉬는 고객에게 클라우드와 엣지의 역할을 분담하도록 권한다. 예를 들어 산업기기의 고장을 예측할 때, 과거의 가동 데이터를 기계학습하여 예측모델을 만드는 처리는 클라우드가 맡고, 현재의 가동 데이터와 예측모델을 대조하여 고장 발생을 예측하는 것은 엣지 디바이스가 처리하는 방식이다. 엣지 디바이스가 고장을 예측하면 시간을 단축할 수 있다. 또 통신이 끊겨도 고장을 예측할 수 있다는 장점도 있다. 한편, 기계학습 처리 자체는 컴퓨터 전력을 대량으로 사용하므로 클라우드가 적합하다.

GE는 프레딕스의 일부로 보안제품도 판매한다. 2014년에 인수한 캐나다의 정보보안업체인 월드테크가 개발한 IoT 보안제품인 'OpShield'다. 산업기기를 연결한 네트워크상의 데이터를 분석해서 산업기기를 향한 네트워크 공격 등을 막는다. 산업기기가 설치된 고객사의 사업장 등에서 이용하는 제품이므로 이것도 엣지 디바이스의 일종이라고 말할 수 있다.

"산업용 기기의 세계에서는 기기 제조사마다, 혹은 기기마다 전혀 다른 통신 프로토콜이나 제어 커맨드를 사용한다. 이러한 프로토콜과 커맨드를 분석하고 산업용 기기에 대한 네트워크 공격 등을 막는 것이 우리 제품의 특징이다."

월드테크의 톰 리는 이렇게 설명했다.

산업기기를 점검하는 초소형 로봇도 개발 중

미래에는 엣지 디바이스의 하나로 로봇이 추가될 전망이다. 뉴욕 주에 있는 GE의 연구개발기관인 글로벌리서치센터GRC에서는 2019년 완성을 목표로 발전소에서 사용하는 가스터빈이나 증기터빈, 항공기용 엔진 등의 터빈 내부에 비파괴검사(기계를 분해하지 않고 실시하는 검사)를 실시하여, 문제가 있을 경우 즉시 수리할 수 있는 초소형 로봇을 개발하고 있다. 개발 프로젝트의 이름은 인 시츄 로보틱스In-situ Robotics라고 한다. 인 시츄란 라틴어로 현장이라는 뜻이다. 터빈이 가동되는 현장에서 내부 검사와 수리를 할 수 있는 로봇을 상용화한다.

GRC가 개발 중인 발전소용 터빈에 이용되는 소형 로봇에는 터빈 날개용과 터빈의 회전부용, 2종류가 있다. 터빈 날개용 소형 로봇의 시제품은 성냥갑 크기로, 소형 카메라와 수리 액체를 뿌리는 스프레이 등을 탑재한다. 본체 하부의 자석으로 터빈 날개에 붙어서 모터로 구동되는 고무벨트를 따라 이동한다.

작업자는 Windows 컴퓨터에서 근거리 무선망Wi-Fi으로 로봇에 접속하여 카메라가 촬영한 터빈 내부의 화면을 확인하며 로봇을 조종한다. 터빈 날개 검사에서 가장 중요한 점은 표면의 단열코팅을 체크하는 일이다. 공기 중에 포함된 분진이 터빈 내부의 고온으로 인해 녹으면서 날개 표면의 코팅을 벗겨 고장을 유발하기 때문이다. 카메라로 촬영한 화면은 근거리 무선망을 통해 프레딕스 클라우드로 보내서 화면인식기능으로 코팅의 상태를 확인한다. 코팅이 벗겨진 것이 확인되면 본체에 탑재된 스프레이를 사용하여 크림상태의 수리 액체를 뿌리고, 스프레이 기판에 달린 도구로 얇게 도포한다. 검사뿐만 아니라 수리까지 현장에서 바로 할 수 있다는 점이 핵심이다.

터빈 회전부용 소형 로봇의 시제품은 여러 개의 플라스틱판으로 이루어진 주름대롱 모양이다. 본체 상부의 플라스틱판과 본체 하부의 플라스틱판을 회전부 내부의 벽면에 밀어 누르면서 이동한다. 이 로봇은 카메라와 수리용 액체 스프레이를 이동시키기 위한 팔을 탑재했다는 점이 특징이다. 팔을 전후좌우로 움직이거나 기울여서 회전부 내부를 촬영하거나 수리용 액체를 도포한다.

발전용 터빈 로봇은 크기가 센티미터 단위지만, 제트엔진용 로봇은 밀리미터 단위가 될 예정이다.

지금은 제트엔진 검사를 할 때, 검사용으로 마련된 직경 6mm의 내시경 삽입구로 공업용 내시경을 삽입하여 날개 등의 상태를 체크한다. 문제를 발견하면 터빈은 설계상 내부에 자유롭게 접근할 수 없으므로 일단 분해하여 수리해야 한다. 여기에는 100만 달러 이상의 비용이 들기도 한다.

GRC에서 로봇 개발을 진두지휘하는 돈 리프킨은 '만일 발전용 터빈과 제트엔진을 분해하지 않고 수리할 수 있다면 수리 한 번당 100만 달러의 비용을 절약할 수 있다'고 자신만만하게 말한다.

로봇 개발은 2013년 말부터 시작되었다. 지금은 시제품을 개발하여 제트엔진의 제조 부문인 GE항공과 발전용 터빈의 제조 부문인 GE파워와 연계하여 현장에서 시험하는 단계에 있다.

프레딕스가 만들어낸 새로운 고객층

프레딕스는 GE뿐만 아니라 전 세계 모든 기업의 소프트웨어 개발자를 대상으로 한다. 소프트웨어 개발자는 프레딕스의 웹사이트에서 사용자 등록만 하면 즉시 이용 가능하다. 유료 서비스이지만 누구나 이용할 수 있다. 프레딕스는 GE의 산업기기뿐만 아니라 GE 이외의 제조업체가 만든 산업기기에도 사용할 수 있다. 또 프레딕스에서는 GE 이외의 기업도 소프트웨어 부품을 제공할 수 있다. 이러한 개방성도 플랫폼에 요구되는 중요한 요소 중 하나다. 다른 기업의 참여를 촉진해서 이용할 수 있는 소프트웨어 부품의 종류가 늘어나면 프레딕스의 매력이 더욱 높아지기 때문이다.

"플랫폼은 개방해야 한다. 애플의 AppStore가 좋은 예다. 애플은 자사의 음악서비스인 아이튠즈를 제공하지만 앱스토어에서는 Pandra나 Spotify, SoundCloud와 같은 다른 회사의 음악서비스 애플리케이션도 제공한다. 사용자에게 많은 선택지를 제공하는 것이 플랫폼의 매력을 더욱 높인다."

프레딕스의 프로덕트 매니저인 지티스 바즈듀카스는 개방의 중요성에 대해 이렇게 말한다.

GE는 프레딕스를 개방함으로써 지금껏 접점이 없었던 새로운 고객과 만나게 되었다. GE의 산업기기를 사용하지 않는 기업이 프레딕스에 관심을 보이며 업무를 개선하는 데 활용하기 시작했기 때문이다.

일본에서는 릭실그룹이 프레딕스를 도입했다. 자회사인 릭실 토탈서비스는 2016년에 프레딕스의 애플리케이션 중 하나인 작업 최적화를 도쿄 지역의 영업소에서 단독주택용 욕실 공사를 담당하는 직원의 배치업무에 도입하기 시작했다. 기존에는 이러한 업무를 담당자가 수작업으로 했지만, 작업최적화를 이용함으로써 단독주택 시공사가 희망하는 공사일과 각 작업자의 기술 수준, 현장에서 필요한 작업량 등을 감안하여 직원 배치를 최적화했다. 직원의 기술 수준을 감안함으로써 뛰어난 기술을 가진 베테랑 직원에게 간단한 제품 시공을 맡기는 잘못된 배치를 방지하게 되었다.

릭실이 사용하는 애플리케이션은 GE디지털이 작업최적화를 확장해서 개발했다. 우선 GE디지털의 소프트웨어 개발자와 디자이너가 일본을 방문하여 릭실의 담당자와 팀을 꾸려 디자인사고에 따라 브레인스토밍을 실시했다. 이후 GE디지털의 소프트웨어 개발자와 디자이너가 실리콘밸리에서 화면만 갖춘 시제품을 먼저 만들었다. 이 시제품에 대해 릭실 측으로부터 평가를 받고, 피드백 내용에 따라 새로운 시제품을 만드는 작업을 3번 반복했다. 이를 통해 릭실의 현장에 적합한 애플리케이션을 개발했다. 릭실의 애플리케이션에서는 GE의 산업기기는 일체 사용하지 않는다.

프레딕스의 고객 중 특이한 회사가 있는데, 바로 미국의 피트니보우스다. 피트니보우스는 우편물 발송에 사용하는 우편요금측정기와 대량의 우편물에 서류를 넣는 작업을 자동화하는 봉입·봉함기를 제조하는 업체다. 우편요금측정기란 봉투의 무게를 재서 우표를 대신하는 우편요금 도장을 찍는 기계를 말한다.

피트니보우스는 1920년에 설립된 회사이지만, 종이에 의존할 수밖에 없는 우편 관련의 사업을 디지털로 전환하기 위해 마케팅 서비스인 SaaSSoftware as a Service를 강화했다. 또한 GE의 영향을 받아 본업인 제조업 분야에서도 디지털전환을 추진하고 있다. 피트니보우스의 본사는 GE의 본사가 있는 코네티컷 주에 있으며, GE와는 오랜 이웃관계에 있다.

피트니보우스는 2015년에 봉입·봉함기의 가동률 향상 등을 위해서 프레딕스 애플리케이션의 하나인 APM을 도입했다. APM의 도입 제1호가 피트니보우스였다. 그뿐 아니라 피트니보우스는 자사가 개발한 마이크로서비스를 프레딕스상에서 다른 기업에 판매하기 시작했다. 로컬 인텔리전스라는 마이크로서비스인데, 주소와 경도 및 위도정보를 바탕으로 하여 그 장소의 인구와 상업데이터와 같은 지리정보를 제공한다. 이로써 소프트웨어 개발자는 프레딕스상에서 지리정보를 활용하는 애플리케이션을 간단하게 개발할 수 있게 되었다. 본래 피트니보우스가 SaaS로 제공하는 기능을 프레딕스의 마이크로서비스로 탈바꿈시킨 것이다.

GE의 CEO인 이멜트는 2016년 6월 프랑스 파리에서 개최한 '마인드+머신' 컨퍼런스의 기조연설에서 마치 IT 기업의 CEO처럼 IT 업계의 전문용어를 섞어가며 열변했다.

"프레딕스는 클라우드를 바탕으로 기계학습과 인공지능 등, 산업의 디지털화에 필요한 여러 가지 기능을 '마이크로서비스'로 제공한다."

제조업 CEO인 이멜트가 다른 나라의 인터넷 기업에 채 도입도 되지 않은 마이크로서비스라는 단어를 섞어가며 말한 것이다.

GE는 5년이라는 시간을 들여 프레딕스를 개발했다. 이멜트의 프레딕스 사랑은 단순히 서비스에 대한 애정이 아니다. 첨단 플랫폼을 만들어낸 배경에는 이렇듯 최고경영진의 열정이 있었다.

DIGITAL TRANSFORMATION

디지털이 그리는
미래의 제조현장

\\

미국 펜실베이니아 주에는 그로브시티라는 도시가 있다. 펜실베이니아 주의 중심도시인 피츠버그에서 차로 북쪽을 향해 1시간 정도 떨어진 시골마을에 제조기업 GE의 미래를 그리는 공장이 있다. 기관차용 디젤엔진 등의 사업 부분인 GE운송의 재제조 공장이다. 재제조Remanufacturing란 10년 이상 가동한 디젤엔진을 분해, 수리하여 재생하는 것을 말한다. GE가 디지털의 힘으로 제조환경을 혁신하기 위해 추진하는 생각하는 공장Brilliant Factory을 시범적으로 도입한 7개의 공장 중 하나다.

생각하는 공장이란 GE가 제안하는 산업인터넷을 도입해서 생산성을 개선하는 시스템을 말한다. 제조기계에만 센서를 부착하는 것이 아니라 작업자가 사용하는 공구에도 센서를 붙이거나, 공장 곳곳에 공정 확인용 디지털카메라를 설치하여 제조에 관한 모든 데이터를 수집하고 분석한다. 이로써 제조기계의 가동률을 향상시키고 작업자의 효율을 개선한다.

GE의 디지털전환이란 고객사에 제공하는 서비스를 디지털화하는 데 그치지 않는다. 공장의 생산과정 전체를 디지털화하고자 한다. 디지털화하는 방법에는 크게 2가지가 있다. 첫 번째가 바로 생각하는 공장이며, 두 번째가 부품 등을 제조하는 데 3D프린터를 활용하는 적층가공이다. 2017년 2월 생각하는 공장을 도입한 GE 운송의 재제조 공장 내부를 취재한 적이 있는데, 생각하는 공장이 실제로 어떻게 움직이는지 그 모습을 자세히 소개하고자 한다. 적층가공에 관해서는 이 장 마지막 부분에서 설명한다.

10년 가동한 엔진을 되살려내다

먼저 GE운송의 재제조 공장이 어떤 곳인지부터 살펴보자. 26 에이커, 즉 10만 5천 제곱미터에 달하는 광대한 부지에 설립되어 바닥 면적만 약 2만 2천 제곱미터를 자랑하는 공장이다. 옛날에 식품포장재 공장이었던 건물을 2012년에 매입하여 보수한 후 조업을 시작했다. 400명의 정규직 직원과 330명의 시간제 직원이 일한다.

이 공장에서는 디젤엔진을 재생시킨다. 기관차용 디젤엔진은 수명이 20년 이상이지만, GE운송에서는 10년을 주기로 고객이 사용한 디젤엔진을 수거하여 재제조 공장에서 재생한 후 새 제품과 동일한 수준으로 만들어서 되돌려 보낸다. 그 숫자는 연간 1,200대에 달한다. GE운송이 제조하는 디젤엔진의 주된 용도는 철도 기관

차지만, 이 디젤엔진은 선박이나 이동식 발전기 등에도 사용된다.

　재제조 공장에서는 우선 10년간 가동한 디젤엔진을 완전히 분해한다. 피스톤과 샤프트의 볼트와 핀까지 모두 빼서 부품 단위로 나눈다. 분해한 부품은 전용 화학제품으로 세척한 후 꼼꼼하게 검사한다. 전용 기계나 사람 손으로 치수를 재는 것이 아니라 자기를 사용하여 부품에 균열이 없는지 확인하는 '자분 탐상 시험' 등도 실시한다. 그 후 필요한 부분은 연마하거나 보수한 후 표면을 매끄럽게 하는 DLCDiamond Like Carbon 코팅처리를 한다. 새 제품처럼 은빛으로 번쩍이는 부품에 먼지나 티끌이 들어가지 않도록 클린룸에서 조립한다. 수십 톤의 무게가 나가는 디젤엔진은 벨트 컨베이어로 옮길 수 없으므로 전용 운반기에 실어 공장 내로 운반한다. 디젤엔진의 분해에서 재조립까지 약 10일이 소요된다.

　재제조 공장에 생각하는 공장을 도입하려는 움직임은 2016년 2월에 시작되었다. 이곳의 공장장인 제프 스미스는 생각하는 공장의 핵심을 6개로 나누어 설명했다.

　첫 번째는 '가시화, 즉 보이게 하기'다. 공장 안에 있는 130대의 제조기계에 센서를 설치하고 제조기계의 가동상황을 데이터로 기록할 수 있게 했다. 사무실과 공장 곳곳에 설치된 대형 액정화면에는 데이터를 바탕으로 한 제조라인의 상황이 표시된다. 화면에는 제조기계를 나타내는 아이콘이, 공정 순서대로 가동 중이면 초록색으로, 작업을 하지 않는 휴식상태는 노란색으로, 문제가 발생해

정지한 상태는 빨간색으로 표시된다. 이 화면만 보면 제조가 순조롭게 진행되는지 알 수 있다. "특정 제조기계가 전체 과정의 병목현상을 일으키고 있다는 사실을 감지하면 메일로 통지해 준다." 스미스는 이렇게 설명했다.

생각하는 공장의 총책임자인 브라이스 폴란드는 가시화가 성과를 만들어낸 일화를 이야기해주었다.

"자주 휴식상태로 바뀌는 기계가 있었는데도 알아차리지 못한 적이 있다. 기계의 상태와 전후의 작업을 확인했지만 특별한 문제는 발견하지 못했다. 그러나 그 후로도 그 기계는 자주 휴식상태에 들어갔다. 신경이 쓰여서 현장을 한참 동안 지켜보았더니 원래기계의 옆을 지켜야 할 담당자가 다른 장소에서 하는 작업 때문에 오래 자리를 비운다는 사실을 발견했다. 진정한 병목현상은 그 제조기계가 아니라 다른 곳에 있었던 것이다. 흘긋 봐서는 알 수 없는 문제점을 데이터가 알려주었다."

이 공장에서 사용하는 오래된 기계 중에는 센서가 전혀 탑재되지 않은 것도 많다. 또 가동상황을 파악하기에는 센서의 숫자가 부족한 기계도 있었다. 이러한 기계에는 센서를 부착하고, 센서 데이터는 네트워크를 통해 프레딕스의 클라우드에 보내는 엣지 디바이스를 추가했다. 센서 데이터는 제3장과 제5장에서 설명한 디지털 트윈에 입력해서 고장 예측에도 활용한다. 기계 가동 중에 고장을 예측하면 기계를 계획정지시켜 미연에 방지한다.

"부품 세정기가 고장나서 화학제품이 새어나오면 복구하는 데 막대한 비용이 든다. 고장 예측은 비용절감에도 효과를 발휘한다."

스미스는 이렇게 설명했다.

스톱워치여 안녕

생각하는 공장의 두 번째 핵심은 데이터의 자동수집Capture 이다. 공장의 라인을 따라 이동하는 디젤엔진에는 RFIDRadio Frequency Identifier, ID 정보를 심은 RF 태그에서 전자기나 전파 등을 이용한 근거리 무선통신으로 정보를 주고받는 것 - 옮긴이 주를 부착해서 각 엔진이 어느 공정에 있는지를 실시간으로 파악한다. 디젤엔진의 조립공정에는 디지털카메라가 곳곳에 설치되어 있다. 디지털카메라는 디젤엔진을 순차적으로 촬영한다. 그리고 화상인식기능을 통해 디젤엔진에 어떤 부품이 부착되어 있는지 확인해서 조립작업의 진척상황을 파악한다.

제조업에서 공정 개선이라고 하면 스톱워치로 작업자의 작업시간을 측정해서 각 작업에 어느 정도의 시간이 걸렸는지를 조사하는 것을 가리키는 경우가 많지만, GE의 재제조 공장에서는 이런 데이터 수집은 모두 자동화되어 있다.

피스톤의 안지름을 측정하는 검사원이 손에 쥔 계측기에는 블루투스Bluetooth 통신기능이 탑재되어 있다. 검사원이 측정한 결과는 자동적으로 검사장 컴퓨터로 보내진 후, 이어서 프레딕스의 클라우드로 송신된다. 지금까지 검사원은 결과를 작업장 컴퓨터에 손수 입력했다. 사람이 입력하면 실수가 발생할 수 있지만, 데이터 수집을 자동화하면 정확성도 높아진다.

생각하는 공장의 세 번째 핵심은 불필요한 작업 없애기다. 앞에서 말한 데이터 자동수집을 통해 작업원이 작업을 시작하고 종료한 시간이 모두 기록된다. 이 데이터를 바탕으로 불필요한 작업을 찾아내 작업을 효율화해나간다.

"작업의 효율화가 현장의 작업자에게 더 효율적으로 일하라고 명령하는 것이라고 생각하는 사람도 있겠지만, 이 공장에서는 그런 강요나 경쟁은 존재하지 않는다. 숫자를 보고 문제점을 지적하여 개선방안을 함께 생각해나간다."

폴란드는 이렇게 말했다.

디지털과 무관한 공정개선활동도 허투루 하지 않는다. 도요타 생산방식에서 말하는 5S정리, 정돈, 청소, 청결, 습관화 등 일본 발음의 영어 첫 글자를 따서 정리한 도요타 생산방식의 활동 중 하나 - 옮긴이 주를 실천한다. GE는 1990년대부터 도요타 생산방식을 본떠서 모토로라가 정리한 식스 시그마를 도입했다. 사내에서 식스 시그마 연수를 받은 스미스도 식스 시그마 전문가임을 나타내는 검은 띠(사내 자격)를 보유하고 있다. 도요타 생산방식의 일본식 용어를 그대로 도입한 GE의 직원답게 스미스는 필자에게 5S를 실천하고 있다고 말했다. 모든 공구에는 놓는 자리가 정해져 있고, 사용이 끝나면 제자리에 가져다 놓는다. 이러한 규칙을 만들어 착실하게 지키고 있었다.

생각하는 공장의 네 번째 핵심은 단순화다. 분해한 부품은 세척한 후, 표면의 눈에 띄는 곳에 2차원 바코드를 새긴다. 작업자가 적외선 스캐너를 사용하여 2차원 바코드를 읽으면 모니터에 작업순서가 표시된다. 기존에는 부품의 ID를 나타내는 종이를 비닐에 넣어 부품에 붙이면 작업자가 그 ID를 컴퓨터에 입력해서 작업순서를 확인했다. 이러한 작업은 2차원 바코드로 단순화할 수 있다.

또 각 부품은 디지털 스레드를 통해 과거에 고객의 현장에서 어떻게 가동되었는지도 알 수 있다. 부품이 가혹환경에서 가동된 디젤엔진에서 나온 것이라면 다른 것보다도 중점적으로 검사할 필요가 있다. 개별 부품의 특성도 작업순서에 반영된다.

'포카요키'를 디지털로

생각하는 공장의 다섯 번째 핵심은 스미스의 말을 그대로 빌려서 표기하면 '포카요키'다. 이 말은 도요타 생산방식의 '포카요케'를 가리킨다. 깜빡하는 실수(포카, ポカ)를 피하는(요케, ヨケ) 것을 가리킴으로 포카요케라고 부른다. 포카요케를 디지털로 더욱 확실하게 하는 것도 생각하는 공장을 실현하는 방법의 하나다.

디젤엔진의 조립라인에서 실시하는 포카요케 활동을 살펴보

자. 엔진 바깥의 볼트를 조이는 작업을 담당하는 빌 나이트는 거대한 로봇 팔에 연결된 전용 볼트조이기 기계를 사용한다. 이 기계에는 15인치 액정화면이 달려 있고, 화면에는 16개의 볼트를 어느 순서로 조여야 하는지 표시된다. 볼트를 조이는 순서를 틀리는 '포카'를 '요케'하기 위함이다. 또 이 기계는 볼트를 적절한 힘으로 조인다. 볼트를 약하게 조이면 가동 중에 빠질 위험이 있고, 볼트를 너무 세게 조이면 볼트가 부러진다. 이러한 '포카' 역시 '요케' 할 수 있다. 기존에는 15kg에 달하는 공구를 사용하여 수작업으로 볼트를 조였다. "이 기계가 생긴 후로는 허리가 아프지 않아요." 나이트는 웃으며 말했다.

생각하는 공장의 마지막 여섯 번째 핵심은 문화다.

"공정개선활동만으로는 디지털전환을 이룩할 수 없다. 항상 고객을 의식하는 문화를 공장에 심는 것이 성공의 비결이다."

스미스는 이렇게 말했다. GE는 생각하는 공장이라는 개념을 만들 때도 린 스타트업의 GE버전인 패스트웍스를 실천했다. 제3장에서도 소개한 것처럼 린 스타트업에서는 고객의 고민과 가려운 곳에서 모든 과정이 시작된다. 그렇기 때문에 스미스도 여기서 고객이라는 말을 쓴 것이다.

그렇다면 스미스가 말하는 고객이란 누구를 가리킬까.

"디젤엔진에 돈을 내는 외부의 고객만 고객이 아니다. 나에게는 세 종류의 사내 고객이 있다."

스미스는 이렇게 대답했다.

첫 번째 사내 고객은 GE의 다른 공장이다. 재제조 공장은 GE 중에서 가장 처음으로 생각하는 공장을 도입한 7개 공장 중 한 곳이다. 생각하는 공장에서 얻은 배움을 어떻게 하면 전사로 넓혀나갈 수 있을지 고민한다고 스미스는 말한다. 두 번째 사내 고객은 GE운송의 다른 공장이다. 스미스는 '이곳에서 만들어낸 기술과 방법론을 다른 공장에 전수하면 그곳은 우리가 경험한 시행착오를 겪지 않고 생각하는 공장을 실천할 수 있다'고 의욕적으로 말했다. 세 번째 사내 고객은 재제조 공장에서 일하는 작업자다.

"공장의 각 현장에서 일하는 작업자야말로 진짜 고객, 즉 외부의 고객을 위해 일하는 사람이다. 작업자가 효율적으로 안전하게 일할 수 있다면 외부 고객의 이익으로 이어진다. 어떻게 하면 작업자의 불편을 해소할 수 있을지가 생각하는 공장의 첫 걸음이었다."

공장장으로 일하는 스미스는 이렇게 역설했다.

린 스타트업의 GE버전인 패스트웍스를 실천하기 시작한 스미스는 현장을 둘러보는 시간이 늘었다고 말한다. 린 스타트업에서는 고객의 마음을 들여다보고 고객의 가려운 곳을 생각하는 과정을 무엇보다 중요하게 생각한다. 사내 고객인 작업자의 마음을 들여다보고 고민과 해결책을 찾기 위해 현장을 돌아보는 일이 늘었던 것이다. 데이터 분석을 바탕으로 하는 업무개선을 관리자가 사무실에 틀어박혀 컴퓨터 화면만 뚫어져라 쳐다보는 것이라고 생각하는 사람도 있겠지만, GE 재제조 공장의 풍경은 사뭇 다르다.

린 스타트업에서 말하는 '작게 시작하자'라는 사고방식도 실천에 옮겼다. 지금은 103대의 기계에 센서가 부착되어 있지만, 처음에 센서를 부착한 기계는 3대뿐이었다. 우선 3대에서 센서 데이터를 모아 시범적으로 생각하는 공장을 시작하고, 그때마다 결과를 검증하여 개선해나갔다. 3대를 이어 17대에 센서를 부착한 후 다시 검증하고, 그것이 성공한 후에야 모든 기계에 센서를 부착했다.

폴란드는 '생각하는 공장을 시작한 후로 현장의 사기가 크게 올랐다'고 말한다. 그 이유에 대해서 폴란드는 제조업에서 투자가 이루어지는 것은 극히 드문 일이기 때문이라고 밝혔다. 재제조 공장이 소재한 펜실베이니아 주는 2012년 미국 대통령선거에서 버락 오바마가 승리했지만 2016년 대선에서는 힐러리 클린턴이 패배한 러스트벨트(쇠락한 공업지대)에 위치한다. 공장에서 차로 1시간 정도 떨어진 펜실베이니아 주의 중심도시 피츠버그도 한때 철강업으로 발전했지만 지금은 그 흔적조차 찾아볼 수 없다. 생각하는 공장은 러스트벨트의 제조업을 되살리는 계기가 되었다.

스미스는 앞으로 디지털 스레드를 공장에서 디젤엔진의 개발 부문까지 늘려나갈 예정이라고 말했다. 디젤엔진을 분해해 검사하는 과정에서 미처 예상하지 못한 문제가 부품에 발생했다면 그 데이터를 개발부서로 곧장 보낸다. 개발부서는 그 데이터를 고장이 잘 발생하지 않는 부품을 개발하는 데 활용한다. 공장에서 제조업 부활의 신호탄을 쏘아 올린다는 야심 찬 계획이다.

GE가 2017년 2월에 발표한 2016년 12월 말 연차보고서에 따르면 생각하는 공장을 도입함으로써 재제조 공장의 생산효율이 7%나 개선되었다고 한다. GE는 여기서 얻은 지혜를 GE의 공장용 디지털서비스의 고객에게 제공할 예정이다. 이때 고객이란 세계 최대의 생활필수품 제조업체인 P&G와 반도체 제조업체인 인텔이다. 또 생각하는 공장을 실천하는 GE의 공장을 2017년 말까지 18개로 확대할 계획이다.

제트엔진 부품을 인쇄하다

GE의 제조업 디지털화에서 생각하는 공장에 버금가는 중요성을 지닌 적층가공에 대해서도 간단히 설명하고자 한다. 제조거점의 생산라인에 3D프린터를 도입하여, 기존에는 금형으로 제조했던 플라스틱 부품이나 거푸집을 사용해서 주조로 만들었던 금속부품을 3D프린터로 제조하는 방식으로 전환하는 것이다.

3D프린터는 소프트웨어로 만든 3차원 데이터를 바탕으로 수지나 금속가루를 얇게 적층해서 입체물을 만든다. 특히 GE가 힘 쏟고 있는 분야는 금속가루를 사용한 3D 프린팅이다. 주조에 비해서 더욱 복잡한 입체물을 만들 수 있기 때문이다. 제트엔진의 경우, 여러 개의 부품을 조립해서 하나의 큰 부품을 이루는 것이 많

은데, 3D프린터를 사용하면 큰 부품을 통째로 인쇄해서 만들 수 있다. 3D프린터는 린 스타트업의 GE버전인 패스트웍스에서 시제품을 만드는 데도 적합하다.

GE는 3D프린터를 이미 실전에 투입했다. 항공기용 제트엔진 사업 부분인 GE항공은 2016년 여름, GE와 프랑스의 사플랑에어 크래프트엔진의 합작회사 CFM인터내셔널이 생산하는 LEAP 제트엔진의 연료분사장치(연료 노즐)를 3D프린터로 제조하기 시작했다. 기존의 주조방식으로는 20개의 부품을 조립해서 만들었지만, 3D프린터는 연료분사장치 전체를 한 번에 만들어낸다. 주조에서 3D프린터로 전환함으로써 연료분사기의 무게는 25% 가벼워졌고, 내구성은 5배로 늘었다.

GE항공이 2016년에 3D프린터로 제조한 연료분사장치는 6천 개에 이른다. 3D프린터로 만든 연료분사장치를 부착한 LEAP 엔진은 유럽 에어버스의 A320neo 제트기에도 사용된다. 3D프린터로 만든 부품이 들어간 제트기가 이미 하늘을 날고 있다.

GE항공은 2016년 11월, 앨라배마 주 오번에 3D프린터를 28대 설치한 새로운 공장을 열었다. 3D프린터를 사용한 연료분사장치의 제조는 앞으로 가속화되어 2017년에는 1만 2천 개를 제조할 계획이다. GE항공이 현재 개발 중인 신형 '차세대 터보 프롭 엔진 ATP'은 전체 엔진의 35%를 3D프린터로 만들 계획이다. ATP는 미국의 항공기 제조업체인 텍스트론항공의 세스나 브랜드의 소형기에 탑재되는 것이 결정되었다.

GE의 이멜트 CEO는 2016년 12월에 개최한 투자자설명회에서 GE가 현재 15개의 부품 제조에 3D프린터를 사용하고 있다고 밝혔다. 나아가 2020년까지 3D프린터로 만든 부품의 종류를 500개까지 늘릴 계획이다. 이멜트는 향후 10년간 3D프린터 활용을 통해 30~50억 달러의 비용이 절감될 전망이라고 주장했다.

3D프린터를 쓰는 것뿐만 아니라 직접 판매

2016년 이멜트는 적층가공을 '돈이 되는 사업'으로 키우겠다고 천명했다. GE는 2016년 9월에 스웨덴의 3D프린터 제조업체인 아캄을 인수한다고 발표했고, 2016년 11월에는 독일의 3D프린터 제조업체인 콘셉트레이저를 인수한다고 밝혔다. 또 아캄 인수를 발표하면서 독일의 3D프린터 제조업체인 SLM솔루션그룹도 인수하겠다고 밝혔지만 그 후 취소되었다.

콘셉트레이저는 금속가루를 고정시키는 데 레이저 기술을 사용하는 3D프린터 제조업체로 2016년에 약 1억 달러의 매출을 기록했다. 아캄은 금속가루를 고정하는 데 전자빔 기술을 사용하는 제조업체로 2016년 매출은 약 7천만 달러였다. 이멜트는 두 회사를 인수하며 GE가 3D프린터 시장점유율의 20%를 차지하는 선두주자가 되었다고 주장했다. GE는 향후 10년간 1만 대의 3D프린터를 생산할 계획인데, 그중 1천 대는 GE 내에서 사용할 계획이다.

GE의 연구개발 부문인 글로벌리서치센터GRC에서 적층가공 연구를 이끌고 있는 샌더 호로는 '3D프린터의 미래는 대형화와 소재의 진화에 달려있다'고 지적한다. 현재 금속용 3D프린터로 조형할 수 있는 부품의 크기는 최대 한 변이 400mm 미만인 정육면체다. 이멜트는 2016년 12월, 투자자설명회에서 '우리의 꿈은 한 변이 1,000mm 크기의 정육면체를 실현하는 것'이라고 말했다. 더 큰 부품을 조형하게 되면 3D프린터의 용도는 그만큼 확대된다.

소재면에서는 더욱 튼튼한 소재를 이용하는 것이 관건이다.

"제조기업 GE의 125년 역사가 소재 면에는 도움이 될 것이다. GE가 다양한 사업 부분에서 연구해온 소재에 관한 지식을 3D프린터에 활용할 계획이다."

호로는 이렇게 밝혔다. GE는 2011년 이후 소프트웨어의 연구개발에 10억 달러를 투자했는데, 3D프린터의 연구개발에는 그보다 앞선 2010년부터 15억 달러를 투자했고, 2016년 한 해에만 3D프린터 제조업체의 인수에 15억 달러 가까운 돈을 썼다. GE의 3D프린터를 향한 열망은 이토록 뜨겁다.

7

DIGITAL TRANSFORMATION

실패해도
괜찮은 기업으로

\\

"당신이 이 회사에서 무슨 일을 할 수 있죠? 전력에 대해서 아무 것도 모르잖아요."

발전소용 가스터빈 등을 만드는 사업 부분인 GE파워의 CDO(최고디지털책임자) 가네쉬 벨은 2014년 GE에 갓 입사했을 때, GE파워의 임원으로부터 면전에서 이런 말을 들었다고 한다. 가네쉬 벨은 GE파워의 디지털전략을 총괄하는 CDO인 동시에 이 회사의 내부 조직인 GE파워디지털의 CEO(최고경영책임자)도 겸 하고 있다. GE파워 내부에는 전력회사에 서비스를 제공하는 GE 파워서비스 등, 몇 개의 내부 조직이 있고 각각 CEO가 있다. 앞서 가네쉬 벨에게 이런 발언을 한 사람은 내부 조직의 CEO 중 한 명 으로, 가네쉬 벨과 같은 직급의 인물이었다.

제2장에서도 소개했듯이 대형 CRM(고객관계관리) 소프트웨어 에서 오랫동안 '프로덕트 매니저'로 일한 가네쉬 벨은, 디지털서 비스 개발에 잔뼈가 굵은 인물이다. 그러나 2014년에 가네쉬 벨이 GE로 이직했을 당시만 해도 그가 지닌 능력의 가치에 의문을 가

진 사람이 많았고, 디지털서비스 그 자체에도 회의적인 반응을 보인 임원이 많았다.

'문화가 전략을 집어삼킨다Culture eats strategy for lunch'라는 말이 있다. 경영학자 피터 드러커의 말이라고 하는 사람도 있고 아니라는 사람도 있지만, 일단 그 문제는 잠시 접어두자. 이 책에서 중요한 점은 GE의 인사 부문을 이끄는 수잔 피터스가 '문화가 전략을 집어삼킨다'는 말을 굳게 믿는다는 사실이다.

최고경영진과 경영기획부서에서 아무리 뛰어난 전략을 세워도 일하는 직원이 그 전략의 효과를 믿지 못한다면 성공은 요원하다. 가네쉬 벨에게 닥친 상황은 직원들의 문화에 관한 문제였다.

또 GE가 디지털전환을 향해서 전략을 추진할 때는 린 스타트업을 바탕으로 한 패스트웍스라는 방법론을 전사에 퍼뜨려야 했다. 린 스타트업이라는 사고방식도 지금껏 GE의 문화와는 정반대였다. 린 스타트업은 고객을 관찰하며 얻은 아이디어를 기초로 빠르게 MVP(실용상 최소한의 제품)를 만들어 고객에게 시험사용하게 하고, 이를 통해 배우는 과정을 몇 번이고 반복함으로써 더 좋은 제품을 만들어낸다. 배울 수 있다면 실패도 존중받는다. 오히려 일찍 실패하는 편이 중요하다고 여긴다. 한편, 지금까지 GE는 실패를 용납하지 않는 문화가 만연한 기업이었다. GE가 제조하는 발전소용 가스터빈과 제트엔진, 의료기기는 문제가 생기면 엄청난 파급력을 낳기 때문이다. 실패를 존중하는 린 스타트업은 실패를 용납하지 않는 기존의 사내 문화와는 물과 기름의 관계였다.

"제프 이멜트는 빨리 디지털전환을 실현하기 위해서는 먼저 GE의 문화를 바꿔야 한다는 사실을 알고 있었다."

피터스는 이렇게 말했다. 무엇보다도 린 스타트업을 실천하기 위해서는 '가능한 한 빨리 실패해서 경험으로부터 배우고, 방향을 몇 번이고 전환하여 실패를 편안하게 받아들이는 태도를 GE의 전 직원에게 심어줄 필요가 있었다'고 피터스는 회상했다. GE는 어떻게 '디지털 문화혁명'에 성공했을까. 그 발자취를 살펴보자.

린 스타트업이 사훈으로

GE가 먼저 손을 댄 곳은 기업의 기본적인 이념을 나타내는 사훈이었다. GE는 2014년에 기존의 사훈인 'GE Value(가치)'를 'GE Belief(신념)'라는 새로운 사훈으로 바꾸었다.

"GE Belief는 고객을 중심으로 모든 것을 생각한다는 패스트웍스의 개념을 30만 명이 넘는 GE의 전 직원이 이해할 수 있도록 정의했다."

GE 본사의 인사부서에서 '기업문화혁신총괄'이라는 직함을 갖고 있는 제니스 셈퍼는 이렇게 말한다.

GE Belief는 다음의 다섯 항목으로 이루어져 있는데, 그 내용은 패스트웍스나 그 바탕을 이루는 린 스타트업의 개념과 흡사하다.

전 세계의 지사마다 그 나라의 문화에 맞도록 번역하기도 하지만, 여기서는 본사의 사훈을 원문에 가깝게 번역해 설명하기로 한다.

첫 번째는 '고객이 우리의 성공을 결정한다Customers Determine Our Success'이다. 기업의 성공은 고객이 결정한다고 정의했다. 린 스타트업에서는 고객으로부터 받은 피드백이 제품의 방향성을 정해 준다고 믿는다. 고객의 목소리를 참고로 해서 회사가 정하는 것이 아니라, 고객이 정한다고 분명히 사훈으로 못 박아 말한 것이다.

두 번째는 '속도를 내려면 군살을 빼라Stay Lean to Go Fast'다. 여기서 군살은 영어로 하면 린Lean인데 '군살을 빼다', '불필요함이 없다'라는 뜻을 가지고 있다. 린 스타트업이나 린 생산방식의 '린'과 같은 의미다. 이 사훈에서는 군살을 빼는 것 자체가 목적이 아니라, 스타트업과 같은 속도를 유지하는 것임을 나타낸다.

세 번째로 '이기려면 배우고 적응하라Learn and Adapt to Win'이다. 린 스타트업에서는 MVP의 검증을 통한 배움을 가장 중시한다. 고객의 검증을 통해 배우고 그 결과에 적응하는 것이 린 스타트업에서는 승리의 지름길이라고 여긴다. 이것을 그대로 사훈에 옮겼다.

네 번째는 '서로 권한을 넘기고 동기부여한다Empower and Inspire Each Other'이다. 영어의 Empower란 타인에게 권한을 위양한다는 의미고, Inspire는 타인에게 행동의 동기를 부여한다는 의미다. 실리콘밸리에는 직원의 자주성과 팀워크를 중시하는 문화가 있다. 이러한 문화를 GE에도 도입하겠다는 의욕을 나타낸다.GE코리아에서

는 '서로 힘을 실어주고 격려하라'로 번역했다 - 옮긴이 주

다섯 번째는 '불확실한 세상에서 성과를 올려라Deliver Results in an Uncertain World'이다. 오늘날 세계가 불확실Uncertain하다고 사훈에서 선언한 점이 독특하다. 이멜트 CEO는 불확실한 세계를 과거의 경험칙이 통용되지 않는 세계로 정의한다. 리먼쇼크 이후, GE는 웰치시대의 성공법칙이었던 '탈제조업'이 더 이상 통용되지 않는 불확실한 세계로 내던져졌다. 한 치 앞도 보이지 않는 세계에서 성과를 내기Deliver Results 위해서는 어떻게든 아이디어를 빨리 시험해서 고객의 피드백을 바탕으로 더욱 나은 제품으로 수정하는 수밖에 없다. 린 스타트업을 실천하는 것 말고는 미래가 없다고 다시금 선언한 셈이다.

GE Belief의 문장은 보통 회사의 사훈과 마찬가지로 당연한 말처럼 느껴지기도 한다. 그러나 패스트웍스와 그 바탕을 이루는 린 스타트업을 이해한 후에 다시 읽어보면 단어 하나하나 심혈을 기울여 골랐다는 사실을 알 수 있다. 또 GE Belief는 신념을 말하면서도 실제로는 직원이 행동으로 옮겨야 할 내용을 말한다. 그야말로 패스트웍스를 실천하기 위해 만들어진 사훈이다.

연 1회 인사평가를 없애다

물론 사훈만으로 한 회사의 문화가 바뀔 정도로 세상은 만만하지 않다. '우리 회사에도 사훈은 있지만 전혀 기억나지 않는다'는 독자도 많을 것이다. 아침 정례회의 때마다 사훈을 복창한다고 해도 그것만으로는 아무것도 바뀌지 않는다. GE도 그 점을 잘 알고 있다. GE가 사훈에 실효성을 부여하기 위해서 다음으로 손을 댄 곳은 인사제도였다.

GE가 GE Belief를 제정한 2014년부터 서서히 도입하기 시작한 새로운 인사제도 PDPerformance Development는, 수잔 피터스가 주장하는 패스트웍스를 실천하기 위해 만든 인사제도다. PD의 특징은 크게 세 가지로 나뉜다. 제니스 셈퍼는 첫 번째 특징을 인사제도의 목적을 기존의 인사평가에서 직원의 능력개발로 바꾼 점이라고 말한다. 두 번째 특징은 새로운 인사제도를 개발할 때, 인사 부문이 스스로 패스트웍스를 실천했다는 점이다. GE의 인사 부문이 어떻게 PD를 만들었는지부터 들여다보자.

GE의 인사 부문은 인사제도를 다시 만들면서 우선 '인사제도의 고객이란 누구인가', '고객이 인사제도에 어떤 고충을 겪고 있는가'를 찾는 일부터 시작했다. 그야말로 패스트웍스, 즉 린 스타트업의 방법론을 그대로 적용했다. 참고로 셈퍼의 말에 따르면 인사제도의 고객은 직원, 매니저, 경영진으로 보았다고 한다.

기존의 인사제도는 고객에게 어떤 고충을 안겨 주었을까. GE에

는 웰치시대에 고안한 '활력곡선Vitality curve'과 '나인블록(9 Block)'
이라는 인사제도가 갖추어져 있었다. 활력곡선은 매년 모든 사업
장에서 매니저가 부하를 평가하여, 상위 20%의 리더십 있는 직원
은 A로, 70%의 중간층 직원은 B로, 남은 10%(Bottom 10%)를 C로
등급을 매긴 후, C를 받은 직원은 회사를 그만두거나 다른 부서로
전환배치했다. 나인블록은 활력곡선을 더욱 세분화한 제도로, 직
원을 성과Performance와 가치관Value이라는 2개의 축으로 평가하여
9가지 패턴으로 분류했다.

직원이라는 고객이 기존의 인사제도에 대해 가지고 있던 불편
함은 크게 2가지였다. 하나는 직원이 자신의 발전에 필요한 지도
나 피드백을 받을 수 없다는 고충이었다. 기존의 인사제도하에서
직원과 매니저의 면담은 많아야 1년에 두 번이었다. 직장인이라
면 경험해보아서 알겠지만, 반년에 한 번 있는 인사 면담에서 말
할 수 있는 내용은 고작 면담 직전에 일어난 일이 대다수다. '5개
월 전에 그 건은…' 하고 말을 꺼내기란 어렵다. 그러나 직원은 실
시간으로 지도나 피드백을 받기 원했다. 또 직원이 이러한 피드백
을 받고자 하는 상대방은 상사가 아니었다. 어떻게 일하는지 가장
잘 알고 있는 사람은 상사가 아니라 주변에 있는 동료다. 상사뿐
만 아니라 동료로부터 받는 피드백도 부족하다는 점이 직원의 애
로사항이었다.

또 다른 고충은 인사평가를 통해 직원 개개인에게 등급이 매

겨진다는 데 있었다. 기존의 인사제도하에서는 우수평가를 받은 상위 20%의 직원은 의욕이 오르지만 나머지 80%의 직원은 그렇지 않았다. 이미 웰치시대가 끝날 무렵인 1990년대 후반부터 '하위 10%는 해고한다'는 방침이 지켜지지 않았다고는 하지만, 그래도 하위 10%로 평가받은 직원은 불안에 떨어야했다. 또 중간층인 70%의 직원도 언제 하위 10%로 떨어질지 모른다는 스트레스를 느낄 수밖에 없었다.

"GE의 직원 대부분이 뛰어난 능력을 지닌 사람들이었다. 이렇게 우수한 능력을 가진 직원의 사기를 꺾었다는 점은 분명 큰 문제였다."

셈퍼는 과거의 인사제도를 이렇게 돌이켜본다.

매니저가 기존의 인사제도에서 느끼던 고충은 인사평가에 너무 오랜 시간이 걸린다는 점이었다. 인사평가가 그 직원의 회사생활 전체를 좌우하므로 신중에 신중을 기해야 했다. 그러나 시간을 들여 직원을 평가한 결과는 도리어 직원의 사기를 꺾기만 했다.

스마트폰 앱으로 '좋아요', '별로예요'

GE는 이러한 문제를 없애기 위해서 새로운 인사제도는 직원의 능력개발에 초점을 맞추고, 연례 인사평가는 폐지했다. 직원과 매니저의 연 2회 평가 면담도 사라졌다. 그 대신 매니저는 직원이 업무를 진행할 때마다 직원에게 피드백을 주게끔 바뀌었다. 이것이 PD라는 시스템이다.

GE는 PD를 실천하기 위하여 전용 애플리케이션인 'PD@GE'를 개발했다. PD@GE 애플리케이션은 일반 컴퓨터에서 사용하는 웹 애플리케이션과 스마트폰 애플리케이션의 2종류가 갖추어져 있다. 직원은 업무가 끝나면 PD@GE를 사용하여 자신의 행동에 대한 피드백을 매니저와 동료에게 요청한다. 매니저와 동료는 직원의 행동을 GE Belief에 따랐는지를 기준으로 평가하여 그렇다고 생각하면 애플리케이션의 '계속Continue' 버튼을, 그렇지 않다고 생각하면 '재고Consider' 버튼을 누른다. 페이스북이나 트위터 사용자가 '좋아요' 버튼을 누르는 것과 비슷하다.

버튼을 누를 때는 의견도 함께 남긴다. 의견이 직원에게 좋은 길라잡이가 되어준다.

"PD에서 매니저의 역할은 인사평가가 아니라 코치다."

피터스는 이렇게 강조한다. 코치라는 표현에 대해 셈퍼는 '스포츠에서 말하는 코치와 같은 개념'이라고 말했다. 직원의 행동에 잘못된 점이 있으면 그것을 지적하여 올바른 방향으로 이끌어주는 것이 코치다. 코치는 항상 GE Belief를 기준으로 하므로 직원은 이를 실천하는 습관이 자연스레 몸에 밴다. GE에서는 관리자에게 코치연수를 의무적으로 듣게 한다.

인터뷰를 했을 때, 피터스는 직접 PD@GE의 스마트폰 애플리케이션을 켜서 사용하는 모습을 보여주었다. 계속과 재고 버튼을 누른 후 댓글을 입력할 때는 스마트폰의 음성인식기능을 사용할 때도 많다고 밝혔다. 스마트폰에 대고 부하의 행동에 관한 의견을 말하는 피터스의 모습은 마치 SF영화의 한 장면을 보는 듯했다.

직원과 매니저는 또 업무에 대해 돌이켜보는 터치 포인트라는 면담 시간을 가진다. 터치 포인트의 횟수는 부서에 따라 다르지만, 최소 1달에 1번으로, 2주에 1번인 부서가 대부분이다.

"터치 포인트 때, 직원과 매니저는 평소의 패스트웍스 활동을 어떻게 검증하고 그로부터 무엇을 배웠는지 이야기한다. 만일 잘되지 않는다면 '피봇(방침 전환)'해서 새로운 해결책을 찾기 위해서 이야기를 나눈다."

셈퍼는 이렇게 설명했다. 터치 포인트는 인사평가의 장이 아니라 패스트웍스를 실천하는 장이다.

승진이나 급여 인상은 PD의 피드백 등을 바탕으로 피플 리뷰라는 회의에서 판단한다. 피플 리뷰에는 매니저와 매니저의 상사, 인사 부문의 담당자가 참석한다. 실제로는 승진과 급여 인상을 위해 직원에게 순위를 매기는 셈이지만, 이때 매긴 순위는 직원에게 통지하지 않는다.

GE는 PD를 개발할 때 패스트웍스를 충실하게 실천했다. PD는 먼저 30만 명이 넘는 GE의 직원 중 1,500명에게 먼저 도입하여 그 효과를 검증했다.

"인사제도에 관한 가설을 만들어 3주간 테스트했다. 그리고 고객인 직원과 매니저의 피드백에 따라서 가설을 개선해나갔다."

셈퍼는 이렇게 말했다. PD는 도입 첫 해에 1,500명에게, 2년째에는 3만 명으로 범위를 넓힌 후 2016년부터 전 직원에게 도입했다.

"PD는 아직 완성되지 않았다. 문제점이 있으면 곧바로 피봇할 것이다."

피터스는 딱 잘라 말했다.

GE에서는 인사제도까지도 피봇한다. GE는 전사가 한마음 한뜻으로 패스트웍스, 즉 린 스타트업을 충실하게 실천한다. 그 상징이 인사제도라고 할 수 있다.

GE파워의 가네쉬 벨에게 도전적인 발언을 했던 부문 CEO는 그 후 어떻게 되었을까. "지금은 나를 가장 잘 이해하는 사람이다. 내가 추진하는 디지털전환을 가장 열렬히 지원해준다." 가네쉬 벨은 웃으며 말했다. 가네쉬 벨이 실제로 디지털서비스 개발에 기여하는 모습을 보고 생각을 고쳐먹었다고 한다. 그러나 이멜트를 비롯한 최고경영진이 사내 문화를 혁신하는 데까지 심혈을 기울이지 않았다면 타성에 젖은 기존의 직원과 새롭게 채용한 디지털 인재를 융합시키기 힘들었을 것이다.

GE의 디지털 문화혁명은 항상 CEO인 이멜트가 선봉에 있다.

"알스톰에서 GE로 소속이 바뀌었을 때 놀란 점은 디지털전환의 바람이 경영진에서부터 불기 시작한다는 점이었다. 제프 이멜트의 열정을 항상 느낀다. 경영진이 디지털전환에 'Buy in(매수)'의 자세를 보이므로 우리도 안심하고 디지털전환에 도전할 수 있다."

GE의 송배전 부문인 GE에너지커넥션의 CDO 카림 엘 낙가는 이렇게 말한다. GE에너지커넥션은 원래 GE가 2015년에 97억 유로(당시 환율로 12조 6,400억 원)에 인수한 프랑스 알스톰의 사업 부분이었다. 알스톰에서 GE로 온 낙가는 GE의 회사 분위기에 놀랐다고 한다.

기업의 모습을 만드는 것은 그 속에서 일하는 직원이다. 그리고 직원을 움직이는 것은 결국 열정밖에 없다. 최고경영진의 열정이 없다면 전략도 문화도 바뀌지 않는다. 낙가의 말이 이 명제를 증명한다.

"왜 우리가 아닌가?"

GE의 디지털전환은 CEO인 제프 이멜트가 던진 이 질문에서 비롯되었다.[*]

GE의 기둥 역할을 하던 금융사업이 2008년의 리먼쇼크로 큰 타격을 입고 본업인 제조업의 실적도 불경기로 인해 곤두박질치던 때, 구글과 페이스북, 애플과 같은 실리콘밸리의 기업은 세계적인 불황에도 눈 하나 까딱하지 않고 눈부신 성장세를 이어나갔다.

"어째서 실리콘밸리의 기업은 급속도로 성장하는데 우리는 그렇지 않은가?",

"우리도 실리콘밸리 기업처럼 하자!"

이멜트의 다짐이 GE를 디지털기업의 길로 이끌었다.

"왜 우리가 아닌가?", "우리도 실리콘밸리의 기업처럼 하자!"

이 물음이 GE뿐만 아니라 모든 기업에게 필요한 시대가 도래했

---

[*] 2016년 11월, 미국 샌프란시스코에서 개최한 '마인드+머신'의 기조연설에서 나온 발언

다. 디지털전환을 해야 할 필요성을 느꼈을 때, 기업은 무엇을 해야 하는가. GE의 디지털전환 8년의 역사를 바탕으로 정리해 보자.

첫 번째 단계는 경영진의 결심이다.

"이멜트 CEO의 기술에 대한 열정이 예사롭지 않음을 느꼈다. 이멜트 CEO를 보면 항상 긍정적인 기운이 느껴진다."

2017년에 처음으로 이멜트를 만난 모 스타트업의 CEO는 그렇게 말했다. 이멜트는 지금도 종종 스타트업을 이끄는 젊은 경영자와 교류하며 첨단 기술을 익히고 있다. 필자에게 이멜트의 인상에 대해 이야기해준 스타트업의 CEO는 이멜트보다 무려 30살이나 어린 30대 초반이었다. 이멜트는 자신보다 한참 어린 젊은이들의 말에도 열심히 귀를 기울이며 첨단 기술에 관한 날카로운 질문을 던졌다고 한다. 경영진에게 디지털전환을 향한 강한 의지가 없다면 기업을 바꿀 수 없다.

두 번째 단계는 디지털전환에는 방법론이 있다는 사실을 이해하고 그것을 배우는 일이다. GE는 에릭 리스가 체계화한 린 스타트업과 실리콘밸리의 스타트업 기업이라면 빠짐없이 실천하는 디자인사고 및 애자일개발을 배워 충실하게 실천한다. 실리콘밸리에는 성공하기 위한 규율이 존재한다는 사실을 잊어서는 안 된다.

세 번째 단계는 디지털전환에 필요한 인재를 모음과 동시에 기존 직원에게도 새로운 디지털 방법론을 학습시키는 일이다. GE는 2011년부터 실리콘밸리에서 2천 명, 전사로 보면 8천 명에 가까운 디지털 인재를 새롭게 채용했다. 그러나 GE의 직원은 30만 명이 넘으므로 전체에서 차지하는 비율로 보면 3% 정도 늘어난 것에 불과하다. 새로운 직원을 늘리는 것보다 중요한 것은 남은 97%의 직원에게 린 스타트업 등의 새로운 방법론을 배우게 하는 데 있다. GE가 디지털전환을 이룩할 수 있었던 원동력은 GE가 오래전부터 중시한 '배움의 문화'에 있다.

네 번째 단계는 사내 문화의 혁신이다. GE가 선택한 린 스타트업에는 제품이나 대응의 방향성이 틀렸거나 실패했다는 전제가 깔려 있다. 처음 선보인 것은 무조건 틀렸기 때문에 빠르게 개선해나가는 데 집중한다. '성공하기 위해서는 더 일찍 실패하는 수밖에 없다'는 사고방식이 린 스타트업이다. 그러나 오랜 역사를 자랑하는 기업일수록 실패를 용납하지 않는 문화가 뿌리내린 경우가 많다. 오히려 지금까지 실패한 적이 없음을 자랑으로 여긴 직원도 많을 것이다. 그 자랑을 버리고 앞으로 나아갈 수 있는지가 디지털전환의 성패를 좌우한다.

이 책에서는 GE가 추진한 디지털전환의 면면을 소개했다. 디지털전환의 방법론인 린 스타트업과 디자인사고, 애자일개발, 플랫폼전략, 빅 데이터, 인사평가가 없는 인사제도인 PD 등에 놀란 독자도 많으리라 생각한다.

GE는 이러한 방법론을 실리콘밸리로부터 배워 우직하게 실천했다. 최근 들어서는 오랜 역사를 자랑하는 기업에서도 GE와 같이 기업 문화를 실리콘밸리식으로 바꾸어 디지털 근육을 키우려는 움직임이 늘고 있다.

대표적인 예가 미국의 포드 모터다. 포드는 2015년에 GE도 출자한 바 있는 피보탈소프트웨어에 출자하여 그들로부터 애자일개발 등 실리콘밸리식 규율을 배우기 시작했다. 피보탈은 포드로부터 출자를 받을 때, '피보탈이 포드를 실리콘밸리 회사로 바꿔나가고 있다Pivotal Is Transforming Ford To Be A Silicon Valley Company'라는 제목의 글을 발표했다. 자본을 댄 것은 포드이지만 글만 보아서는 마치 피보탈이 포드를 지배하는 듯한 느낌이 든다. 세계 최대의 금융회사인 미국의 골드만삭스도 '금융 분야의 구글이 되고 싶다'라고 거리낌없이 말한다. 실리콘밸리 스타일이 마치 새로운 '미국형 경영모델'이 된 듯한 상황이다.

그러나 2000년대 초반을 돌이켜보면 실리콘밸리를 둘러싼 상황은 지금과 정반대였다. 2001년 닷컴버블이 꺼진 후의 실리콘밸리는 불에 탄 허허벌판 같은 상황으로, 전 세계가 '실리콘밸리는 끝났다'고 입을 모았다. 그리고 IT업계의 추세를 보면 그 왕좌는 실리콘밸리가 아닌 시애틀에 본사를 둔 마이크로소프트가 차지하고 있었다.

스타트업 육성 기관인 와이콤비네이터의 창립자로 알려진 폴 그레이엄은 한 기고문에서 '미국의 야후가 1990년대 말에 마이크로소프트를 두려워했다'고 지적했다. 야후가 '검색 엔진 기술에 강점을 지닌 테크놀로지 기업'이 아니라 '모든 정보가 모이는 포털사이트를 운영하는 미디어 기업'이라는 길을 택한 배경에는 테크놀로지 기업으로는 마이크로소프트의 먹잇감이 될 것이라고 생각했기 때문이다. 그레이엄은 자신이 세운 전자상거래 소프트웨어 스타트업인 비아웹을 야후에 매각한 경험이 있다. 따라서 야후의 내부 사정을 잘 아는 인물이라고 할 수 있다. 이 일화는 당시 마이크로소프트의 위세를 말해준다.

야후뿐만이 아니다. 당시 실리콘밸리의 IT 기업은 맥킨토시를 만든 애플컴퓨터(2006년에 애플로 사명 변경)도, 웹브라우저 넷스케이프Netscape를 만든 넷스케이프커뮤니케이션즈도, 서버 OS로 유닉스UNIX를 운영하는 선마이크로시스템즈(2009년에 오라클이 인수)와 휴렛팩커드도 감히 마이크로소프트의 적수가 되지 못했다.

그러나 2003년을 경계로 마이크로소프트의 위상에 금이 가기 시작했다. Windows XP의 차세대 OS인 '롱혼Longhorn' 개발에 난항을 겪고, Windows에 계속해서 발견된 심각한 보안 취약성은 대규모 보안문제를 몇 번이나 일으키며 전 세계를 혼란에 빠뜨렸다.

한편 2004년쯤부터 디지털광고 사업에서 급속도로 성장한 구글이 주목을 받기 시작한다. 사람들은 마이크로소프트와 같은 기존의 IT 기업이 판매하는 전통적인 데스크톱 프로그램이 아닌, 구글이 제공하는 구글맵과 Gmail과 같은 웹 애플리케이션을 더욱 선호하며 사용하기 시작했다.

두각을 나타낸 기업은 구글뿐만이 아니었다. 페이스북이 생긴 것도 2004년의 일이다. 이때부터 실리콘밸리에서는 최첨단 기술을 세일즈 포인트로 하는 스타트업이 속속 생겨났다. 당시 유행한 말로 '웹 2.0 2000년대 중반 이후에 시작된 웹의 새로운 이용 방법을 가리키는 유행어로, 누구나 웹사이트를 통해 자유롭게 정보를 주고받을 수 있도록 변화한 웹의 이용상태를 가리킨다 - 옮긴이 주'이 있다. 웹 2.0이라는 말을 쓰기 시작한 미국의 오라이리미디어의 팀 오라이리는 2007년 4월에 개최된 웹 2.0 엑스포의 기조강연에서 이렇게 말했다. 2004년 하반기에 그가 웹 2.0이라는 단어를 쓰기 시작한 이유는 '닷컴버블이 붕괴됨으로써 웹은 이미 끝났다는 생각에 대한 반발이 있었다'고 말이다. 웹 2.0이라는 유행어는 실리콘밸리의 부활을 상징했다.

앞서 소개한 폴 그레이엄의 기고문 제목은 '마이크로소프트는 죽었다Microsoft is Dead'로, 2007년 4월에 발표한 글이다. 그레이엄은 자신이 출자한 실리콘밸리의 테크놀로지 스타트업과 이야기를 나누던 중, 젊은 경영진이 마이크로소프트를 전혀 두려워하지 않는다는 사실을 깨닫는다. 그레이엄은 '마이크로소프트가 죽은 해'를 2005년으로 본다. 구글의 Gmail이 보급되면서 마이크로소프트보다도 높은 기술력을 가졌다는 사실이 세상에 알려진 시기가 그 무렵이기 때문이다.

필자도 기술 전문 기자로서 마이크로소프트의 쇠락과 실리콘밸리의 부활을 가까이서 지켜보았다. 마이크로소프트 전문 기자였기에 필연적으로 실리콘밸리를 좇을 수밖에 없었다.

필자는 2002년부터 2005년까지 마이크로소프트의 Windows 전문지인 《닛케이Windows 프로》에 속해 있었다. 그때 필자가 목격한 것은 IT업계의 왕좌에서 추락하는 마이크로소프트의 모습이었다. '우수한 소프트웨어 개발자를 잇달아 구글에 빼앗긴 마이크로소프트의 CEO 스티브 발머가 집무실에서 격노하며 사무실 의자를 집어던졌다'라는 기사를 접했을 뿐 아니라, 필자가 담당한 《닛케이 Windows 프로》의 부수가 계속 감소하는 데서 가장 생생하게 느꼈다. 《닛케이 Windows 프로》는 개발이 끝없이 계속되던 롱혼과 그 이후 Windows Vista의 출시를 채 보지 못하고 2005년 12월에 휴간하고 만다.

필자는 그 후 기업용 IT를 전문적으로 다루는 웹사이트인 'IT Pro'의 편집부로 이동하여 기업용 IT의 세계에서 일어나는 대규모

지각변동을 두 눈으로 지켜보았다. 지각변동을 일으킨 것은 클라우드 컴퓨팅의 출현이었다.

클라우드라는 개념을 세상에 알린 것도 구글이었다. 구글의 당시 CEO인 에릭 슈미트는 2006년 8월에 한 강연에서 '기존의 사용자가 가지고 있던 데이터서비스와 아키텍처가 서버상으로 이동하는 시대가 온다. 우리는 이것을 클라우드 컴퓨팅이라고 부른다. (데이터와 아키텍처는) 클라우드의 어딘가에 있다. 브라우저와 같이 접속할 수 있는 소프트웨어만 있으면 PC와 맥, 휴대전화, 블랙베리 등 어떤 기기에서도 클라우드에 접속할 수 있다'고 말했다. 슈미트의 말로 인해 클라우드라는 개념이 단숨에 퍼져나갔다.

필자가 가장 흥미로웠던 점은 클라우드의 본질이, 광고나 소매업을 본업으로 하는 기업이 '기업용 IT 시장'이라는 다른 업종으로 진출하는 계기가 되었다는 점이었다. 구글은 디지털광고를 주된 수입원으로 하는 기업이고, 미국의 아마존닷컴은 온라인 소매가 본업이다. 그리고 구글과 아마존닷컴은 디지털광고와 전자상거래를 원활하게 운영하기 위해 사내에서 개발한 IT 인프라스트럭처 기술이 기업용 IT를 본업으로 하는 기업의 제품보다 뛰어나다는 사실을 깨닫고, 일반 기업을 타깃으로 한 클라우드 사업에 뛰어들어 대성공을 거두었다.

클라우드시대에 접어들자 마이크로소프트는 완전히 구글을 쫓아가는 처지가 되었다. 예를 들어 제5장에서도 소개했듯이 마이크로소프트는 구글의 빅 데이터 처리 기술인 맵 리듀스에 대항하여 독자 기술인 드라이어드를 개발했지만 결국 이를 중단하고 맵 리듀스를 모방한 오픈소스인 하둡을 고객에게 제공하기 시작했다. 그뿐 아니라 Windows가 압도적으로 강했던 OS의 세계에서도 스마트폰의 등장과 컴퓨터산업의 사양으로 인해 기기의 숫자 기준으로 구글의 안드로이드에 뒤지는 상황에 이르렀다.

이처럼 마이크로소프트의 몰락과 구글의 성공을 지켜본 필자는 기자로서 취재해야 할 대상을 필연적으로 마이크로소프트에서 구글을 비롯한 실리콘밸리로 바꾸게 되었다.

그러나 '왜 2000년대 중반이라는 시기에 마이크로소프트는 쇠락의 길을, 구글은 성공가도를 달리기 시작했을까'라는 질문은 오랫동안 수수께끼로 남아 있었다.

구글에는 제프 딘과 같은 천재 기술자가 다수 포진해 있어 타사보다 먼저 맵 리듀스와 같은 빅 데이터 처리 기술을 만들어낼 수 있었다. 구글의 기술자와 그곳에서 만들어진 기술이 뛰어나다는 점은 틀림이 없다. 그러나 마이크로소프트에도 천재 기술자는 많다. 구글과 마이크로소프트에 인재 면에서는 차이가 거의 없었다. 또 이것이 문제라면 마이크로소프트에 비해 인재 면에서 뒤떨어지는 실리콘밸리의 스타트업조차도 마이크로소프트를 두려워하지 않는 이유를 설명할 수 없다. '대기업이 된 마이크로소프트가 관료주의에 빠져서', '경영진이 권력다툼을 벌여서' 등 여러 가지 설이 있지만 모두 명쾌한 해답을 제시하지는 못했다.

왜 마이크로소프트는 힘을 잃고, 구글은 펄펄 나는가. 그 이유를 깨달은 것은 2015년 4월부터 실리콘밸리 지국에서 일하며 실리콘밸리의 내부를 속속들이 파헤치기 시작하면서부터다. 지금은 왜 2000년대 중반이라는 시기에 마이크로소프트의 쇠락과 구글의 등장이 시작되었는지 그 이유를 설명할 수 있다. 소프트웨어의 주류가 데스크톱 애플리케이션에서 웹 애플리케이션과 스마트폰 애플리케이션으로 이동하며, 서비스와 제품을 개발하는 방법론까지 변화한 일이 모든 것의 시작이었다고 말이다.

소프트웨어의 형태는 모두 데스크톱 애플리케이션이고, 유통 수단도 플로피 디스크와 CD-ROM으로 한정되어 있었을 때 소프트웨어의 개발 속도는 하드웨어와 큰 차이가 없었다. 소프트웨어는 연 단위로 버전업되며, 사용자가 소프트웨어를 재구매하는 시점도 4~5년에 한 번 꼴이었다.

그러나 소프트웨어 본체가 서버로 이동하고, 그 처리 결과를 웹 브라우저가 표시하는 웹 애플리케이션의 시대가 오자 소프트웨어 본체를 언제든 원하는 때에 버전업할 수 있게 되었다. 스마트폰 애플리케이션도 애플의 AppStore와 구글의 Google Play를 통해 언제든 업데이트할 수 있으므로 사정은 마찬가지다. 웹 애플리케이션과 스마트폰 애플리케이션이 주류가 되자 비로소 소프트웨어의 세계에서는 고객을 대상으로 실험하거나 고객에게 피드백을 받아 자주 개선할 수 있는 길이 열리게 되었다. 이것이 마이크로소프트와 구글의 명암을 갈랐다.

마이크로소프트가 5년이 넘는 시간을 들여 Windows XP(2001년 10월 출시)를 Windows Vista(2007년 1월 출시)로 버전업하는 동안, 구글은 검색 엔진과 Gmail 등의 클라우드서비스를 수백 번, 수천 번이나 업데이트하면서 그때마다 고객으로부터 배우며 진화했다.

구글 인사 부문의 최고책임자였던 라즐로 복은 2015년에 발표한 저서 『구글의 아침은 자유가 시작된다』에서 구글이 2010년 한 해에 검색 서비스에서 A/B 테스트를 8,157번, 1% 테스트를 2,800번 실시했다고 밝혔다. 'A/B 테스트'란 같은 내용이지만 겉모습이나 쓰임새 등이 다른 패턴A와 패턴B의 웹페이지를 만들어, 어느 쪽이 사용자평가가 높은지를 테스트하는 방법이다. '1% 테스트'는 서비스를 수정하기 전에 모든 사용자의 1%에게만 변경 내용을 알리고 어떤 반응이 나왔는지를 관찰하는 기법이다. 구글은 검색 서비스에서만 매일 30번이 넘는 테스트를 하고 있었다. 이러한 배움이 쌓여 기술 면에서도 마이크로소프트를 앞지르게 되었다.

결국은 구글을 비롯한 실리콘밸리 기업이 실천하는 린 스타트업과 디자인사고, 애자일개발과 같은 방법론이 바로 실리콘밸리가 잘 나가는 비법이었다. 필자는 실리콘밸리에 와서 이 사실을 절실하게 깨달았다.

솔직히 말하자면 구글을 비롯한 실리콘밸리 기업을 좋아하지 않는다. 필자가 몸담고 있는 출판사는 앞으로 15년 정도면 디지털 광고나 디지털미디어로 인해 종이잡지의 판매와 광고수입이 급격히 줄어들 것이다. 이 괴로움은 단적으로 말하자면 구글로 대표되는 실리콘밸리 때문이다. 먹고살 길을 빼앗아가는 실리콘밸리를 보면 만감이 교차한다.

그렇기 때문에 더더욱 구글을, 나아가 실리콘밸리를 열심히 좇고 있다. 산업계의 기존 주자에게 실리콘밸리가 얼마나 위협적인 존재인지 마이크로소프트 전문 기자로서, 그리고 미디어산업에 근무하는 사람으로서 뼈저리게 느꼈다. 탄광의 가스폭발을 온몸으로 알리는 한 마리 '탄광의 카나리아'처럼 실리콘밸리의 무서움에 주목하자고 외칠 뿐이다.

지금은 '소프트웨어가 세계를 집어삼킨다'라는 말처럼 모든 산업이 소프트웨어를 기반으로 하는 시대다. 나아가 3D프린터를 활용하면 소프트웨어뿐만 아니라 하드웨어까지 빠른 속도로 버전업할 수 있다. 요컨대 모든 산업이 실리콘밸리 기업으로부터 위협을 받는 환경에 처했다고 할 수 있다.

GE의 디지털전환은 실리콘밸리의 위협에 대한 해답 중 하나다. 린 스타트업으로 대표되는 실리콘밸리 방식을 실천하면, 실리콘밸리에 있지 않더라도 그곳에서 볼 수 있는 혁신을 만들어낼 수 있지 않을까. GE는 지금 이러한 가설을 스스로 증명하고 있다.

실리콘밸리가 아닌 머나먼 타국에 거점을 둔 우리는 GE의 변화하는 자세를 배울 필요가 있다. 그리고 동시에 GE의 시선 끝에 있는 실리콘밸리에도 지금보다 더 주목해야 한다.

실리콘밸리에서 일본에 기사를 보낼 때마다 독자들이 그다지 흥미를 느끼지 못한다는 점을 보면 불안해진다. 일본 편집부에서는 '실리콘밸리의 색채가 너무 도드라지면 독자가 기사를 읽지 않으니 삼갔으면 한다'는 말까지 하는 형국이다. 독자 중에는 실리콘밸리에는 관심이 없지만 GE라는 제목을 보고 이 책을 집어든 분도 많을지 모른다. 아무쪼록 이 책이 실리콘밸리를 향한 관심을 환기하여 독자 여러분의 앞날에 도움이 되길 바란다.

이 책을 집필하는 데는 여러 사람의 노고가 있었다. GE는 30명이 넘는 경영진과 소프트웨어 개발자, 디자이너, 데이터 과학자, 하드웨어 기술자에게 인터뷰할 기회를 제공해주었다. GE디지털의 본사가 있는 캘리포니아 주 샌라몬과 교육연수시설이 있는 뉴욕 주의 크로톤빌, 연구개발시설이 있는 뉴욕 주의 니스카유나,

GE디지털의 마케팅 부문이 있는 뉴욕, '마인드+머신' 컨퍼런스가 개최된 샌프란시스코와 프랑스 파리, 그리고 프레딕스 트랜스폼이 개최된 라스베이거스 등 다양한 장소에서 GE의 여러 임직원이 필자를 따뜻하게 맞아준 점에 대해 깊이 감사드린다. 본문에서는 존칭을 모두 생략했지만 양해해주시기 바란다.

닛케이BP사 출판국의 나카가와 히로미 편집 제1부장에게 본서를 집필하는 동안 항상 따뜻한 격려를 받았다. 또 이 책을 집필하는 데 전념할 수 있었던 것은 필자를 실리콘밸리 지국에 파견한 IT Pro 편집부, 닛케이비즈니스온라인 편집부, 닛케이테크놀로지온라인 편집부의 협력 덕분이다. 마음속 깊이 감사의 말씀을 전한다.

2017년 5월 캘리포니아 주 팔로알토에서

나카다 아쓰시

참고문헌

- 『잭 웰치 끝없는 도전과 용기』, 잭 웰치, 2001

- 『잭 웰치 승자의 조건』, 잭 웰치, 2007

- 『잭 웰치와 GE방식』, 로버트 슬레이터, 2010

- 『잭 웰치 악의 경영력At Any Cost: Jack Welch, General Electric, and the Pursuit of Profit』, 토마스 F 오보일Thomas F. O'Boyle, 1998, 국내미출간

- 『제프 이멜트 GE WAY』, 데이비드 머기, 2009

- 『GE 변화의 경영GE 変化の経営』, 구마가이 아키히코熊谷昭彦, 2016, 국내미출간

- 『린 스타트업』, 에릭 리스, 2012

- 『린 스타트업을 구사하는 기업The Lean Enterprise: How Corporations Can Innovate Like Startups』, 트레버 오웬즈Trevor Owens, 2014, 국내미출간

- 『메이크 스페이스』, 스콧 둘레이 · 스콧 위트호프트, 2014

- 『구글은 어떻게 일하는가』, 에릭 슈미트, 2014

- 『구글의 아침은 자유가 시작된다』, 라즐로 복, 2015

- 『구글의 전모Googleの全貌-そのサービス戦略と技術』, 닛케이컴퓨터日経コンピュータ, 2009, 국내미출간

- 『인사 평가는 이제 필요 없다人事評価はもういらない-成果主義人事の限界』, 마쓰오카 게이지松丘啓司, 국내미출간

옮긴이 신희원

일본 요코하마국립대에서 경제학을 공부했다. 기업 간의 의사소통을 돕는 통·번역사로 일하다가 바른번역 글밥 아카데미를 수료하고 출판 번역가의 길로 접어들었다. 번역은 단순히 외국어를 우리말로 옮기는 행위를 넘어 우리 사회의 지식과 문화의 저변을 넓히는 일이라고 믿고 있다. 좋은 책을 소개하는 기획 번역가로 활동 중이다.

기업의 미래 GE에서 찾다
디지털 트랜스포메이션을 향한 거대한 도전

초판 1쇄 발행 2017년 12월 18일

지은이 나카다 아쓰시
옮긴이 신희원
펴낸이 최용범

책임편집 이우형
디자인 신정난
영업 손기주
경영지원 강은선

펴낸곳 페이퍼로드
출판등록 제10-2427호(2002년 8월 7일)
주소 서울시 마포구 연남로3길 72 2층
이메일 book@paperroad.net
홈페이지 http://paperroad.net
블로그 blog.naver.com/paperoad
페이스북 www.facebook.com/paperroadbook
전화 (02)326-0328
팩스 (02)335-0334
ISBN 979-11-86256-96-1(03320)